高等职业教育房地产类专业精品教材

房地产市场营销

主　编　杨盈盈
副主编　余　彬　潘洪涛
参　编　田　薇

北京理工大学出版社
BEIJING INSTITUTE OF TECHNOLOGY PRESS

内 容 提 要

本书按照高等院校人才培养目标以及专业教学改革的要求，依据房地产市场营销全流程进行编写。全书共分为9个任务，主要内容包括了解房地产市场营销——房地产市场营销策划概论、认识市场——房地产市场环境分析与调研、划分市场——房地产市场细分与定位、了解目标客户群——房地产消费者购买行为分析、确定项目形象——房地产项目主题概念与形象策划、定位项目产品——产品策略、确定项目价格——价格策略、寻找销售伙伴——房地产营销渠道策略、确定项目销售方案——房地产促销策划等。

本书可作为高等院校房地产类相关专业的教学用书，也可作为房地产开发经营、房地产营销管理人员的参考用书。

版权专有　侵权必究

图书在版编目（CIP）数据

房地产市场营销 / 杨盈盈主编.--北京：北京理工大学出版社，2021.10（2022.3重印）
ISBN 978-7-5763-0610-1

Ⅰ.①房… Ⅱ.①杨… Ⅲ.①房地产市场－市场营销学 Ⅳ.①F293.35

中国版本图书馆CIP数据核字（2021）第220407号

出版发行 / 北京理工大学出版社有限责任公司	
社　　址 / 北京市海淀区中关村南大街5号	
邮　　编 / 100081	
电　　话 /（010）68914775（总编室）	
（010）82562903（教材售后服务热线）	
（010）68944723（其他图书服务热线）	
网　　址 / http://www.bitpress.com.cn	
经　　销 / 全国各地新华书店	
印　　刷 / 河北鑫彩博图印刷有限公司	
开　　本 / 787毫米×1092毫米　1/16	
印　　张 / 16.5	责任编辑 / 武君丽
字　　数 / 421千字	文案编辑 / 武君丽
版　　次 / 2021年10月第1版　2022年3月第2次印刷	责任校对 / 周瑞红
定　　价 / 49.80元	责任印制 / 边心超

图书出现印装质量问题，请拨打售后服务热线，本社负责调换

出版说明

Publisher's Note

房地产业是我国经济建设和发展中的重要组成部分，是拉动国民经济持续增长的主导产业之一。改革开放近40年来，我国的房地产业快速发展，取得了巨大成就，尤其在改善广大城镇居民住房条件、改变城镇面貌、促进经济增长、扩大就业等方面，更是发挥了其他行业所无法替代的巨大作用。随着我国经济的发展、居民收入水平的提高、城市化进程的加快以及改善性住房市场需求的增加，房地产消费者对产品的需求由"有"到"优"，房地产需求总量不断攀升，房地产行业仍然有着巨大的发展潜力，房地产业需要大量房地产专业人才。

高等职业教育以培养生产、建设、管理、服务第一线的高素质技术技能人才为根本任务，在建设人力资源强国和高等教育强国的伟大进程中发挥着不可替代的作用。为全面推进高等职业教育教材建设工作，将教学改革的成果和教学实践的积累体现到教材建设和教学资源统合的实际工作中去，以满足不断深化的教学改革需要，更好地为学校教学改革、人才培养与课程建设服务，北京理工大学出版社搭建平台，组织国内多所建设类高职院校，包括四川建筑职业技术学院、重庆建筑科技职业学院、广西建设职业技术学院、河南建筑职业技术学院、甘肃建筑职业技术学院、湖南城建职业技术学院、广东建设职业技术学院、山东城市建设职业学院等，共同组织编写了本套"高等职业教育房地产类专业精品教材（房地产经营与管理专业系列）"。该系列教材由参与院校院系领导、专业带头人组织编写团队，参照教育部《高等职业学校专业教学标准》要求，以创新、合作、融合、共赢、整合跨院校优质资源的工作方式，结合高职院校教学实际以及当前房地产行业的形势和发展编写完成。

本系列教材共包括以下分册：

1.《房地产基本制度与政策》
2.《房地产建设项目管理概论（第2版）》
3.《房地产开发经营与管理》
4.《房地产开发与营销（第2版）》

5. 《房地产市场营销》
6. 《房地产投资分析》
7. 《房地产经济学》
8. 《房地产估价》
9. 《房地产经纪》
10. 《房地产金融》
11. 《房地产企业会计》
12. 《房地产统计》
13. 《房地产测绘》

本系列教材，从酝酿、策划到完稿，进行了大量的市场调研和院校走访，很多院校老师给我们提供了宝贵意见和建议，在此特表示诚挚的感谢！教材在编写体例、内容组织、案例引用等方面，做了一定创新探索。教材编写紧跟房地产行业发展趋势，突出应用，贴近院校教学实践需求。希望本系列教材的出版，能在优化房地产经营与管理及相关专业培养方案、完善课程体系、丰富课程内容、传播交流有效教学方法，培养房地产行业专业人才，为我国房地产业的持续健康发展做出贡献！

北京理工大学出版社

前言
PREFACE

　　房地产市场营销是生产力发展和商品经济发达的必然产物,是房地产经营过程中不可缺少的组成部分。强有力的房地产市场营销活动不仅可以促进地区的经济繁荣,还有助于将计划中的房地产开发建设方案变成现实,使每一宗物业顺利出售或出租。

　　本书根据高等院校教育培养目标和教学要求,针对高等院校房地产类相关专业进行编写。本书编写时对基本理论的讲授以应用为目的,教学内容以必需、够用为度,力求体现应用型教育注重职业能力培养的特点。为更加突出教学重点,书中每个任务均设置了知识目标和能力目标,对各任务内容进行重点提示和教学引导;文中还穿插了拓展阅读和重点提示,对相关内容进行解析;每个任务后的任务小结以学习重点为依据,对各任务内容进行归纳总结,复习思考题以填空题、选择题、判断题及问答题的形式,更深层次地对所学知识进行巩固。

　　本书本着"必需、够用"的原则,用完整的房地产市场营销案例贯穿始终,对房地产市场营销相关理论知识进行了提炼和总结,浓缩了重点;把市场营销的理论与房地产市场的特点相结合,系统阐述了房地产市场营销中的各项实务要求。通过对本书的学习,学生能熟练掌握并理解房地产市场营销的概念、特征等相关内容;理解房地产市场细分的原则和标准,并能进行选择与定位,掌握房地产市场营销的各种策略的选择与实施方法等。

　　本书资料丰富、内容翔实,有较强的针对性与实用性。另外,本书较好地处理了基础课与专业课、理论知识与实践知识之间的关系,注重房地产类专业技术能力的培养,力求做到通俗易懂、易于理解,特别适合现场工作人员随查随用。

　　本书由广西建设职业技术学院杨盈盈担任主编,由广西建设职业技术学院余彬、烟台南山学院潘洪涛担任副主编,烟台南山学院田薇参与了本书的编写工作。本书在编写过程中参阅了大量的文献,在此向这些文献的作者致以诚挚的谢意!

由于编写时间仓促,编者的经验和水平有限,书中难免存在不妥和错误之处,恳请广大读者批评指正。

编　者

目录 CONTENTS

任务 1　了解房地产市场营销——房地产市场营销策划概论 ……………………1
　1.1　房地产市场 ……………………………………………………………………1
　1.2　市场营销与房地产市场营销 …………………………………………………5
　1.3　我国房地产业与房地产市场营销的发展历程 ………………………………11

任务 2　认识市场——房地产市场环境分析与调研 ……………………………14
　2.1　房地产市场营销环境概述 ……………………………………………………15
　2.2　房地产市场营销的宏观环境和微观环境 ……………………………………17
　2.3　房地产市场营销环境分析 ……………………………………………………25
　2.4　房地产市场调查 ………………………………………………………………31
　2.5　房地产市场调查方法与问卷设计 ……………………………………………35
　2.6　房地产市场调查的程序 ………………………………………………………44
　2.7　撰写房地产市场调查报告 ……………………………………………………47

任务 3　划分市场——房地产市场细分与定位 …………………………………57
　3.1　房地产项目市场细分 …………………………………………………………57
　3.2　房地产目标市场选择 …………………………………………………………65
　3.3　房地产项目市场定位 …………………………………………………………70

任务 4　了解目标客户群——房地产消费者购买行为分析 ……………………81
　4.1　客户需求分析 …………………………………………………………………83
　4.2　客户消费行为模式分析 ………………………………………………………93
　4.3　客户购房行为影响因素分析 …………………………………………………96

任务 5　确定项目形象——房地产项目主题概念与形象策划 ... 109

5.1　房地产产品内涵与策划 ... 109
5.2　房地产项目主题概念设计 ... 111
5.3　楼盘（小区）VIS 设计 ... 115
5.4　楼盘（小区）现场销售形象包装 ... 119

任务 6　定位项目产品——产品策略 ... 130

6.1　房地产产品概述 ... 131
6.2　房地产项目规划设计 ... 134
6.3　房地产项目产品策划 ... 136
6.4　房地产品牌策略 ... 138
6.5　房地产产品创新策略 ... 143

任务 7　确定项目价格——价格策略 ... 149

7.1　房地产价格分析 ... 150
7.2　房地产开发产品定价方法 ... 155
7.3　房地产项目定价程序 ... 163
7.4　房地产开发产品定价策略 ... 168

任务 8　寻找销售伙伴——房地产营销渠道策略 ... 178

8.1　房地产营销渠道概述 ... 179
8.2　房地产营销渠道的选择 ... 183
8.3　房地产营销渠道管理 ... 187
8.4　建立房地产营销组织 ... 194
8.5　房地产项目销售流程管理 ... 206

任务 9　确定项目销售方案——房地产促销策划 ... 222

9.1　房地产促销策略概述 ... 222
9.2　房地产广告促销策略 ... 226
9.3　房地产促销活动策划 ... 241
9.4　房地产项目开盘活动策划 ... 245
9.5　房地产项目营业推广策略 ... 250

参考文献 ... 256

任务 1　了解房地产市场营销——房地产市场营销策划概论

知识目标

1. 了解房地产及房地产市场的概念、特征及分类。
2. 理解市场营销的概念，熟悉市场营销观念的形成与发展。
3. 掌握房地产市场营销的特性，熟悉房地产市场营销过程。

能力目标

对房地产市场营销的相关概念有一个概括而明晰的了解，以便在掌握这些最基本的市场营销学概念的基础上，顺畅地理解后续项目的内容。

相关知识链接

1.1　房地产市场

1.1.1　房地产的概念

房地产是一个综合的、较为复杂的概念。

广义的房地产指的是土地、土地上的永久性建筑物、基础设施、水、矿藏、森林等自然资源，以及上述各项所衍生的各种权益。

狭义的房地产仅指土地和土地上的永久性建筑物及其衍生的权益。简单地说，房地产就是房屋财产和与房屋相关的土地财产的总称，或者说房地产是房屋和地产的总称。

房地产作为房屋建筑和建筑地块有机组成的整体，在物质形态上，表现为房依地建，地为房载，房地不可分离，房产总是与地产连接在一起；在经济形态上，从房屋建筑开始，到房地产的买卖、租赁、抵押、典当、赠予等各种活动，房产和地产表现出两者的不可分割性和内在整体性。因此，房产和地产合称为房地产。由于房产和地产固定在一个地域不能移动，所以房地产又被称为不动产。

1.1.2 房地产的特征

1. 位置固定性

房地产最重要的特征是其位置的固定性（或称不可移动性）。房地产的位置固定性是指房屋一旦建成，总要固定在一定的地域内。其他物品，如工业品可通过各种运输工具运往全国乃至世界各地。正因为房地产自然位置的固定性，使房地产的开发、经营等活动必须因地进行，从而使房地产表现出明显的地域特点和个性特征；房地产社会经济区位的可变性，又要求房地产开发商必须具有战略家的头脑和眼光。

2. 产品差异性

房地产的产品差异性是指每宗房地产都有其各自的个性特征，市场上不可能有两宗完全相同的房地产。土地由于受区位和周围环境的影响会各有差异，每栋建筑物也有位置、结构、建筑材料、装修、建筑风格等方面的差异。即使同一栋建筑物的相同户型，也会有楼层、面积、朝向、结构等方面的差异。另外，房地产的开发过程也存在很大差别，不存在完全相同的房地产开发过程。所以说，不可能存在两宗完全相同的房地产。

3. 长期使用性

除非发生不可抗拒的毁灭性自然灾害，否则土地可以长久使用下去，具有耐久性。房屋一旦建成，其使用寿命可达数十年甚至上百年。因此，房地产的使用期限要比其他物品的使用期限长得多。

4. 消费投资二重性

随着社会经济的发展和人们消费水平的不断提高，社会对房地产的需求会日益增加，但由于土地资源的有限性，房地产的供求矛盾日益突出，房地产价格呈现不断上涨的趋势，从而使房地产成为保值和增值的主要工具。房地产不仅具有消费品的特点，也成为一种投资品。

5. 易受政策影响

房地产受政府法令、政策的影响比较大，国家可利用税收政策鼓励或限制房地产业或其某一具体投资方向的发展。

6. 流动性差

投资的流动性是指在必要的时候，投资可以迅速地兑换成现金的能力。房地产被认为是一种非流动性资产，其投资的流动性相对较差，由于把握房地产的质量和价值需要一定的时间，其销售过程复杂且交易成本较高，因此它很难迅速无损地转换为现金。房地产的变现性差往往会使房地产投资者因为无力及时偿还债务而破产。

> **拓展阅读**
>
> 造成房地产投资的流动性相对较差的原因有四种：①房地产开发有相当大的比例是用于生产或经营自用的，这样该笔投资只能通过折旧的方式逐渐收回。②当房地产被当作商品进行买卖时，由于多种原因，该房地产可能想卖而卖不掉，或因卖掉后损失太大而不愿卖，这样房地产就会滞留在投资者手中，投资就沉淀于该房地产。③当房地产被当作资产进行经营时，其投资只能通过租金的形式逐渐收回。④当房地产处于居住自用和办公自用时，一般不涉及投资回收问题，该笔价值逐渐被使用者消耗掉。

1.1.3 房地产市场的概念与特点

房地产市场是我国社会主义市场体系中的一个重要组成部分。狭义的房地产市场仅指房地产作为商品交换的具体场所。广义的房地产市场是指房地产交换关系的总和。

房地产市场的特殊性是由房地产产品的特殊性决定的。一般产品同类同质，可以相互替代，但房地产产品是不可以相互替代的。一般产品有统一的标准和规格，市场信息充分，各品牌可以相互比较，信息传播畅通，但房地产市场信息复杂、隐蔽，房地产权益为各种政策、法规所制约，一般消费者难以了解全局，难以进行准确的分析比较。因此，房地产市场是一个特殊的市场。房地产市场具有以下特征：

1. 房地产市场是房地产权益交易的市场

与一般产品不同，房地产市场上交易的是有关房地产的权益，而不是房地产实物本身。这些权益包括房屋所有权、土地使用权或与其相关的他项权益(包括占有权、使用权、收益权和处分权)。这些权益具有明确的界定，有一定的排他性，单项权益或多项权益组合形成了性质不同、复杂多样的交易行为，从而形成各种形式的房地产市场，如转让市场、买卖市场、租赁市场等。

2. 房地产市场是典型的区域性市场

房地产产品是不可移动的，具有典型的区域性特征。其区域性不仅表现在建筑风格、文化环境、所在地域的生活习惯上，而且表现在所在区域的经济水平、土地资源、城市基础设施、生活环境等方面。因此，房地产权益的交换价格绝不仅仅是针对建筑物本身，更多的是针对上述各方面因素在房地产市场中的综合评价。同品质、同用途的建筑物即使在同一城市甚至在同一条街道上都是不可替代的。

3. 房地产市场具有不完全开放性

(1)地产资源的相对稀缺性及其必须由国家经营的特性是房地产市场有限度开放的根本原因。土地属于不可再生资源，其相对稀缺性和人类社会对房地产需求绝对增长的特性是房地产市场运行的基本矛盾，这一矛盾决定了从总体上看房地产多数情况下处于短缺状态，其价格多具有上升趋势。

(2)房地产的开发、流通与使用受国家计划、政策和城市规划的严格制约，这些都影响房地产市场的自由度。

(3)资金限制也会影响房地产市场的开放程度。房地产开发投资量大，资金是制约房地产开发及市场流通的重要因素。

4. 房地产市场交易形式具有多样性

一般产品的市场交易以买卖为主，但房地产市场交易伴随着相应的权益产生了多种交易形式，如土地使用权的出让、转让、抵押，房地产的买卖、租赁、调换，以及派生出来的房屋抵押、典当、信托等。

5. 房地产市场的变化具有周期性

房地产市场和国民经济一样也具有周期性，其变化的基本规律：繁荣—衰退—萧条—复苏。房地产市场繁荣时期空置率低，租金和价格上涨，开工面积、销售面积和土地出让面积增加，市场供应不断加大，市场需求增加，房地产企业利润提高。但由于房地产开发周期较长，随着市场需求的降低，市场供应不断增加，供过于求的状况必然会产生，随之而来的空置率上升导致租金和价格下调。由于交易价格的下跌，开发面积逐渐减少，市场衰退、萧条，进入调整期。

而开发量的减少、价格的下调又将刺激需求的上升，吸引了许多投资者（包括投机者）及大众消费者进入市场，消化市场供应，此时，房地产市场调整结束，开始进入复苏期。

1.1.4 房地产市场的要素与类型

通常情况下房地产市场可分为一级市场，即土地使用权的有偿出让；二级市场，即土地使用权出让后的房地产开发经营，又称为"增量房地产"；三级市场，即投入使用后的房地产交易，也称"存量房地产"。房地产一级市场理应由政府垄断，是发展房地产二、三级市场的基础和前提，房地产二、三级市场交易的活跃、供给和需求的均衡，可促进整个房地产市场的繁荣发展。

1. 房地产市场的要素

房地产市场包括以下三个基本要素：

（1）必须存在一定数量的房地产产品形成供给市场。房地产市场必须要拥有一定数量的、不同种类和标准的房地产来用于交换。具有一定数量且具有使用价值的房地产是构成房地产市场的基本要素，是房地产市场交换活动得以进行的物质基础。缺少这一要素，交换就不能成立，房地产市场也就不复存在。

（2）必须存在一定数量的购买力。在房地产市场上，房地产价值得以实现的必要条件是市场上必须有具备一定支付能力的需求，也就是具有一定的货币量及其所代表的购买力，这是构成房地产市场的又一基本要素。缺少这一要素，交换同样不能成立，房地产市场活动也无从谈起。房地产市场的容量与市场的活跃程度同一个城市的经济发展水平密切相关。

（3）必须存在参加交换的当事人。房地产交易是通过当事人双方的交换活动来实现房地产所有权或其他相关权益转移的，因此，房地产市场必须存在参加交换活动的当事人，包括开发者、经营者、消费者和专职的房地产管理者、中介机构或经纪人等，这些内容构成房地产市场的主体。

2. 房地产市场的类型

从识别和把握房地产宏观市场环境的角度出发，可以按照地域范围、房地产用途和等级、房地产交易形式、房地产购买者的目的等标准对房地产市场进行分类，见表1-1。

表1-1 房地产市场的类型

分类标准	具体说明
按地域范围分类	房地产的不可移动性决定了房地产市场是区域性市场。人们认识和把握房地产市场的状况，通常从地域的概念开始。因此，按地域范围对房地产市场进行分类，是房地产市场分类的主要方式之一。地域所涵盖的范围可大可小，最常见的是按城市分类，如北京房地产市场、上海房地产市场、广州房地产市场等。对于比较大的城市，其城市内部各区域间的房地产市场也往往存在着较大差异，因此还要按照城市内的某一个具体区域分类。但一般来说，市场所包括的地域范围越大，其研究的深度就越浅，研究成果对房地产投资者的实际意义也就越小
按房地产的用途和等级分类	由于不同类型的房地产在投资决策、规划设计、工程建设等方面存在着较大的差异，因此按照房地产的用途分类，可将其分解为若干子市场，如居住房地产市场（如普通住宅市场、别墅市场、公寓市场等）、商品房地产市场（如写字楼市场、商场或店铺市场、酒店市场等）、工业房地产市场（如标准工业厂房市场、高新技术产业用房市场、研究与发展用房市场等）、特殊房地产市场、土地市场（各种类型用地市场）等。根据市场研究的需要，有时还可以进一步按房地产的档次或等级细分，如甲级写字楼市场、乙级写字楼市场等

续表

分类标准	具体说明
按房地产交易形式分类	房地产交易包括房地产转让、房地产抵押和房屋租赁。同一时期、同一地域范围内,针对某种特定类型的房地产产品,市场划分为销售(含预售)、租赁(含预租)和抵押等子市场;针对存量房屋的交易,市场划分为租赁、转让、抵押和保险等子市场
按房地产购买者的目的分类	购买者购买房地产的目的主要有自用和投资两类。自用型购买者将房地产作为一种耐用消费品,其目的在于满足自身生活或生产活动的需要,其购买行为主要受购买者自身特点、偏好等因素的影响。投资型购买者将房地产作为一种投资工具,其目的在于将所购买的房地产出租经营或转售,从中收回投资并获得收益,其购买行为主要受房地产投资的收益水平、其他类型投资工具的收益水平以及房地产市场内使用者的需求特点、趋势偏好等因素的影响。根据购买者目的的不同,可以将房地产市场分为自用市场和投资市场

1.2 市场营销与房地产市场营销

1.2.1 市场营销

1.2.1.1 市场营销的概念

市场营销是由英文"Marketing"一词翻译而来的,是指企业通过向顾客提供能满足其需要的产品和服务,促使顾客消费企业提供的产品和服务,进而实现企业目标的经营理念和战略管理活动。对于市场营销的概念,国内外的论述较多。

(1)1960年,美国市场营销协会定义委员会给市场营销做出的专门定义:"市场营销是引导货物和劳务从生产者流向消费者或用户的企业商务活动过程。"但由于当时对市场营销的研究还不够深入,这个定义基本上将市场营销等同于推销,对市场营销理解得比较狭隘。

(2)1985年,美国市场营销学会(American Marketing Association,AMA)给出的权威定义:市场营销是指通过对货物、劳务和计谋的构思、定价、分销、促销等方面的计划和实施,实现个人和组织的预期目标的交换过程。目的是创造能实现个人和组织目标的交换。

(3)美国著名的营销学专家菲利普·科特勒认为市场营销最好的定义:个人和集体通过创造并同别人交换产品和价值以满足需求和欲望的一种社会管理过程。这里的产品是指能用以满足人类某种需要或欲望的任何东西;这里的价值是指消费者对于一个产品能够满足其各种需要的评估,也称为效用。

综上所述定义,市场营销的概念有以下几个要点:

(1)市场营销的最终目标是"满足需求和欲望"。

1)需求是指人们有能力购买并愿意购买某个具体产品的欲望。需求是一种特定的欲望,即一种具有购买能力的欲望。没有购买力,或没有购买欲望,都不能形成需求。

2)欲望是指人们想得到某种基本需要的具体满足物的意愿,是一个比需要包容面更广的概念。

(2)"交换"是市场营销的核心,交换过程是一个主动、积极寻找机会,满足消费者需求和欲望的社会过程和管理过程。

(3)交换过程能否顺利进行,取决于营销者创造的产品和价值满足顾客需求的程度和交换过

任务1 了解房地产市场营销——房地产市场营销策划概论

程管理的水平。

交换是市场营销的核心,具有需求和欲望时并不一定产生营销,只有当用交换这种特定方式来满足需要和欲望时,营销才会产生而且必然产生。

1.2.1.2 市场营销观念的形成与发展

1. 生产观念

生产观念是一种古老的经营观。这种观念认为,消费者总是希望可以随处买到价格低的产品,企业应致力于追求更高的生产效率和更广的分销范围,扩大生产,降低成本,扩展市场。以生产观念指导经营活动的企业,称为生产导向企业,其典型表现为"我们生产什么,就卖什么"。如20世纪20年代,美国福特汽车公司总裁亨利·福特宣称"不管顾客需要什么汽车,我们只生产黑色的T型轿车",到1921年,福特T型汽车在美国市场的占有率达到56%,这就是在"生产导向"经营哲学的指导下创出的奇迹。日本企业在战后数年之内也曾一度流行这种观念。新中国成立初期,我国在高度集中的计划经济体制下,由于长期受"短缺经济"的困扰,这种指导思想在企业中长期占统治地位。

2. 产品观念

产品观念是比生产观念稍后出现的经营观念,这种观念认为,消费者喜欢那些质量最高、性能最好、特色最多的产品。企业应致力于生产高质量和高价值的产品,并不断加以改进。同生产观念相比,产品观念更重视产品本身。因而最容易迷恋这种观念的情形,莫过于当企业研究开发出一种新产品的时候。从本质上来讲,产品观念和生产观念都属于生产或卖方导向的经营思想,仍然是以生产者为核心。

创立于1869年的美国爱尔琴钟表公司,直到20世纪50年代,一直被认为是美国最好的钟表制造商之一,享有盛誉。该公司在市场营销管理中一贯强调生产优质产品,并通过一流的珠宝店和百货公司销售产品。1958年之前,公司的销售额一直是上升的,但此后开始下降。其主要原因是公司管理层没有注意到许多消费者已对名贵手表不感兴趣,而趋向于购买那些经济、方便、新颖、时尚的手表,而其仍迷恋于生产精美的传统式样的手表,结果让其他手表制造商夺走了大部分市场。

3. 推销观念

推销观念也称为销售观念,它产生于资本主义国家由"卖方市场"向"买方市场"过渡的阶段,曾经为许多企业所奉行,至今仍有不少企业采用。这种观念认为,如果对消费者置之不理,他们不会大量购买本企业的商品,因而企业必须进行大量的推销和促销努力。执行推销观念的企业,称为推销导向企业,其典型表现为"我们卖什么,就让人们买什么"。因此,企业必须积极推销和大力促销,以刺激消费者大量购买本企业的产品。

在1920—1945年,由于技术进步,科学管理和大规模生产的推广,产品产量迅速增加,开始出现供过于求的情况,卖主之间的竞争开始变得激烈。在这种条件下,企业开始重视销售工作,推销观念也被大量应用于推销那些"非渴求品"。

重点提示

推销活动和推销观念不是一回事。事实上,任何企业都会有推销活动,特别是当新产品上市时,企业应加强广告和推销工作,使消费者对产品或劳务了解并发生兴趣,再配合合适的价格、渠道、促销策略,使潜在需求变成现实购买。

4. 市场营销观念

第二次世界大战结束后，西方市场经济国家由于科学技术水平不断提高，生产飞速发展，人们消费水平大大提高。市场营销观念认为，达到企业目标的关键在于正确确定目标市场的需要和欲望，比竞争者更有效地满足目标市场的要求。执行市场营销观念的企业，由最初的生产观念转向营销观念。即由"我们生产什么，就卖什么"到"顾客需要什么，我们就生产供给什么"。

到 20 世纪 50 年代中期，买方市场已经形成，随着第三次科学技术革命的兴起，产品技术不断创新，新产品竞相上市。产品供应量迅速增加，许多产品供过于求，市场竞争进一步激化。另一方面，消费者有了更多的可支配收入和闲暇时间，消费需求趋向更加多样化。这种情形要求企业的经营理念在思想上有一次根本性的变革。

市场营销观念与推销观念之间存在着根本性区别。

市场营销观念是一种以顾客需要和欲望为导向的哲学，它要求企业以顾客为中心，满足消费者需求和欲望是企业一切工作的出发点，"顾客就是上帝"。在此基础上，实现企业的合理利润，而这只是一个顺带的结果。

5. 社会营销观念

社会营销观念出现于 20 世纪 70 年代，这种观念认为，企业的任务是确定目标市场的需要、欲望，比竞争者更有效地提供满足顾客的商品，同时维护与增进消费者的社会福利。

市场营销指导思想由旧的生产者导向转变为新的市场（消费者）导向，是发达国家现代企业经营管理思想的一个重要变革。西方市场学者对于这种转变给予了很高的评价，称为商业哲学的一次革命。他们认为，在新旧两种观念的指导下，企业全部工作方针、行为内容、重点及手段和效果都是截然不同的。

1.2.2 房地产市场营销

1. 房地产市场营销的概念

房地产市场营销是指房地产开发企业以企业经营方针、目标为指导，通过对企业内、外部经营环境、资源的分析，找出机会点，选择营销渠道和促销手段，经过创意将物业与服务推向目标市场，以达到占有市场、促进和引导房地产开发企业不断发展的目的的经济行为。从某种意义上讲，房地产市场营销是在对市场的深刻理解的基础上的高智能的策划。它蕴含在企业生产开发经营的全过程，由市场调查、方案制定和建筑总体设计、价格定位、广告中介服务、售后服务以及信息反馈等组成。

2. 房地产市场营销的特性

房地产的特殊性，决定了房地产市场营销有着诸多不同于其他产品市场营销的特性。

（1）独特性。房地产市场只有相似的房地产，没有完全相同的房地产，与其他一般匀质性的工业产品有着显著的差别。在市场营销中，每个楼盘之间在营销方法和策略上都会有差别。

（2）固定性。房地产商品的固定性，决定了在营销中，其不能像其他消费品那样，通过运输直接与消费者见面，或者带到不同地方的市场上进行交易。一般市场营销的仓储和运输渠道与房地产就没有什么关系，而中介渠道对其显得特别重要。在其他方面，如价格定位和促销等，也都具有房地产行业的种种特征。

（3）长期性。长期性即房地产产品的生产周期和使用周期都远远高于一般商品，一方面房地产市场营销的周期比一般产品更长，从前期可行性研究阶段，到物业管理阶段都应该有营销人

任务1 了解房地产市场营销——房地产市场营销策划概论

员的参与；另一方面，房地产使用周期长达几十年之久，2007年10月1日，《中华人民共和国物权法》正式生效后，住宅产品的使用周期可以自动续期，更强化了房地产产品使用周期长的特性。这就要求房地产市场营销者必须具备营销战略眼光，从长远和全局考虑问题，拒绝短视行为，避免"营销近视症"。

（4）风险性。房地产产品的生产不同于普通商品的生产，其价值量大，少则几十万元，多则上千万元，甚至更多。一般工业产品从原材料消耗、加工到产出，可以在一天、一小时甚至更短的时间内完成。而房地产开发不同，从项目的可行性研究到房地产建成，一般要用1~5年的时间。如果项目较大，时间会更长。在这样长的时间内，企业的内外环境都会发生变化，甚至会发生很多意想不到的事情，从而加大了房地产市场营销的风险。此外，房地产投资大，又具有不可移动性的特点，一旦环境变化或投资决策失误，将会给企业造成无法挽回的损失。因此，在房地产市场营销过程中，既要高度关注资金的安全性，也要时刻注意营销风险的防范。

（5）区域性。房地产的固定性决定了房地产市场的区域性。不同区域的房地产市场发展水平和完善程度都有较大差别。如我国沿海经济发达城市的房地产市场营销水平和竞争激烈程度都远远高于内陆城市。这也要求房地产营销人员必须因地制宜，在不同的区域市场制定不同的营销策略。

（6）复杂性。房地产市场营销是一个复杂的过程，包含了市场调研、地段选择、土地征用、房地产产品的设计和施工、楼盘的命名、产品的定价、销售渠道的选择、促销以及物业管理等一系列复杂的过程。这一过程涉及很多领域，牵扯到众多部门，涉及复杂的法律关系，需要很多专业人员参与。房地产营销还极易受外部环境的影响。这些因素决定了房地产市场营销比普通商品的营销更加复杂。

（7）差异性。由于房地产产品的独特性，它不能像普通商品那样大批量地复制和生产，这种异质性决定了消费者的购买行为具有全新性。当消费者产生购买房地产的欲望后，经过收集信息，比较评价，做出购买决策，最后产生购买行为。消费者的购买决策是一个复杂的过程，消费者在整个购买决策过程中非常慎重。

在房地产营销中，房地产营销人员面对的顾客也是全新的，房地产营销是典型的一对一营销，其人员推销的作用较其他商品人员推销的作用要大得多。

（8）产权与使用权的特殊性。对于房地产商品来说，产权概念特别重要，在营销过程中涉及产权"过户"的法律登记认可问题。在法律上，房地产的使用权和所有权可以分离，所有者可以将使用权以出租的形式让第三者使用。因此，房地产市场营销在流通形式中，除了买卖之外，租赁也是常见的形式。在房地产经济活动中，房地产商品的使用权和所有权还可以用于抵押、典当、信托等。房地产营销形式的特殊性要求房地产在权属登记、转移时，都必须关注产权的法律保障问题。

（9）协同性。房地产业与众多产业相关，特别是与建筑业、建材业、金融业、交通运输业、城市基础设施、园林等产业密切相关。房地产业的发展既能带动相关产业的发展，同时又受相关产业发展的制约。房地产企业需要市场调研部门、建筑设计部门、建筑施工部门、建筑监理部门、中间商和物业管理机构等部门的合作。房地产市场营销是一个复杂的过程，需要很多行业、企业、专业人员的通力合作才能做好。所以，企业不能仅凭自己的人员从事房地产开发中的相关工作，而应组建由相关专业的企业家、政府官员、高校专家学者、律师等组成的智囊团，为企业的营销活动献计献策。

（10）营销信息的不对称性。房地产市场营销是在不完全竞争的市场环境下进行的，往往缺乏及时、准确的交易信息。房地产交易过程的长期性、交易后数据处理的相对滞后性及交易的不公开性，使其交易信息很难完全掌握。当然，随着互联网技术的普及和应用，将增加开发商之间的信息透明度，也将大大提高普通购房者的市场信息知情权。

3. 房地产市场营销过程

房地产市场营销过程是房地产企业对市场营销活动所进行的分析、计划、实施与控制的过程。该过程由市场营销环境分析、选择目标市场、市场营销组合和营销计划的制定、实施与控制等组成。房地产市场营销过程一般包括6个步骤（图1-1）：

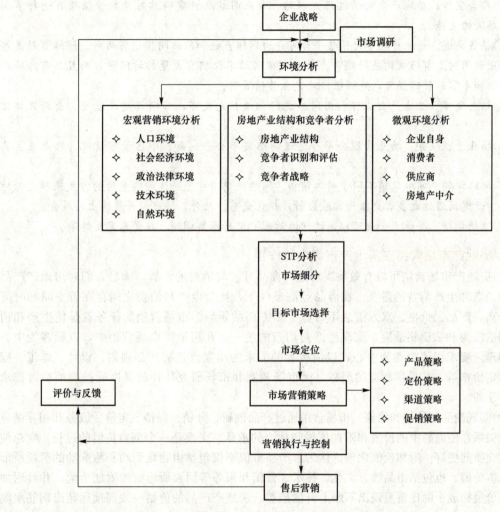

图1-1　房地产市场营销过程

(1)进行房地产项目市场调研（包括宏观环境、消费者行为和竞争者调研）。
(2)选择细分市场进行市场定位（包括市场细分和目标市场选择）。
(3)在定位指导下进行产品和服务的设计。
(4)制定销售渠道、宣传推广等营销策略。
(5)项目的销售执行与策略调整。
(6)销售之后的后营销。

任务1　了解房地产市场营销——房地产市场营销策划概论

拓展阅读

电子商务在房地产营销中的应用

电子商务给房地产营销带来新的发展机遇，在给客户带来极大便利的同时，有利于降低房地产企业营销成本、加大房地产企业与客户的互动、帮助房地产企业突破营销的地域界限。在房地产营销中，电子商务可以应用在以下几方面：

（1）广告宣传。房地产企业通过门户网站、专业网站及自建网站对开发营销项目进行多角度、多层次的宣传。

（2）销售渠道。房地产数字化销售平台可分为网络直销和网络间接销售两种。网络直销是房地产企业利用网上市场机构进行销售。专业代理网站不仅拥有大量的访问量，而且具有房地产专业知识和丰富的营销经验，能够很好地完成营销策划。

（3）信息发布。房地产企业可利用网络进行相关信息发布，如项目建设速度、最新促销信息等。

（4）物业管理服务。物业管理公司可通过网络发布公告通知、小区管理情况、征求业主意见等。

（5）网络促销。网络促销不同于网络销售。网络促销通常是通过网络竞价的方式来确定房地产价格。开发商通过众多客户报价比较分析，择优交易。此外，还可以开展网上房展会。

（6）市场调研。房地产企业可以通过网络对客户进行网络调研、接受意见反馈等。

4. 房地产市场营销在房地产市场中的作用

（1）房地产市场营销可以有效解决房地产商品开发与消费的矛盾，满足人们对房地产产品的生活消费和生产消费的需要。在商品经济条件下，社会生产和消费之间存在着空间和时间上的分离，产品、价格、双方信息不对称等多方面的矛盾。市场营销的任务就是使生产和消费不同的需要和欲望相适应，实现生产与消费的统一。在房地产市场营销中，以顾客为中心的营销理论要求以消费者为中心，以消费者的需求为出发点进行产品规划、设计、施工、配套、制定价格等，并提供相应的服务。而市场调查和市场研究往往就是准确把握消费者需求的重要手段。

（2）实现商品的价值和增值。市场营销通过产品创新、分销、促销、定价、服务和相互满意的交换关系，使商品中的价值和附加值得到社会的承认。交换是一个创造价值的过程，它总使双方比交换前更好。附加价值化理论认为：产品价值不仅包括由物化劳动和活劳动的消耗所形成的基本价值，也包括由品牌、文化、技术、营销和服务等因素所形成的附加价值，并且附加价值在价值构成中的比重呈现出不断上升的趋势。房地产产品的价格一般都远远超出钢筋水泥的价值，其缘由就是地段、景观、品牌、升值潜力、功能、物业服务等形成的附加价值提升了产品的价值。

（3）避免社会资源和企业资源的浪费。市场营销从顾客需求的角度出发，根据需求条件安排生产，最大限度地减少产品无法销售的情况的出现，避免了社会资源和企业资源的浪费。市场竞争使得房地产开发企业不得不降低成本。而主动避免浪费，提前做好规划，充分利用和发掘现有资源的潜力，就是最好的节约。比如开发商开发适销对路的房地产商品，可以迅速回笼资金，降低资金时间成本，从而降低风险，提高企业的竞争力。

（4）满足顾客需求，提高人民的生活水平和生存质量。市场营销活动的目标是通过各种手段最大限度地满足顾客需求，最终提高社会总体生活水平和人民的生存质量。消费者满足是最高的市场营销境界，也是市场营销的出发点。房地产商品具有不可移动、投资与消费双重性和使用周期长等特点，关系到房地产商品消费者的生产和生活，也是一个社会文明程度的重要指标。安居才能乐业，好的房地产商品在提高人民生活水平、促进社会发展进步以及维护社会稳定方面起着举足轻重的作用。

(5)有利于房地产业健康稳步发展。房地产业是我国国民经济的先导性和支柱性产业，在我国国民经济建设中占有重要地位，房地产业的健康稳步发展对我国国民经济建设，人们生活水平的提高都有着极其重要的意义。

研究房地产市场营销，能够认识市场机制的调节、价值规律的作用，合理地配置土地、资金、劳动力等资源，提高房地产企业的经营管理水平和经济效益，使房地产业成为国民经济新的增长点，为国民经济的发展打下坚实的基础，并为产业结构的调整做出巨大的贡献。

1.3　我国房地产业与房地产市场营销的发展历程

1.3.1　建设观念阶段——标准规划

在计划经济时代，我们只有简单的"房地产"概念，很长一段时间，我国的住宅建设一直学习苏联模式，而且住宅的建设标准由政府统一制定，谁也不能超标准，甚至是出几套标准图，大家全按标准图进行建设，千楼一面。

20世纪80年代以前，还没有房地产市场的概念，那时"盖房子""盖家属院"，连人们的基本居住需求都难以满足，"规划设计有规划院，建筑设计有设计院"，那个时候的房屋建设等同于标准规划阶段。

20世纪80年代末，消费者对住房的需求迅速增长，需求也逐渐有了层次，过去按标准图建设住宅的观念被初步的规划设计取代，国外营销理论进入，导致房地产开发开始以设计为中心。当时，由于经济发展与生活水平有限，价格低的住房受到消费者欢迎，加之消费者对房地产产品的需求远大于供应，因而消费者最关心的是能否得到住房，而不是关心住房的细小特征。开发商致力于获得高生产效率和广泛的分销覆盖面，同时认为消费者喜爱那些可以随处得到的、价格低的住房。

1.3.2　小区观念阶段——设计规划

房地产刚刚走向市场化，大部分开发商开发项目的意识依然停留在计划经济时代，往往是跟着感觉走，那时的房屋往往依赖于企业领导或几个设计院专家的"头脑风暴式"讨论，根本没有市场化调查、消费者需求调查的意识，开发的项目充满了主观臆断，开发商的营销处于小区观念阶段，认为消费者最喜欢高质量、多功能和具有某些特色的房子。有的开发商认为，消费者欣赏精心建设的小区，他们能够鉴别楼房的质量和功能，并且愿意出较多的钱买质量上乘的楼房。许多开发商没有意识到其市场可能并不那么迎合时尚，甚至市场正在朝不同的方向发展。开发商认为自己知道该怎样设计和改进产品，他们认为："在我们的房子没有盖起来以前，消费者怎么会知道他们需要什么样的住房？"虽然此时房地产开发依然以设计为中心，但规划的大部分功能开始与设计功能合并了。

1.3.3 推销观念阶段——寻找卖点

房地产市场的泡沫与楼盘空置的现实，使房地产开发商认为消费者缺乏理性，有一种购买惰性或者抗衡心理，必须主动推销和积极促销，用好话劝说他们，开发商没有意识到楼盘空置的真正原因，继续销售其能够建造的楼盘，而不是建造能够出售的适应型楼盘。开发商的市场竞争观念，使营销成为企业的主要功能，成为开发商一切工作的核心。

在 1997—1999 年，大多数的房地产开发商仅仅只是寻找到楼盘的某一个或几个显著特征，如有的强调物业管理，有的宣传环保意识，有的突出小区的智能化等，向消费者加以强调和宣传，使消费者对楼盘产生好感，以达到促销的目的。这个时期，市场上的多数卖点模式对提高项目的质量起到非常积极的作用，但同时也使许多楼盘成本处于"高处不胜寒"之境。

1.3.4 营销观念阶段——整合营销

围绕用户展开的营销，并没有使供需缓和、楼盘空置减少，开发商逐渐认识到实现销售的关键在于正确确定目标市场的需要和欲望，并且比竞争对手更有效、更有利地传送目标市场所期望满足的东西，即发现欲望并满足它们。这使开发商不再只关注于产品的本身，转而关注市场需求。

房地产营销的责任，就是去研究市场，发现消费者的真正"欲望"和社会的长远利益，这时，整合营销理论应运而生。整合营销是企业经营目标兼顾企业、顾客、社会三方的共同利益，各种营销技巧相互结合、相互补充所构成的企业市场营销理念。整合营销要求企业的所有活动都整合和协调起来，企业中所有部门都在一起努力为顾客的利益而服务，企业的营销活动成为企业各部门的工作，即所谓的营销非功能化，营销等于企业的全部。

整合营销将改变以往从静态的角度分析市场、研究市场，然后想方设法去迎合市场的做法，它使地产与泛地产相复合，运用房地产领域内外各种技术手段，强调以动态的观念，主动地迎接市场的挑战，企业更加清楚地认识到企业与市场之间互动的关系和影响，不再简单地认为企业一定要依赖并受限于市场自身的发展，而是告诉企业应该更努力地发现潜在市场，创造新的市场，最终提升房地产价值，创造房地产品牌。

任务小结

本任务主要介绍了房地产与房地产市场、市场营销与房地产市场营销相关的基本知识。房地产是指土地、建筑物及固着在土地、建筑物上不可分离的部分及其附带的各种权益。房地产市场由主体、客体和中介构成，是房地产商品交换过程的统一，是连接房地产开发、建设、经营、管理、服务和消费的桥梁，是实现房地产商品价值和使用价值的经济过程。市场营销是指企业通过向顾客提供能满足其需要的产品和服务，促使顾客消费企业提供的产品和服务，进而实现企业目标的经营理念和战略管理活动。

复习思考题

一、填空题

1. 简单地说，房地产就是_____和_____的总称。

任务1　了解房地产市场营销——房地产市场营销策划概论

2. 房地产市场是_____的一个重要组成部分。
3. 房地产市场营销的产生是_____和_____的必然产物。
4. 传统的房地产营销策划理论是建立在_____的营销学理论基础上的。
5. _____和_____合称为房地产。

二、选择题

1. 房地产最重要的特征是_____。（　　）
   A. 消费投资二重性　　　　　　B. 长期使用性
   C. 易受政策影响　　　　　　　D. 其位置的固定性（或称不可移动性）
2. 与一般商品的市场营销相比，房地产市场营销的主要特点是_____。（　　）
   A. 消费投资二重性　　　　　　B. 长期使用性
   C. 交换对象的特殊性　　　　　D. 风险性和复杂性
3. 房地产的_____是指每宗房地产都有其各自的个性特征，市场上不可能有两宗完全相同的房地产。（　　）
   A. 产品差异性　　　　　　　　B. 长期使用性
   C. 交换对象的特殊性　　　　　D. 风险性和复杂性
4. 房地产市场的特殊性是由_____决定的。（　　）
   A. 房地产的产品差异性　　　　B. 房地产的长期使用性
   C. 交换对象的特殊性　　　　　D. 房地产产品的特殊性

三、判断题

1. 广义的房地产仅指土地和土地上的永久性建筑物及其衍生的权益。（　　）
2. 广义的房地产市场是指房地产交换关系的总和。（　　）
3. 房地产一级市场不能由政府垄断。（　　）
4. 由于房产和地产固定在一个地域不能移动，所以房地产又被称为不动产。（　　）
5. 房地产产品是可以相互替代的。（　　）

四、问答题

1. 房地产市场的不完全开放性主要体现在哪些方面？
2. 房地产市场活动包括哪些基本要素？
3. 房地产市场营销的研究对象是什么？

任务 2　认识市场——房地产市场环境分析与调研

 知识目标

1. 了解房地产市场营销环境的含义及特点；理解房地产市场营销环境的内容。
2. 熟悉房地产营销微观和宏观环境影响因素。
3. 掌握房地产营销环境分析方法。
4. 了解房地产市场调查的概念、作用、特点及类型。
5. 熟悉房地产市场调查的方法与程序。
6. 掌握房地产市场调查问卷的设计和房地产企业市场调查报告的撰写方法。

 **能力目标**

能够通过分析房地产市场环境，使房地产企业能够制定正确的营销战略与目标计划等，以保证房地产市场营销的顺利进行；能够根据房地产市场调查的目的确定市场调查的内容，能够设计市场调查问卷，能够运用简单的市场调查方法，并撰写市场调查报告。

案例导入

A公司准备在桂林市开发一个新的房地产项目（图2-1），该项目位于桂林市××广场南侧；由GT9—3和GT11—1两个地块组成，两个地块被一条市政规划道路隔开，GT9—3位于市政道路北侧，GT11—1位于市政道路南侧。四至：东临站前东路，西临新建路，北临火车北站广场，南临西二环；距桂林市政府约22 km，临近北站商圈，距离市中心约8 km。

项目经济技术指标及地理位置如下：

(1)占地面积：GT9—3地块规划用地面积为11 121.0 m²；GT11—1地块规划用地面积为10 908.73 m²。

(2)地上建筑面积(计容)：GT9—3为50 040.00 m²；GT11—1为49 080.0 m²。

(3)容积率：GT9—3为4.5；GT11—1为4.5。

(4)用地性质：商业、住宅、办公、商铺。

(5)绿地率：GT9—3为18%；GT11—1为15%。

(6)限高：≤54 m。

任务 2　认识市场——房地产市场环境分析与调研

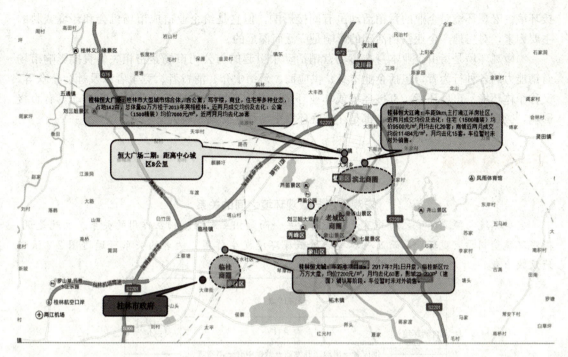

图 2-1　房地产项目位置

作为市场部工作人员的你，应当如何对该项目进行市场调研分析？请撰写一份市场调研报告供公司参考。

2.1　房地产市场营销环境概述

2.1.1　房地产市场营销环境的含义和分类

1. 房地产市场营销环境的含义

环境最通俗的含义就是指周围的情况和条件。房地产市场营销环境是相对房地产市场营销活动这一中心而言的影响企业生存和发展的各种情况和条件。在实践中，它主要是指房地产企业生存和发展所必须面对的，独立于房地产企业之外的制约、影响房地产企业营销活动的众多参与者与影响力的集合，是房地产企业的生存空间。它的构成因素多种多样，且对房地产市场营销活动的制约程度也有所不同。

2. 营销环境分类

(1) 按影响范围的大小分类。按影响范围的大小，营销环境可分为宏观环境和微观环境两类。

1) 宏观环境是指间接影响企业市场营销活动的各种因素和力量的总和，包括自然环境、人口环境、经济环境、社会文化环境、政治法律环境、科技环境，又称总体环境、一般环境或间接环境。宏观环境对企业的营销活动虽有间接影响,但它是给企业造成市场机会和环境威胁的主要因素,对房地产企业营销活动的影响是广泛而深远的。

2)微观环境是指由企业本身在市场营销活动中引起的与公司市场紧密相关、直接影响市场营销能力的各种行为者,包括企业本身、供应商、营销中介、消费者、竞争者以及社会公众等,又称个体环境、市场环境、直接环境或作业环境。微观环境对房地产企业的营销活动具有直接影响,微观环境中的各种行为者都是在宏观环境中动作并受其影响的。

拓展阅读

宏观环境与微观环境之间的关系

宏观环境与微观环境之间并不是孤立的关系,而是相互影响、相互作用的关系。也就是说,微观环境受制于宏观环境,而宏观环境通过微观环境发生作用。两者的关系可通过图2-2清晰地反映出来。

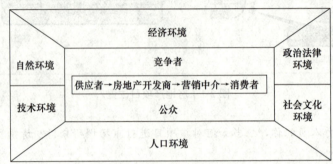

图2-2 房地产市场营销环境

(2)按环境的性质分类。按环境的性质,营销环境可分为自然环境和文化环境。自然环境是指影响房地产市场营销的实体环境,又称硬环境,包括矿产、动物种群等自然资源及其他自然界方面的许多因素,如气候、生态系统的变化。文化环境是指与营销活动相关的因素,又称软环境,包括社会价值观和信念、人口统计变数、经济和竞争力量、科学和技术、政治和法律力量。

(3)按控制难易程度分类。按控制难易程度,营销环境可分为可控制因素和不可控制因素。可控制因素是指可由企业及其营销人员支配的因素。不可控制因素是影响公司的工作和完成情况而公司及市场营销人员无法控制的因素,包括消费者、竞争、政府、经济、技术和独立媒体。

2.1.2 房地产市场营销环境的特点

1. 关联性

房地产市场营销环境构成的各种因素和力量是相互联系、相互依存的,一个因素的变化会导致许多因素的变化。例如,经济因素不能脱离政治因素而单独存在,政治因素也要通过经济因素来体现。因此,它们对企业的营销活动并非单独产生影响,而是综合发挥作用的,这种复杂的相互影响也使企业的外部环境更加难以把握。对房地产市场营销环境进行分析,就是对影响房地产市场营销的各种外部因素及其作用加以分析和评价,从而使房地产企业能够制定出正确的营销策略、营销计划、决策措施等,以保证房地产市场营销目标的实现。所以,房地产企业营销环境各种因素的影响是综合发生的,具有很强的关联性。

任务2 认识市场——房地产市场环境分析与调研

2. 动态性

房地产企业所面临的市场营销环境总是处于不断变化之中的，其各个具体因素也是随着市场经济的发展而不断变化的，而且诸因素的变化程度也不相同。一方面，各种环境因素自身是不断变化的；另一方面，某一环境因素的变化又会引起相关环境因素的变化。但每种因素变化的速度不同，相对而言，人口、社会和自然环境的变化相对缓慢一些，而科技、经济、政治与法律的变化快一些。其中，科技因素变化最快，它推动了企业的技术进步和产品创新。

3. 层次性

从空间概念来看，房地产市场营销环境因素是多个层次的集合。宏观层次的营销环境包括国家的政治背景、经济背景、经济政策、地区的经济状况和产业发展状况、人口状况、法规政策等。中观层次的市场营销环境包括按用途进行分类的专业物业市场的各种影响因素，如地区的购买力是决定商业物业市场大小的重要因素，而外企数量和员工的人数是决定写字楼物业的市场大小的重要因素。微观层次的市场营销环境包括项目所在地的地理、人文条件等。这几个层次的外界环境因素与房地产企业发生联系的紧密程度是不相同的。其中政治、法律因素较为广泛、普遍，经济因素的影响较为直接，其他因素则往往是通过经济因素去影响和制约房地产企业营销活动的。

4. 差别性

不同房地产企业的市场营销环境存在着许多差别，不同企业对外部环境的敏感性存在显著的差异。尤其是对于区域性特征明显的房地产企业来说，这一特征更为突出。

5. 动态性

房地产企业的市场营销环境随着时间的推移经常变化，每一个营销方案都应随时进行调整，房地产开发企业应注重市场的开放性和灵敏性。

6. 不可控性

影响房地产企业市场营销环境的因素除企业本身是可控因素外，大多为不可控因素，对于这些因素，企业不能改变它，只能了解它、适应它。其中也有少量的影响因素使企业可以施加影响，使其尽可能地朝着有利于企业开展市场营销活动的方向转化。按照与房地产企业营销联系的密切程度和企业对这些因素的可控程度，可以把环境因素分为三类：

（1）企业不可控制的因素。即宏观环境因素，包括人口环境、经济环境、政治法律环境、自然环境、技术环境和社会文化环境。对于这些因素，企业不能改变它，只能了解它、适应它。

（2）企业可以施加影响的因素。企业可以对这些因素施加影响，使其尽可能地朝着有利于开展市场营销活动的方面转化的因素，包括市场、社会公众、竞争者、供应商和中间商。

（3）企业可以控制的因素。如企业本身。企业要根据不同环境因素的可控程度采取不同的对策。

2.2 房地产市场营销的宏观环境和微观环境

2.2.1 微观营销环境

1. 企业

房地产开发企业是指为了实现自己的经营目标和营销目标，在对市场进行分析、研究的基

任务2　认识市场——房地产市场环境分析与调研

础上，根据目标市场的需要，对房地产产品进行开发、建设，并制定和实施市场营销决策的企业，是一个相对完整的系统。一个项目经营的水平，与这个项目的经营企业有直接的关系，因为整个项目的经营过程都是在本企业的管理下进行的，这个企业的管理水平、管理理念与组织结构直接影响项目的市场推广。

一家房地产公司的销售业务是由营销和销售部门负责的，他们为所有现存房地产产品和品牌制定营销计划并发展新产品和新品牌。营销管理部门在制定营销计划时，还必须考虑公司的其他组织，如高层管理部门、财务、研发、采购、建筑设计和会计等部门，共同制定企业的年度计划和长期计划，使营销管理工作得到内部的大力支持，整合各种资源，从而形成强大的合力，使各项营销管理决策和营销方案得以顺利实施。

2. 供应商

对房地产开发经营企业而言，供应商是指能够向房地产开发企业提供土地、建材和服务等资源的企业或个人，包括提供土地、建筑设计方案、原材料、设备、能源、劳务和资金等，它们是影响房地产市场营销微观环境的重要因素之一。

资源的供应是企业生产的前提条件，任何供给的中断和脱节都会给企业的工程造成影响，严重的会使企业蒙受重大的经济损失。目前，我国的房地产和建材市场还处于较混乱的状态，作为一家房地产公司，不应过分依赖单一的供应商而应寻求多个供应商，以"优胜劣汰"的原则选择货源。

供应商对房地产开发企业营销活动的影响主要表现在如下几个方面：

(1) 资源供应的可靠性直接影响房地产企业的生产能否顺利进行。建筑材料、房屋设备、能源、设备、资金以及设计图纸等稳定并及时地供应，是房地产开发建设和设计营销活动顺利进行的前提。供应量不足、供应延迟，都会影响企业按期完成任务。

(2) 资源供应的价格及其变化趋势直接影响房地产的成本，最终影响房地产企业产品在市场上的竞争力。供应商供货的价格直接影响房地产产品成本。如果供应商提高建筑材料价格或有关服务的收费水平，则房地产开发企业也将被迫提高其产品价格，由此可能影响企业的销售量和利润。

(3) 供应资源的质量水平直接影响房地产企业产品的质量。房地产产品的构成实体是建筑材料和房屋设备，因此，供应货物的质量直接影响房地产开发产品的质量。

3. 营销中介

营销中介是协助房地产企业销售其产品给最终消费者的企业或单位，包括中间商、营销服务机构、财务中介机构、实体分配机构等，见表2-1。

表2-1　营销中介机构

机构名称	具体说明
中间商	中间商是指在销售渠道中参与交易活动或者协助交易活动完成的中间机构，帮助公司寻找顾客，或与他们商定销售的执行。中间商按其是否拥有商品所有权分为经销商和代理商。经销商对其经营的房地产商品拥有所有权，他们从房地产企业购进商品房后再转售，从中赚取差价。代理商对其经营的房地产商品不拥有所有权，只是为房地产企业寻找买主或协助房地产企业签订合同，并从中赚取佣金。 房地产公司之所以要利用中间商来推销其房地产产品是因为中间商能比房地产公司更有效地执行营销业务。作为房地产开发经营商，其兴趣主要在于开发、经营大量的房地产。而顾客只关心能否在最便利的地点和时间找到其所需的类型、质量和服务等配套设施齐全的房地产。因此，必须克服房地产公司所提供房地产产品单一性和顾客需求多样性之间的差距。中间商正是克服数量、质量、地点、时间、格式和所有权之间差异的机构

续表

机构名称	具体说明
营销服务机构	营销服务机构主要有营销研究公司、广告代理商、传播媒介公司和营销顾问公司等，他们帮助房地产开发公司推出和促销其产品到恰当的市场，公司对每一种服务要决定自己操作还是购买。这些机构在创造力、质量、服务和价格方面是千差万别的，因此，在房地产公司决定外部代理后，应仔细选择雇用，同时还需定期评估代理机构的绩效，考虑替换不再具有预期服务水平的公司
财务中介机构	财务中介机构主要包括银行、保险公司和其他协助融资或保障购买和销售风险的公司
实体分配机构	实体分配机构协助房地产开发经营商管理房地产产品，负责为顾客做介绍，同时还可以在开发经营的前期阶段，为房地产公司提供货物的运输、保管等辅助业务。目前，在我国，这种公司数量很少，而且一般都和其他类型的公司合作经营，几乎没有仅承揽单一业务的企业

4. 消费者

消费者是房地产或其他服务的购买者，房地产企业营销活动的最终目的就是赢得消费者，获取利润。消费者可以是个人、家庭，也可以是组织机构。房地产企业的顾客群体既包括最终消费者，也包括中间产品市场的顾客。

对于一个企业而言，顾客永远是最重要的营销微观环境。房地产公司必须与供应商和中间商相结合，以便有效地向目标市场提供恰当的产品和服务。为此，有必要对房地产公司的目标市场进行划分，以利于公司在制定营销计划时有针对性地区别对待。

(1)消费者市场。消费者市场的顾客是购买和租借房屋以消费的个人、家庭或公司，他们购买房屋的目的不在于利润，而在于使用。

消费者是房地产企业市场营销的对象，是房地产市场营销中起决定作用的力量。企业必须了解其目标顾客的需求及其需求变化的趋势，为其提供适销对路的优质产品和服务，满足目标顾客的需要。

(2)生产者市场。生产者市场是指为了进行再生产、取得利润而购买或租用房地产的个人和企业所构成的市场。随着经济的发展，此市场还有扩大的可能，因此，营销机构应充分了解这一市场的需求心理和需求变化趋势，并随时有针对性地制定有效的营销计划。

(3)中间商市场。中间商市场是以营利为目的，专门为转卖、获得利润而购买或代理房地产的中间商所构成的市场。

(4)政府市场。政府市场是为了提供公共服务或将商品和服务转给需要的人而购买产品和服务的政府和非营利机构。

5. 竞争者

在商品经济条件下，房地产企业在目标市场上开展营销活动时，往往会遇到做同样努力的其他竞争公司。一般而言，为某一消费者群体服务的房地产企业不止一个，每一房地产企业的营销系统是在一群竞争对手的包围和制约下从事各自的营销活动的。这时，企业必须对其竞争对手进行研究，了解竞争对手的规模、生产设计能力、经营管理水平、营销策略和企业信誉等情况并制定出相应的对策，以求在竞争中取胜。

房地产企业的竞争对手主要包括四种类型：

(1)愿望竞争者。愿望竞争者是指提供不同房地产以满足消费者不同需要的竞争者。如商业用房、工业用房、娱乐用房、住宅的开发商之间就是愿望竞争者。

任务2 认识市场——房地产市场环境分析与调研

(2)一般竞争者。一般竞争者是指提供能满足消费者同一种需求的不同房地产的竞争者。如普通住宅、高级公寓、别墅的开发商之间就是一般竞争者。

(3)产品形式竞争者。产品形式竞争者是指生产同一种房地产,但户型、面积、设计风格不同的竞争者。如同是开发普通住宅,但其开发的面积、户型设计及配套设施等方面均有所不同的开发商之间就是产品形式竞争者。

(4)品牌竞争者。品牌竞争者是指生产同种房地产,而且其产品的户型、面积、配套设施也相同,但品牌不同的竞争者。谁的产品形象好、品牌知名度高,谁就能在竞争中占据有利地位。

6. 社会公众

社会公众是指任何一个能对本机构的目标产生实际、潜在利益或者影响的群体。

公众既可以增强房地产企业实现目标的能力,也可以妨碍公司达到其目标。因此,明智的公司都会采取具体步骤来卓有成效地保持与主要公众之间的良好关系。公共关系是一种广义的营销活动,一般由公关部来策划与不同公众建立建设性的关系,针对不同的公众群体进行营销。

公众主要包括政府公众、媒介公众、融资公众、公民团体公众、一般公众、地方公众、内部公众7种,见表2-2。由于房地产企业的经营活动必然会影响公众的利益,因而政府机构、融资机构、媒介机构、群众团体、地方居民及国际上的各种公众,必然会关注、监督、影响制约企业的经营活动。

表2-2 公众类型

类型	具体说明
政府公众	政府公众是指负责管理房地产企业经营活动的各有关政府机构,包括各级政府、国土、规划、绿化、工商、税务、质量监督、环境保护、公安消防、水电供应等机构。政府公众是房地产企业营销活动的一个重要环境因素。政府之所以重要,是因为它是拥有权力的公众,是宏观调控、综合协调的权力机构。房地产企业要遵纪守法,在生产活动中要取得良好的经济效益,要承担社会责任,积极参加各种公益事业,经常与政府沟通信息,以此赢得政府的信任与支持。作为房地产公司的营销人员,须向律师请教有关产品安全性、广告真实性等法令问题,并应考虑市政规划的要求以及政策的导向问题,从而与政府建立起良好的关系。在可能的情况下,还应取得政府的支持
媒介公众	媒介公众是指报纸、杂志、广播、电视、互联网等具有广泛影响力的大众媒体。新闻媒介信息传递迅速、影响力大、威望度高,公司若能经常性地通过报纸、杂志、电台、电视台等媒体组织的报道,赢得受众好感,就会在无形中起到广告的作用,甚至可以收到广告达不到的效益
融资公众	融资公众是指影响公司获取资金能力的财务机构,类似财务中间机构,如银行、投资公司、保险公司、证券交易所等。由于房地产属于资本密集型行业,融资能力对其生存与发展影响巨大。树立良好的市场形象和信誉,使金融界对公司正常的经营和偿债能力感到满足和放心,对于提高房地产公司融资能力十分关键。房地产公司应该发布经营年报、回答财务问题,并谨慎地运用资金等方式来取得这些组织的信任,从而获得资金支持
公民团体公众	公民团体公众是指各种消费者权益保护组织、环境保护组织和其他团体组织。公司的营销活动可能会被消费者组织、环境保护组织、少数团体和其他组织质询,这时公司可以对某些问题保持沉默,也可以选择有益的方面对质询予以反驳。企业应努力取得这些组织的信任和好感,赢得这些团体的好感可以帮助企业树立良好的公众形象,提高公司知名度和美誉度,争取广泛的公共宣传
一般公众	一般公众是指与房地产企业经营活动无关的公众。虽然一般公众不能以有组织的方式对企业采取行动,但他们对企业产品及其生产经营活动的态度会影响企业在公众心目中的形象。企业可以通过积极参与城市发展建设、向慈善事业捐赠等方式树立良好公众形象,争夺潜在的消费者,这样才有可能得以生存和发展

续表

类型	具体说明
地方公众	地方公众是指房地产企业或项目工程所在地附近的居民和社团组织。房地产企业应同当地的公众团体，如居委会、街道办事处、学校、医院、邻里单位和居民，保持联系，处理异议、回答质询和向值得支持的事业提供资助。作为房地产公司的开发经营者，首先应该在公司的周围组织中取得信任，得到好评，避免与当地公众发生冲突。这样才有可能以公司为中心，向周围呈放射性地加速发展，从而达到建立公司信誉的目的
内部公众	内部公众包括股东、经理、职工等。员工和顾客都是企业的上帝，公司可通过业务通信等方式与他们沟通，多用激励政策，建设奋发向上、为顾客服务、为社会服务、为员工服务、团结温馨的企业文化，建立多劳多得的分配原则等一系列管理制度。当员工对公司有好感时，这种态度会扩散到外部的公众，从而有利于公司声誉的树立。 虽然公司应将其主要精力用于有效地管理他们与顾客、配销商和供应商的关系，但其成功与否也受社会其他公众对公司活动的看法的影响

2.2.2 宏观营销环境

房地产企业及其所处的微观环境首先是处于大的宏观环境之中的，企业不可避免地将受宏观环境的影响和制约。

2.2.2.1 自然环境

房地产企业的营销活动，不仅需要一定的社会经济条件，还需要一定的自然条件，这种自然条件就是企业所面临的自然环境。一个国家的自然环境是指实际的自然地形和气候以及潜在的各种资源。不同的地形、地域或不同的气候，将给产品的使用、设备的功能、能源的需求带来影响，同时地理位置也将影响市场的发展。

自然环境是不断发展变化的，当代自然环境的主要动向是某些原料的短缺、能源成本上升、环境污染严重、政府加强对自然资源和环境保护的干预，所有这些都会给房地产企业带来威胁或机会。

1. 资源短缺

地球上的原料可分为无限资源、有限可循环使用资源和有限不可循环使用资源三类。无限资源如空气、水等，但是许多国家和地区都面临淡水资源短缺的威胁。有限可循环使用资源如森林和食物等，但由于多年乱砍滥伐，森林资源大面积遭到破坏，供应量大幅度下降，森林的更新远不能适应生产的需要。随着中国经济的迅速发展，城市化进程的加快，土地超载、耕地锐减、土地沙漠化严重。近30年间，中国耕地平均每年减少810万亩。这些都对以土地为基础的房地产业产生了极大的影响，有限可循环使用资源应有计划地使用。有限不可循环使用资源如石油、煤和各种矿产等，这类资源的短缺问题日益严重，将导致建筑材料和能源价格的上涨，对房地产业带来直接影响。

作为房地产的开发者，会遇到土地缺乏、建筑材料缺乏等资源因素限制公司的发展。因此，应从营销计划方面对资源问题给予足够的重视，以避免将来成本过高所造成的利润不足。

2. 环境污染

我国经济建设的迅猛发展和城市化进程的加快使得环境污染日益严重，在许多地区已严重影响人们的身体健康、自然生态的平衡和社会经济的长远发展。如全国城市90%的水资源被污

任务 2　认识市场——房地产市场环境分析与调研

染，每年约 17.8 万人因长期使用受污染的水而死亡。

政府的干预措施也在逐步加强，这对房地产企业的发展形成了压力和约束，一些企业的发展将受到限制，同时公众对环境日益关心起来，也为精明的房地产商创造了营销机会。选择远离闹市区、远离工业区的郊区建筑商业房及别墅等，成为未来几年房地产发展的一大趋势。

作为房地产开发商和经营商，必须时刻注意自己必需的原料的稀缺情况，注意房地产项目所在位置的环境状况，随时调整营销战略，以适应不同的竞争环境。

2.2.2.2　人口环境

人口是构成市场的首要因素，任何需求归根到底都是人的需求，具有购买欲望与支付能力的人是构成市场的决定性因素，因此，人口特别是城市人口是房地产市场营销中首先需要考虑的因素。而人口环境及其变化对市场的需求及市场机会的形成有着整体性、长远性的深刻影响。房地产营销的人口环境由人口总数、人口增长率、人口构成、家庭单位与人数等因素构成。人口环境的变化，直接影响房地产市场的变化。

1. 人口规模和人口增长

人口数量及其增长率与市场规模有着密切的关系，在购买力一定的情况下，人口数量越多、增长越快，则市场规模和市场容量越大，企业的营销机会越多。

2. 人口构成

人口构成包括自然构成和社会构成，其中自然构成包括年龄、性别、各年龄段人口比率等。不同年龄的消费者因其心理和生理特征、经济收入、购买力水平不同，对住房的需求存在较大差异。青年消费者在购买住房时，受其经济能力限制，往往购买小户型的住房；成年消费者事业有成，经济收入较高，购买力较强，往往购买舒适、宽敞的住房；老年消费者在购买住房时，往往购买环境安静、有配套医疗设施的住房。

此外，人口的民族结构、文化结构等因素对房地产消费需求、消费方式和购买行为也有较大影响，房地产营销者也应予以重视。

3. 人口流动

近年来我国人口从农村流向城市的速度较快，这是社会发展的必然趋势。目前我国城镇居住人口已达数亿，随着经济的发展，从农村流向城市的人口还将增多，这是城镇住宅市场发展的又一个潜在因素。

4. 家庭结构的变化

现代家庭是社会的细胞，也是商品房地产购买的主要力量，而房地产是以家庭为单位进行消费的，研究房地产市场需求的变化，需要研究家庭的变化。一个地区在总人口不变的条件下，平均家庭人口越多，所需的住宅单位数越少；反之，平均家庭人口越少，所需的住宅单位数就越多。随着晚婚、晚育、离婚率升高和职业妇女增多，房地产开发商和经营商应对房屋的式样做适当调整，以适合单人或两口之家居住。式样的多样性将有利于迎合不同类型顾客的需求和欲望，扩大市场占有率，从而在市场竞争中立于不败之地。

2.2.2.3　经济环境

构成市场的因素除人口之外，还有购买力。在人口数量既定的情况下，社会购买力越强，则房地产市场的规模越大。购买力是构成房地产市场和影响市场规模的一个重要因素。社会购买力的大小又受到国民经济发展水平、国民收入水平、消费者收入水平、价格水平、储蓄及信贷、消费者支出模式等一系列经济因素的影响，社会购买力是这些经济因素的函数。因此，房地产营销要根据社会成员的收入、消费支出模式等来确定目标市场，制定营销策略。

1. 国民经济发展水平

房地产企业是在国民经济大环境中生存和发展的,其发展不可避免地要受到国民经济发展水平的制约和影响。国民经济发展速度快、国民收入水平高,则消费者的人均收入高、社会购买力强,房地产企业的营销机会则多;反之,国民经济的发展陷入低谷,市场疲软,社会购买力下降,房地产市场首当其冲受到影响。

虽然目前中国的经济发展很快,但通货膨胀也很严重,实际增长速度已不如前几年快,边际增长速度已呈下降趋势。而且两极分化的现象日趋严重,如何争取高收入阶层继续购买本公司的房地产产品,以及如何刺激中、低收入阶层加入本公司的购买者行列,已成为房地产公司迫在眉睫的问题,营销人员应注意到各收入阶层的购房倾向。同时,还应注意到地理性和行业性收入的变动倾向,未来的市场是属于那些思维超前的开发商和运营商的。

2. 消费者收入

消费者收入是指消费者个人从各种来源所得到的货币收入,通常包括消费者个人的工资、奖金、劳务收入、红利、租金、馈赠、遗产等。消费者收入大部分转化成消费资料购买力,是影响社会购买力的主要因素,也是影响房地产企业市场营销活动的主要因素。

由于消费者收入并不是全部用于购买商品,对房地产企业营销而言,有必要区别"可支配的个人收入"和"可随意支配的个人收入"。可支配的个人收入是指个人收入中扣除直接负担的各种税款(如个人所得税)和非税性负担(如工会会费)之后的余额。这部分收入可用于个人消费和储蓄,它是影响消费者购买力和消费者支出的决定性因素。可随意支配的个人收入是指可支配的个人收入减去消费者用于购买生活必需品的支出和固定支出后所剩下的余额。这是消费者可任意投放的收入,因此,它是影响消费者需求结构最活跃的因素。这部分收入越多,人们的消费水平越高,房地产企业的营销机会就越多。各种奢侈品、汽车、旅游等商品的销售主要受这部分收入的影响。

房地产营销者不仅要分析消费者的平均收入,还要分析研究不同阶层、不同地区、不同时期的消费者收入。例如收入水平较高、购买力较强的地区房地产业发展较为迅速。

3. 消费者支出模式

随着消费者收入的变化,消费者支出模式也会发生变化,从而影响房地产企业的营销活动。近年来,主要商品和服务项目的消费支出一直在变化。房屋、家用和交通在家庭支出中的份额越来越高,而食物、衣着的比例越来越少,娱乐费用、保健费用也已经上升到一个不容忽视的地位。为此,房地产开发商和经营商应对企业的营销策略做相应的调整,以适应这种变化。

4. 消费者储蓄和信贷情况

消费者的购买力受储蓄和信贷的直接影响,居民个人收入不可能全部用掉,总有一部分以各种形式(银行存款、债券、股票、不动产等)储蓄起来,这是一种推迟了的潜在购买力,属于滞后消费,最终目的还是消费,但在一定时期内,储蓄的多少会影响消费者的购买力和消费支出。在收入不变的情况下,储蓄增加,则购买力减少;储蓄减少,则购买力和消费支出增加。在正常情况下,银行储蓄与国民收入成正比,是稳定的,但是当发生通货膨胀,物价上涨过快时,消费者会将储蓄变为现金,争购保值商品。这是消费者一种自卫行为,是消费者对经济前景不信任的一种表现。

消费者不仅可以用其货币收入购买房地产,还可以借助个人信贷买房,因此,消费者信贷也是影响消费者购买力的一个重要因素,是一种超前消费。所谓消费者信贷就是消费者先借助贷款取得房屋所有权,然后按期还本付息。例如,消费者可以利用商业贷款或公积金贷款购买商品房。

实行消费信贷,可以刺激和创造需求。随着中国消费信贷业务的不断发展,它会为房地产企业提供越来越多的营销机会。

2.2.2.4 社会文化环境

社会文化环境是指一个国家、地区的民族特征、价值观念、审美观念、生活方式、风俗习惯、宗教信仰、伦理道德、教育水平等的综合。这些因素影响需求欲望和购买行为。

社会文化环境是不可忽视的重要营销环境,文化背景影响消费者的购买目标和购买方式。因此,企业在进入目标市场时,必须分析和了解消费者的文化程度、价值观念、宗教信仰、偏好和禁忌及其对消费者购买行为的影响,避免和减少营销过程中的盲目性,在产品设计、广告促销等活动中,投其所好,避其所忌,更好地满足消费者的需要。

1. 受教育程度与职业

受教育程度与职业和消费者的收入、社交、居住环境及消费习惯均有密切的关联性。从购买习惯来看,通常受教育程度越高的消费者,购买时的理性程度越高,他们对房地产产品和服务的设计方案、房间的大小与分隔、功能与环境等要求与一般消费者不尽相同,都有其特殊要求。

2. 家庭单位与人数

现代家庭仍是社会最基本的经济单位,也是商品房购买的主要对象。随着城市年轻人消费习惯的改变,单位家庭的平均人数不断下降,小家庭越来越多,房屋市场需求量越来越大,为房地产业的发展带来了机遇。

3. 民族与宗教

各民族在漫长的历史过程中形成了民族风俗习惯,从而有不同的消费需求和行为,居住建筑的形式、风格都各有特点,这些必须引起营销人员的注意。

4. 价值观念

在特定的社会中,我们都抱有许多持久不变的核心信仰和价值观。营销者在充分了解当地传统文化对人们思想行为的影响之后,在房地产设计、开发、广告和服务的形式等方面,要避免同核心信仰和价值观念相抵触,否则将遭受不必要的损失。

2.2.2.5 政治法律环境

每个人在一生中不可能不与房地产打交道,都要涉及有关房地产方面的经济关系。然而对于中国人来说,房地产政策与经济活动有着特殊的重要性。

政治法律环境包括社会制度、政治局势、政府的方针政策、法律法规、社会治安等。政治法律环境的发展,对公司的市场营销决策有很大影响。国际、国内的政治变化影响消费行为,政府的政策引导和调节对房地产市场有较大影响,良好的政治法律环境是房地产营销活动得以正常进行的基本保证。

中国的老百姓面临的是一个房地产业迅速发展,但其市场又极其不规范的环境,买房、卖房、拆房、建房、分房、继承房产都有可能遇到各种风险。政策漏洞对于开发商也同样意味着风险,钻政策的空子可能一时获利,但长期下去就意味着在经营行为的合法性上打了折扣,为日后被政策限制、规范、调整甚至整顿清理埋下了隐患。

1. 法律法规

为了建立和维护一定的社会经济秩序,政府十分重视法律法规的颁布和调整,而每一项新

任务 2 认识市场——房地产市场环境分析与调研

的法律法规的颁布或原有法律法规的调整都会影响企业的营销活动。房地产公司的营销策划人员，不但要熟悉市场环境等商业知识，还应具有关于保护竞争、消费者和社会更大利益等相关的法律知识，这样才不至于使营销计划与政府法令发生冲突，甚至可以利用这些法令为公司带来效益。

2. 政府的方针政策

政府的法律法规是相对稳定的，而政府的方针政策有一定的可变性，它随着国家政治经济形势的变化而调整。在市场经济条件下，政府对宏观经济的调控、对企业行为的干预主要是通过制定各种经济政策、运用经济杠杆来实现的。这些政策包括财政政策、货币政策、产业政策、区域发展政策、土地政策、住房政策、房地产开发和销售政策等，房地产企业的营销活动只能在政策允许的范围内进行。任何一项政策的出台，都会对房地产企业产生直接或间接的影响，这就要求公司的营销人员随时注意到这种变动，以便适时调整营销计划。

2.2.2.6 科技环境

科学技术是第一生产力，是企业和社会发展最重要的动因，每一次科学技术的创新都会给社会生产和人民生活带来深刻的变化，既可以给人类带来进步、发展和文明，也可以给人类带来灾难、痛苦和毁灭。技术创新给房地产企业带来的好处：

(1)可以促使企业开发新产品，满足顾客新的需要；
(2)可以降低成本，增强企业的竞争力；
(3)为市场营销管理提供先进的物质基础，有利于提高企业的管理水平；
(4)影响企业营销策略的制定。

在未来的市场竞争中，谁能掌握技术优势，谁就能立于不败之地。一旦企业的产品跟不上技术创新的步伐，企业就要被市场淘汰。因此，房地产营销人员要了解和掌握与企业发展相关的技术，了解其发展变化的趋势，及时开发和利用新技术，淘汰旧技术，跟上技术进步的步伐，充分利用技术进步给企业带来的机遇，而避开技术进步给企业造成的威胁，从而使自己的新技术不会脱离市场这条轨道。

2.3 房地产市场营销环境分析

房地产市场营销环境对企业营销活动的影响具有动态性、强制性和不可控性的特点。一般来说，企业营销管理者无法摆脱和控制营销环境的影响，只能主动适应营销环境的变化，即随机应变；也难以准确无误地预见市场营销环境未来的变化，但是可以通过设立预警系统，追踪不断变化的环境，及时改变策略。

房地产企业的市场营销环境是由微观环境和宏观环境构成的多因素、多变量并不断变化的环境，营销环境的变化对任何一个房地产企业产生的影响都可以从三个方面进行分析：一是对房地产企业市场营销有利的因素；二是对房地产企业市场营销不利的因素；三是对房地产企业市场营销无影响的因素，企业可以把它视为中性因素。房地产开发企业在确定开发经营项目、制定营销计划、研究产品策略、制定和调整营销价格等内容时面临多种随机情况，需要对不同的方案进行抉择，以求企业生存与发展。

2.3.1 房地产企业内部环境分析

房地产企业不仅需要识别环境中有吸引力的机会，更重要的是拥有在机会中成功所必需的竞争能力。因此，企业必须定期检查自己的优势和劣势，这可通过"营销备忘录优势/劣势绩效分析检查表"的方式进行。管理当局或企业外的咨询机构都可利用这一格式检查企业的营销、财务、制造和组织能力。每一要素都要按照特强、稍强、中等、稍弱或特弱划分等级。对任何一个房地产企业而言，不应试图去纠正它的所有劣势，但也不是对其优势不加利用，而是应该清楚，它究竟是应只局限在已拥有的优势机会中，还是去获取和发展一些优势，以找到更好的机会。

竞争优势从根本上说是企业自身的一种能力，取决于企业在产业中的相对地位。从企业内部来看，竞争优势是企业一系列政策措施执行的结果，而这些政策措施的制定与执行都源于企业审时度势、运筹帷幄的能力。企业能力的大小决定了制定与执行的水平，也因此决定了企业在市场上的竞争地位。从企业经营活动的过程来看，这种能力不仅包括对所处环境的认识能力，以及在此认识基础上进行战略决策的能力，而且还包括在执行战略与策略过程中对企业资源的调动与协调能力，以及对环境变化的应变能力。

2.3.2 市场机会分析

所谓房地产企业市场机会，是指在某种特定的市场营销环境条件下，房地产企业可以通过一定的营销活动创造利益。市场机会的产生来自营销环境的变化，如新的房地产业政策的出台、竞争对手的失误以及新技术的采用等，都可能产生新的待满足需求，从而为企业提供市场机会。

2.3.2.1 市场机会的特征

市场机会作为特定的市场条件，是以针对性、利益性、时效性、公开性四个特征为标志的。

1. 针对性

特定的市场营销环境条件只对于那些具有相应内部条件的企业来说是市场机会。因此，市场机会是具体企业的机会，市场机会的分析与识别必须与企业具体条件结合起来进行。确定某种环境条件是不是企业的市场机会，需要考虑企业所在行业及本企业在行业中的地位与经营特色。前者需要分析该房地产企业在行业中是市场领导者还是处于市场挑战者、市场追随者或市场补缺者的地位，后者则包括企业的产品类别、价格策略、销售渠道以及企业信誉等。

2. 利益性

市场机会可以为房地产企业带来经济或社会效益。市场机会的利益性意味着房地产企业在确定市场机会时，必须分析该机会是否能为企业真正带来利益、能带来什么样的利益以及能带来多少利益。

3. 时效性

对现代房地产开发企业来讲，由于其营销环境的发展变化越来越快，企业的市场机会往往稍纵即逝。同时，环境条件与企业自身条件最为适合的状况也不会维持很长时间，在市场机会从产生到消失这一短短的时间里，市场机会的价值也快速地经历了一个逐渐增加再逐渐减少的过程。市场机会的价值具有与时俱变的特点，这便是市场机会的时效性。

4. 公开性

市场机会是某种客观的、现实存在的或即将发生的营销环境状况，是所有房地产开发企业都可以去发现和共享的。市场机会是公开的，可以为整个营销环境中所有企业所共用的。只有企业尽早去发现那些潜在的市场机会，并利用这个市场机会，才能在房地产市场竞争中取胜。

上述四个特性表明，在市场机会的分析和把握过程中，房地产企业必须结合自身内部、外部环境的具体条件，发挥竞争优势，及时发现潜在的机会，适时、迅速地做出反应，以争取企业利益最大化。

2.3.2.2 市场机会的价值分析

不同的市场机会可以为企业带来的利益大小不一样,即不同市场机会的价值具有差异性。为了在千变万化的营销环境中找出价值最大的市场机会,房地产开发企业需要对市场机会的价值进行具体的分析。

1. 市场机会的吸引力

市场机会对企业的吸引力是指企业在理想条件下充分利用该市场机会可能创造的最大利益,反映市场机会吸引力的指标主要有市场需求规模、利润率、发展潜力。

(1)市场需求规模。市场需求规模是指市场机会当前所提供的、待满足的市场需求总量的大小,通常用产品销售数量或销售金额来表示。由于市场机会的公开性和多个企业的共享性,特定企业只能拥有该市场需求规模的一部分。因此,这一指标可以由企业在该市场需求规模中当前可能达到的最大市场份额代替。尽管如此,若提供的市场需求规模大,则该市场机会使每个企业获得更大需求份额的可能性也大一些。因此,该市场机会对这些企业的吸引力也在不同程度上更大一些。

(2)利润率。利润率是指市场机会提供的市场需求中单位需求量当前可以为企业带来的最大经济利益。利润率反映了市场机会所提供的市场需求在利益方面的特性,不同经营现状的企业其利润率也不一样。利润率和市场需求规模一起决定了企业当前利用该市场机会可创造的最大利益。

(3)发展潜力。发展潜力反映市场营销机会为企业提供市场需求规模、利润率的发展趋势及其增长速度。发展潜力同样也是确定市场营销机会吸引力大小的重要依据。即使企业当前面临的某一市场营销机会所提供的市场需求规模很小或利润率很低,但由于整个市场规模、该企业的市场份额或利润率有迅速增大的趋势,故该市场营销机会对企业来说仍可能具有相当大的吸引力。

2. 市场机会的可行性

市场机会的可行性是指房地产企业把握住市场机会并将其转化为具体利益的可能性。从特定企业角度来讲,只有吸引力的市场机会并不一定能成为本企业实际上的发展良机,具有大吸引力的市场机会必须同时具有强可行性才会是企业提高价值的市场机会。市场营销机会的可行性是由房地产开发企业所面临的内部环境条件与外部环境状况两个方面决定的。

(1)内部环境条件。房地产企业的内部环境条件是企业能否把握市场机会的主观决定因素,它对市场机会可行性的决定作用体现在三个方面:

1)市场机会只有适合企业的经营目标、经营规模与资源状况,才具有较大的可行性。同样,即使是同一行业的企业,该市场机会对经营规模大、实力强的企业与对经营规模小、实力弱的企业的可行性也不一样:一个吸引力很大的市场机会很可能会导致激烈的竞争,所以,它对实力较差者来说,可行性并不大。

2)市场机会必须有利于企业内部差别优势的发挥才会具有较大的可行性。所谓企业的内部差别优势,是指该企业比市场中其他企业更优越的内部条件,通常是先进的工艺技术、强大的生产力、良好的企业声誉等。企业应对自身的优势和弱点进行正确分析,结合外部环境的具体条件,发挥竞争优势,创造出新的差别优势。

3)房地产企业内部的协调程度也影响着市场营销机会可行性的大小。市场营销机会的把握程度是由房地产企业的整体能力决定的,针对某一市场营销机会,只有企业的组织结构及各部门的经营能力都与之相匹配,该市场营销机会对企业才会有较大的可行性。

(2)外部环境状况。企业的外部环境状况从客观上决定着市场机会对企业可行性的影响程度。外部环境中每一个宏观、微观环境要素的变化,都可能使市场机会的可行性发生很大的变化。例如，竞争对手和潜在竞争者的逐渐进入，经济适用房的大量建造，政府即将通过的关于发展钢铁工业及其相关制造业的产业政策可能会使房地产开发所需的钢材价格上涨等表明，尽管企业的内部条件没变，但由于决定市场营销机会可行性的一些外部因素发生了重要变化，也使该市场营销机会对企业的可行性大为降低。同时，利润率的下降导致了市场吸引力的减弱。吸引力与可行性的减弱最终使原市场机会的价值大大减少，导致企业部分放弃了当前市场。

拓展阅读

寻找市场机会的方法

寻找市场机会的方法很多，一般有以下几种：

(1) 借助产品/市场发展矩阵寻找市场机会。产品/市场发展矩阵就是将企业的产品分为现有产品和新产品，将企业的市场分为现有市场和新市场。这样，产品和市场会出现四种组合：市场渗透、市场开发、产品开发和多角化。产品/市场发展矩阵如图2-3所示。

	现有产品	新产品
现有市场	市场渗透	产品开发
新市场	市场开发	多角化

图2-3 产品/市场发展矩阵

这种方法主要是企业通过规划新增业务的思路，发现和识别机会。先从产品渗透、市场开发、产品开发三个方向寻找机会，如果不存在有吸引力的机会，可逐步扩大范围，沿着一体化直到多角化的思路，继续寻找市场机会。

(2) 通过广泛收集市场信息寻找市场机会。企业应该广开思路，除了企业内部各部门，企业外部的消费者、中间商、政府部门、咨询机构、科研单位等都应该是企业收集市场信息的渠道。通过对收集到的意见和建议进行分析来寻找市场机会。

(3) 通过市场细分寻找市场机会。房地产营销人员通过市场细分可寻找市场机会，即按照消费者需求的差异性将市场划分为若干个子市场，可以从需求中发现尚未满足或尚未完全满足的市场。房地产营销人员不仅要善于寻找和发现有吸引力的市场机会，还要善于对所发现的各种市场机会加以评价，以确定企业的营销机会。

3. 市场机会价值的评估

综合已确定的市场营销机会的吸引力与可行性就可以对市场营销机会进行评估。按吸引力大小和可行性强弱的不同组合，市场营销机会可构成价值评估矩阵，如图2-4所示。

在图2-4中，区域A为吸引力大、可行性弱的市场营销机会；区域B为吸引力、可行性俱佳的市场营销机会，该类市场营销市场机会的价值最大；区域C为吸引力、可行性皆差的市场营销机会；区域D为吸引力小、可行性强的市场营销机会。

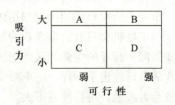

图2-4 市场机会的价值评估矩阵

由上述分析可知，区域A市场价值不大，只有少数企业愿意冒险；区域B的市场机会是企业营销活动最理想的经营内容，但这类市场出现的概率较小；区域C是价值最低的市场机会，一般企业不会去注意；区域D的市场机会风险低、获利也少，通常是定型企业、实力薄弱企业的主要目标。

2.3.3 环境威胁分析

环境威胁是指环境中一种不利的发展趋势所形成的挑战。遇到这种情况应采取果断的营销行动，才不至于使原有的市场地位被侵蚀。对房地产企业而言，环境威胁主要源于房地产行业在国民经济中的地位以及房地产行业市场结构的变化两个方面。

1. 房地产行业在国民经济中的地位

房地产行业在国民经济中的地位对房地产开发企业的竞争优势起到"水涨船高"的作用。产业结构的调整与更替是国家政策、市场需求及科学技术等因素变化与更替的结果。一般而言，处于朝阳产业的企业相对于处于夕阳产业的企业具有更强的优势。因此，当房地产行业已进入夕阳产业的行列时，房地产开发企业的竞争优势随市场选择的结果下降。

2. 房地产行业市场结构的变化

房地产行业的市场结构的好坏是决定房地产开发企业的竞争优势能否持续保持的重要因素。房地产行业的市场组织结构越分散，竞争程度越高，企业的竞争优势越难维持。房地产市场的过度竞争容易侵蚀行业内房地产企业的平均盈利能力，使整个房地产行业丧失在产业结构中的优势地位。

房地产企业应在其营销计划中通过威胁矩阵把企业所面临的威胁识别出来，并按其严重性和出现的可能性分类。威胁是关键性的，因为它们严重危害企业利益，并且出现的可能性也最大。企业需要为每一种这样的威胁制定一个应变计划，这些应变计划主要阐明在威胁出现之前或者当威胁出现时，企业应进行哪些改变。企业面临威胁时有三种可能选择的对策：

(1) 反抗，即试图改变或扭转不利因素的发展；
(2) 减轻，即通过调整市场营销组合等来改善环境适应能力，以减轻环境威胁的严重性；
(3) 转移，即决定转移到其他盈利更多的行业或市场。

2.3.4 项目 SWOT 分析方法（本点可调用）

房地产企业对营销环境进行分析，不仅要分析存在的机会和威胁，还要针对企业内部的优势和劣势以及外部的情况综合分析。SWOT 分析法即优势、劣势、机会、威胁分析法，是对企业内外环境进行综合分析的一种方法。

2.3.4.1 SWOT 分析方法的含义

SWOT 是优势 (Strengths)、劣势 (Weaknesses)、机会 (Opportunities)、威胁 (Threats) 的总称，SWOT 分析法又称为态势分析法，它是由旧金山大学的管理学教授于 20 世纪 80 年代初提出来的。所谓 SWOT 分析法，就是将与研究对象密切相关的各种主要的内部优势、劣势、外部机会和威胁等，通过调查列举出来，并依照矩阵形式排列，然后用系统分析的思想，把各种因素相互匹配起来加以分析，并从中得出一系列相应的结论，而这种结论通常带有一定的决策性。其中，优势和劣势分析主要是着眼于项目自身的实力及竞争对手的比较；而机会和威胁分析主要是指外部环境的变化及对项目的可能影响，两者之间有着紧密的联系。SWOT 分析如图 2-5 所示。

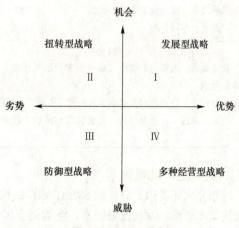

图 2-5 SWOT 分析

2.3.4.2 SWOT分析的基本步骤

1. 分析环境因素

运用各种调查研究方法，分析出本公司所处的各种环境因素，即内部能力因素和外部环境因素。

(1)内部能力分析。内部能力因素包括优势因素和劣势因素，它们是本公司在其发展中自身存在的积极和消极因素，属主观因素，一般归类为管理的、组织的、经营的、财务的、销售的、人力资源的等不同范畴。在调查分析这些因素时，不仅要考虑本公司的历史与现状，而且要考虑本公司的未来发展。当两个房地产项目处在同一竞争市场，或者说它们都有能力向同一消费群体提供产品和服务时，如果其中一个项目有更大的市场潜力，那么就认为这个项目比另外一个项目更具有竞争优势。反之，则为竞争劣势。

(2)外部环境分析。外部环境因素包括机会因素和威胁因素。房地产项目的外部环境主要由两部分构成：宏观环境，如人口统计、经济、技术、政治、法律、社会、文化等环境因素；微观环境，如消费者、竞争项目等。它们是外部的对本公司的发展有直接影响的有利和不利因素，属于客观因素，一般归属为经济的、政治的、社会的、人口的、产品和服务的、技术的、市场的、竞争的等不同范畴。

2. 构造SWOT矩阵

将调查得出的各种因素根据轻重缓急或影响程度等用排序方式构造SWOT矩阵。在此过程中，将那些对项目发展有直接的、重要的、大量的、迫切的、久远的影响因素优先排列出来，而将那些间接的、次要的、少许的、不急的、短暂的影响因素排列在后面。表2-3所示为某项目的SWOT矩阵分析。

表2-3 某项目的SWOT矩阵分析

S(优势)	W(劣势)
地段：属商业与居住两相宜的成熟地段 交通：处于次干道口，交通便利 配套：紧临大型商厦，生活配套完备 教育：旁边重点小学形成了强大支撑 产品：楼盘外立面形象良好 工程形象：楼盘处于准现楼状态 户型名：布局合理	规模：项目规模小，难与大盘抗衡 自身分配：单体建筑，缺乏目前市场上流行的小区环境和小区花园 户型：主力户型以三房为主，就本区而言面积偏大 实场：目前实场形象较差 片区：旧区地段，不属于目前的热点片区，不利于吸引区外人士目光
O(机会)	T(威胁)
商业配套：大型超市将极大地吸引客户的关注度，增加聚集氛围 教育配套：可通过对重点小学的强化宣传而扩大客户群 营销：通过实点重新整合、完善包装和销售手段来激化销售	区外竞争：巨大的住宅推出量将使较小楼盘面临很大的竞争压力 区内竞争：区内项目的推出将有直接冲击本项目 销售时机：项目主销期仅剩两个月，销售压力大

3. 制定行动对策

在完成环境因素分析和SWOT矩阵的构造后，便可以制定出相应的行动计划。制定行动计划的基本思路：发挥优势因素，克服弱点因素，利用机会因素，化解威胁因素；考虑过去，立足当前，着眼未来。运用系统分析的综合分析方法，将排列与考虑的各种环境因素相互匹配起来加以组合，得出一系列本公司未来发展的可选择对策，具体对策见表2-4。

任务 2　认识市场——房地产市场环境分析与调研

表 2-4　行动对策

项目	战略类型	具体内容	结论
WT 对策	防御型战略	当企业处于最不利方面时，只能采取"避短"战略，寻找环境中的其他机会。即考虑劣势因素和威胁因素，目的是努力使这些因素影响都趋于最小	最为悲观的对策，是处在最困难的情况下不得不采取的对策
WO 对策	扭转型战略	当企业本身缺少内部实力来利用这种机会时，企业将面临"避短"和"补短"两种战略选择。即着重考虑劣势因素和机会因素，目的是努力使房地产市场营销环境劣势影响趋于最小、机会趋于最大，使劣势不成为机会的障碍	苦乐参半的对策，是处在一般情况下采取的对策
ST 对策	攻击型战略	当企业虽有长处，但外部环境不利时，企业应避开这种威胁，寻找外部环境中的有利机会。即着重考虑优势因素和威胁因素，目的是努力使优势因素影响趋于最大，威胁因素影响趋于最小，用优势抵消威胁	
SO 对策	增长型战略	当外部环境机会与企业长处正好一致时，可以制定最有利的战略，充分利用市场机会，发挥企业自身优势，取得竞争优势。即着重考虑优势因素和机会因素，目的在于努力使这两种因素都趋于最大	最理想的对策，是处在最为顺畅的情况下十分乐于采取的对策

2.4　房地产市场调查

2.4.1　房地产市场调查的概念

　　房地产市场调查是房地产企业为实现企业特定的经营目标，运用科学的理论和方法以及现代化的调查手段，有目的、有计划、全面系统地通过各种途径收集、整理、分析有关房地产市场的资料信息，正确判断和把握市场的现状以及发展趋势，为房地产企业进行市场预测和经营决策、制定战略、编制计划等提供科学可靠依据的过程。

　　正确理解房地产市场调查的内涵，必须注意以下几方面的特点：

　　(1)房地产市场调查是个人或组织的一种有目的的活动。它是个人或组织，主要是各类房地产企业为解决市场营销问题，为营销决策提供信息而开展的活动。也就是说，房地产市场调查本身不是目的，而是服务于房地产营销的活动，是房地产营销活动的一个有机组成部分和一个重要的环节。

　　(2)房地产市场调查必须客观务实，努力提供能反映真实情况的信息，避免调查者和管理者的主观偏见；房地产市场调查必须采用科学的方法，依据不同的客观情况，有计划、有目的、有针对性地进行，做到高效率并能解决实际问题。

　　(3)房地产市场调查包含着对信息的判断、收集、记录、整理、分析、研究和传播等活动，以便认识房地产市场的本质，把握房地产市场发展变化的规律。这些活动对房地产市场调查而言都是必不可少的，它们互相联系、互相依存，共同组成房地产市场调查的完整过程。

2.4.2　房地产市场调查的类型

　　从不同的角度划分，房地产市场调查有不同的类型，按照调查对象涉及的范围不同，可将调查分为全面调查和非全面调查。按照调查功能分类，市场调查具备描述、诊断和预测三大功

· 31 ·

任务2　认识市场——房地产市场环境分析与调研

能。房地产市场调查按照不同的标志可以分为几十种类型。这里，仅按房地产市场调查的目的，将其分为探索性调查、描述性调查、因果关系调查和预测性调查四种类型。

1. 探索性调查

探索性调查是房地产企业对市场情况很不清楚或对调查的问题感到不知从何处着手时，为了理解和掌握问题特征而进行的市场调查。通过探索性调查，收集并分析有关资料，可以弄清企业或市场的实际情况，找出问题的实质和关键，再针对这些主要因素展开详细的调查研究，为描述性调查和因果关系调查做好准备。它要解决的是"做什么"的问题。

2. 描述性调查

描述性调查是对已经找出的问题做出如实反映和具体回答的一种调查，比较精细、严密，是使用最多的一种调查方法。与探测性调查相比，描述性调查的目的更加明确，研究的问题更加具体，能够说明两个变量之间的相互关系，但无法判断因果关系。

简言之，描述性调查要解决的是"是什么"的问题。

3. 因果关系调查

因果关系调查是在描述性调查的基础上，进一步分析问题发生的原因，弄清因果之间的数量关系，为确定市场上相关事物因果关系而进行的市场调查。即其调查目的是判断出关联现象或变量中，哪些因素是原因，哪些因素是结果。因果关系调查能够确定由于哪些因素导致当前结果的出现，用来解决"为什么"的问题。

4. 预测性调查

预测性调查是企业为了估计和推断房地产市场未来发展趋势而进行的市场调查。预测性调查可以在收集整理资料的基础上，运用定性和定量的分析方法，分析未来一段时间内房地产市场的需求状况及其发展变化趋势，根据市场机遇，做出及时有效的决策。预测性调查是企业制定房地产项目营销方案的前提和基础，可帮助估计房地产的未来需求状况，用来解决"未来怎么样"的问题。

2.4.3　房地产市场调查的内容

房地产市场调查的内容十分广泛，凡是与房地产企业生产经营活动有关的信息资料，都是市场调查的内容。由于土地和房屋位置具有固定性，故房地产市场调查也具有很明显的地域特征。

1. 市场环境调查

市场环境调查主要是对影响房地产企业生产经营活动的不可控制的外部宏观环境的调查，内容主要有以下一些：

(1)人口环境调查。主要包括人口的总量、年龄结构、家庭结构、知识结构及人口的迁移、特征等。

(2)经济环境调查。主要包括国民经济发展状况、产业结构的变化、城市化的进程、经济体制、通货膨胀的状况、家庭收入和家庭支出的结构等。

(3)政治法律环境调查。主要包括与房地产市场有关的财政政策、货币政策、产业政策、土地政策、住房政策和户籍政策等。

(4)宏观环境还包括文化环境、行业环境、技术环境以及对城市发展概况的描述等。在房地产市场研究中，对于同一城市的同一类项目而言，该部分内容基本一致，可参考以往类似的调查研究结果略做改动。若项目处于一个陌生的城市，则对该部分内容的调查是不可或缺的。

2. 市场需求调查

房地产市场需求既可以是特定房地产市场需求的总和，也可以是某一房地产企业房地产产品的需求数量。

(1)房地产市场的需求潜量。

(2)房地产市场对本企业产品的需求总量。

(3)房地产市场对某类房地产的供求状况。

(4)房地产市场需求的影响因素。

(5)房地产市场的发展变化趋势。

3. 消费者调查

房地产消费者市场容量调查，主要是调研房地产消费者的数量及其构成。消费者对自己的需要和欲望的叙述是一回事，实际行为可能又是另外一回事，有时他们往往会由于一些原因在最后一刻改变主意，有时也可能连他们自己也没有意识到一些潜在的欲望和需要。

(1)消费者的经济来源、经济收入水平和实际支付能力。

(2)消费者对房地产产品的质量、价格、服务等方面的要求和意见等。

(3)房地产现实与潜在的消费者的数量与结构，消费者结构如地区、年龄、民族特征、性别、文化背景、职业、宗教信仰等。

(4)消费者对某类房地产的总需求量及其饱和点、房地产市场需求发展趋势。

拓展阅读

房地产消费者的购买行为特征

消费者购买行为特征主要是描述实施某种购买行为的主体、时间、地点、原因和方式。具体来说，消费者购买行为特征可以用以下几个问题来描述：

(1)哪些人可能是房地产商品的买家？

(2)消费者如何购买房地产？是一次付清还是分期付款或者其他方式？

(3)消费者会在何时购买房屋？

(4)消费者会在什么地点或者什么场合购买房地产？

(5)消费者为什么要买房？

4. 房地产价格调查

房地产价格的高低对房地产企业的市场销售和盈利有着直接的关系，积极开展房地产价格的调查，对企业进行正确的市场价格定位具有重要的作用。一般从单价、总价和付款方式来描述一个楼盘的价格情况。

(1)单价。单价是楼盘各种因素的结合反映，是判断一个楼盘真正价值的指标，反映的是楼盘品质的高低，可以从起价、平均价和主力单价几个价格来把握，其中主力单价是指占总销售面积比例最高的房屋的标定单价，这是判断楼盘客户地位的主要依据。

(2)总价。总价是销售价格和销售面积的乘积，反映的是目标客户群的选择。通过对楼盘总价的调查，能够掌握产品的市场定位和目标市场。

(3)付款方式。这是房屋总价在时间上的一种分配，实际上也是一种隐蔽的价格调整手段和促销工具。延长付款时间，可以缓解购房人的付款压力，扩大目标客户群的范围，提高销售率。付款方式有一次性付款、按照工程进度付款、按照约定时间付款等几种类型。

5. 竞争楼盘调查

竞争楼盘调查包括对这些楼盘进行营销策略组合的调查与分析。

(1)竞争产品的设计、结构、质量状况。

任务2 认识市场——房地产市场环境分析与调研

(2)竞争产品的市场定价和消费者对竞争产品定价的反应。
(3)竞争产品的市场占有率。
(4)消费者对竞争产品的态度和接受情况等。

竞争楼盘调查表详见表2-5和表2-6。

表 2-5 竞争楼盘调查表(原始调查表)

楼盘名称				调查日期		
楼盘类型				售楼电话		
楼盘位置						
周边环境及社区配套						
交通状况						
开发商						
物管公司						
建筑设计公司						
施工单位						
总占地面积				总建筑面积		
绿地率				容积率		
建筑特色						
项目开发进度、规模、配套						
销售时间				交房时间		
推出时间						
车位		数量		价格(租售)		
总建筑面积				公摊系数		
物管费用				总户数		
交房标准						
规模(栋数、层数)						
楼盘名称				调查日期		
户型特征	户型	一室一厅	二室一厅	二室二厅	三室二厅	四室以上
	套数					
	户型面积	79 m² 以下	80~99 m²	100~119 m²	120~149 m²	150 m² 以上
	套数					
主力户型描述						
热销户型描述						
销售价格(套内面积)	起价			单层增价		
	最高价			均价		
销售情况						
广告情况						
按揭、付款方式与优惠						
抗性						

任务 2　认识市场——房地产市场环境分析与调研

表 2-6　竞争楼盘可量化统计表

权重	序号	楼盘名称	楼盘名称	楼盘名称	备注
位置 0.5	1				
价格 0.5	2				
配套 0.4	3				
物业管理 0.3	4				
建筑质量 0.3	5				
交通 0.3	6				
城市规划 0.3	7				
楼盘规模 0.3	8				
朝向 0.3	9				
外观 0.1	10				
室内装饰 0.2	11				
环保 0.2	12				
发展商信誉 0.1	13				
付款方式 0.2	14				
户型设计 0.1	15				
销售情况 0.1	16				
广告 0.1	17				
停车位数量 0.1	18				
合计					

6. 房地产促销调查

房地产促销调查的内容包括房地产广告的时空分布及广告效果测定，房地产广告媒体使用情况的调查，房地产广告预算与代理公司调查，人员促销的配备状况，各种公关活动对租售绩效的影响，各种营业推广活动的租售绩效。

(1) 广告。广告是房地产促销的主要手段，对楼盘的广告分析是市场调查的重要组成部分，主要包括售楼部、广告媒体、广告投入强度、诉求点。

(2) 销售情况。销售情况是一个楼盘最难取得准确信息的指标，主要包括销售率、销售顺序、客户群分析等。

2.5　房地产市场调查方法与问卷设计

2.5.1　房地产市场调查的方法

1. 按调查对象划分的调查方法

(1) 全面普查。普查是指对调查对象总体所包含的全部个体进行调查。对市场进行全面普查，能获得非常全面的数据，正确反映客观实际且效果明显。如果把一个城市的人口、年龄、

家庭结构、职业、收入分布情况做系统调查了解，对房地产开发将是十分有利的。但全面普查工作量很大，要耗费大量人力、物力、财力，调查周期较长，组织工作也比较繁重复杂，故一般只在较小范围内采用。当然，有些资料可以借用国家权威机关普查结果，例如可以借用全国人口普查所得到的有关数据资料等。

(2)重点调查。重点调查是以总体中有代表性的单位或消费者作为调查对象，进而推断出一般结论的调查方法。采用这种调查方法，由于重点被调查的对象数目不多，企业可以用较少的人力、物力、财力，在短时期内完成。如调查高档住宅需求情况，可选择一些收入丰厚的成功人士或富豪作为调查对象，从而推断出整个市场对高档住宅的需求量。当然由于所选对象并非全部，调查结果难免有一定误差，市场调查人员应引起高度重视，特别是当外部环境发生较大变化时，所选择重点对象可能不具有代表性，这时，应重新选取调查对象，并对调查结果认真分析。

(3)随机抽样调查。随机抽样就是按照随机原则进行抽样，即调查总体中每一个个体被抽到的可能性都是一样的，是一种客观的抽样方法。随机抽样在市场调查中占有重要地位，在实际工作中应用也很广泛。随机抽样最主要的特征是从母体中任意抽取样本，每一样本有相等的机会，事件发生的概率是相等的，这样可以根据调查的样本空间的结果来推断母体的情况。随机抽样方法主要有简单随机抽样、等距抽样、分层抽样和分群抽样。

拓展阅读

简单随机抽样

简单随机抽样是指对调查总体不经过任何分组、排序，完全凭着偶然的机会从中抽取样本的抽样方式。这是随机抽样中最基本的方法，在保证总体中每个个体都有相同机会的基础上进行样本的选择，常用的是抽签法和随机数法。

(1)抽签法。即先将调查总体的每个个体进行编号，然后将号码写在卡片上，均匀混合之后，从中随意抽取，直至达到预计的样本个数为止，其中被选中的号码所对应的个体即为样本单位。这种方法适用总体单位数目较少的情况。

(2)随机数法。当总体单位数目较多时，抽签法实施起来会有一定困难，这时可以利用随机数法进行简单随机抽样。随机数法可以采用随机数表、掷骰子、摇奖机等方式进行。随机数表是由特制的摇码机器或计算机随机编制而得到的大小数互相掺杂的表，表内的任何数都有相等的选中机会。

(4)非随机抽样调查。非随机抽样法是指市场调查人员在选取样本时并不是随机选取，而是先确定某个标准，然后再选取样本数的抽样方法。这样，每个样本被选择的机会并不是相等的，非随机抽样也分为三种具体方法。

1)方便抽样。也称就便抽样或随意抽样，是根据研究人员的方便任意抽取样本的方法。即市场调查人员根据最方便的时间、地点任意选择样本，如在街头任意找一些行人询问其对产品的看法和印象。这在商圈调查中是常用的方法。方便抽样操作起来简单，在所选定的抽样范围以内如果各个个体之间差异很小，这种抽样方法就能显示出它明显的优越性。

2)判断抽样。即通过市场调查人员根据自己以往的经验来判断由哪些个体来作为样本的一种方法；当样本数目不多，而样本之间的差异又较为明显时，采用此法能起到一定效果。

3)配额抽样。即市场调查人员通过一些控制特征，将样本空间进行分类，然后由调查人员从各组中任意抽取一定数量的样本的调查方法。

2. 按调查方式划分的调查方法

（1）访问法。访问法是调查人员通过发放调查问卷，或者根据设定的题目向调查对象询问，从而收集到所需资料的一种调研方法。这是最常用的市场调查方法，这种方法可以通过直接或间接的问答方式来了解被调查人员对市场、公司、产品的看法和意见。根据调查人员与被调查人员接触的方式，又可分为面谈访问、电话访问、邮寄访问、留置问卷访问和网络访问五种形式，具体见表2-7。

表2-7　不同访问形式的优缺点

访问形式	具体内容	优点	缺点
面谈访问	面谈访问即由调查人员与被调查人员直接接触，通过面对面交谈来获取所需信息。包括两种类型：一种是由调查人员走出去从事调查活动；另一种是将被调查人员请进来接受调查	(1)问卷回收速度快，回收率高。 (2)调查结果准确度高。 (3)调查行为灵活可变	(1)调查范围有限。 (2)调查结果匿名性差。 (3)受调查人员主观影响大。 (4)对调查人员的管理难度大
电话访问	电话访问是通过电话中介与选定的被调查者交谈以获取信息的一种方法，由调查人员根据事先确定的抽样要求，用电话向被调查人询问，是一种间接的调查方法	(1)节省调查时间。 (2)不受地区限制。 (3)取得调查结果快。 (4)节省费用开支	调查对象仅限于有电话的消费者，往往不容易取得被调查者的合作，通话时间不宜长，仅限于一些简单的问题，采用两项选择法（是否）向被调查者进行提问
邮寄访问	邮寄访问即由调查人员将设计好的调查问卷，邮寄给被调查人员，请其按照表说明回答完毕后寄回，以获取信息资料。邮寄访问可以有多种形式，既可以直接邮寄给单独的被调查人员，又可以在报纸或杂志上刊登调查问卷，请感兴趣的人员填写并寄回	(1)调查范围较广。 (2)调查成本低。 (3)调查对象考虑时间充分	(1)征询问卷回收率一般偏低，许多被调查者对此不屑一顾。 (2)由于调查的问卷和回执都要通过邮寄，信息反馈时间长，影响资料的时效性。 (3)无法确定被调查者的性格特征，也无法评价其回答的可靠程度，如被调查者可能误解问题意思、填写问卷的可能不是调查者本人等。 (4)要求被调查者有一定的文字理解能力和表达能力，对文化程度较低者不宜使用
留置问卷访问	留置问卷访问即调查人员将调查问卷送到被调查人员手中，当面详细说明填写要求，给予一定时期由调查人员自行填写，最后由调查人员按约定日期收回的一种调查方法	既可以弥补面谈访问中被调查人员回答问题仓促以及容易受调查人员诱导的缺点，又可以克服邮寄访问回收率低、答卷质量差的不足	(1)调查费用相对较高。 (2)调查时间相对较长。 (3)调查区域也会受到一定的限制

续表

访问形式	具体内容	优点	缺点
网络调查	网络调查就是利用互联网开展市场调查，是当今流行的商业调查形式。它需要企业或受托网站先行创造一定的技术条件和应用条件才能有效开展。网上调查的主要方式有网络自动问卷、E-mail、在线小组讨论、在线调查点击、BBS讨论版自动统计等	(1)访问速度快，省去了出版印刷的时间。 (2)费用低。 (3)匿名性很好，对于一些敏感性的话题，被调查者可以不暴露自己的身份，给出自己的想法。 (4)由于现在网络技术和计算机技术的飞速发展，网络问卷也可以制作得非常精致，而且可以根据不同的情况随时调整问题的顺序和数量	(1)答卷质量较差。 (2)问卷的回收率不高

由表2-7可看出，各种访问方式都有其优缺点。房地产企业可结合调查目标、调查要求、调查对象的特征和调查费用预算等进行选择，比较时可参考的因素包括调查范围、调查费用、问卷回收率、问卷回收期、答卷质量、敏感性问题的回答等，见表2-8。

表2-8　五种访问方式的比较

可参考的因素＼访问方式	面谈访问	电话访问	邮寄访问	留置问卷访问	网络调查
调查范围	窄	较广	广	较窄	广
调查费用	高	较高	较低	较高	低
问卷回收率	高	高	较低	较高	低
问卷回收期	短	短	较长	较短	长
答卷质量	高	较高	低	较高	低
敏感性问题的回答	难回答	易于回答	易于回答	较难回答	易于回答

(2)观察法。观察法是指调查者凭借自己的眼睛或摄像、录像等器材，在调查现场进行实地考察，记录被调查者的言行，以获取各种原始资料的一种非介入式调查方法。这种方法是指调查人员不与被调查者正面接触，而是在旁边观察。

按照观察者深入观察活动的程度，观察调查法一般可分为直接观察法、亲身经历法、实际痕迹观察法和行为记录法四种类型。

1)直接观察法。直接观察法就是派人到现场对调查对象进行观察，这是一种调查者完全参与的方式。调查者隐瞒自己的真实身份，置身于被观察者群体，亲自体验被观察者的处境与感受，倾听他们的意见与言谈，直接掌握事态发生发展过程，了解顾客的需求和意见。如在售楼现场或房展会等人流比较集中且自由度较大的场合，通过对购房者言行的观察能直接了解到购房者对楼盘的反响。

2)亲身经历法。亲身经历法就是调查人员亲自参与某项活动，来收集有关资料。如调查人员要了解某代理商服务态度的好坏和服务水平的高低，可以伪装顾客，到该代理商处去咨询等。通过亲身经历法收集的资料，通常信息都是真实的。

3)实际痕迹观察。调查人员不是亲自观察购买者的行为，而是观察行为发生后的痕迹。例如，要比较在不同报纸杂志上刊登广告的效果，可在广告下面附一个条子，请顾客剪下来回寄，根据这些回条，便可以知道在哪一家报纸杂志上刊登广告的效果较好。

4)行为记录法。有些情况下，为了降低调查者的记录负担，可以通过录音机、摄像机、照相机及其他一些监听、监视设备记录客户的行为。在房地产市场调查中，也可以采用这种方法，用录音机和摄像机将客户问的问题和参观楼盘时的行为记录下来，分析客户购房的心态，有针对性地进行楼盘营销的策划。在使用这种方法时，应尽量保证观察的隐蔽性，提高资料的可信度。

拓展阅读

观察法与访问法的区别

观察法与访问法最大的区别在于：采用访问法时，被调查人员很清楚自己正在接受某项调查；采用观察法时，被调查人员并不清楚自己正在接受某项调查，这样做被调查者无压力，表现得自然，从而展现出真实的一面，因此调查效果也较为理想。

(3)实验法。实验法是指将调查范围缩小到一个比较小的规模，选择特定的地点作为实验场所，模拟产品的生产和销售环境，进行实验，并采用适当方法收集、分析实验数据，进行试验后取得一定结果，然后推断出总体可能的结果。这是一种特别的调查与观察活动，在此过程中，调查者可以控制实验环境，使其得到一个理想的调查结果。

实验法的完成需四个要素：实验人员、变动因素、实验对象、实验结果。首先，由实验的组织者结合调研目标，建立实验组；其次，选择实验中的变动因素(自变量)及受影响的因素(因变量)，并对各个因素在实验前的现状进行检测；再次，组织实验对象，实施实验，记录下自变量和因变量在经历实验后的变化情况；最后，将实验前后所检测的数据进行对比分析，观察自变量对因变量的变化发挥哪些作用。

在实际调查中，通常有两种形式的实验调查，即事后调查和事先事后调查。

1)事后调查。选取两组条件相似的调查对象，一组作为实验组，另一组作为控制组(即对照组)，然后改变实验组的某个市场因素(称为实验因素，如价格、户型设计等)，控制组则保持原样。实验后，再测定比较实验组和控制组的结果，以确定实验因素对实验对象影响的程度。这种方法即为事后调查。

2)事先事后调查。选取两组条件相似的市场对象，一组作为实验组，另一组作为控制组，然后在实验前和实验后分别对两组对象进行测定比较。

实验法广泛应用于新产品的研发、广告设计、包装设计和产品试销售等方面。这种方法的优点：科学，显示灵敏，结果比较准确；其缺点：某些项目实验时间长，成本较高，在实施过程中会面临很大的风险，实施难度较大。

2.5.2 房地产调查问卷设计

2.5.2.1 调查问卷的含义

通过前面调查方法的介绍，我们可以看出，设计一个由一系列问题和选择答案组成的表格可以使被调查者较为方便地表述其对问题的观点，提高调查的效率，这就是调查问卷。

调查问卷，又称调查表，是以问题的形式系统地记载调查内容的一种印件。问卷可以是表格式、卡片式或簿记式。设计问卷，是询问调查的关键。

2.5.2.2 调查问卷的类型

调查问卷按不同的分类可分为不同的类型。

1. 根据使用问卷的方法划分

根据使用问卷的方法可分为自填式和访问式两类。其中自填式问卷是指调查者把问卷发给目标群体，由应答者自己填写问卷。而访问式问卷是由调查者提前准备好问卷或问卷提纲，通过向应答者提问的形式进行填写。

2. 根据问卷发放的形式划分

根据问卷发放的形式不同可分为送发式问卷、报刊式问卷、邮寄式问卷、电话访问式问卷、网络问卷等。

(1) 送发式问卷是指由调查者将调查问卷发送给选定好的目标群体，待回答完问题后再进行统一收回。

(2) 报刊式问卷是指把问卷设计在报刊上，随报刊把问题发送到各地，没有确切的目标，当读者看到报刊后在报刊上填写问卷，然后寄回报刊编辑部。其优点是有稳定的传播途径、保密性好、费用低，缺点是回收率不高。

(3) 邮寄式问卷是指通过邮局把问卷邮寄给相应的人员，待答完问题后再通过邮局将问卷统一回收。

(4) 电话访问式问卷更容易理解，就是通过互通电话的形式，向应答者提问，调研者根据应答者在电话中的回答情况进行填写。

(5) 网络问卷是当前较为普遍运用一种形式，是将问卷在网络上发布。这种形式的优势是保密措施好，不受时间和空间的限制，可以获得更多的信息。

3. 根据问卷中的题型类型划分

根据问卷中题型的类型可分为封闭式问卷和开放式问卷。封闭式问卷就是答案已拟订好，由应答者进行选择性回答；而开放式问卷是没有固定的答案，完全由应答者根据自己的理解进行填写。

2.5.2.3 调查问卷的目的

调查问卷的目的如下：

(1) 将所要调查的问题明确地传达给被调查者；

(2) 设法取得对方合作，最终取得真实、准确的答案。

但在实际调查中，由于被调查者的个性不同，文化程度、理解能力、道德标准、生活习惯、职业等都有较大差异，加上调查者本身的专业知识和技能高低不同，这都将会给调查者带来困难，并影响调查的结果，所以问卷设计是否科学将直接影响市场调研的成功与否。

2.5.2.4 调查问卷的要求和结构

1. 调查问卷的要求

(1) 有明确的主题。根据调查主题，从实际出发拟题，问题目的明确，重点突出，没有可有可无的问题。

(2) 结构合理、逻辑性强。问题的排列应有一定的逻辑顺序，符合应答者的思维程序。一般是先易后难、先简后繁、先具体后抽象。

(3) 通俗易懂。问卷应使应答者一目了然，并愿意如实回答。问卷的语气要亲切，符合应答者的理解能力和认识能力，避免使用专业术语。对敏感性问题采取一定的技巧调查，使问卷具有合理性和可答性，避免主观性和暗示性，以免答案失真。

(4)控制问卷的长度。回答问卷的时间控制在20分钟左右，问卷中既不浪费一个问句，也不遗漏一个问句。

(5)便于资料的校验、整理和统计。

2. 调查问卷的结构

调查问卷一般可以看成由三大部分组成：卷首语(开场白)、正文和结尾。

(1)卷首语。问卷的卷首语或开场白是致被调查者的信或问候语。其内容一般包括下列几个方面：

1)称呼、问候。如"××先生、女士：您好"。
2)调查人员自我说明调查的主办单位和个人的身份。
3)简要地说明调查的内容、目的、填写方法。
4)说明作答的意义或重要性。
5)说明所需时间。
6)保证作答对被调查者无负面影响，并替他保守秘密。
7)表示真诚的感谢，或说明将赠送小礼品。

问卷的语气应该是亲切、诚恳而礼貌的，简明扼要，切忌啰唆。问卷的开头是十分重要的。大量的实践表明，绝大多数拒绝合作的人是在开始接触的前几秒钟内就表示不愿参与的。如果潜在的调查对象在听取介绍调查来意的一开始就愿意参与的话，那么绝大部分都会合作，而且一旦开始回答，就会继续并完成，除非在非常特殊的情况下才会中止。

(2)正文。问卷的正文实际上也包含了三大部分。

1)第一部分包括向被调查者了解最一般的问题。这些问题应该是适用所有的被调查者，并能很快很容易回答的问题。在这一部分不应有任何难答的或敏感的问题，以免吓坏被调查者。
2)第二部分是主要的内容，包括涉及调查的主题的实质和细节的题目。这一部分的结构组织安排要符合逻辑性并对被调查者来说应是有意义的。
3)第三部分一般包括两部分的内容，一是敏感性或复杂的问题，以及测量被调查者的态度或特性的问题；二是人口基本状况、经济状况等。

(3)结尾。问卷的结尾一般可以加上1~2道开放式题目，给被调查者一个自由发表意见的机会。然后，对被调查者的合作表示感谢。在问卷的最后，一般应附上一个"调查情况记录"。这个记录一般内容如下：

1)调查人员(访问员)姓名、编号；
2)受访者的姓名、地址、电话号码等；
3)问卷编号；
4)访问时间；
5)其他，如设计分组等。

2.5.2.5 调查问卷设计的过程

1. 确定主题和资料范围

根据调查目的的要求，研究调查内容、所需收集的资料及资料来源、调查范围等，酝酿问卷的整体构思，将所需要的资料一一列出，分析哪些是主要资料，哪些是次要资料，哪些是可要可不要的资料，淘汰那些不需要的资料，再分析哪些资料需要通过问卷取得、需要向谁调查等，并确定调查地点、时间及对象。

2. 分析样本特征

分析了解各类调查对象的社会阶层、社会环境、行为规范、观念习俗等社会特征；需求动机、潜在欲望等心理特征；理解能力、文化程度、知识水平等学识特征，以便针对其特征来拟题。

3. 拟订并编排问题

首先构想每项资料需要用什么样的句型来提问，尽量详尽地列出问题，然后对问题进行检查、筛选，看有无多余的问题，有无遗漏的问题，有无不适当的问句，以便进行删、补、换。

4. 进行试问试答

站在调查者的立场上试行提问，看看问题是否清楚明白，是否便于资料的记录、整理；站在应答者的立场上试行回答，看看是否能答和愿答所有的问题，问题的顺序是否符合思维逻辑；估计回答时间是否合乎要求。有必要在小范围进行实地试答，以检查问卷的质量。

5. 修改、付印

根据试答情况，进行修改，再试答，再修改，直到完全合格以后才定稿付印，制成正式问卷。

2.5.2.6 房地产市场调查问题的类型

进行房地产市场调查问卷设计时，需要决定使用何种类型的问题。确定问题类型的出发点主要是基于研究要求，尽量使设计的每一个问题传达更多的有用信息。同时问题的难易程度也是一个值得考虑的因素，调查者必须分析他要面对的被调查者群体的层次水平，太难或无聊的问题往往令人扫兴。一般来说问卷问题主要有开放式问题、封闭式问题和混合型问题三大类。

1. 开放式问题

开放式问题也称自由问答题，只提问题或要求，不给具体答案，要求被调查者根据自身实际情况自由作答。调查者没有对被调查者的选择进行任何限制。开放式问题主要限于探索性调查，在实际的调查问卷中，这种问题不多。开放式问题经常要"追问"。追问是访问人员为了获得更详细的材料或使讨论继续下去而对被调查者所做的一种鼓励。开放式问题的设计方式主要有以下几类：

（1）自由回答法。自由回答法要求被调查者根据问题要求用文字形式自由表述，例如：您认为北京市房地产价格高的原因是什么？

（2）词语联想法。词语联想法是给被调查者一个有许多意义的词或词表，让被调查者看到词后马上说出或者写出最先联想到的词。例如，给被调查者一张两列调查表，其中一列为房地产品牌（刺激词），另一列为反映词，要求被调查者在很短的时间内给任一品牌配上最合适的反映词，见表2-9。

表2-9 词语联想例表

房地产品牌（刺激词）	反映词
A. 万科	A. 健康
B. 阳光100	B. 便宜
C. 碧桂园	C. 白领
D. 中海地产	D. 诚信
E. 沿海绿色家园	E. 专业化、精细化

词语联想法也可以采取无控制的方式，例如调查者说出"房地产"一词，要求被调查者马上说出或写出所能联想到的品牌，如"万科""碧桂园"等。

(3) 文章完成法。文章完成法是由调查者向被调查者提供有头或有尾的文章，由被调查者按照自己的意愿来完成，使之成篇，从而借以分析被调查者的隐秘动机。例如：一个朋友前一段时间看了几套新房，选中了两套。一个套型设计很好，小区环境也不错，但价格较高；另一套小区环境较差，套型面积小，但上班近。朋友有些犹豫，不知道该选择哪套，向您咨询，您对他说……

(4) 角色扮演法。角色扮演法不让被调查者直接说出自己对某种产品的态度和动机，而让他们通过观察别人对这种产品的动机和态度来间接暴露自己的真实动机和态度。例如：您认为购买××楼盘业主的特点有哪些？

(5) 过滤法。过滤法又称"漏斗法"，是指最初提出的问题较为广泛，离主题较远，再根据被调查者回答的情况逐渐缩小提问范围，最后有目的地引向要调查的某个专题性问题。

例如：请问您近年内打算购房吗？　是（　），否（　）。
如果是，您打算购买住宅的建筑面积为_____ m^2。

重要提示

开放式问题的优点在于被调查者不受限制，便于深入了解被调查者的意见和态度。被调查者的回答可以给调查研究者提供大量信息，有助于设计营销主题和促销活动。其缺点是难于编码和统计，并且容易出现访问点误差，使开放式问题在应用上受到了很大的限制。

2. 封闭式问题

封闭式问题一般给定备选答案，要求被调查者从中做出选择，或者给定"事实性"空格，要求如实填写。它避开了开放式问题的缺点。市场调研人员通常把封闭式问题分成两项选择题、多项选择题、顺位型问题、态度评比型题几种类型。

(1) 两项选择型。两项选择型又称是非型、赞否型。例如：

近几年您是否打算买房？　　买□　不买□

其只要求被调查者在两项相互对立的答案中选择一个。一般用"是"或"否"，"有"或"无"，"好"与"坏"回答。它的优点在于短时间内可获得明确答复，便于统计。其不足是不能表达出被调查者意见的程度差别。

(2) 多项选择型。这是由调查者事先列出许多答案让被调查者选择适合自己的答案的方法。例如：

您现在住房有哪些困难？面积过小□ 子女结婚在家□ 房子破旧□ 环境较差□ 地点不适□ 其他□

这种方法适用对消费者购买动机的调查。其可避免两项选择型的强制选择，也便于统计分析，缺点是答案范围不易把握，过多会导致被调查者产生厌烦情绪，过少则容易漏掉真正的答案。

(3) 顺位型。顺位型又称品等型，例如：

您认为在小区环境中哪几点最重要？（请用阿拉伯数字标出各项的顺序）
工作单位近□　　交通便利□　　　中小学教学质量好□　　购物方便□
物业管理质量高□　文化娱乐丰富□　绿化好□

任务 2　认识市场——房地产市场环境分析与调研

对所询问的问题列出几个答案，请被调查者依自己喜欢的程度对各答案排出先后顺序。这种方法便于对调查对象的选择进行衡量比较，表达其对所列项目重要程度的态度，也便于结果统计；其不足之处是答案过少。

（4）态度评比型。态度评比型问题要求测量被调查者对某种品牌、某个楼盘或某种类型房地产商品的态度，如：您喜不喜欢碧桂园公司销售的房地产？您觉得生态环境对房地产产品销售重不重要？等。这类问题表面上看似乎很容易回答，如回答喜欢、不喜欢或重要、不重要，但实际这只代表两种极端的态度，可能对更多的人而言，其态度层次介于两者之间，因此，进行态度评比测量非常重要。

2.5.2.7　房地产市场问卷设计中应注意的几个问题

房地产市场问卷设计中具体应注意以下几点：

（1）避免提一般性的问题。一般性问题因缺乏针对性，所以对实际调研工作并无指导意义。如：您对××楼盘的物业管理印象如何？这样的问题过于笼统，很难达到预期效果，可具体问：您认为××楼盘的物业管理收费是否合理？服务项目是否齐全？服务态度怎样？

（2）避免用不确切的词。例如普通、经常、一些等，以及一些形容词如美丽、著名等。这些词语，各人理解往往不同，在问卷设计中应避免或减少使用。例如你是否经常去健身房？回答者不知经常是指多长时间，可以改问：你多久去一次健身房？

（3）避免引导性的提问。如果提出的问题不是折中的，而是暗示出调研者的基本观点倾向和见解，力求使回答者跟着这种倾向回答。这种提问就是引导性提问。例如：消费者普遍认为房地产商广告投入量越大，说明越有实力。您的看法如何？这种引导性的提问会导致两个不良后果：一是被调研者不假思索就同意问题中暗示的结论，直接应付了事；二是由于引导性提问大多是引用权威或多数人的态度，被调研者会产生从众心理。另外，对于一些敏感性问题，在引导提问下，被调研者会不愿表达他本人的想法等。因此，这种提问是调研的大忌，常会引出和事实相反的结论。

（4）问句要考虑时效性。时间过久的问题容易使人遗忘，逼迫被调研者做过长时间的回忆，往往会使其产生抵制调研的心态。如：您前年家庭的生活费支出是多少？其中用于住房的消费是多少？除非是极细心的被调研者，否则很少有人能回答上来。一般可问：您家上月生活费支出是多少？其中用于住房的消费是多少？显然这样缩小时间范围可使问题回忆起来较容易，答案也比较准确。

（5）避免提可能令被访者感到难堪、禁忌和敏感的问题。可能令被访者感到难堪、禁忌和敏感的问题包括各地风俗和民族习惯中忌讳的问题，涉及个人利害关系的问题，个人隐私问题等。这类问题在问卷中应尽量注意提问的方式、方法和措辞。

（6）避免问题与答案不一致。所提问题与提供的答案应做到一致。

2.6　房地产市场调查的程序

房地产市场调查是一项复杂而细微的工作，为了提高调查工作的效率和质量，市场调查必须有计划、有步骤地进行。虽然调查的类型、目的和范围等有所不同，调查所采取的步骤也各有繁简，但无论是何种类型的调查，大致都要经过四个基本阶段，即调查准备阶段、正式调查阶段、结果处理阶段和跟踪调查阶段。

2.6.1 调查准备阶段

房地产市场调查准备阶段是调查工作的开端。准备是否充分,对于实际调查工作和调查的质量影响很大。一个良好的开端,往往可收到事半功倍之效。调查准备阶段的重点是明确调查目标、确定调查项目、制定调查计划,为实质性的调查做好准备工作。

(1) 明确调查目标。市场调查的一个重要作用就是帮助人们确定需要解决的问题,一次有组织、有计划的市场调查一般要经过调查准备。市场调查,首先必须确定调查的问题及其范围,这是市场调查的起点。调查目标应从企业实际出发,或是解决企业当前急需解决的问题,或是为企业重大经营决策提供背景资料。调查目标确定以后市场调查就有了方向,不至于出现太大的过失。因此,在每次起草调查提案之前,调查人员首先要知道自己要干什么,要对调查目的与目标十分明确。

(2) 初步情况分析。确定调查目标后,调查人员应根据现有资料对企业的经营或营销活动进行初步分析,必要时还可以组织非正式的探测性调查,以发现和揭示问题。所谓问题一般有两类:一种是出现了明显的困难,如商品房严重滞销;另一种是出现了潜在的困难,如商品房销售速度明显下降,销售越来越难。问题的发现可能由领导人员、管理人员、业务人员通过某些现象直观地感觉到,也可能由会计系统或统计系统的资料反映出来。在对发现的问题进行初步分析之后,可拟订出一些假设,进行假定推断及提出可能的解决办法,从而使调查的范围进一步缩小。

(3) 制定调查计划。对房地产市场调查课题经过上述分析研究之后,如果决定要进行正式调查,就应制定调查方案和工作计划,即拟订调查计划书。调查计划是一个行动纲领,应做到详尽而周密,以确保整个调查工作有条不紊地进行。

房地产市场调查方案是对某项调查本身的设计,目的是使调查能有秩序、有目的地进行,它是指导调查实施的依据,对于大型的市场调查显得更为重要。

调查计划表见表 2-10。

表 2-10 调查计划表

项目	内容
调查目的	为何要做此调查,需要了解些什么,调查结果有何用途等
调查方法	采用询问法、观察法或实验法等
调查区域	被调查者居住地区、居住范围等
调查对象、样本	对象的选定、样本规模等
调查时间、地点	调查所需时间、开始日期、完成日期、地址等
调查项目	访问项目、问卷项目(附问卷表)、分类项目等
分析方法	统计分析和预测方法等
提交调查报告	报告书的形式、份数、内容、中间报告、最终报告等
调查进度表	策划、实施、统计、分析、提交报告书等
调查费用	各项开支数目、总开支额等
调查人员	策划人员、调查人员、负责人姓名和资历等

2.6.2 正式调查阶段

房地产市场调查方案和调查计划经论证确定后,房地产企业按照调查计划,一边收集整理二手资料，一边开展一手资料的实际调查工作。这个阶段的主要任务是组织调查人员深入实际、按照调查方案或调查提纲的要求，系统地收集各种资料和数据，听取被调查者的意见。

(1) 确定市场资料来源。调查资料有两大类，即原始资料和现成资料。原始资料又叫第一手资料，是调查者为了一定的调查目的通过实地调查所取得的各种资料。现成资料又叫第二手资料、次级资料或案头资料，是指经过他人收集、整理所积累起来的能为当前的市场调查项目所利用的各种数据和其他资料。使用现有资料省时省钱，因而市场调研多从收集次级资料开始，如果次级资料能解决全部问题，就不必收集原始资料，否则，必须收集原始资料。

(2) 确定收集资料方法。收集原始资料的方法有访谈法、观察法、实验法。

(3) 调查表及问卷设计。收集原始资料时，一般需要被调查者填写或口答各种调查表格或问卷。调查表及问卷是整个调研工作的核心，其设计的好坏将直接影响调研结果。

(4) 抽样设计。市场调查中普遍采用抽样调查，即从被调查总体中选取部分样本进行调查，并用样本特性推断总体特性。在实地调查前，应设计决定抽查的对象、方法和样本的大小。一旦明确，必须严格按照抽样设计的要求进行工作，以保证调查质量。

(5) 现场实地调查。即通过各种方式到调查现场获取正确的资料。

2.6.3 结果处理阶段

结果处理是把市场调查收集到的资料进行整理、统计和分析，去粗取精、去伪存真，以保证资料的系统、完整和真实可靠的过程。只有这样，才能揭示问题的本质和各种市场现象间的因果关系。这一阶段的工作如果抓得不紧或者草率从事，会导致整个调查工作功亏一篑，甚至前功尽弃。它是调查全过程的最后一环，也是调查能否发挥作用的关键环节。

1. 资料整理分析

(1) 将调查收集到的资料进行编辑管理。即把零碎的、杂乱的、分散的资料加以筛选，去粗取精，去伪存真，以保证资料的系统性、完整性和可靠性。在资料的编辑整理过程中，首先，要检查调查资料的误差，即对收集到的资料加以筛选，以保证资料的完整性、系统性和可靠性；其次，要对情报资料进行评定，即审核资料的根据是否充分，推理是否严谨，观点是否正确，以保证调查资料的真实与准确。

(2) 进行分类编号。即用数字符号把调查资料编入适当的类别，以便于查找、归档和使用。分类包括预先分类和事后分类两种。预先分类就是在设计调查表时，对被调查者的职业、收入、家庭规模等因素进行分类，以便于资料的整理和分析。对于某些事先不便于分类的问题，可以采取事后分类的办法。分类有助于资料的整理和分析，有助于提高市场调查效率。

(3) 进行统计。将已经分类的资料进行统计计算，系统地编制成各种计算表、统计表、统计图，便于分析和利用。

(4) 进行分析。对各项资料中的数据和事实进行分析比较，得出一些统计上的结论，如平均数、频数、相互关系等，直到得出必要的结论。

2. 编写调查报告

调查报告主要归纳研究结果并得到结论，也是房地产市场调查的最终成果，提交给管理人员决策使用。编写调查报告是房地产市场调查的最后一个环节，很多主管人员都十分关心这一报告，并将它作为评价研究成果好坏的标准。因此，调查报告必须写得十分清楚、准确。无论研究做得多么深透、高明，如果没有一份好的研究报告，都将会前功尽弃。

研究报告的主要内容如下：

（1）调查目的、对象和范围；
（2）调查所采用的方法、步骤、时间等说明；
（3）所调查问题的实际材料与分析说明；
（4）对调查对象的基本认识，做出结论；
（5）提出建设性的意见和建议；
（6）统计资料、图表等必要附件。

房地产市场调查报告的结构多种多样，没有固定的格式，一般由导言、主体、建议与附件组成。撰写并呈交调查报告后，市场调查工作基本告一段落。但是，为了了解调查意见是否正确，调查结果是否被采纳，还应该进行跟踪调查。

2.6.4 跟踪调查阶段

跟踪调查可以获得反馈信息，了解调查数据是否真实可靠，调查结果是否适用，调查报告、对策、建议是否已被采纳等。在执行期间，若市场环境发生了新的变化，调查人员可以根据情况对原调查报告提出修改、补充意见。

应当指出的是，以上所列的只不过是市场调查大致的程序，只具有指导意义，不可将之视为僵死的教条。在实际操作中，可视具体情况加以灵活运用，当简则简，当繁则繁。形式只是次要的，关键是要能够解决问题。

2.7 撰写房地产市场调查报告

2.7.1 房地产市场调查报告的格式

市场营销部门在做市场营销策划或决策之前，必须对目标市场做深入的了解、分析和研究。由于阅读市场调研报告的人一般都是繁忙的企业经营管理者或有关部门的负责人，因此，房地产市场调查人员在撰写市场调查报告时，要力求条理清楚、言简意赅、易读好懂。

一般来讲，调查报告的结构、内容以及风格等，因调研的性质、项目的特点、撰写人和参与者的性格、背景、专长和责任的不同而呈现差异。市场调查报告的格式一般由标题、目录、正文、附件等部分组成。

（1）标题。标题和报告日期、委托方、调查方一般都应打印在扉页上。一般在扉页上同时把被调查单位、调查内容明确而具体地表示出来，如"北京市房地产市场调查报告"。有的调查报告还采用正、副标题形式。一般正标题表示市场调查的主题，副标题则具体表明调查的单位和问题。

（2）目录。为了方便读者阅读，一般来说，目录的篇幅不宜超过一页。另外，最好使用办公软件（如 word）的自动生成目录功能。

（3）正文。正文是市场调查报告的主体部分，这部分必须准确地阐明全部有关的论据，包括从问题的提出到引出结论，论证的全部过程，分析研究问题的方法，还应当有可供市场活动的决策者进行独立思考的全部调查结果和必要的市场信息，以及对这些情况和内容的分析评论。

（4）附件。附件是指调查报告正文包含不了的或没有提及的，但与正文有关必须附加说明的部分。它是对报告正文的补充或更详尽的说明。附件包括数据汇总表及原始资料背景材料和必要的工作技术报告。

2.7.2 房地产市场调查报告撰写应注意的问题

房地产市场调查报告是房地产市场调查的结晶,是提供给使用者参考以做出决策的基础。如果市场调查人员不能提供一份好的报告,即使市场调查设计得再科学、数据分析得再细致、调查问卷表达得再清晰、数据质量控制得再好,也不能达到市场调查的目的,不能为决策提供有效依据。

(1)坚持实事求是的原则。以实事求是的科学态度,准确而全面地总结和反映调研结果,是写好房地产市场调查报告最重要的原则。房地产市场调查报告的真实性,首先表现在一切结论来自客观的事实上;其次表现在所采用的数据是准确的;最后表现在如实地指出本次调查结果的局限性,指明调查结果适用的范围,以及在调查过程中曾出现的失误或可能存在的各种误差。房地产市场调查报告要如实反映市场情况和问题,对报告中引用的事例和数据资料,要反复核实,必须确凿、可靠。

(2)突出重点。房地产市场调查报告的内容必须紧扣调查主题,突出重点。条理清楚,语言准确精练,务必把所说的问题写得清楚透彻。

(3)结论明确。进行房地产市场调查之后必须得出结论,完成调研报告,供决策当局参考与应用。因此,房地产市场调查报告的准备必须详尽、扼要且属实。将报告的内容组织成目标明确、有条不紊、主次分明的报告书,能够使决策者在较短时间内得到一个总体的印象。调查结论切忌模棱两可,不着边际。要善于发现问题,敢于提出建议,以供决策参考,结论和建议可归纳为要点,使之更为醒目。

(4)印刷精美。房地产市场调查报告应完整、装订整齐,印刷清楚,精致美观。

任务实施

××市××项目地块商业调研及定位报告

一、项目现状

1. 项目经济技术指标

(1)占地面积:GT9—3地块规划用地面积为11 121.0 m²;GT11—1地块规划用地面积为10 908.73 m²。

(2)地上建筑面积(计容):GT9—3为50 040.00 m²;GT11—1为49 080.0 m²。

(3)容积率:GT9—3为4.5;GT11—1为4.5。

(4)用地性质:商业、住宅、办公、商铺。

(5)绿地率:GT9—3为18%;GT11—1为15%。

(6)限高:≤54 m。

2. 项目所在位置概况

(1)项目位于桂林市××广场南侧;由GT9—3和GT11—1两个地块组成,两个地块被一条市政规划道路隔开,GT9—3位于市政道路北侧,GT11—1位于市政道路南侧。四至:东临站前东路,西临新建路,北临火车北站广场,南临西二环;距××市政府约22 km,临近北站商圈,距离市中心8 km。

项目处于××区高铁站前片区,是站前商业集中聚集区,其功能定位为城市新中心,远期人口规模42万。规划明确了未来新区功能定位,并将其描述为城市综合新城区,城市经济增长新核心,未来城市商业、文商贸物流基地、旅游窗口、文化体育休闲度假基地,生态环境良好,适宜居住、生活、创业、旅游休闲度假的新区。

(2)项目四至及现状。项目地块平整,目前为空地,项目北面为火车北站,西面为新建路,东临恒大广场一期住宅及百业商贸城,南面目前为空地。

(3)现场照片(图2-6)。

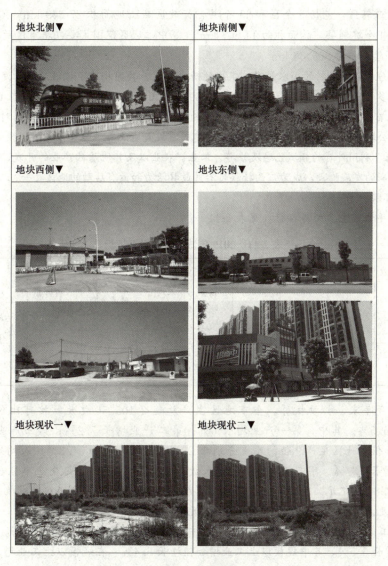

图2-6 现场照片

二、项目所在城市概况

1. 行政区划及城市发展概况

(1)项目位于××广场南侧;由GT9—3和GT11—1两个地块组成,两个地块被一条市政规划道路隔开,GT9—3位于市政道路北侧,GT11—1位于市政道路南侧。四至:东临站前东路,西临新建路,北临火车北站广场,南临西二环;距桂林市政府约22 km,临近北站商圈,距离市中心约8 km。

(2)城市发展概况。桂林市是世界著名的风景游览城市和中国历史文化名城,是广西地区及桂湘交界地区的政治、经济、文化、科技中心。桂林市辖6个区及11个县(自治县)。区县下辖13个街道办事处、86个镇、48个乡,其中有15个民族乡,237个(社区)居民委员会、1 654个村民委员会。2019年年末,全市户籍总人口540.6万人。

桂林市在规划空间层次上分为"市域""规划区"和"中心城区"三个地理空间层次:①市域范围为桂林市行政辖区,包括6个区和11个县,行政区域土地面积27 809 km²。②规划区包括6个行政区及4个建制县,总面积为11 607 km²。③中心城区范围主要包括市区所辖的4区及经济开发区等,总面积为866.36 km²。

优越的地理条件,奇特的山水景观,丰厚的历史文化,共同构建了旅游名城的发展优势,为桂林市赢得了诸多的发展机遇。至今累计接待了150多个国家和地区的入境旅游者1 000多万人次,80多位国家元首先后访问游览过桂林市。旅游业的蓬勃发展有力地促进了桂林市的对外开放。近年来,××高速公路等一大批重点基础工程的相继建成,极大地改善了桂林市旅游、投资和生活环境。自1979年以来,利用外资的领域已遍及旅游、工业、农业以及其他基础产业的开发,使全市对外开放进入了一个新的发展阶段,成为广西壮族自治区最具活力和最有后劲的地区之一。

2. 经济环境分析

(1)2019年城市主要经济指标,见表2-11。

表2-11 2019年城市主要经济指标

行政区划/级别	城市总人口/万人	GDP总额/亿元	人均GDP/元及省内排名	全口径财政收入/万元	一般预算收入/亿元	城镇居民人均可支配收入/元	城镇居民储蓄余额/亿元	人均储蓄余额/万元	社会消费品零售总额/亿元	社会固定资产投资总额/亿元
××市	540.6	2 105.36	41 249 第3名	258.79	152.79	26 381	1 820.69	3.284	1 095.2	2 234.24

(2)2019年年末,初步核算,全市地区生产总值2 105.56亿元,按可比价格计算,比2018年增长6.5%。其中,第一产业增长6%;第二产业增长7.2%;第三产业增长6.5%。三个产业增加值占地区生产总值的比重分别为23.1%、22.6%和54.3%,人均地区生产总值41 294元,增长5.9%。年末新增城镇就业人数4.49万人;城镇登记失业率2.66%。全年组织财政收入258.79亿元。其中,一般公共预算收入152.79亿元。在组织财政收入中,税收收入181.32亿元。一般公共预算支出496.03亿元。

(3)全部工业总产值比上年增长1.8%,其中规模以上工业总产值增长2.0%。全部工业增加值比上年增长5.5%,其中规模以上工业增加值增长6.4%。在规模以上工业增加值中,分经济类型看,国有企业增长16.7%,集体企业增长14.0%,股份制企业增长5.2%,外商及港澳台商投资企业增长30.6%;分门类看,采矿业增长6.2%,制造业增长4.3%,电力、燃气及水的生产和供应业增长19.2%;从产业结构看,高技术行业增长4.0%,高耗能行业增长2.5%。

(4)全年全市固定资产投资(不含农户)比2018年增长9.3%,其中民间投资增长8.7%。分产业看,第一产业投资增长46.5%;第二产业投资增长14.8%,其中工业投资增长18.7%;第三产业投资增长7.6%。分领域看,基础设施投资增长12.7%,制造业投资增长27.5%,房地产开发投资增长11.8%。

(5)城市对房地产开发的限制/优惠政策分析。房地产贷款增速大幅放缓,房贷利率显著上行。2019年热点城市房地产调控始终在加强，房地产信贷资金受到严格监管，企业及个人购房群体贷款难度均有增加。

3. 社会文化及消费需求分析

(1) 城市人口情况分析。

1) 2019 年年末，全市户籍总人口 540.60 万人，其中城镇人口 206.62 万人；常住人口 511.23 万人，其中城镇人口 260.20 万人，常住人口城镇化率为 50.90%。

2) 人口发展趋势：人口自然增长率 5.86‰，常住人口城镇化率为 50.9%，城市化过程向西向北扩展。

(2) 消费需求分析。全市实现社会消费品零售总额 1 095.2 亿元，同比增长 10.0%。其中，城镇市场实现零售额 901.33 亿元，同比增长 9.8%；乡村市场实现零售额 193.87 亿元，同比增长 11.1%，乡村市场增速高于城镇市场 1.3 个百分点。

4. 城市规划分析

(1) 城市规划现状：西扩——即城市往西向发展××新区。疏解老城区居住环境及城市扩展的功能，发展行政办公、文化娱乐、体育、教育科研等公共服务设施用地和居住用地，通过新城市中心的建设，提升整个桂林市的城市品位。北拓——向北主要发展的区域为××和××，开发的主要策略是依托旧城区进行居住新区开发，缓解旧城居住压力；以城市服务为主要功能的转换带、各类基础服务性质的功能主要集中于站前片区。

(2) 老城区城市未来规划：建立滨北新区，中心城将与××县城区连片，形成以高铁与××江"双核心"城市经济引擎带，建立具有现代化城市面貌与以生态、旅游、商业、体育为特色的城市空间结构。

三、项目所在城区概况分析

1. 区位概况

项目所在区位状况如图 2-7 所示。

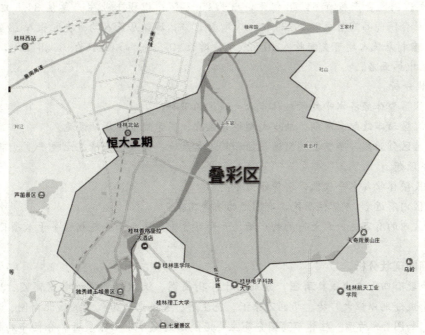

图 2-7 项目所在区位状况

××区位于桂林市北部，东至桂林市著名的尧山景区，南为桂林市市中心地区，西临桂林市桃花江水系，北接××八里街经济技术开发区，总面积52 km²，区位优势十分明显。此外，著名的漓江纵贯全区，环城水系中的桂湖和木龙湖位于辖区内，环境优美，适宜人居。截至2019年年末，全区常住人口18.93万，下辖两个办事处（叠彩、北门街道办事处），一个乡（大河乡），共21个社区和15个行政村，是桂林市典型的城乡结合的行政管辖区。

2. 交通概况

××区对外交通发达，湘桂铁路、××国道纵贯全境、××高速公路、××国道在区内交接，规划桂林市东外环路横贯全区。其中火车北站总建筑面积为10万 m²，车场规模达9台18线，是广西壮族自治区第二大火车站；另外，××区位于湘桂交界地区，是广西壮族自治区与湖南、湖北等省的重要交通要塞，地理位置十分优越。

3. 经济概况

××区经济发展条件优越，区位优势明显，具备显著的仓储、商贸物流优势，辖区内连片成行的仓库可开发为专业批发市场、商住小区；有丰富的土地资源优势，目前可供开发的土地达2 500多亩。××区有较好的农业、工业、商贸服务业发展基础，辖区内现有日用百货、建材装饰、粮油副食品、饲料、水果、家具和塑料皮革等8个专业市场，是重要的商品集散中心。

近几年来，××区加快了城市道路等公共基础设施的改扩建进程，扎实推进中山北路的改造，对中山北路及两侧街道和建筑物进行了美化、亮化、绿化；××辖区在"北通"工程全面贯通的基础上，全面启动站前片区"三纵三横"路网。××广场已于2017年11月建成开业，北大街购物广场与联发大摩乾景广场也分别于2019年12月1日及2018年7月28日开业，恒大广场、城北体育文化城、大河圩民俗旅游文化村等项目加快推进。主城片区特色街区改造实现竣工。城北水厂二期、第二人民医院城北医院等项目有力推进。

××区2019年全年完成地区生产总值71.02亿元，增长8.9%；组织财政收入4.61亿元，增长13.6%；固定资产投资64.28亿元，增长25.29%；规模工业生产总值34.5亿元，增长10.71%；社会消费品零售总额99.39亿元，增长10%；城镇居民人均可支配收入28 489元，增长6.9%；农村居民人均可支配收入10 525元，增长10.5%。而GDP为91.05亿元，位列××市所有辖区中第五名。

4. 现状分析

（1）××区整体经济水平处于桂林市六大城区的下游。

（2）××区城市政配套薄弱，缺少大型综合医院、高等院校等基础设施。

（3）××区作为××市重要的交通枢纽和物流集散地，交通拥堵情况比较严重，市政环境和道路环境不理想。

（4）居民整体收入水平较低，消费能力不高。

（5）辖区内有近18万常住居民，有固定的消费需求。

（6）辖区内的有万达、北大街购物广场，天和百货等商场已开业或相继早于本项目开业，竞争激烈。

四、商圈现状分析

桂林市现有四大主力成熟商圈，分别为十字街商圈、沃尔玛商圈、七星商圈、城南商圈，未来还将形成分别以恒大广场、华润万象汇、花生唐、吾悦广场为代表的城北商圈、城西商圈、新区商圈，如图2-8所示。桂林市商圈分布主要沿漓江边城市中心轴展开。分区布局格局明显，跨区商业竞争较大。

任务 2　认识市场——房地产市场环境分析与调研

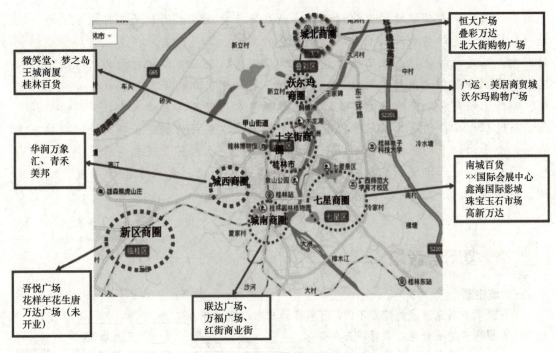

图 2-8　商圈现状

"未来十年中，桂林市将着力将××打造成为西南地区重要的商贸物流中心，形成'两主四副，十街一心，两大物流园区'的城市商业格局。改造提升中山路、临桂新区商业主中心，发展漓东、城北、琴潭、雁山等城市商业副中心。"——《桂林市城市商业网点规划(2011—2020 年)》

十字街商圈，处于桂林市中山路与解放路交会处，南北贯通中山中路、东至解放东路、西到解放西路，是桂林市目前商业最集中、人气最旺的区域。此区域内业态丰富，客流量集聚非常多，以微笑堂、东西巷、正阳步行街为代表。

七星区的甲天下商圈，处于桂林市漓江路与辅星路交会处，涵盖南城百货国展购物广场、××国际会展中心、鑫海国际影城，随着七星区高端住宅小区的不断涌现，片区消费能力持续提升，新的商业体也拔地而起，代表有安厦时代天悦、高新万达广场、兴进广场。

××区的联达广场商圈，位于桂林市环城西路，毗邻黑山生态植物园，是集购物、休闲、娱乐、旅游于一体的大型商业中心区，该商业广场于 2008 年 5 月 16 日顺利营业，商场最高人流量达十几万人，2008 年 5 月至今，一度成为桂林市经济社会发展的新亮点。

任务小结

　　本任务主要介绍了房地产市场营销环境的含义、特点、类型及内容，影响房地产市场营销的宏观环境因素和微观环境因素，房地产市场营销环境分析，房地产市场调查的概念、特征、内容、类型、方法与程序，房地产市场调查报告的撰写和房地产市场调查问卷设计等。房地产市场营销环境是相对房地产市场营销活动这一中心而言的影响企业生存和发展的各种情况和条件。宏观环境因素是指间接影响房地产企业市场营销活动的各种环境因素。微观环境因素是指直接影响房地产企业服务其目标市场能

任务2 认识市场——房地产市场环境分析与调研

力的各种因素。营销环境的变化对任何一个房地产企业产生的影响都可以从三个方面进行分析：一是对房地产企业市场营销有利的因素；二是对房地产企业市场营销不利的因素；三是对房地产企业市场营销无影响的因素，企业可以把它视为中性因素。房地产市场调查是指运用科学的方法，有目的、有计划、系统地判断、收集、记录、整理、分析、研究房地产市场过去及现在的各种基本状况及其影响因素，并得出结论的活动与过程，其目的是为房地产经营者预测其未来发展并为制定正确的决策提供可靠依据。由于阅读市场调研报告的人一般都是繁忙的企业经营管理者或有关部门的负责人，因此，房地产市场调查人员在撰写市场调查报告时，要力求条理清楚、言简意赅、易读好懂。

复习思考题

一、填空题

1. 按照调查对象涉及的范围不同，可将房地产市场调查分为_____和_____。
2. 按照调查功能分类，市场调查具备_____、_____和_____三大功能。
3. _____是企业为了估计和推断房地产市场未来发展趋势而进行的市场调查。
4. 房地产消费者市场容量调查主要是调研_____。
5. 一般从_____、_____和_____来描述一个楼盘的价格情况。
6. 根据调查人员与被调查人员接触的方式，房地产市场调查可分为_____、_____、_____、_____和_____5种形式。
7. 实验法的完成需4个要素：_____、_____、_____、_____。
8. 根据使用问卷的方法可将调查问卷分为_____和_____两类。
9. 环境最通俗的含义就是指_____。
10. _____是相对房地产市场营销活动这一中心而言的影响企业生存和发展的各种情况和条件。
11. 按影响范围的大小，营销环境可分为_____和_____两类。
12. 房地产开发企业是指_____。
13. 营销中介是_____。
14. 房地产企业的顾客群体既包括_____，也包括_____。
15. _____是为了提供公共服务或将商品和服务转给需要的人而购买产品和服务的政府和非营利机构。
16. _____是指任何一个能对本机构的目标产生实际、潜在利益或者影响的群体。
17. _____是指环境中一种不利的发展趋势所形成的挑战。

二、选择题

1. 房地产市场调查是为实现_____。（　　）
   A. 房地产市场资料信息的收集
   B. 房地产企业特定的经营目标
   C. 房地产市场现状的把握
   D. 房地产市场发展趋势的把握

2. _____比较精细、严密，是使用最多的一种调查方法。（   ）
   A. 探索性调查   B. 描述性调查
   C. 因果关系调查   D. 预测性调查
3. 企业可以用较少的人力、物力、财力，在短时期内完成房地产调查，具备这一特点的房地产调查类型是_____。（   ）
   A. 全面普查   B. 重点调查
   C. 随机抽样调查   D. 非随机抽样调查
4. 最常见的市场调查方法是_____。（   ）
   A. 访问法   B. 实验法
   C. 行为记录法   D. 亲身经历法
5. 按环境的性质，营销环境可分为_____。（   ）
   A. 自然环境和文化环境   B. 宏观环境和微观环境
   C. 社会环境和政治环境   D. 经济环境和科技环境
6. 按影响范围的大小，营销环境可分为_____两类。（   ）
   A. 自然环境和文化环境   B. 宏观环境和微观环境
   C. 社会环境和政治环境   D. 经济环境和科技环境
7. 下列各项中，不属于宏观层次的营销环境的是_____。（   ）
   A. 地理条件   B. 政治背景   C. 人口状况   D. 经济背景
8. _____是构成市场的首要因素。（   ）
   A. 土地   B. 房地产产品   C. 人口   D. 商品

三、判断题

1. 通过因果关系调查可以弄清企业或市场的实际情况，找出问题的实质和关键。（   ）
2. 房地产市场需求既可以是特定房地产市场需求的总和，也可以是某一房地产企业房地产产品的需求数量。（   ）
3. 单价是销售价格和销售面积的乘积，反映的是目标客户群的选择。（   ）
4. 观察法广泛应用于新产品的研发、广告设计、包装设计和产品试销售等方面。（   ）
5. 根据问卷发放形式不同，调查问卷可分为封闭式问卷和开放式问卷。（   ）
6. 房地产市场调查准备阶段是调查工作的开端。（   ）
7. 按控制难易程度，营销环境可分为可控因素和不可控因素。（   ）
8. 房地产企业营销环境各种因素之间并无很强的关联性。（   ）
9. 营销中介不包括实体分配机构。（   ）
10. 房地产消费者不能是组织机构，只能是个人或家庭。（   ）
11. 对于一个企业而言，顾客永远是最重要的营销微观环境。（   ）
12. 消费者是房地产企业市场营销的对象，是房地产市场营销中起决定作用的力量。
    （   ）

四、问答题

1. 什么是宏观环境？什么是微观环境？
2. 房地产营销环境有哪些特点？
3. 供应商对房地产开发企业营销活动的影响主要表现在哪些方面？
4. 房地产企业的竞争对手主要包括哪些类型？
5. 市场机会作为特定的市场条件，有哪些标志性的特征？

任务 2 认识市场——房地产市场环境分析与调研

6. 如何正确理解房地产市场调查的内涵？
7. 市场环境调查的内容是什么？
8. 试述非随机抽样的具体方法。
9. 实际调查通常有哪两种形式？
10. 根据问卷发放形式不同，调查问卷分为哪些类型？
11. 调查问卷应符合哪些要求？
12. 研究报告的内容是什么？

任务 3 划分市场——房地产市场细分与定位

知识目标

1. 了解房地产市场细分的概念及作用；熟悉房地产市场细分的原则和标准；掌握房地产市场细分的方法及程序。
2. 了解房地产目标市场的概念和具备的条件；熟悉房地产目标市场选择的模式及程序。
3. 了解房地产市场定位的概念和作用；熟悉房地产市场定位的原则；掌握房地产市场定位的方法、步骤及策略。

能力目标

通过本任务的学习，能够对房地产企业所处的市场进行细分，能够选择目标市场，能够根据市场定位理论对房地产产品进行定位。

案例导入

A 公司决定开发位于桂林市的这个项目，请你在前期市场调研与分析的基础上对该项目及其市场竞争者做分析，从而确定本项目的市场细分与定位。

相关知识链接

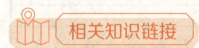

3.1 房地产项目市场细分

3.1.1 房地产项目市场细分的含义与作用

1. 房地产项目市场细分的含义

房地产市场细分是指根据房地产消费需求与欲望的差异，把整个房地产市场划分为若干个

任务3 划分市场——房地产市场细分与定位

消费者群,每一个消费者群称为一个房地产细分子市场。例如,有的消费者购房是改变自身的居住条件,有的消费者购房是用来做投资,有的消费者购房用来度假,有的消费者购房是为父母购买,有的消费者购房是为子女购买。

房地产项目市场细分包括三层含义:

(1)房地产市场细分与目标市场营销观念是一脉相承的。

(2)房地产市场细分的依据是一定的细分变量,这些细分变量反映了房地产消费者的需求状况。

(3)房地产市场细分不同于一般的房地产市场分类。

需要注意的是:市场细分不是对产品进行分类,而是对顾客的需要和欲望进行分类,以使企业在竞争中"避其锋芒、攻其不备"。

2. 房地产项目市场细分的依据

房地产项目市场细分的依据见表3-1。

表3-1 房地产项目市场细分的依据

因素(变量)		举例
地理环境	地区	例如:华南、华北、华东、东北、西南等
	城市规模	例如:500万人口以上城市,100万~500万人口城市等
	气候	例如:亚热带、温带、热带等
人口因素	年龄	例如:20~35岁,35~60岁,60岁以上
	性别	男、女
	家庭规模	例如:1~2人,3~4人,5~7人,8人以上
	家庭生命周期	例如:青年,单身; 青年,已婚,无子女; 青年,已婚,有子女
	家庭收入	例如:4 001~7 000元,7 001~10 000元,10 001元以上
	职业	例如:专业技术人员、政府官员、家庭主妇、失业者
	教育背景	例如:中学、大学(大专)、硕士
	种族	例如:汉族、回族、其他少数民族
心理因素	社会阶层	例如:下层、中层、上层
	生活方式	例如:变化型、参与型、自由型、稳定型
	个性	例如:冲动型、交际型、自负型
行为因素	时机	例如:一般时机、特殊时机
	利益追求	例如:便利、经济、心理满足
	准备阶段	例如:不了解、了解、熟知、感兴趣
	对产品态度	例如:热情、肯定、不关心、否定

3. 房地产项目市场细分的作用

在制定战略性的房地产市场营销计划时,企业的基本任务是发现和了解它的市场机会,然后制定和执行有效的营销方案,而房地产市场细分是完成这一任务的关键和核心。其作用如下:

(1)房地产市场细分有利于营销者找到有利的市场方向,掌握市场上的现实购买量与潜在购买量、购买者满足程度及竞争状况等,搞好市场定位。

(2) 通过房地产市场细分把自己的优势力量集中在目标市场上，做到有的放矢，才能取得更大的社会经济效益。

(3) 房地产市场营销者通过房地产市场细分，能针对目标市场制定适当的营销组合方案，从而把有限的资源集中投入目标市场，开创出适合自身企业的房地产开发经营特色之路，从而提高自己的市场占有率和知名度。

重点提示

真正的市场细分绝不是以细分为目的，为细分而细分的，而应该是以发掘市场机会，增加企业利润为目的的。市场细分必须适度，事实上并不是分得越细越好。过分市场细分，就会增多房地产商品的规格和种类，缩小细分市场的营销规模，并使房地产开发成本和营销成本增加，这样反而会造成企业营销绩效的降低。

3.1.2 房地产项目市场细分的原则

房地产市场细分可分为人口细分、家庭细分、地理细分、心理细分、行为细分和利益细分等。房地产项目市场细分的原则如下：

1. 可衡量原则

进行市场细分就是对一部分市场进行全面和彻底的开发与运用，那么在做细分市场时一定要考虑到可衡量性，也就是说要有可控性。主要表现如下：

(1) 要明确了解细分市场上消费者对商品需求的差异性的各项要求，通过产品或服务反映和说明，让消费者感觉到差异。

(2) 对细分后的市场范围清楚界定，如礼品市场可分为国内市场、国际市场。其中，国内市场还可进一步细分为华中市场、西南市场、东北市场等；也可根据消费行为细分为青年人市场、儿童市场、老年人市场等。如对生产资料市场进行细分，则可选择最终用户、用户规模和生产能力、用户地点等因素作为细分标准。

(3) 对市场容量的衡量：在细分市场后，作为企业就要明确细分范围内的市场容量是多大，因为细分市场就是为了对市场进行全面彻底的开发和利用。

(4) 对市场潜力的衡量：成功营销最大的定律就是不断开发新的有需求的市场，对于一个商品来说，不是所有的地区都有无限的市场，所以在细分市场时除了考虑到现有的市场容量外，还要考虑在将来的很长一段时间内，这个细分范围内还有很多潜在的市场需求。

2. 盈利性原则

细分市场应具备给企业带来盈利的潜力。每一个市场必须足够大，能够保证企业在其中经营可以盈利。进行市场细分时，企业必须考虑细分市场上消费者的数量有多少、购买力有多大，其中的某些细分市场规模和容量能否达到足以使企业实现其盈利目标。如果经过市场细分后所得到的所有细分市场的规模过小或市场容量太小，在任何一个细分市场上，企业均无利可图或获利甚少，那么这种市场细分毫无意义可言，如宝洁公司曾经细分出了一个低能量糖果的消费市场，不过该市场太小，不足以收回一条糖果生产线的投资成本。因此，应将一些细分市场合并或者选用新的细分标准重新进行市场细分。

3. 可进入性原则

细分市场应该是可以进入的。在企业现有资源条件下，企业能够利用现有营销力量进入细

任务3 划分市场——房地产市场细分与定位

分后的某个细分市场。如为了利用市场细分的好处，大多数全国性杂志以及大多数报纸在出版社出版，这样广告商可以针对特定区域刊登广告，而不必把钱浪费在非目标市场上。

4. 稳定性原则

稳定性原则是指细分后的市场有相对应的稳定时间。细分后的市场能否在一定时间内保持相对稳定，直接关系到企业生产营销的稳定性。特别是大中型企业以及投资周期长、转产慢的企业，更容易造成经营困难，严重影响企业的经营效益。

3.1.3 房地产市场细分的标准

市场细分的基础是消费者需求的差异性，形成消费者需求差异性的主要变量就是市场细分的标准。对于房地产市场而言，房地产市场可以分为住宅市场和商业用房市场。这两类市场所采用的市场细分标准是不同的，下面分别加以介绍。

3.1.3.1 住宅市场的细分标准

住宅市场的细分标准主要包括地理因素、人口因素、心理因素和消费行为等。

1. 地理因素

地理因素是按消费者所处的地理环境作为标准对住宅市场进行细分。地理因素主要有城市状况、区位和环境等。

（1）城市状况。消费者所在城市是大城市还是小城市，是沿海城市还是内地城市，对消费需求影响较大。大城市、沿海城市经济发达，土地资源紧缺，人口密度大，住房紧张，对住宅需求量大且较为紧迫，相比之下，中小城市、内地城市经济发展缓慢，人口密度也低，对住宅的需求相对较弱。此外，对外开放程度、城市的市场繁荣程度、交通便利程度、文化娱乐设施等都会影响住房需求层次的变化。

（2）区位和环境。房地产是不动产，具有地理空间上的固定性，区位会影响人们对住宅的需求。住宅区位于城市中的繁华程度不同（如繁华区、偏僻去、边远区），功能分布不同（如商业区、工业区、文化区、教育区、行政区、旅游区），自然景观和人文环境等因素的不同，都会造成住宅区规模、交通、地价、设施的不同，消费者需求也会表现出明显的差异。比如教育区的住宅往往能满足注重小孩教育的家庭的需要，商业区的住宅常常是喜爱都市繁华的家庭的理想选择，旅游区的住宅则大多是偏爱自然风光的家庭的好去处。

拓展阅读

房地产区位环境的性质

房地产的区位环境具有三重性质：
（1）自然地理环境，如地形、地貌以及气候条件等。
（2）经济地理环境，如距离市中心的远近、交通便利程度等。
（3）人文环境，如居民素质、社会风气、文化教育设施等。人们对房地产的需求爱好，实际上是对房地产及周围环境进行综合评价和选择的结果。因此，在细分房地产市场时，应充分考虑到人们对房地产需求的环境评价与偏好。

2. 人口因素

人口细分是按照人口的一系列性质因素所造成的需求上的差异来细分市场。在人口细分中通常考虑的因素主要有年龄、收入、家庭等。

(1)年龄。不同年龄的消费者,对房地产产品的需求不同。例如,年轻人购买住宅主要是考虑到组建家庭和未来投资升值,对住宅的位置和交通条件比较看重;老年人购买住宅时,倾向于购买环境安静、楼层较低、朝向好、医疗及生活设施配套完备的住宅。

(2)收入。收入水平的高低对住宅的数量和质量都有显著的影响。低收入的消费者群体主要解决住的问题,对住宅的标准、质量、档次要求不高,主要要求中、低档经济适用住宅。而高收入的消费者对住宅的要求比较多,他们在购买住宅时,不仅要求居住宽敞,还要求交通便利、房屋功能齐全、装修高档、外部环境优雅、物业管理健全等,他们主要需要中、高档住宅。

(3)家庭。

1)家庭规模。家庭规模主要指家庭人口数量的多少以及家庭组织范围的大小。家庭规模是随着社会经济发展而不断变化的,社会经济发展水平越高,家庭规模就越小。在人口总数不变的情况下,家庭规模缩小的结果就是家庭户数的增加,而住宅消费往往是以家庭为单位的,因此,家庭规模的缩小将直接导致对住宅单元需求的增加,但同时对住宅单元面积和房间数的要求也降低了。

2)家庭生命周期阶段。处于不同生命周期阶段的消费者对住宅的需求不同。单身阶段,消费者大多是与父母同住,为购买住宅做准备;结婚后,需要有独立的住宅,从而形成一定的购买力;满巢期因为经济收入进一步增加,受子女要求独立活动空间等因素影响,此时多数家庭希望能够购置更大的住宅以改善居住条件。

3. 心理因素

消费者的心理因素在房地产产品购买中起着不可忽视的作用,因此可以根据消费者所处的社会阶层、生活方式、个性以及购买动机等心理因素来细分房地产市场。

(1)社会阶层。社会阶层是指在某一社会中具有相对同质性和持久性的群体。处于同一阶层的成员具有类似的价值观、兴趣爱好和行为方式,不同阶层的成员则在上述方面存在较大的差异。显然,识别处于不同社会阶层的消费者及其所具有的特点,对于房地产市场细分有重要意义。

(2)生活方式。生活方式是指一个人对消费、工作和娱乐等的特定习惯。每个人追求的生活方式各不相同,对住宅的需求也会呈现较大的差异。比如,喜欢交际的消费者需要客厅大的住宅;喜欢安静封闭生活的消费者需要环境幽雅的住宅;有私家汽车的消费者则需要有配置良好的停车场和通车道路的住宅等。

(3)个性。个性是指一个人比较稳定的心理倾向与心理特征,是消费者个人的性格特征。不同个性的消费者对住宅的式样、装修、色彩、房屋结构、环境等方面的要求不尽相同。比如推出毛坯房给消费者,充分发挥个性,留下足够的空间以吸引消费者的购买。

(4)购买动机。不同的购买者购买住宅的动机不同,因而对住宅的需求也不同。按照购买动机进行细分,一般可分为实惠型、求新型、求廉型以及豪华型。消费者购买自住用房,一般注重住宅的实惠与否,要求质量可靠、结构合理及实用性强的房地产产品;年轻的购房者可能关注样式时髦、新颖的楼盘;收入较低的家庭可能追求价格低的楼盘;而有的购房者为了炫耀自己的身份地位和经济实力,追求价格高、质量卓越、装修华丽的房地产产品。

4. 消费行为

消费行为是指人们对住宅的知识、态度、使用或反应。以消费行为为基础来划分住宅消费者群,称为住宅市场的行为细分。

(1)使用时机。使用时机是指根据人们对住宅产生需要、购买或使用的时机加以区别,抓住消费者对住宅的使用时机,及时提供与需求相一致的各类住宅及管理服务,是企业开拓和占领新的住宅市场的有效策略。譬如,在大规模进行市政建设和旧城改造的情况下,动迁安置用房的供应会相当紧张,房地产企业就可抓住这一时机,开辟"动迁周转用房"市场。

(2)追求利益。追求利益是根据购买者对住宅所追求的不同利益而形成的一种有效的细分方式。例如,同样是购买住宅,有的人追求购物方便的临街闹市地段,有的人注重视野开阔、赏心悦目的周围环境,有的人追求住房能商住两用,有的人对客厅和厨房的大小很在意,还有的人特别倾心于选择一套具有良好物业管理服务系统的住房。因此,住宅开发经营企业,假如以追求利益来细分住宅市场,就必须让自己的产品突出某些最吸引人的特性,并分别做好广告宣传,以最大限度地吸引某个或若干个住宅消费者群。

(3)购前阶段。一般情况下,人们总是处在对某种住宅的购前阶段。如有的消费者不知道有这种住宅,有的已得到信息,有的感兴趣,有的想买,而有的正准备买。住宅开发企业应将处于不同购前阶段的消费者进行细分,然后采用适当的市场营销措施。例如,对于不知道本企业产品的消费者,要加强广告宣传,以引起他们的注意,最大限度地拓宽该类住宅的潜在市场;对于已经知道本企业产品的消费者,着重宣传本企业产品带给他们的利益;对于想买或准备买的消费者,则要告诉他们销售地点、联系人、销售服务项目以及购买者的资格规定等。

3.1.3.2 商业用房市场的细分标准

商业用房的基本功能是满足商务活动的需要。如用于办公场所的写字楼、用于交易活动的商场、用于产品生产及储存的厂房、仓库等。这类房屋主要作为经营资产参与企业的生产组织过程,所以在其购买行为特征中,人为心理因素的影响相当有限,而且其要求周边设施的配套条件也跟住宅不同,因此,商业用房的细分标准主要考虑地理因素、政策因素、最终用户、用户规模等。

(1)地理因素。地理因素是以购买者所处的地理环境作为标准对商业用房市场进行细分。地理因素包括很多内容,主要有城市状况、土地资源状况、产业分布状况等。

(2)政策因素。政策因素对商业用房市场的发展也具有举足轻重的作用。房地产企业在进行商业用房项目的开发时,必须要了解政策方面的有关要求,并按照相关政策所倡导的方向进行项目开发,从而和产业的发展形成良性互动,吸引更多的商家投资落户。

(3)最终用户。最终用户是指最终使用生产营业用房的用户。一般将生产营业用房市场分为加工制造业、商业、金融业、宾馆业、娱乐业等细分市场。不同的细分市场对房地产及其配套服务项目的要求各不相同,所以,房地产企业提供的产品和营销策略也不相同。

(4)用户规模。用户规模是指最终用户对生产经营用房需求量的大小。按照用户规模,可将市场细分为大客户、中客户、小客户市场。大客户数量少,但购买力大;中客户其次;小客户数量多,但购买力小。生产营业用房的购买和租赁主要集中在大客户,这是房地产企业营销的重点对象,但是中、小客户市场也不能忽视。

拓展阅读

房地产市场细分标准选择注意事项

房地产市场细分依据的选择应注意如下方面:

(1)房地产市场细分充分显示消费者对房地产周围环境的评价与偏好。房地产是不动产,房地产市场是不动产市场。由于不动产所固有的空间位置的不可移动性,就必然存在一个不动产所处的周围环境问题。而这种环境对房地产消费者非常重要。

(2)房地产市场细分应注重消费者对房地产管理和服务的需求。房地产不仅是一种物,同时也是一种社会关系。体现在房地产上的这种社会关系具体包括经济关系、法律关系、邻里关系、社区关系等，而且，房地产还具有使用期限长、财产或权利流转复杂、专业技术性强的特点。因此，消费者对房地产的现时需求，往往是与今后自己那份房地产的权利保障性和使用（或处分）便利性联系起来考虑的。这就需要房地产企业提供优质的房地产管理和服务来加以解决。

（3）市场细分依据不是一成不变的，企业应根据市场的变化树立动态观念。消费者的年龄、收入、家庭规模等会随着时间的推移而不断地变化，他们的习惯与爱好也会随着年龄的增长和阅历的积累而有所变更。因此，按人口因素或购买动机、心理因素细分市场，就要随时研究其变化，以便及时调整营销策略。即使是地理因素，也是不断变化的，城镇的大小、人口密度都会随着社会经济的发展而有所增减。因此，企业对房地产市场的细分要以变应变，适应市场发展的需要。

（4）在进行市场细分时，可以按一个细分依据细分市场，但在大多数情况下是把多种细分依据结合起来进行细分。

3.1.4　房地产市场细分的方法及步骤

1. 房地产市场细分的方法

根据所选择的细分标准数量的不同，可将房地产市场进行细分的方法分为单一因素法、双因素法和多因素法三种。

（1）单一因素法。单一因素法就是根据影响购房者需求的某一项重要因素对房地产市场进行细分的方法。如按照房地产购买者的身份进行细分，将购买者的类型分为公务员、教育工作者、IT白领、金融新锐等；按照消费者的家庭结构将购买者分为单身、新婚、满巢、空巢等；也可以按照开发的房地产项目的功能定位分为商用、住宅、商住两用等。进行市场细分的变量因素见表3-2。

表3-2　进行市场细分的变量因素

项目	变量	变量因素
人口因素	收入（每月）	1 000元以下、1 000~2 000元、2 001~3 000元、3 001~5 000元、5 001~10 000元、10 000元以上
	文化程度	小学、初中、高中、大专、本科、研究生及以上
	职业	会计师、律师、医生、教师、企业高级主管、政府高级官员、技术人员、熟练工人等
	国籍	中国人、外国人
	年龄	18岁以下、18~34岁、35~49岁、50~65岁、65岁以上
	性别	男性、女性
	家庭规模	1人、2~3人、4~5人、5人以上
	家庭状况	年轻、单身；年轻、结婚、尚无子女；年老、已婚、子女未独立；年老、已婚、子女已独立；年老、单身
心理因素	自发性	独立消费者、依赖性强的消费者
	领导欲	主导型、服从型
	个性	外向、内向
	思想	保守型、自由型、激进型
	置业心理	经济型、理智型、地位型
	购买动机	自住、出租、投资炒房

续表

项目	变量	变量因素
受益因素	资本利益	投资、居住
	居住利益	房屋质量好、安全、小区环境好、交通便利
	配套利益	医疗、教育、工作、娱乐
地理因素	居住区	乡村、近郊、都市
	区域	东、西、南、北、中部
对营销组合的反应	不同营销因素的敏感度	品质、特性、用途、利益、替代品
	价格	高价、中价、低价；价格弹性大、小
	营销渠道	便利型、选购型
	推广	感情型、理智型、冲动型、经济型

(2) 双因素法。双因素细分市场法是根据两个细分标准的变化情况进行市场细分的方法。具体做法：对选取的两个细分标准，先用单因素细分市场法分别划分各自的细分市场，然后将划分好的细分市场进行排列组合，得到若干个组合细分市场。通过对这些组合细分市场的研究，就可以从中选取有吸引力的市场。例如，以年龄和收入为细分标准将住宅市场细分为如表 3-3 所示的细分市场。

表 3-3 双因素细分市场法举例

收入水平＼年龄	中老年(1)	青壮年(2)	青年(3)
超高收入(A)	A—1	A—2	A—3
高收入(B)	B—1	B—2	B—3
中等收入(C)	C—1	C—2	C—3
低收入(D)	D—1	D—2	D—3

表 3-3 中，A—1 表示的细分市场是超高收入阶层中老年住宅市场，表中的其他符号所代表的含义以此类推。房地产开发商通过对各个细分市场消费者需求特征的分析，选择自己感兴趣的市场作为进一步分析的对象或选定为目标市场。

(3) 多因素法。多因素市场细分法就是根据房地产企业市场营销的需要及企业经营的特点，列出影响消费者要求的各因素，然后由粗到细进行细分。该方法可以使目标市场的选择根据明确而具体，有利于企业更好地制定相应的营销决策。以住宅市场为例来说明，如图 3-1 所示。

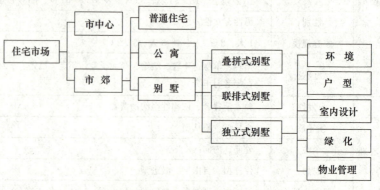

图 3-1 多因素市场细分法示例

任务 3 划分市场——房地产市场细分与定位

2. 房地产市场细分的步骤

房地产市场细分过程可分为七个步骤：

(1) 选择本企业房地产产品的市场范围。企业经营目的确定后，必须选择适合本企业产品的市场范围，这是市场细分化的前提和基础。为此，房地产企业应考虑自身拥有的资源和实力，深入、细致地调查和研究市场，分析市场需求动向，明确企业经营方向和经营范围。

(2) 列出市场范围内消费者的现实和潜在需求。房地产企业必须全面调查消费者市场，归纳不同情况的消费需求，根据消费需求的差异性，选择合理的市场细分方法。

(3) 初步细分市场。设定可能的细分市场，做出估计和判断，为正式市场细分做准备。

(4) 筛选初步细分市场。确定本企业细分市场应考虑因素，明确哪些是重要因素，删除无关紧要或不现实的因素，剔除不合时宜的本企业产品，以及企业没有条件开拓的细分市场，筛选出最能发挥本企业优势的细分市场。

(5) 为细分市场定名。企业可根据各个被选中的细分市场的消费者典型特征，用形象化语言，描述各可能细分市场。

(6) 选定目标市场。分析各个细分市场的可行性、营销机会和竞争情况，根据对市场潜在需求量和潜在销量的研究和预测，初步确定各细分市场的销售状况，估算其潜在利润，为选择目标市场提供依据。

(7) 根据选定的目标市场，提出合适的营销策略。根据目标市场消费者的消费心理、行为动机和购买行为特点，确定适当的营销策略。

重点提示

由于细分市场总是处于不断地变化中，因此要周期性地运用这种市场细分程序。同时通过调查消费者在选择某一品牌时所考虑的产品属性的先后顺序，可以划分现有的消费者细分市场和识别出新的细分市场。如在购买住宅时，首先确定价格条件的购买者属于价格支配型；其次确定户型的购买者属于户型支配型；进一步还可以将消费者划分为户型—价格—品牌支配型，并以此顺序形成一细分市场；按质量—服务—户型这一属性支配顺序形成另一细分市场等。每一细分市场可以拥有其独特的人口变量、心理变量和媒体变量。

3.2 房地产目标市场选择

3.2.1 房地产目标市场的概念

所谓目标市场，是指房地产企业在房地产市场细分的基础上，进过评价和筛选后决定要进入的那个细分市场，也就是房地产企业准备用其产品或服务来满足的一组特定的消费者。

企业通过市场调查与市场分析，就可以发现一些良好的市场机会，通过产品市场定位又可选择出一些可供经营的产品对象，这时企业竞争选择哪些细分市场作为目标市场，就是目标市场策略了。

3.2.2 房地产目标市场选择的条件

房地产目标市场的选择是房地产企业一项重要的经营决策活动，它决定着企业的市场营销

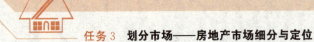
任务3 划分市场——房地产市场细分与定位

策略,直接影响房地产企业的经营效果,必须谨慎行事。在进行市场细分后,对各个子市场进行分析评估,便成了房地产目标市场选择的必备环节。其实质也就是用房地产企业对目标市场的基本要求综合评价每一个子市场的过程。目标市场应当具有的基本条件主要有以下几个方面:

1. 有一定的用户规模和良好的发展前景

一定的用户规模是指能够为房地产企业带来合理利润的消费者数量,它是一个相对概念。即大型房地产企业适合进入市场容量大的细分市场;相反,小企业由于其开发能力、资本实力等难以和大型房地产企业相提并论,它们适合进入市场规模较小的细分市场。细分市场预期规模的大小,是决定细分市场是否值得进入的主要因素。如果房地产企业所选择的目标市场过于狭窄,则不可能达到企业所期望的销售额和利润。因此,房地产企业在选择目标市场时,要充分考虑细分市场的规模。一个理想的目标市场,不仅要有一定的用户规模,而且还要有良好的发展前景,这样才能使房地产企业在该细分市场上有充分的发展潜力。

2. 具有良好的盈利潜力

房地产企业选择的目标市场不但要有一定的用户规模和良好的发展前景,同时也必须有良好的盈利潜力。如果房地产企业选择的目标市场虽然有较好的发展前景,但是该市场竞争激烈,进入和退出的门槛比较低,企业未来的盈利能力会因受到多方面的干扰和威胁而变得不确定,那么这个市场就不适合作为企业的目标市场进行开发。一个细分市场的盈利能力主要受到以下五种因素的威胁:

(1)现有竞争对手的威胁。现有竞争对手越多,房地产企业之间的竞争就越激烈。这就意味着房地产企业必须付出更多的努力,才能获得一定的市场份额,这样的目标市场就不具有太大的吸引力。理想的目标市场是最好没有或者有很少竞争对手,或者虽有竞争但竞争不激烈。然而,在市场竞争日趋激烈的今天,这样的市场难以寻找。因此,房地产企业应该至少选择那些自身处于相对竞争优势的细分市场作为目标市场。

(2)新加入的竞争者的威胁。新加入的竞争者会增加新的生产能力并争夺市场份额。因而会降低原有企业的利润。如果房地产企业选择的目标市场的进入壁垒很低,新的竞争者能轻易地进入这个市场,这个目标市场就缺乏吸引力。

(3)二手房市场的威胁。随着房地产市场的日益成熟和原有房产产权问题的逐步解决,二手房开始大量进入房地产市场并对新的房地产项目造成了一定的冲击。如果房地产企业选择的目标市场的消费者对住房的需求很容易被二手房满足,那么这个细分市场未来的盈利前景就会变得比较暗淡,从而失去该细分市场对房地产企业的吸引力。

(4)购买者讨价还价的能力。该细分市场的购买者讨价还价的能力越强,越能压低该房地产产品的价格,从而减少房地产企业的利润。这样的细分市场也缺乏吸引力。

(5)原材料供应商讨价还价的能力。原材料供需出现不平衡,全社会基础建设投资过热的时候,原材料供应商讨价还价的能力会越来越强,他们将提高建筑材料、建筑设备的价格,从而增加房地产企业的生产成本,降低企业的利润,从而使该细分市场的吸引力降低。

3. 与房地产企业的经营目标、资源和优势相吻合

即使某个房地产细分市场有一定的规模和盈利能力,但其如果不符合企业的长远发展目标,也应该被放弃。此外,无论哪个细分市场,房地产企业要在其中取得成功,必须具备某些条件。如果房地产企业在某个细分市场上缺乏一项或者更多的能力而且未来无法获得该种能力,该细分市场就应被放弃。房地产营销人员必须记住一点,如果他要真正赢得该细分市场,就需要发展其压倒竞争对手的优势,如果不能制造某些优势,就不应该进入该细分市场。

3.2.3 房地产目标市场模式的选择

房地产企业通过市场细分和综合评价之后,就应决定进入某一个或者多个细分市场。可供房地产企业选择的目标市场有以下五种模式(图3-2)。

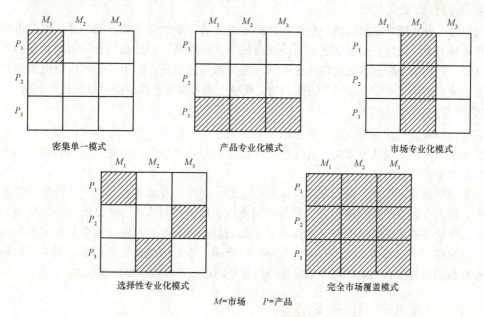

图 3-2 目标市场选择的五种模式

1. 密集单一模式

密集单一模式,即房地产企业在众多的细分市场中只选择其中的一个细分市场作为目标市场,针对某一特定的消费者群体,只开发一种房地产产品,以此开展市场营销活动。选择密集单一模式的房地产企业通常是资源有限的小型房地产企业或是初次进入房地产市场的大型企业。

这种模式的优点是房地产企业可以扬长避短,发挥优势;集中使用有限的资源,充分发挥资源优势;节省各种费用开支;提高房地产企业及其产品的知名度。缺点是有较大的潜在风险。因为企业把生存和发展的全部希望都集中在一个特定的产品和市场上,一旦目标市场情况变坏,如消费者的需求偏好发生变化或出现了更强大的竞争对手,房地产企业就会陷入困境或全军覆没。因此,很多具有一定规模和开发能力的房地产企业把目标市场分散在多个细分市场上以分散风险。

2. 产品专业化模式

产品专业化,即房地产企业只开发经营一种房地产产品,并向所有购房者推销这种产品。该模式的优点是可以适当分散风险,并且对房地产企业的资源要求较低,能够让企业充分利用其产能,并在原材料采购方面获取批量优势,能降低开发商的开发成本,增加利润。这种模式虽然能使房地产企业在某个产品(如单身公寓)的开发建设方面很快树立很高的声誉,但是风险仍然比较大,一旦消费者的需求偏好发生变化或者国家出台有关政策限制该类房地产产品开发,企业将陷入经营困境。

3. 市场专业化模式

市场专业化是指专门为满足某个顾客群体的各种需要而提供各种房地产产品及其相关服务。

这种模式可以提高这一细分市场消费者的忠诚度，但一般要求房地产企业提供房地产产品和相关服务的能力比较强，即要求房地产企业具备一定的实力。对于大多数购房者来说，其购买能力比较有限，很少出现重复购买，房地产开发企业不适合按照这种方法进行目标市场选择。但是在商业用房领域，该方法可使房地产企业获得丰厚的回报。

4. 选择性专业化模式

选择性专业化模式是指房地产企业有选择地进入若干个细分市场，因为这些细分市场在客观上都有吸引力，虽然它们彼此之间很少或者根本没有联系，但是都符合房地产企业的目标和资源状况。这种多个细分市场的模式优于单一细分市场的模式，因为这样可以分散房地产企业的经营风险，即使某个细分市场失去吸引力，该企业仍可继续在其他细分市场获取利润。

5. 完全市场覆盖模式

完全市场覆盖模式是指房地产企业以各种房地产产品满足各类顾客群体的需求。只有实力雄厚的大公司才能采用这种战略。房地产企业通过无差异市场营销和差异市场营销两种方法来达到覆盖整个市场的目的。

需要说明的是，房地产企业在选择目标市场时，应综合考虑本企业、产品和市场等多方面的因素，根据本企业的资源或实力、产品的同质性、市场的同质性、产品所处生命周期的不同阶段、竞争对手的市场营销策略以及竞争对手的数目等因素综合权衡。通常只有大型的房地产公司才能采用完全市场覆盖战略。深圳万科股份公司、南京栖霞建设股份公司等大型房地产开发企业就是借助自身核心竞争能力开发各种物业来满足各种客户群体的需求的。

3.2.4　房地产目标市场策略

房地产企业在确定目标市场后，有三种可供选择的市场营销策略。每种营销策略都有其优缺点和适用条件，房地产企业应根据自身的资源、产品特点、市场特点以及竞争状况进行选择。

1. 无差异性市场营销策略

无差异性市场营销策略就是房地产企业着眼于消费者需求的同质性，只推出一种产品，运用一种市场营销组合，吸引尽可能多的顾客，为整个市场提供单一产品的市场营销策略。

（1）无差异性市场营销策略的优点。

1）房地产企业提供的产品的品种、规格、式样比较单一，有利于标准化和大规模地开发建设；

2）有利于企业提高效率，降低开发成本和销售费用，以便用低价争取更广泛的消费者。

（2）无差异性市场营销策略的缺点。

1）不能使房地产各类顾客的需要得到最大满足，同时这种策略缺乏弹性，难以适应消费者需求的变化；

2）由于该策略强调的是房屋的共性特征，没有任何差异化，因此容易受到其他竞争对手的攻击和威胁。

2. 差异性市场营销策略

差异性市场营销策略就是房地产企业将产品的整体市场划分为若干个细分市场，并针对每一个细分市场的需求特点制定出不同的营销组合方案，分别满足不同消费者的需求的市场营销策略。

差异性市场营销策略面对的仍是整体市场，但它是以市场细分为基础的，重点考虑各个子市场的需求差异，针对每个子市场的需求特点分别设计不同的产品，采取不同的营销方案。

(1)差异性市场营销策略的优点。

1)能更好地满足顾客的不同需要,提高产品竞争力,有利于扩大房地产企业的销售额;

2)如果房地产企业在几个不同的细分市场上都取得较好的经营成果,能树立企业的形象,提高消费者对企业的信赖程度和购买率,有利于分散企业的经营风险。

(2)差异性市场营销策略的缺点。实行差异性市场营销策略,为不同的消费者群提供不同的产品和使用不同的营销策略组合,会大幅度增加房地产企业的生产成本、销售费用和管理费用。

因此,销售额的扩大所带来的收益必须大于总营销成本费用的增加。实施这种策略会受到房地产企业资源条件的限制,使那些资源缺乏的房地产企业难以采用该策略。

3. 集中(密集)性市场营销策略

集中(密集)性市场营销策略就是房地产企业将整体市场细分后,选择一个或少数几个细分市场为目标市场,制定一套市场营销方案,集中力量在目标市场上开展营销活动的市场营销策略。

这种营销策略也是以市场细分为基础的,但它不是面向整个市场,也不是把力量分散在若干个细分市场上,而是集中力量进入一个或少数几个细分市场,实行专业化经营。采用这种策略的指导思想是追求较小的细分市场或少数几个细分市场上的较大份额,而不是追求较大市场上的较小份额。

(1)集中(密集)性市场营销策略的优点。

1)可以准确地了解顾客的需求,有针对性地使用市场营销策略;

2)有利于房地产企业集中使用有限的资源,充分发挥企业的资源优势;

3)由于经营范围小,可以对细分市场做深入的了解;

4)节省各种费用开支。

(2)集中(密集)性市场营销策略的缺点。

1)经营风险大,犹如把鸡蛋都装进了一个篮子,如果消费者的需求偏好发生转移或细分市场的情况发生变化,会立即使企业陷于困境;

2)由于市场区域小,企业发展受到限制。

因此,该策略适合资源有限的小型房地产企业。

以上三种策略中,无差异性市场营销策略与差异性市场营销策略都力图覆盖整个市场。前者以一种产品、一种营销组合面对整个市场,后者则是生产多种产品,采用多种营销组合以开拓各个细分市场,而集中(密集)性市场营销策略是以少数几个甚至一个细分市场作为目标市场。房地产企业在选择市场营销策略时绝不可随心所欲,必须从企业自身的实力、产品特点、市场特点、竞争对手策略等方面进行综合考虑,慎重选择适合本企业的策略。

3.2.5 选择房地产目标市场策略应考虑的因素

目标市场策略和目标市场范围的选择,都各有其适应性和优缺点,要在调查研究的基础上权衡利弊,并考虑以下因素。

1. 市场需求与市场潜力

目标市场的选择,应当有值得经营的市场需求,有充分发展的市场潜力和余地,并且具有市场竞争力。为此,在根据消费者需求与消费行为特征,初步划分细分市场群体后,对市场需求与市场潜力进行定量分析,使选择的目标市场确实可靠。

2. 产品的差异与相似性

不同的产品在消费需求上具有不同的特点。有的产品类型随质量有差异,但不同消费者的

任务3 划分市场——房地产市场细分与定位

需求大致相同，一般可采取统一的、无差别的目标市场策略，目标市场范围单一。有的产品的质量、性能、外观、价格等差异很大，消费者的需求、购买行为、消费行为也都不一样，一般应采用市场细分化策略或市场密集型策略，目标市场范围可采取产品市场选择型。

3. 细分市场的类似性

不同的细分市场有不同的特点。细分市场的类似程度高，即消费者对某种产品的需求、爱好比较接近，可采取集中的无差别市场策略；反之，宜采用市场细分化策略。

4. 市场竞争状况

市场竞争状况影响目标市场的选择。一般情况下，目标市场及其范围的选择应避开竞争者的威胁。当竞争者采取某一种策略，如市场整体化策略，那么另一企业采取市场细分化策略或市场密集型策略，可以获得较大的好处。当生产同类型产品的竞争者采取市场细分化策略时，另一企业仍可集中自己的人、财、物优势，选择市场专业型范围策略，改进产品使其具有特色，从而使所选择的目标市场在竞争中占据有利地位。

5. 企业实力

企业的生产规模、技术力量、资金状况，对目标市场有很大影响。当企业生产规模大，技术力量强，资金雄厚时，可选择市场整体化策略，以生产不同的产品去满足消费者多种需要。否则，企业实力较弱，宜采用市场密集型策略，选择产品或市场集中型范围策略，争创名牌产品，扩大销路，增加收益。

3.3 房地产项目市场定位

3.3.1 房地产项目市场定位的含义

企业在选择了目标市场以后，还要进行市场定位。市场定位就是房地产企业在市场分析的基础上，确定以什么角色和形象在目标市场上从事营销活动。市场定位有利于树立企业及其产品的市场特色，使顾客能在众多的同类竞争产品中识别企业的产品和服务，提高企业的竞争力。

市场定位的实质在于取得目标市场的竞争优势，确定房地产企业及其产品在顾客心目中的适当位置并留下值得购买的印象，以便吸引更多的消费者。因此，市场定位是房地产企业市场营销战略体系中的重要组成部分，对提升企业的市场形象，提高企业市场竞争力具有重要意义。市场定位有利于建立企业及其产品的市场特色，树立良好的市场形象，从而在消费者心目中留下深刻印象，形成一种特殊的偏爱，使产品更具有吸引力，从而扩大产品的销售。市场定位有利于采取与之相适应的市场营销组合策略。例如，一家以优质、高档进行定位的房地产企业，必须能够提供质量优异、设施配套齐全、物业管理体贴到位的房地产产品，并通过行业内一流的中介、销售机构进行产品的包装和销售，才能树立持久而令人信服的优质形象。

3.3.2 房地产项目市场定位的原则

1. 受众导向准则

房地产主题定位的关键点，是把握消费者的心理特征，使得项目的定位信息与消费者的预期相似或相近，甚至吻合。能够在各种房产信息的包围中，突出重围，把项目的定位有效地传递到消费者的大脑。

· 70 ·

项目传播的信息点贴近目标客户群的心理要求，那么就会凸显项目的人性化特色，容易给消费者留下亲切和美好的印象。在客户定位中曾提到，客户层不同就有不同的消费特征。比如，工薪阶层关心分摊的面积和管理费用是多少，周边的交通公交线路情况如何，价格是否经济实惠；二次置业者更加关心小区的绿化和配套设施，要间隔实用、布局合理、采光通风良好、建造质量符合要求，期望改善居住环境；高收入阶层所需的商品住宅要求面积大、装修豪华、密度低、容积率低、住宅环境优雅、景色宜人、设施配套齐全等。

当适合的营销主题定位的信息传递给目标客户群时，目标客户一旦接受此项目信息，即会产生"这正是我想要的呀"这类的想法。

2. 差异化准则

上面说到现代房地产的信息量非常巨大，通过各种传播媒介涌入我们的头脑，网络等传播工具的速度更超出常人的想象。我们正处于信息爆炸的时代，在难以计数的信息围城中，脱颖而出的困难正日益加剧。

房地产项目要挖掘卖点，把握产品的核心价值，找到项目产品的优势所在，突出个性，与同一细分市场的产品区分开来。而市场定位就是通过各种媒体和渠道向目标市场传达楼盘的特定信息，使之与对手楼盘的不同之处显现在消费者面前，从而引起消费者的注意。当暗示的信息与消费者的需求吻合时，项目形象就会驻留在消费者的心中。

一般来说，定位中的差异主要体现在这几个方面：

（1）质量差异。这就涉及楼宇质量、户型、建筑风格、小区设计、绿化率和周边的环境等。这是消费者最关心的内容，也是产品能否在竞争中取胜的关键。

（2）价格差异。这是消费者关注的另一个焦点，买家的价格一般分成预计价格、心理价格和实际价格。在价格因素相同的情况下，楼宇的质量越高就越有竞争力。不同消费群的价格要求是不同的，在不同的价格面前，也会有不同的购买心理。对于定价问题，以后的章节会讨论。

（3）服务差异。优良的服务比新奇的概念更加重要，在客户关系的处理中，服务可以提高产品的档次。服务包括销售过程中的服务和售后的服务，以及业主入住后的物业管理服务，良好的服务都是消费者所期盼的。

当然，项目的差异因素是多元化的，现在很多投资型消费者关注楼盘的升值潜力问题，有孩子的家庭考虑小区周边的人文教育水平等。在同质的产品中，楼盘的差别越多，掌握的定位优势就越大，越能突出楼盘的形象。

3. 全局一致性

在挖掘多样卖点的时候，一定要有一个明确而统一的主题。一个大主题可以分解为若干个小主题，每个小主题的内容可以不一样，但都是为说明大主题而服务的。在确立主题定位的基础上，以后的宣传和推广手段，必须前后连贯，突出一个主题，切忌前后矛盾。同时要坚持与企业发展战略相一致的原则，在企业发展战略的框架下进行项目的市场定位，体现企业的竞争优势，发挥企业的核心竞争力，构建企业品牌和产品品牌，使得企业的产品具有延续性和创新性，实现企业的发展目标。

4. 经济可行性原则

房地产项目的定位要考虑区域社会经济环境、区域内房地产物业的档次和品质，项目要同目标客户群的消费能力和特点相当。项目确立的原则要从企业自身的技术和管理水平出发，目的是在实现效益最大化的前提下，使产品有较高的性价比。研究房地产市场的变化趋势，考虑项目实施的可行性，要根据项目规模、地块特性和本项目的优劣势分析入市的时机。同时，要

任务3 划分市场——房地产市场细分与定位

运用微观效益分析与宏观效益分析相结合、定量分析与定性分析相结合、动态分析与静态分析相结合的方法，对项目进行经济评价，分析各经济评价指标是否可行。

3.3.3 房地产企业市场定位的策略

房地产企业的市场定位需要根据企业自身的优势和市场中的竞争状况、市场机会等进行选择和实施。一般来讲，可以选用的市场定位策略有以下几种：

1. 抢占或者填补市场空位的策略

由于房地产产品属于不动产，其没有任何流动性，所以在其他区域内已经出现的建筑形式在该区域内可能形成市场空位。房地产企业可以根据对市场的细分情况以及自身特点和市场中存在的空位推出新的产品。这样可以避免和目标市场上的竞争对手直接对抗，以便充分发挥企业的竞争优势，获取较好的经济效益。

2. 与竞争对手并存或者对峙的市场定位策略

这种策略是房地产企业在其竞争对手的项目周围开发类似房地产项目的一种策略。这种策略适用中小型房地产企业。因为对它们来说，采用这种策略可以节省大量的宣传和推广费用，能够降低经营成本。但是采用这种策略需要房地产企业选择的目标市场规模足够大才行。同时，为了使房地产开发在一定的区域内形成规模，许多实力雄厚的大企业也会在附近区域开发同一档次和功能的楼盘。通过这种市场定位策略，可以营造一个更大的用户市场和良好的区域居住环境，从而提升该板块楼房的整体水平和售价。

3. 逐步取代现有竞争对手的市场定位策略

这种策略是房地产企业将竞争对手挤出原有位置并取而代之、占有它们的市场份额的定位策略。该策略主要为实力雄厚的大型房地产企业所选用。采用这种策略时必须具备三个条件：
(1)新开发的产品必须明显优于原有产品；
(2)房地产企业必须做大量的宣传推广工作，以冲淡消费者对原有产品的印象和好感；
(3)房地产企业有办法获得充足的土地储备和资金支持。

4. 产品重新定位的市场定位策略

房地产企业产品的市场定位不是一成不变、一劳永逸的，随着市场情况的变化，房地产企业的产品往往需要重新定位，特别是对于建设规模大、开发周期长的房地产项目更是如此。有的房地产项目从开发到完全建成要经历5年甚至更长时间，所以房地产产品的重新定位是经常发生的事情。房地产产品的重新定位是房地产企业的产品定位否定之否定的过程，其中包括在影响板块开发的政策和市场条件的分析之下，结合以板块为中心周边区域市场的总体特征分析，并紧扣板块和开发商的现有能力和条件，形成初步的 SWOT 分析结论，提出问题并且指出机会。通过对问题的解决和对机会的把握，房地产企业进行产品概念的初步判断和创新，寻找新的卖点和目标消费者，实现产品的二次定位。

除了定位的方法之外，扎实的房地产理论知识和前瞻性的意识以及敏锐力，也是做好一个房地产产品市场定位的必要条件，滞后的产品开发理念将使产品缺乏市场竞争力或者使项目缺乏地标性，无法达到与品牌互动的效果。

3.3.4 房地产产品定位的方法

房地产产品市场定位的实质就是房地产企业在目标市场上取得竞争优势的过程。竞争优势是房地产企业进行市场定位的基础。因此，房地产企业在市场定位时面临的任务包括三个方面内容，即明确企业潜在的竞争优势、选择企业的相对竞争优势和传达选定的竞争优势。

3.3.4.1 明确企业潜在的竞争优势

就房地产企业而言，对其产品进行市场定位的方法有很多。房地产企业可以根据其产品、服务、人员或形象来使其提供的产品价值区别于其他竞争对手，以使消费者获得更为信服的印象。

1. 产品差异

房地产企业可以根据其产品的质量、性能、外观、价格、装修、物业管理、区位、配套设施、交通、环境等方面的因素，设计并向购房者提供高度差异化的产品，使自己开发的产品具有其他竞争对手所没有的优势和特色。例如，有的开发商可以利用其地产项目所在地段的高度稀缺性，强调其产品的不可复制和未来升值的巨大空间；有的开发商可以利用其长期经营所获得的良好口碑，宣传其开发项目的设施配套、质量和保值能力等。

2. 服务差异

除了对有形产品实行差异化外，还可以对其服务实行差异化。在目前房地产产品设计风格和功能差异日益缩小的情况下，强调服务的差异对同一地段、同一类型的房地产项目的营销有很大的影响。因为人们购买房子后，其实际的消费体验跟房地产企业所能提供的服务密切相关。例如，为小区提供优良的物业管理服务，延长房子的免费保修期，承诺在尽可能短的时间内为购房者办理房产证、为小区住户建立各种活动团体并组织开展各种活动等内容。

3. 人员差异

在房地产企业中，人员的差异也能够为企业赢得一定的竞争优势。房地产企业可以聘请国际、国内知名的设计机构和专业人士对房地产项目进行设计；请专门的咨询和培训机构为企业员工进行管理培训和训练；组织专业的销售队伍和售后服务队伍为购房者提供体贴的服务，通过人员的差异化宣传和推广，能够在购房者心目中形成专业、规范、诚信、知礼等良好的印象，从而增强其购买意愿。

4. 形象差异

即使房地产企业都提供相同的产品和服务，但是由于它们在公众中的形象不同，给购房者留下的印象也是不同的，从而使优势企业获得巨大的竞争优势。所以，房地产企业应当加强其形象的塑造和宣传工作，通过组织开展准业主活动、赞助公益事业、关注环保、关注社会公平等活动，并通过广告、新闻等各种途径传播企业的形象，从而在购房者心目中树立负责任、诚信、守法的良好形象。

3.3.4.2 选择企业的相对竞争优势

选择企业的相对竞争优势，即明确地选择房地产企业能够胜过竞争对手的现有的或潜在的某种能力，这是一个比较、评价本企业各方面实力与竞争对手实力的过程。通常可以从经营管理、技术开发、营销能力、产品属性、项目区位等方面进行分析和比较，准确地评价和选择出最适合本企业的竞争优势。

选择竞争优势就是从房地产企业的竞争优势中找出可用于市场定位的竞争优势。所选择的用于市场定位的竞争优势必须符合以下条件。

1. 必须能吸引更多的消费者

房地产产品市场定位的目的是吸引追求相应定位的消费者购买房地产产品，并为房地产企业带来更多的经济利益。如果房地产企业的市场定位不是消费者所关心的并且不能够为他们带来更多的价值和利益，那么这个市场定位对消费者来说就没有吸引力，房地产企业也难以真正

任务3 划分市场——房地产市场细分与定位

达到目标。

2. 必须是竞争对手没有的或是竞争对手通过努力也难以达到的

市场定位是市场竞争的重要手段，如果房地产企业所选择的竞争优势容易被竞争对手赶上，企业在市场上这种竞争优势便难以建立，这种市场定位便失去了意义。

3. 必须与房地产企业的目标一致

房地产企业的市场定位必须力求有助于企业目标的实现。如果房地产企业的市场定位与企业的目标不一致，则可能造成消费者对企业产品认识上的混乱，损害企业的整体形象。

4. 必须能够被消费者所感知

房地产企业选择其竞争优势的时候一定要选择能够被消费者识别和感受到的竞争优势，否则这种优势对于消费者来说没有任何意义。例如，一家房地产企业在宣传活动中称他们公司选用的地砖和水泥是从国外进口的高强度材料，但是消费者对此反应一般，主要就是因为人们无法识别该材料比国内的同类材料有何优点，而且这些优势对于房屋的质量来说没有太大的意义。

5. 必须能够被消费者接受并为房地产企业带来盈利

房地产企业在选择竞争优势的时候，必须确认消费者能够支付因为差异而带来的价格的上升，同时要保证企业能够从差异化中获取更多的利润。例如，某房地产公司在一座城市的中央金融区开发了别墅项目，虽然其项目具有很大的独占性，而且为很多人所钟爱，但是其高昂的销售价格导致了该项目的最终失败。

3.3.4.3 传达选定的竞争优势

房地产企业选定用于市场定位的竞争优势以后，还必须通过相应的沟通手段向消费者显示自己的竞争优势，以使消费者深刻了解企业的市场定位。即房地产企业通过一系列的市场营销活动，尤其是宣传促销活动，将其选定的竞争优势准确地传递给潜在消费者，并在消费者心目中形成本企业与众不同的产品形象。因此，房地产企业首先应使潜在消费者了解、认同、喜欢和偏爱企业的市场定位；其次，要通过持续不断的努力来稳定和强化目标消费者的态度，以巩固其市场定位；此外，企业还应密切关注目标消费者对市场定位理解出现的偏差，或由于市场营销活动上的失误而造成的市场定位的模糊和混乱，及时纠正与市场定位不一致的形象。

任务实施

一、项目优劣势(SWOT)分析

1. 项目优势

(1) 区位优势。项目属于××区一江两区重点规划的"滨北新区"，滨北规划明确了未来新区功能定位，并将其描述为城市综合新城区，城市经济增长新核心，未来城市商业、文商贸物流基地、旅游窗口，文化体育休闲度假基地，生态环境良好，适宜居住、生活、创业、旅游休闲度假的新区。滨北的打造目前已经得到城市人民的认可，成为购房、创业、商业的重要选区，带动了此片区的房地产市场的繁荣。

(2) 品牌优势。片区集合各大品牌开发商，恒大地产作为全国一线品牌开发商，拥有强大的品牌效应和知名度，客户认可度较高。

(3) 交通优势。项目位于北辰路、站前路、东西二环路汇集处，可通过环城路段连接城市各个地方，交通非常便捷。尤其是高铁枢纽的作用，将两小时城市经济圈扩展到粤桂湘黔各大主要城市。

2. 项目劣势

(1)区域发展规划虽好，但目前还在大力建设阶段，恒大广场一期商业还未开业，欠缺商业价值；周边竞品项目陆续开业，直接对恒大项目带来了威胁与冲击。

(2)项目偏离桂林市核心商业区，覆盖半径有限，对中高端品牌商家的吸引力有限。

(3)项目不临主干道，与周边商业项目对比，商业展示面较小，可到达性较弱。

3. 项目机会

(1)片区发展前景政策利好，属于政府重点扶持区域，发展前景较好。

(2)高铁每年带来百万客流，对公寓及商业需求量巨大，恒大进驻该区域通过打造商业项目，可以获得区域内外潜在客户的重点关注。

4. 项目威胁

(1)××近两年购物中心齐头并起，竞争对手提前开业，商业先行布局，先行招商，提前培养顾客的消费习惯。

(2)区域客群从地理远近及交通便捷性上看，更多会选择周边项目就近消费。目前，附近的北大街购物广场、天和百货、万达均已正式开业，乾景广场也一直处于试营业阶段；竞争项目的开业时间均远远早于本项目计划开业时间，使得后开业的本项目在品牌招商和顾客培育上处于很大的劣势。

二、项目所在区域竞品分析

项目所在区域竞品情况如图3-3所示及见表3-4。

图3-3 项目所在区域竞品情况

任务3　划分市场——房地产市场细分与定位

表3-4　项目所在区域竞品情况

区位	项目名称	项目类型	项目总体量/m²	购物中心体量/m²	开业时间
滨北区域	叠彩万达广场	全客层购物中心	11万	11万	2017年11月24日
	天河百货八里街店	社区型微商业中心	10万	3万	2016年6月7日
	大摩乾景广场	社区型商业购物中心	8万	6万	2018年7月28日（试营业）
	北大街购物广场	城市便捷性商业综合体	7.5万	5万	2019年12月1日

1. 叠彩万达广场

(1) 项目概况。叠彩万达广场项目定位为区域标杆型全客层购物中心，项目总建筑面积约11万 m²，集购物、休闲、娱乐、体验为一体，打造成为桂林市新型家庭生活体验中心。项目引进万达国际影城、万达宝贝王、大玩家、广百汇超市、迪卡侬、多走路等主力店，并引进首家室内运动营地"天马行空国际马术学院"、芬兰正版授权"愤怒的小鸟主题乐园"、室内卡丁车"卡尔飞车"、儿童交通知识培训"乐驾基地"等创新体验品牌，同时室内步行街引进了230多个服装、精品、儿童、体验、餐饮品牌，丰富的业态及品牌组合，为消费者提供一站式的购物休闲场所（表3-5）。

表3-5　叠彩万达广场概况

开发商	大连万达集团股份有限公司
经营/总建	11万 m²
层数	地下1层，地上4层
停车位	500
开业时间	2017年11月24日
项目位置	桂林市叠彩区滨北路169号叠彩万达广场
主力商户	广佰汇超市、万达IMAX影城、肯德基、麦当劳、迪卡侬、炎狼健身、天马行空马术学院、功成名就射箭馆等
项目定位	全客层购物中心

(2) 品牌分布情况。叠彩万达广场品牌分布情况见表3-6。

表3-6　叠彩万达广场品牌分布情况

楼层	各楼层经营内容	各楼层经营品牌
B1	超市＋零售	广佰汇超市等
1F	品牌零售＋品牌餐饮＋电子通信	周大福、周大生、六福珠宝、必胜客、肯德基、麦当劳、迪卡侬、多走路、华为、小米、OPPO、ONLY、GXG、美特斯邦威、克徕帝、屈臣氏等
2F	运动休闲＋快时尚男女装＋娱乐	七歌、Mybody、艾诗塔、Annaxi、宝岛眼镜、熙美诚品、阿迪达斯、森马、奔趣、三福、鸿星尔克等

续表

楼层	各楼层经营内容	各楼层经营品牌
3F	儿童游乐+生活配套+儿童零售	Balabala、爱婴岛、JoJo童装、波波龙、安踏kids、菲阳宝贝、澜记、自然街、调皮孩子、乐驾基地、愤怒的小鸟、俏娃娃、尚品宅配、西门子、格力、卡尔飞车、功成名就射箭馆等
4F	风味特色美食+影院+健身馆	满香宜、阿三生煎、萃茶师、高品会牛排、杨裕兴、品捞、记忆老灶、桂太二老坛酸菜鱼、太湘精致、芝士山丘、万达影城、炎狼健身、天马行空马术学院

2. 天和百货八里街店

(1)项目概况。哈佛第五大道天和百货项目总建筑面积10万 m^2,是八里街一家3万 m^2 的大型商业,集天和百货、唐香首、婵娟、方购、惠之林、拉夏贝尔、晴瑞国际影城……吃喝玩乐一应俱全。天和百货八里街店,雄踞八里街核心,坐拥交通、名校、漓江三大地段价值,畅享城市四纵四横立体交通网络,周边配套成熟。覆盖餐饮、购物、娱乐、交通等各项生活资源(表3-7)。

表3-7 天和百货八里街店概况

开发商	桂林中旗房地产有限公司
经营/总建	总建筑面积10万 m^2,商业面积3万 m^2
层数	地上3层
开业时间	2016年6月7日
项目位置	八里街八里五路中旗第五大道
主力商户	晴瑞国际影城、唐香首、婵娟、惠之林、方购、拉夏贝尔
项目定位	社区型微商业中心

(2)品牌分布情况。天和百货八里街店品牌分布情况见表3-8。

表3-8 天和百货八里街店品牌分布情况

楼层	各楼层经营内容	各楼层经营品牌
1F	品牌服饰、餐饮、生活配套	拉夏贝尔、惠之林、唐香首、爱亲母婴、方购、阿迪达斯
2F	女装、休闲运动、超市	七歌、普普风、鸿星尔克、New balance、鞋柜、俏丹娜
3~4F	影院、餐饮、儿童配套	老长沙吃货铺、晴瑞国际影城、各类童装

3. 大摩乾景广场

(1)项目概况。大摩乾景广场紧邻火车北站商务区,集车站文化、商务文化、创意文化于一身。项目落实至今,缤纷的创意商铺也随之融入街区,既是城市街区结构的全新形式,又是创意产业载体结构的新模式(表3-9)。

任务 3　划分市场——房地产市场细分与定位

表 3-9　大摩乾景广场概况

开发商	联发集团桂林联盛置业有限公司
经营/总建	总建筑面积 8 万 m²，商业面积 6 万 m²
层数	地下 1 层，地上 5 层；
开业时间	2018 年 7 月 28 日（试营业）
项目位置	叠彩区站前路 29 号
主力商户	梦露巨幕影城、花花世界游乐场、K 味奶茶馆、住在书店酒店、星达家电、OS24 小时健身房、人人乐、棒棒糖宝贝儿童乐园
项目定位	集餐饮、零售、娱乐、生活配套于一体的社区型商业购物中心

(2) 品牌分布情况。大摩乾景广场品牌分布情况见表 3-10。

表 3-10　大摩乾景广场品牌分布情况

楼层	各楼层经营内容	各楼层经营品牌
1F	品牌零售、轻餐饮、生活配套	惠之林、大家庭、中国电信、奥尔夫音乐吧、小棉树、快乐番薯、花溪女装、好银坊、摩地卡披萨、京东便利、茶物语、查理王子、小拾柒美甲、Ali 阿狸甜点
2F	超市、家电	人人乐超市、星达电器、韩妆进口化妆品、内在美内衣、小濑美美甲屋
3F	儿童配套、教培	纸的时代儿童书店、花花世界游乐场、棒棒糖宝贝王国、上海月中人舞蹈培训中心、九拍阳阳艺术培训学校、牧思蒙特梭利儿童之家、炫之光轮滑俱乐部、爱婴岛、金贝贝、楼上饮品、沐晴舞蹈中心、邻家儿女母婴馆
4F	影城、休闲娱乐	纸的时代书店、梦露巨幕影城、K 味奶茶馆、快乐星汉堡、瘾茶、以乐烤翅
5F	运动健身	OS 智能健身房

4. 北大街购物广场

(1) 项目概况。北大街购物广场项目，项目位于××高铁商圈核心地段，北辰路与站前路交会处（高铁北站对面）。项目规划总占地面积 2.1 万 m²，规划总面积约 7.5 万 m²，商业面积 4 万 m²，已于 2019 年 12 月 1 日正式开业。由 3 栋塔楼（酒店＋公寓）及 5 层商业裙楼组成：地下两层车库，总停车位约 532 辆，具有"商业＋酒店＋公寓"的城市综合体特征（表 3-11）。目前南城百货、肯德基、全友家居、亚朵酒店、曼哈顿酒店已入驻。商业每层均有一个 400 m² 的椭圆形中庭，室内通透，2 组垂直观光电梯，2 组扶手电梯，2 组垂直货梯，垂直交通层层通达，动线流畅。

表 3-11　北大街购物广场概况

开发商	桂林万鑫房地产开发有限公司
经营/总建	总建筑面积 7.5 万 m²，商业面积 4 万 m²
层数	地下 2 层，地上 5 层
停车位	532 个

续表

开业时间	2019年12月1日
项目位置	叠彩区北辰路与站前路交会处(高铁北站对面)
主力商户	南城百货、肯德基、全友家居、曼哈顿酒店、亚朵酒店
项目定位	城市便捷性商业综合体

(2)品牌分布情况。北大街购物广场品牌分布情况见表3-12。

表3-12　北大街购物广场品牌分布情况

楼层	楼层主题	各楼层经营品牌
1F	品牌零售＋精品百货＋高端珠宝	全友家私、肯德基、中国黄金、华为手机、利郎男装、港爸辣妈服饰等
2F	家居配套＋超市	全友家私、南城百货
3F	家居配套＋儿童相关业态	全友家私、智多星儿童乐园、国美电器、可爱可亲童装、炫之火轮滑
4F	大型餐饮＋特色餐饮	餐饮类(空置)
5F	KTV＋足浴城＋电玩城	百迪乐KTV

三、项目定位、规划建议

1. 商业定位建议

(1)GT9－3商业定位：美食广场、美食街。

原因：

GT9－3地块为商业用地，可开发建设酒店、写字楼和类住宅等产品。地块北侧紧邻火车北站，昭示性较强，依托本项目周边的商业写字楼、公寓酒店、住宅、百业商贸城和旅游客群，经营餐饮业态具备一定的消费需求。周边既有餐饮业态较低档、杂乱和分散，无法满足周边居民的消费需求，因此建议除办公室和类住宅类产品以外的底商定位为美食广场和美食街，服务本项目和项目附近的居民，提供生活便利。

(2)GT11－1商业定位：专业市场。

原因：

1)项目东侧为百业商贸物流城，定位为五金、建材、小机电等批发零售专业市场，西侧为化肥批发市场，周边定向型消费习惯已形成；

2)项目所处位置为非消费客流主要交通要道，周边3 km范围内的购物中心或百货商场定位的项目有广运美居商贸城(沃尔玛)、北大街购物广场、叠彩万达、天和百货、乾景广场、恒大广场等，以传统购物中心定位，与其他项目抗衡无任何优势；

3)临近住宅区仅有恒大广场(382户)和金达花园两个楼盘，周边客群数量无法支撑项目传统购物中心定位的后期运营，且恒大广场仍有大量住宅底商一直未能出租营业；

4)项目北侧紧邻火车北站，周边酒店、公寓数量大，酒店批发用品市场潜力大，但周边酒店用品批发规模小、数量少。

2. 体量建议

项目区位商业条件不成熟，地块面积较小，GT9－3建议主要以办公楼和类住宅产品(平层及loft公寓)配具备餐饮条件的底商去化商业建筑面积；13号一二层美食广场，配合11号、12号一

任务3　划分市场——房地产市场细分与定位

层底商美食街，体量控制在 2 000 m²，面积规划为 30～60 m²，其余按控规极限值进行设计的建筑面积，设计为其他可售的酒店、写字楼和类住宅产品。如有集中式商业设计，建议规划为一个单一的建筑，不建议规划为分割开来的两个或几个商业建筑，以方便后期销售、招商和经营。

GT11－1 地块为零售商业用地兼 25％的住宅，建议住宅底商做集中商业。规划为集中式商业经营专业市场，部分可用作配套办公室、仓库等。建议首层层高不低于 4.5 m，14 号进深 28 m，建议两头开门，进深 14 m，开间不小于 5 m，商铺面积 60～80 m²；15 号、16 号底商商铺面积规划为 30～60 m²，开间不少于 4 m，项目整体配备餐饮条件，以方便后期销售、招商和经营。

任务小结

本任务主要介绍了房地产市场细分、选择与定位。在制定战略性的房地产市场营销计划时，企业的基本任务是发现和了解它的市场机会，然后制定和执行有效的营销方案，而房地产市场细分是完成这一任务的关键和核心。市场细分就是指按照消费者欲望与需求把一个总体市场划分成若干个具有共同特征的子市场的过程。房地产目标市场是指房地产企业在市场细分的基础上，经过评价和筛选后决定要进入的那个市场部分，也就是房地产企业准备用其产品或服务来满足的一组特定消费者。房地产企业的市场定位，是根据所选定目标市场上的竞争者产品所处的位置和企业自身条件，为本企业项目产品创造一定的特色，通过传播塑造并树立起一定的市场形象。

复习思考题

一、填空题

1. 房地产市场细分可分为 ＿＿＿＿、＿＿＿＿、＿＿＿＿、＿＿＿＿、＿＿＿＿ 和 ＿＿＿＿ 等。
2. 根据所采用的细分变量数量的多少，可将房地产市场细分的方法分为三种，即 ＿＿＿＿、＿＿＿＿ 和 ＿＿＿＿。

二、判断题

1. 市场细分不仅是对产品进行分类，还是对顾客的需要和欲望进行分类。　　（　　）
2. 双变量细分市场法是一种弥补单一变量法的不足而采用的市场细分方法。　　（　　）
3. 企业在选择了目标市场以后，还要进行市场定位。　　（　　）
4. 房地产产品市场定位的实质就是房地产企业在目标市场上取得竞争优势的过程。（　　）

三、问答题

1. 如何理解房地产市场细分的含义？
2. 如何理解房地产市场细分的可衡量原则？
3. 一个细分市场的盈利能力主要受哪些因素的威胁？
4. 试着对集中(密集)性市场营销策略的优缺点进行分析。
5. 采用"逐步取代现有竞争对手的市场定位策略"的前提是什么？

任务 4　了解目标客户群——房地产消费者购买行为分析

知识目标

1. 了解客户对环境、小区功能及房屋产品的需求，并掌握对客户需求进行分析的方法与内容。
2. 了解房地产消费者购买行为，掌握消费者购买决策过程及准则。
3. 熟悉客户购买行为的影响因素。

能力目标

通过对消费者需求及影响其购买行为的因素的分析及消费者购买决策过程、准则的学习，更加详细地了解房地产消费目标客户群。

案例导入

A 公司拟开发位于××区的一新地块，具体位置及主要经济指标如图 4-1 所示及见表 4-1。

图 4-1　地块具体位置

任务4 了解目标客户群——房地产消费者购买行为分析

表4-1 地块主要经济指标

项目地址	上平路与武侨路交界处西南侧
用地性质	城镇住宅用地
占地面积	14 658.87 m²
总建筑面积	约60 876.61 m²
容积率	≥1.5且≤3.0
建筑密度	≥20%且≤40%
绿地率	≥35%
建筑限高	≤100 m
停车位	机动车位约439个

通过市场调研，公司认为，银行信贷额度收紧、房贷利率上浮、首付比例提高、公积金调整等多项措施，使得置业门槛越来越高。

对项目周边竞品进行分析发现，区域未来潜在供应量近400万m²，未来竞争激烈。具体调查结果见表4-2和表4-3。

表4-2 项目周边竞品分析(一)

项目名称	绿地·东盟国际城	学府豪庭	公园道	宏湖一号城	东盟商业广场	华天茗城	君华小镇
项目地址	里建大道与人民路交会处	宁武路与人民路交会处	武华大道与狮山大道的交会处	大帽路1号	狮山路8号	武华大道168号	武华大道中段
占地面积	693亩	—	60亩	320亩	2 700 m²	约76亩	2 505亩
容积率	1.91	—	2	3	4	3	1.2
绿化率	30%	—	35%	30%	—	35%	35%
总户数	7 081户	1 200户	726户	5 115户	—	1 204户	2 772户
均价	5 200元/m²	5 000元/m²	5 100元/m²	高层3 500元/m² 天地楼7 000元/m²	4 900元/m²	—	别墅11 000元/m²
楼层状况	普通住宅为18～31 F小高层及高层建筑，别墅地上两层半高度；一期占地46万m²，建筑面积119万m²	21～32层高层	8层电梯洋房	—	27层高层+底商	—	181栋多层别墅、3栋商业多层、2栋中高层商住楼、13栋高层住宅以及2栋公共配套
销售动态	6月30日首开2 000套售罄，首期诚意金100元，认筹金50 000元；二期预约金15 000元	未开售	顺销	尾货销售	住宅10月开盘	—	在售产品为别墅
主要客户	渠道带客以及公司全国各地资源	渠道带客	渠道带客	渠道带客	渠道带客	本地客户、投资客户	投资客户

任务4 了解目标客户群——房地产消费者购买行为分析

表4-3 项目周边竞品分析(二)

名称	绿地东盟国际城	学府豪庭	君华小镇	公园道
物业类型	高层住宅、别墅	高层住宅	别墅、小高层	洋房
容积率	1.91	—	1.25	2
规模	一期199万 m²	—	47万 m²	—
总货量	7 881套	1 532套	2 772套	600套
在售货量	50余套别墅 260套高层	首推92套高层	剩余极少内部别墅	剩余175套
2019年预计货量	4 000余套	1 440套	(预计400~500套)	175套
推售节奏	3个月开盘一次,全年开盘4~5次	预计每季度开盘,以渠道带客为主	暂无预售证,无集中开盘,以内部认购为销售策略	顺销,以渠道带客为主
价格走势	3 500~5 200 元/m²	—	7 000~10 000 元/m²(别墅)	4 800~5 100 元/m²
目前售价	5 200元/m²(高层) 11 000元/m²(别墅)	5 000元/m²	10 000元/m²(别墅)	5 100元/m²
销售策略	渠道外收5 000元抵20 000元	渠道外收30 000~50 000抵70 000元	内部认购	渠道外收30 000~50 000抵70 000元
客户来源	全国区域的投资客户	××地区投资客,渠道客	××地区投资客	××地区投资客,渠道客
产品面积区间	95~143 m²(高层) 99~199 m²(别墅)	93~142 m²	120~180 m²	110~115 m²
产品去化率	50%		70%	
销售周期	6个月	未开售	6个月	12个月

通过上述对项目本体和竞品的分析,请进一步分析项目的目标客户,并对本项目的目标客户进行客户特征的描绘。

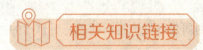

4.1 客户需求分析

消费者需求的反映首先指向对商品本身的需求。对商品本身的需求又首先表现为对商品使用价值的需求。使用价值是商品的物质属性,也是消费者需求的基本内容。人的消费无论侧重于满足人的物质需求,还是心理需求,都离不开特定的物质载体,且这种物质载体必须具有一定的使用价值。因此,消费者需求首先表现为对商品使用价值的需求,它包括商品的基本功能、

任务 4　了解目标客户群——房地产消费者购买行为分析

质量、安全性能、方便程度等。购房者对环境的需求首先表现为对房屋的适居性的需求，它是房屋使用价值最直接的体现。

4.1.1　客户对环境的需求分析

卫生、安全、方便和舒适是购房者对房屋的物质性需求，也是最基本的需求。

1. 卫生需求

购房者对卫生的需求表现在两个方面：
(1)环境卫生，包括房屋周围卫生，如垃圾收集、转运及处理等方面；
(2)生理健康卫生，如房屋建筑的日照、通风、采光、噪声与空气污染等方面。

2. 安全需求

安全需求在需求层次里面也是人的最基本的需求之一。购房者对安全的需求也表现在两个方面：
(1)人身安全，如小区安全、交通安全等；
(2)治安安全，如防盗、防破坏等犯罪防治。

3. 方便需求

方便需求主要是指居民日常生活的便利程度，如购物、教育、户内户外公共活动（老人健身、儿童游乐等）、娱乐、交通等，包括交通的便利状况和各类各项设施的项目设置与布局。交通指的是楼盘附近的主要交通工具和交通方式，如铁路、飞机、地铁、公路等。它表示楼盘所在地区与周围各地方的交通联系状况，表明进出的便捷程度。在具体说明时，我们习惯上将某商业街、某火车站和某城市标志性建筑物等主要商业中心、主要交通集散地的交通方式特别注明。交通实质上是对"点"的修正，是通过外部条件对客观"距离"的人为调整。

4. 识别性与归属感需求

识别性与归属感是人对居住环境的社会心理需要，它是反映人对居住环境所体现的自身的社会地位、价值观念的需求。场所与特征是居住环境具备识别性与归属感的两个重要因素，场所与居住环境的心理归属具有密切的关系，而特征与居住环境的形象识别性、社会归属感有着直接的联系。

场所指特定的人或事占有的环境的特定部分。场所必定与某些事件、某些意义相关，其主体是人以及人与环境的某种关系所体现出的意义，不同的人或事件对场所的占有可以使场所体现出不同的意义。场所不仅是一种空间，它的存在赋予这一空间在社会生活中的意义，由此，它成为影响人们购房选择的因素之一。

住宅小区规划设计应该注重场所的营造，使居民对自己的居住环境产生认同感，对自己的小区产生归属感。

特征是具有识别性的基本条件之一。在住宅区空间环境的识别性方面，可以考虑的要素有建筑的风格、空间的尺度、绿化的配置、空间的格局、环境氛围等。

5. 人文需求

消费者有各自不同的宗教信仰、文化背景、传统观念、风俗习惯、地域特性等社会人文差异。不同地域的消费者在购房时就会根据自己的文化习俗心理对房地产产品的各方面进行选择。建筑不仅仅是冰冷的钢筋混凝土，建筑同时是凝固的艺术，具有深刻的生活文化内涵。文化因素对房地产消费者有着广泛而深远的影响。不同文化背景的消费者有着不同的消费喜好。

同时，社会形成的消费风气、时尚潮流及社区群体文化等，也会使消费者在购房时产生从众的心理。个人的行为会受到各种群体的影响。任何群体都有群体意识，有共同目标，有一系列共同的行为规范，有遵守规范的压力，具有沟通的网络和事实上的领袖人物，成员从群体中可以获得尊重和满足。工作群体是社会群体的主要方式，同事之间在商品信息和购买行为等方面都有相互影响。亲友群体等非正式群体对消费者的行为也有着重要影响。因此，重视购房者的群体影响非常重要。

另外，富有文化与活力的人文环境也是营造文明社区的重要条件，丰富的社区文化、祥和的生活气息、融洽的邻里关系和文明的社会风尚是富有文化与活力的人文环境的重要内容，融合共处的人文环境是影响消费者购房的重要因素之一。

现代的科学技术带来的生活方式使得人与人、人与物、虚与实的关系发生了巨大的改变，但人们在得到基本的物质满足后，对人文环境的关注与渴望也将成为住宅居住环境品质提高与完善的重要内容。

住宅区在规划设计时应该通过有形的设施、无形的机制建立起居民对居住的认同和肯定，它包含了邻里关系、社区文化、精神文明和居住氛围等内容。

4.1.2 客户对小区功能的需求分析

1. 客户对道路交通和道路停车用地的需求分析

道路交通设施与道路停车用地包括住宅区的通达至住宅、各类设施、各类场地和可活动绿地的道路以及为住宅区居民居住生活服务的非机动车和机动车停车设施。

消费者对住宅区道路功能的需求主要表现在两个方面：

(1)满足居民日常生活方面的交通活动需要，如职工上下班、学生上学、托幼以及购买日常生活用品等活动，这些活动一般以步行和骑自行车为主，因此，小区道路走向应符合人流方向，方便居民出入。方便的交通出入也成为诸多购房者首先考虑的因素。

(2)方便市政公用车辆的通行和货运需要，如邮电传递、消防和救护车的通行、家具的搬运、垃圾清除等。

为了保证小区内的安静和安全，居住区道路主要是为区内服务，不应有过多的车道出口通向城市主干道，居住区内主要道路出口应至少有两个，两出口间距不应小于150～200 m。

2. 客户对公共服务设施的需求分析

消费者购房时还注重生活区的物业管理及配套设施的完善，如安全服务管理、学区的设置、运动设施、科技智能化的投入等，都是现代消费者对舒适生活的要求。因而消费者购房时趋向于完善管理和配置齐全的心理需求。

住宅区的公共建筑以及相应的公共服务设施用地是指主要为该住宅区居民日常生活服务的商业、服务、文化、教育、医护、运动等设施及其用地。这些设施包括商业服务设施，如超市、百货、银行、理发、书店、药店等；教育设施，如中学。

3. 客户对绿地与户外活动场地的需求分析

现代生活中越来越讲求生态环境，环境的好坏直接影响消费者生活质量的高低。因而消费者购房时在环境选择上也趋向于生态环保绿色健康的心理需求。房地产"绿地率"直接反映小区的绿化状况。绿地率描述的是居住区用地范围内各类绿地的总和与居住区用地的比率(%)。绿地率所指的"居住区用地范围内各类绿地"主要包括公共绿地、宅旁绿地等。其中，公共绿地，又包括居住区公园、小游园、组团绿地及其他的一些块状、带状化公共绿地。需要注意的是，开发商在楼书中所说的"绿化率"其实是一种比较不准确的说法。绿地率较高，容积率较低，建筑密度一般也就较低，发展商可用于回收资金的面积就越少，而住户就越舒服。这两个比率决定了这个项目是从人的居住需求角度，还是从纯粹赚钱的角度来设计一个社区。一个良好的居住小区，高层住宅容积率应不超过5.0，多层住宅容积率应不超过3.0，绿地率应不低于30%。但由于受土地成本的限制，并不是所有项目都能做得到。

4.1.3　客户对房屋产品的需求分析

4.1.3.1　住宅产品类型需求

1. 公寓

公寓按照建筑物的层数分为三种，即多层公寓、小高层公寓和高层公寓。

(1)多层公寓。通常情况下，多层公寓是指建筑总层数在4~7层的建筑。多层公寓的主要特点是朝向大多较好，采光、通风比较理想，一梯两户或多户。一般不需配备电梯。但考虑到我国人口老龄化进程，随着房屋结构的不断改善，多层住宅配备电梯将成为未来的发展趋势。

(2)小高层公寓。一般层数为7~12层的建筑为小高层建筑。但在市场上，16~18层的建筑有时也被称为小高层。小高层公寓多采用框架结构形式，得房率(套内建筑面积与套建筑面积之比)为80%以上(80%~85%)。小高层公寓最佳容积率(项目用地范围内总建筑面积与项目总用地面积之比)应小于2.0，而在小区中，小高层公寓一般与多层或高层公寓混合在一起，容积率就要视具体情况而定。

(3)高层公寓。通常情况下，总层数在13层以上的建筑为高层建筑。目前市场上的高层建筑有一梯4户到十几户不等，与多层公寓和小高层公寓相比，相应增加了公共走道和门窗。高层公寓多采用钢筋混凝土结构，25~30层的高层公寓大多采用框架剪力墙结构。得房率相对较低，在70%左右(或75%~80%)。一般高层公寓容积率都大于2.0，最佳容积率小于3.5，而高层公寓多数项目的绿化率(绿化垂直投影面积之和与项目总用地面积之比，也称绿化覆盖率)在40%以上。

2. 别墅

别墅按照每个建筑单体包括的别墅户数不同，可分为独栋别墅、双拼别墅和联排别墅。

(1)独栋别墅。独栋别墅通常为一栋别墅建筑内按照一户使用标准建造，只有一个入户正门。

(2)双拼别墅。双拼别墅一般由两栋2~3层的别墅并联而成，户型与房型按对称式设计，两户分别有各自的入户正门。

(3)联排别墅。联排别墅的最大特点在于其一般由几栋3层的住宅并联而成。

4.1.3.2　建筑风格需求

1. 欧洲风格

欧洲风格是这些年来在住宅开发时使用较多的风格。当今市场上用于住宅的欧洲建筑风格以希腊风格、罗马风格、哥特式风格、巴洛克式风格为代表。下面分别对这几种风格的特点进行具体阐述。

(1)希腊风格。希腊风格源于古希腊庙宇风格，它流行了约40年后逐步为哥特式风格所代替。其特征如下：

1)屋顶为低坡度的山墙或四坡顶。
2)在三角形屋檐下及正门廊的屋顶下有宽长的上楣带。
3)古典式门廊(有时与屋檐等高)的顶通常是平的,由若干圆形或方形的立柱支撑。
4)正大门上有横向装饰条,与精制的大理石装饰融于一体。
它有6种形态:门廊与屋檐等高;门廊低于屋檐;正立面是全断面门廊;正山墙门廊;正山墙门廊带侧翼;平顶。

(2)罗马风格。罗马风格源于古罗马风格,又名早期古典复兴风格。其特征如下:
1)有一简单的三角形屋顶或三角屋脊。
2)正立面是一个与屋檐等高的古典门廊(它是正立面最显眼的进口)。
3)古典门廊由4根基础为方形的柱子和一个正山墙组成。
4)正门的门上方有一半圆形或椭圆形的气窗。
5)窗户是按中心轴对称分布的,通常有5列(少于3列和多于7列是少见的)。

(3)哥特式风格。哥特式建筑起源于中世纪的欧洲,在德国兴盛。其最鲜明的特点是有高耸的塔尖、超人的尺度、繁缛的装饰,建筑整体体现出统一向上的旋律,给人一种深入云端的感觉。

(4)巴洛克式风格。巴洛克式建筑是17—18世纪在意大利发展起来的一种建筑和装饰风格。其特点是外形自由,追求动态,喜好富丽的装饰和雕刻、强烈的色彩,刻意追求烦琐。常用穿插的曲面和椭圆形空间。同时,在建筑物上加上了圆拱顶、塑像、雕刻。

2. 北美风格

在新近的住宅开发中,另一类较流行的建筑风格是北美风格,它也是一类风格的总称。曾经被用于住宅开发的北美风格主要有以下一些:

(1)殖民复兴风格。由美国建筑大师麦基姆兴起,虽然其他风格对它也有影响,但它基本保持了乔治亚和亚当风格,又因吸收了安妮女王风格而显非对称性。第二次世界大战后,因时尚的变化,该风格逐步简化。虽然如此,这种风格却是美国现代别墅风格形成的一块基石。与亚当风格相比,低层窗户演变成左右一对,大门廊纵深加长,加上冠顶形成一进口,其余特征与亚当风格相接近。

(2)南加州式风格。美国南加州的建筑风格——淳朴、粗犷、自然,采用深厚的体形,增添宗教建筑厚重宁静的气质。外立面使用偏暖的中性颜色的涂料,墙基部分使用石材作为装饰,留存建筑外形的粗加工线条,尽显淳朴优雅,以及加州常用的质朴的黏土筒瓦、彩色水泥抹灰墙面、人造文化艺术石、锻铁栏杆装饰、古朴的木质门、木花架和深褐色的窗饰,并运用大量手工工艺,屋顶坡度比较平缓,铺石板瓦或水泥瓦,常用抹灰的窗框,外观上比较质朴,没有太多的豪华装饰。

3. 中式风格

中式风格也是近些年来开始在住宅开发中被采用的风格。其代表是海派风格、江南园林风格、京派传统庭院风格。

(1)海派风格。海派建筑明显的风格标志是里弄住宅、石库门老房子,具体建筑特点则是坡屋顶、清水墙,在门饰、窗套、沿口、阳台、外墙阳角等局部,加了一些西方建筑的符号。在空间组合方面,里弄住宅不同层次的空间序列,由城市街道—总弄—支弄—天井,形成公共—半公共—半私密—私密的空间分隔,为居民提供不同的活动和交往的场所,亲切、安全、方便,使之产生强烈的认同感和归属感。

采用海派风格的项目大多讲究细节、浪漫、小家碧玉和兼收并蓄,多用流畅的海派建筑立

任务 4 　了解目标客户群——房地产消费者购买行为分析

面，由毛石做基座，面砖贴面，附加防水涂料。八角窗、波形瓦、阳台柱竖线条和横线条构成细腻而精致的海派建筑风格。

(2) 江南园林风格。江南园林风格的特点是围合型建筑，建筑局部用坡顶、粉墙、黛瓦，力求"最好的私密性，最大的私家花园"这一效果。

(3) 京派传统庭院风格。京派传统民宅中的三大传统建筑元素：围合形状、三面围合的内庭和私家花园。采用京派传统庭院风格的住宅大多以院落为中心，融合山水环境特色，表达对传统街坊邻里关系的怀念。同时，在建筑内部各生活功能区实行最佳的私密分割。

4.1.3.3　景观类型需求

景观建设在目前楼盘建设中相当流行。就地取景，借景发挥，形象造景，不同的景观类型有不同的风格特点。本节就几个常见的类型予以介绍。

1. 水主题景观

营造以水文化为主题的景观，打造"亲水"楼盘。可以就近引入河、湖等活水，将各种水景有机地、有条理地相互组织起来。也可以制造人工水景，如设置浅池、叠瀑、水幕、卵石堆、小亭、木栈桥等景观，相互承接。

(1) 引入自然水。运用项目邻近河、湖资源，和自然景观融合，使社区内实现水景绿地和谐共生。

(2) 设置人工水景。如某项目设置了位于会所外的大型叠瀑群，设置重叠的怪石，错落相间，形成一种山水石声的景观图画。还有项目设置大型山石群，怪石嶙峋，制造出天然堆砌的效果。湖、水、石、风自成一体，是对人工水景的最好诠释。

2. 体育文化主题景观

通过原创性设计赋予小区景观独有的体育特色及奥林匹克精神，让人们不经意中感受到一种源于体育又超于体育本身的美好氛围。充分考虑到主题性，将体育设施有机融入景观设计，使两者互为映衬。

3. 原生态主题景观

这类景观设计的出发点是遵循自然规律，尽量保持或营造出项目原生态的环境特征，使现代人有彻底地回归大自然的感受，创造出符合自然生态的植物分布。种植从原始森林挑选的树种，这些树木的共同特点是造型优美、树叶宽大，具有遮阳功能。自然园林将社区内的交通组织和休闲功能融合到景观之中，同时又可供住户观赏。

4. 参与式主题园林景观

这种景观的初衷是实现人与环境之间的互动与和谐，同时达到环境与环境之间的相互协调。景观设计不仅是供人观赏的，还应能让人参与其中。

小区园林设计要层次分明，大小空间与建筑物应协调布局。水景设计在夏天装扮小区生活，到冬天的枯水季节则成为住户晒太阳的凳椅，小区的绿地草皮铺上鹅卵石，居民夏天光脚踩上去，有益身心健康。私家花园周围设置半公共空间作为过渡，平台花园设于会所顶层之上或是住宅楼的第三层上。会所上的平台花园，设有草坪和木板平台，供人们休憩之用。还可设置儿童活动天地，使社区内住户的小孩有嬉戏、玩耍之处。

5. 综合型景观

在当今房地产市场中，多数项目都比较注重小区景观的营造。因此，一个小区内的景观往往综合运用以上各种景观设置手法中的几种，把几种景观的优点结合起来，使项目景观具有多样性。

4.1.3.4 户型需求

1. 户型设计准则

(1)空间有效分离

1)生理分区。8岁以上子女应该和父母分室居住,15岁以上异性子女应分室居住,两代夫妻应分室居住。

2)功能分区。住宅的使用功能虽然简单,但不能随意混淆。简言之,功能齐全的一套户型一般有如下几个分区:

①公共活动分区。供起居、交谊用,如客厅、餐厅、家庭厅、门厅等。

②私密休息区。供处理私人事务、睡眠休息用,如卧室、书房、保姆房等。

③辅助区。供以上两个部分的辅助支持用,如厨房、卫生间、储藏间、阳台等。这些分区各有明确的专门使用功能,有动、静的区别,有小环境的要求。

绝大多数的平面设计都注意到正确处理这三个功能区的关系,使之使用合理又互不干扰。

3)动静分区。人来人往较多、活动频繁的区域应靠近入口设置,如客厅、餐厅、厨房等;主要为休息之用的卧室显然要有最大限度的静谧,应比较深入。活动区与休息区应明确分开,休息区相对集中并远离电梯间或楼梯。两者应严格分开,确保休息的人能安心休息,要活动的人可以放心活动。

4)公私分区。家庭业主的生活不能被访客打扰或一览无余。这就要求不仅将卧室(主卧、父母房、儿童房)与客厅、餐厅进行区位分离,而且应注意各房间门的方向。首先,在入户门外向户型内望去时,玄关处应当有所遮挡,避免站在门外就能对屋内一览无余;其次,户型内部客厅、餐厅等公共活动空间与卧室等较私密的空间有视觉上的遮挡,避免在公共区间就能对私密空间一览无余,做到一定程度的公私分区。户型内公私分区主要功能空间参见表4-4。

表 4-4 户型内公私分区主要功能空间

	公共区	入口、玄关
	半公共区	客厅、餐厅、家庭娱乐场所
公私分区	半私密区	厨房、工人房、工人洗手间、工作台
	家庭成员私密区	客房、儿童房、公共洗手间
	主人私密区	主人房、书房、主人洗手间

5)主次分区。为了彰显业主的成功,也为了家庭成员之间的起居互不干扰,主人房不仅应朝向好(向南或向景观)、宽敞、大气,而且应单独设立卫生间,应与父母房略有距离分隔。如设有工人房,则又应与主要家庭成员的房间有所分离。

6)干湿分区。厨房、卫生间这两个湿气较重且较容易产生脏污的房间应与精心装修、怕水怕脏的卧室等尽量分离。厨房是家居生活中最主要的污染源,噪声、油烟油污、清洗污水等集中于此,因此厨房的布置要尽可能地靠近进户门,远离卧室、客厅;厨房与卫生间是住宅中水管的集中地,从施工成本、能源利用、热水器安装等角度考虑,厨房应与一个卫生间贴邻而处。

(2)户型设置多样化。户型需求是动态的,随着市场的变化而变化。其特点包括以下几方面。

1)户型需求的多样化源自市场消费层次的多样化。

2)购买群年轻化后,需求的多样化。

3)不同地域群体需求的区域差异化。

任务4 了解目标客户群——房地产消费者购买行为分析

(3)户型方正、面积恰当、尺度适宜。习惯上，我们把房间的主采光面称为开间(面宽)，与其垂直的称为进深。也可根据房间门的朝向来确定开间和进深，房门进入的方向的距离为进深，左右两边距离为开间。根据《住宅建筑模数协调标准》(GB/T 50100—2001)的规定，住宅建筑的开间常采用下列参数：2.1 m、2.4 m、2.7 m、3.0 m、3.3 m、3.6 m、3.9 m、4.2 m。户型的进深与开间之比合理，进深与开间之比一般以1∶1.5较好。进深过大，开间过小，会影响户型采光通风，房间内会显得比较暗；进深偏小，开间过大，不利于房间保温，浪费能源，北方尤其如此。比较方正的户型能做到采光通风与保温两者间的平衡。户型面积大小与产品形态有着很大的关联。而一般住宅户型面积配比见表4-5。

表4-5 一般住宅户型面积配比

名称	面积、开间、净宽	名称	面积、开间、净宽
厅(起居室)	20～45 m², 开间≥3.9 m	餐厅	8～12 m², 开间≥2.4 m
主卧室	15～25 m², 开间≥3.6 m	卫生间	4～10 m²
次卧室	10～15 m², 开间≥3 m	厨房	8～12 m², 净宽≥1.5 m
阳台	4～12 m², 净宽≥1.6 m	保姆间	4～6 m², 开间≥3.9 m
工作阳台	4～6 m², 净宽≥1.2 m		

上述面积中，保姆间、家庭团聚室、走入式的储藏室根据商品房的目标客户选择配置。

卧室以床顺着摆放的方向为开间，床头依靠的墙宽度为进深，卧室内布置床时，床头一般不靠窗台摆放。根据面积大小不同，一个项目的户型一般可分为经济型、舒适型和豪华型。但各类户型面积大小并没有统一的划分，不同时期、不同地区具有不同的大小标准。

(4)厅、卧面积比例协调。有专家认为目前总面积在130～140 m²的户型，设计30 m²的厅比较合适。从趋势上看，厅的面积下调，主卧室面积从15～18 m²调至25 m²。其中的原因：

第一，客户年轻化，很少在家度过，回家时卧室是常用的空间，需要组合柜、电视、看书的位置，厅内一部分功能转移到卧室。

第二，社区设置会所，会所改变了交友一定要在家的观念。

第三，整个社会文明程度提高，人的隐私权要求增加。

在设计中通常安排餐厅和起居厅结合，但高标准的住宅内，可以考虑分开设置。如果分开后，餐厅的光线、通风以及视野等条件均没有得到改善，或餐厅分离后反而更像扩大的通道，则不如不分开。特别是中小型住宅，一个大起居室的空间感、尺度感和生活氛围，优于两个厅的分离设计。

(5)通透良好。通透性主要是指户型的通风和采光性能。要保证户型具有良好的通透性能，主要从以下几个方面入手：

1)要求户型有良好的进深开间比，即户型比较方正；

2)户型最好有两面可以采光和通风，相对两面采光通风最佳(如南北、东西)；

3)相邻两面采光(如东和南、南和西、西和北等)较佳，只有一面采光通风效果最差；

4)厨房和厕所是湿气比较重的两个区域，要尽量做到独立采光通风，也就是避免暗厨暗卫。

(6)动线合理。动线是指人们在户内活动的路线，动线流畅与否将影响人们进行各种活动时能否实现顺利转换。户型的设计影响动线的走向，而动线的走向会影响居住的品质。好的动线能够提升小户型利用率，而差的动线会使大户型变得大而无当，浪费空间。户内主要动线有三类，分别是居住动线、家务动线、来客动线。

任务4 了解目标客户群——房地产消费者购买行为分析

2. 常见户型

(1)平层户型。平层户型在目前房地产市场上最为普遍，一般是指户内房间的地面标高相同的户型。

平层户型一般以一室户、二室户和三室户为主，还有四室户等。常见的一室户有一室（没有餐厅和客厅空间）、一室一厅（餐厅和客厅在同一空间，以下同）、一室二厅（餐厅和客厅处于两个功能空间，以下同）；常见的二室户有二室、二室一厅、二室二厅；常见的三室户有三室、三室一厅、三室二厅。在平层户型中，1个卫生间的户型称为一卫，2个卫生间的户型称为二卫。常见的如三室二厅一卫，就是指该户型有3个房间、2个厅（餐厅和客厅）、1个卫生间。

目前，一些地区的房地产市场上出现了大户型平层概念别墅，也就是在平层空间内，布置出别墅房间空间，出现了五室三厅三卫等户型。

(2)立体户型。立体户型是指户内房间标高不同的户型。常见的立体户型有复式户型、错层户型、跃层户型、叠加别墅户型、联排别墅户型和独立别墅户型。

1)复式户型。复式户型室内居住空间分为上下两层，由室内楼梯相连通，一楼为公共活动空间，设客房、客厅、餐厅和厨房，层高一般为3 m左右。在复式户型中，房间内的楼梯除了起连接上下两层作用外，更充当了一种家庭装饰，赋予居室现代生活气息。二楼为私人活动空间，设有起居室、卧室和书房，层高约为2.8 m。楼上楼下分别有多个卫生间。有的复式户型采用挑空设计，有别墅户型的优势。

2)错层户型。错层户型与复式户型相比，户内不同层面间的落差要小得多，一般只有60 cm左右，大多不会超过1 m。户内楼梯的梯数很少，一般常见的是2~3阶。错层户型内空间感较丰富，功能分区由于不同平面的落差而强化。常见的错层户型是在厅与房间之间，通过错层设计，实现了动与静两个空间的分离。

3)跃层户型。跃层户型是指住宅占有上下两层，卧室、起居室、客厅、卫生间、厨房及其他辅助房可以分层布置，跃层的客厅上空与第二层不相通，采用户内独用楼梯连接。跃层户型的优点是每户都有较大的采光面，通风较好，户内居住面积和辅助面积较大，相互干扰较小。

4)叠加别墅户型。叠加别墅一般为4层公寓房形式，一般采取1、2层和3、4层分别为两套复式户型结构。和复式户型相比，叠加别墅1、2层复式户型有花园面积，3、4层复式可以有屋顶花园或露台。如果是坡屋顶的房屋，有时可以享受顶层小于2.2 m不计入建筑面积的"额外"空间使用。

5)联排别墅户型。联排别墅一般为2~3层建筑，属于顶天立地的户型，在房地产市场上深受喜欢。联排别墅又按照内部是否设置庭院而分为庭院式联排别墅和非庭院式联排别墅。在一些中式风格的联排别墅设计中，户型空间被分割为前后两个空间，中间有廊相连，通过建筑围合庭院，使户型更为丰富。联排别墅户型可以根据相连房屋数量而分为两联（通常称为"双拼别墅"）和多联别墅。联排别墅在6联体以内较为常见。

6)独立别墅户型。独立别墅一般为1~3层建筑。独立别墅有时设地下室空间。独立别墅户型由于空寂安静的优势，可以实现户型的最优化布局。

3. 户型变化新趋势

(1)户型面积趋向实用化。大厅大户的结构显得落后，中户型设计基本上以大厅小房为主，而大户型通过增加房间数目、强化功能空间的手段也达到类似的效果。户内实用率比以前高，公共走道、室内走道、楼宇边角等公共面积减少，户型设计较以前更讲究如何充分利用每一块空间。

(2)功能配置更趋完善。在功能配置上，体现了以下几方面特点：

1)主人房带卫生间已成为中大户型的必要设计。

任务4　了解目标客户群——房地产消费者购买行为分析

2）工作阳台的设置，同以前功能重合的阳台设计（把家务操作、观景等功能集中于一个空间实现）相比变得合理、方便。

3）书房、儿童房、健身房、衣帽间等配套空间的设置，使室内活动更为舒适。

4）玄关的设计，增加户内空间层次，也与生活水平提高的社会现实相吻合，使入室更衣换鞋等新风尚变为可能，促进居家健康化、安逸化。

户型的功能应站在市场角度，从项目整体定位的高度来考虑。

(3) 客厅功能重新定位。对于时尚、前卫、崇尚个性、反对约束的 SOHO 一族，客厅最好不要设置为过于方正的传统形式，而要有起伏变化、有错落、有曲线。对于 IT 人士，为客厅赋予更多的工作功能，甚至直接将客厅当作工作间、网上冲浪室，这都可以满足他们的要求。客厅的其他社交、娱乐功能，都将成为客厅面积、大小设定的因素。

(4) 阳台功能多元化区分。阳台设计应在注重其基本功能的基础上，出新出彩，满足人们不断提高的品位需求。

1）双阳台。双阳台设计有两种思路：一是强调通风，把两个阳台分置于厅（客厅＋餐厅）的两端；二是注重实用，将北向阳台与厨房相连，便于放置待加工的蔬菜及其他小杂物。

2）内阳台。将阳台整体纳入室内，使其成为厅的自然延伸，因此，可以看作封闭阳台的一种升级。

3）观景阳台。海景、山景、湖景、江景、河景、城市夜景及天际线背景、街景、公共公园、小区中心庭园……观景阳台不仅强调人看景，而且应做到阳台与景观的交流、对话，阳台融入景观，因此不仅需要上佳的角度，而且需要较大的面积。

4）景观装饰阳台。与观景阳台不同，景观装饰阳台是将阳台自身建造成为一种景观。

①阳台上运用古今中外各种不同建筑符号。

②阳台造型采用半圆形、弧形、扇面形、L形等。

③阳台材质选用镂花铁艺、不锈钢、石柱、钢化玻璃，色彩更加丰富。

(5) 工作阳台。用于家务劳动或充当家庭服务的空间。往往在设计上备有水龙头、地漏、电插座及晾衣架等，但其面积也就在 2~3 m²，这种阳台往往处于北向和设备间或者厨房相连接之处，与卧室的"静区"远离，其内可以放置洗衣机，作为洗衣、晾衣、熨衣等家务劳动的小空间，既有良好的通风采光条件，也避免了洗衣晾衣弄湿卫生间地面和穿厅过室。

(6) 厨房空间的再塑造。厨房除了放大其使用面积之外，还应注意功能的开发和室内环境的保护，充分考虑冰箱、微波炉等物品的放置。

1）位置。厨房是生活中主要污染物的产生处，应远离卧室、客厅，应尽量靠近户门。

2）面积。多数厨房面积在 5~8 m。但由于"冰箱入厨"已是大势所趋，各种家用厨房电器日益普及，厨房面积应进一步扩大。

3）舒适性。L形厨房比一字形厨房更能减少步伐移动，节省时间，提高效率，降低劳动强度；厨房分为清洗加工区和烹饪区是流行趋势。长度和宽度方面，要考虑到操作台、盥洗台的设置，考虑到厨具、电器、壁柜的设置及摆放位置，管线的安装，通风排气条件。

4）创新性。在 200 m² 以上的户型中，可以设立单独早餐室，也可以使厨房与餐厅之间完全畅通连接，即开放式、半开放式的厨房设计（在小户型住宅及酒店式公寓运用得比较多），从而极大地拓宽了工作面积，可以一边听音乐一边切菜，任务繁重时还可调动全家人一起动手。

(7) 洗手间空间的改革。

1）面积。目前消费者希望的面积集中于 6~7 m² 和 10~12 m² 两个区间，开发商应根据项目定位恰当选择。

2)通风采光。洗手间应该宽敞明亮、通风顺畅,如能设置成明卫,就更为理想了。上推式窗户是最适合洗手间的。

3)功能布局。长方形洗手间宽度不能太窄,否则将集中于一边或间隙过小,都将给使用者带来麻烦。而影响用具布局的主要因素是开门方向,因此推拉门是值得考虑的设计。

(8)窗、门、间隔。在窗、门、间隔的设计上,体现出以下几个新趋势:

1)落地窗、凸窗、角窗的普遍采用打破单纯以阳台作为居室外延空间的局面,通常采用低窗台设计,可坐可卧,既增加了使用空间,又开阔了视野。

2)卧室门的朝向应注意避免与其他房间门相对的现象。

3)一些中小户型采用自由间隔设计,充分体现个性品位:其一,少了梁柱对空间的占用及制约,使自由空间变得灵活方便。其二,室内空间多运用薄墙、虚墙(非砖石水泥结构),住户可重新进行间隔。

4.2 客户消费行为模式分析

在市场经济的环境中,消费者是房地产企业的"上帝",是房地产企业的"衣食父母",同时也是房地产市场营销活动的出发点。对于消费者购买行为的分析,是房地产项目策划的重点。在对消费者的心理过程、个性心理及群体心理因素分析之后,进一步对消费者的购买行为进行分析和研究,可以为房地产企业的市场策划提供依据。

4.2.1 对房地产消费者购买行为的描述

对房地产消费者购买行为的描述,可以简单地概括为"5W1H",即谁来购买房地产产品(Who);为什么要购买房地产产品(Why);在什么地方购买房地产产品(Where);在什么时候购买房地产产品(When);购买什么样的房地产产品(What);如何购买房地产产品(How)。

1. 谁来购买房地产产品(Who)

这里,主要分析研究谁是主要的消费者以及消费者的类型。

(1)谁是主要的消费者。即从房地产产品的本身出发,要将房地产产品卖给什么样的消费对象,解决一个消费者层次定位的问题。在消费者购买的过程中还存在着许多参与者,如购买的决策者可能不是最终的使用者。因此在研究主要消费对象时,还要对谁参与了购买的决策进行研究和分析。谁做出购买决策,谁出资购买房地产产品,谁对购买决策产生影响,谁最终实际使用房地产。这里的重点是要对购买的决策者和购买决策的影响者进行研究和分析。确定主要消费者是对消费者购买行为进行描述的第一步,也是最重要的一步,它为房地产项目经理进行营销策划、划分最终的目标市场提供了依据。

(2)消费者的类型。由于消费者所受的教育、文化修养、处事方式存在差异,即使确定了主要消费者,这些消费者的个体之间也存在着很大的差异。因此仅仅确定主要消费者是远远不够的,还应该对消费者进行分类,以便在市场营销活动中采取正确的营销策略来加以突破。

2. 为什么要购买房地产产品(Why)

消费者为什么要购买房地产产品?为什么要购买这一区位、这一类房地产产品?从经营角度看,我们称之为购买动机。消费者的购买动机可以划分为理性的购房动机与带有感情色彩的动机,它们又可进一步分类。

3. 在什么地方购买房地产产品（Where）

什么地方、什么样的场所和气氛更有利于消费者做出购买的决定，通过对这些问题的分析和研究，可以为项目策划人员在制定渠道策略和促销策略时提供参考依据。房地产产品具有价值量大和固定性的特点，在多数情况下，消费者都最终会倾向于到现场进行实地了解、查看。因此，施工现场的环境（如建材放置得井井有条会使消费者感觉管理井然有序，对质量也就有了信心）、售楼处的布置（给消费者营造一种随和、轻松的氛围，有利于增强消费者对市场营销人员所介绍内容的信任程度）、样板房的设计（样板房是消费者对未来房地产产品的透视，良好的设计效果会提高消费者购买的欲望）、现场所分发的广告宣传资料（现场资料可以对一些消费者尚未目睹的内容进行补充介绍）都会对消费者的购买决策起到影响作用，这些都是房地产项目策划人员需要重点研究的问题。

有些消费者则可能因为工作繁忙等原因不便亲自去每一个现场挑选而选择委托中介代理机构。因此，通过对"Where"的研究，可以使项目策划人员发现哪些中介代理机构是消费者经常光顾的，这样项目策划人员在选择营销渠道时，可以选择那些信誉高、实力强、业绩好的中介代理机构作为中间商。随着科学技术的进步，还会出现许多新的渠道。

4. 在什么时候购买房地产产品（When）

研究消费者在什么时候购买或者是在什么时候更愿意表示购买的愿望，有助于项目策划人员选择最合适的时机将楼盘推向市场。

5. 购买什么样的房地产产品（What）

由于消费者所处的社会环境、经济条件不同以及心理因素的作用，消费者所需购买的房地产产品也是多样的。

6. 如何购买房地产产品（How）

消费者购买房地产产品的方式，不仅会影响房地产市场营销活动的状态，还会影响房地产产品的设计以及市场营销计划的制定。

4.2.2 购买决策过程

消费者的购买决策行为并非只是独立的单一行为，而是一系列的连续行为，由于房地产产品属于消费者"高度关心的产品"，消费者的购买行为的决策过程一般可以分为五个步骤：需要认知、收集资料、方案评估、购买决策、购后感受。

1. 需要认知

任何购买行为都是由购买动机支配的，而购买动机又是由需要激发的，所以可以认为消费者对于某一需要的认知是购买行为的起点，而这种需要可能是因为内部或外部的刺激引起的。例如，由于人口多，房屋面积小，同时又具备一定的支付能力会驱使消费者通过购买房屋来解决住房紧张问题，这是由内部刺激引起的；当某一消费者发现朋友投资房地产赚了一大笔钱时，这位消费者也会考虑购买房地产产品进行投资，这就是由外部刺激引起的需要。

在房地产项目策划中应十分注意唤起消费者的需要。房地产企业必须十分清楚地了解社会对本企业的房地产产品实际的或潜在的需要状况，以及可以满足消费者的哪些内在需要，同时还要了解通过哪些因素的刺激可诱发消费者的需要。研究表明，当一些产品同时满足消费者的需要越多，经过适当的刺激，就越能成为人们梦寐以求的产品。如在香港，半山的房地产产品不仅满足了人们居住的需要，还成为权力和财富的象征，可以使拥有者得到心理上的满足。

2. 收集资料

如果引起消费者购买动机的需要很强烈，或者说消费者的关心程度足够高，消费者就希望立即满足自己的需要。然而在多数情况下，被引起的消费者需要是无法立即得到满足的，这时消费者便会积极收集有关的资料来进一步增加对产品知识的积累，以便为下一步的方案评估提供参考依据，直至做出最终的购买决策。一般来说，消费者收集资料的来源主要有以下三个渠道：

(1)商业来源，包括广告、推销员、中间商、促销活动等。
(2)人际来源，包括家人、朋友、邻居、同事等。
(3)公共来源，包括各类传播媒体。

在这些信息资料来源中，商业来源起到一个告知、传达的作用，而人际来源提供经验以及对产品进行方案评估的信息。对于消费者而言，来自商业来源的资料信息最多，而来自人际来源的资料信息最具影响力。

策划人员必须借助各种渠道，将各种有利于做出本企业房地产产品选择的信息传递给消费者，进而影响消费者的态度。当消费者购买房地产产品后，如果满意，会推荐其他人购买，成为其他消费者获取资料信息的人际来源。

3. 方案评估

消费者根据各种资料信息的来源，对每一个方案进行分析、对比，加上消费者自己的标准和偏好，对各个楼盘做出评估判断，选出最合适楼盘。对于营销人员而言，尤其重要的是要找出消费者在进行方案评估时具有决定性意义的指标，在营销策划中投其所好地进行强化，以影响其购买决策时的态度。

4. 购买决策

方案评估后，那些具有购买需要的消费者会产生购买意图，继续以后的购买行为。消费者在购买行为之前，会首先做出购买决策。购买决策是对许多因素考虑后做出的总判断，这些因素包括购买哪一区位的房地产、购买这一区位中的哪一种户型、以何种价格购买、面积多少、以何种方式付款等。

营销人员要清除(或减少)干扰消费者决策的因素。例如，一方面可以向消费者提供更多、更为详细的信息资料，便于消费者进行选择；另一方面，向消费者提供良好的销售服务，造成方便消费者的态势，促其做出购买的决定。

5. 购后感受

消费者在购买房地产产品后，往往会通过使用与自己在做出购买决策时对产品建立的期望进行对比检验，考虑自己的购买决策是否明智、是否合算。这就形成了购买后的感受。这种感受若与消费者的期望相吻合，消费者将会感到满意；若这种感受高于消费者的期望，消费者将会感到高度满意；但若这种感受低于消费者的期望，就会产生认识上的不和谐。

消费者购买后的感受直接会影响今后其他消费者的购买行为。若消费者感到满意，他会向其他消费者介绍该物业的种种好处，成为房地产企业最有说服力的范例和义务的推销员，为房地产企业带来更多的购买者；相反，若消费者感到失望，则不仅消费者对房地产企业和商品原有的态度会转变，同时还会影响其他消费者的购买行为。

因此，营销人员最重要的是在营销过程中不要夸大其词，以免引起消费者过高的期望值，最终因房地产企业无法达到消费者的要求，主动制造失望的消费者。一旦引起消费者不满，房地产企业应尽力做好销售以后的弥补工作，将消费者的不满情绪降至最低点。

4.2.3 购买决策准则

在购买行为的决策过程中,房地产消费者往往遵循一定的准则。

1. 整体属性最佳准则

一般而言,任何消费者都希望楼盘的各种属性都是最佳的,假设楼盘价格最低,建筑面积最合适,得房率最高,小区物业管理好,交通方便,消费者必定会选择购买。

2. 非报酬的决策准则

在消费者购买行为的决策过程中,房地产产品的一些属性是非常重要的,其他因素再好也无法弥补和替代。例如,一个楼盘距离某个消费者的工作地点太远或者价格太高,那么无论这个楼盘建筑风格、物业管理、企业品牌等方面再好,该消费者也不会购买。因此,非报酬的决策准则是绝对的。

3. 补偿与权衡准则

一个楼盘在满足非报酬决策准则的基础上,楼盘的其他属性可以相互弥补,消费者可以运用加权平均的方法进行权衡,选择称心的楼盘。

有时候,消费者会发现,使用全部决策准则会排除所有的可能方案,因此准则需要修改。这会导致消费者根据它们关系的重要性来重新建立准则的层次。

对营销人员来说,了解消费者如何制定决策,显然是很有用的。例如,对使用补偿与权衡准则的消费者来说,营销人员了解具有最大权重的属性是非常有用的,房地产产品可以设计在切断点内。营销人员必须确保房地产产品在大多数消费者的考虑范围之内。目前,不少营销人员都强调房地产开发中应坚持"均好原则""木桶理论"(一个木桶的装水量与桶的最短边一致),实质上是为了满足房地产消费者的购买决策准则。

4.3 客户购房行为影响因素分析

4.3.1 客户的心理因素

1. 客户的感觉

感觉是人脑对直接作用于感觉器官的当前客观事物的个别属性的反映。为使社会公众感觉到某个楼盘的存在,开发商往往不惜重金去做广告。广告必须色彩鲜艳、篇幅巨大、形象生动、富有创意等。这些要求无非是要刺激消费者的感觉器官,造成冲击力和震撼感,给人留下深刻的印象。

当然这种刺激必须有个"度",这个"度"应该是人们生理、心理所能承受的。

根据这一心理学现象,开发商可以实施的营销策略有如下几方面:

(1)对于市场定位于中低收入家庭的楼盘,开发商可以采用较低档次的建筑材料,以降低或维持较低的建筑成本,从而取得价格上的竞争优势。

(2)当楼盘单价降不下来时,可以考虑做小户型,降低单元总价,满足市场需要。

2. 客户的知觉

知觉是人脑对直接作用于感觉器官的当前客观事物的整体属性的反映。一般来讲,客户先对商品房形成感觉，然后在此基础上对个别信息进行加工形成知觉。

当客户对商品房形成知觉后，因为对购买结果不能预知而产生各种担心或忧虑，如房屋质量如何，有无偷工减料？开发商资信怎样，能否按期交楼？楼价是否合适，真的物有所值吗？售后服务做得好不好，物业管理怎样？这些问题构成客户的知觉风险。

为消除客户的知觉风险，提高客户的满意度和信任度，开发商可以采取如下营销策略：

(1) 做出保证。例如，请知名人士做广告，商业用房或写字楼吸引大公司进驻等。

(2) 树立品牌。客户往往钟情于或忠于著名品牌的商品房。

(3) 政府机构测试。经过政府机构测试和认可的商品房或房地产公司更容易使客户产生信任感。"小康住宅""康居工程"等都属此种情况。

(4) 保证退款。客户购买的商品房如不满意，可以退款。

(5) 客户朋友、家人的介绍。广州碧桂园曾打出这样的广告：碧桂园好不好，请您问一期业主。

(6) 做好物业管理。即做好商品房的售后服务。

错觉是特殊的知觉现象，是知觉的扭曲。人们常常会主动利用错觉达到某一效果，这是生活中最常见的现象。例如，瘦人穿浅色、横纹服装给人以膨胀感，胖人选择深色、竖纹衣服给人以收缩感。房地产销售中同样可以利用错觉现象有效地展开市场营销活动。例如，在墙上镶上镜子，使房间变得宽敞明亮；可以将洗手间单独装修一下（其他房间不再装修），并免费赠送给客户，以弥补洗手间三面封闭，通气不畅的不足。

3. 客户的注意与记忆

注意是指人脑对客观事物的指向和集中。记忆是人脑对过去经历过的事物的反映。它是对感觉、知觉信息的保持，也是进行思维、想象等复杂心理活动的前提。

从心理学的角度看，能引起客户注意，并被买家牢记的策略如下：

(1) 提高楼盘质量与服务。无论何时何地，只要楼盘建筑风格适应潮流，户型合理，楼盘位置环境优越，配套设施齐全，交通方便，价格合理，物业管理优良，就不会卖不出去。

(2) 广告宣传形式多样化。除广告设计应力求做到形象、生动、创新外，开发商一般采取报纸、电视、现场售楼等形式同时进行宣传，依靠"立体轰炸"来吸引消费者注意。

(3) 广告要不断重复。为避免消费者遗忘，增强记忆，广告播放应不断重复，但要避免消费者对广告的疲劳和厌恶。为此，房地产广告要将楼盘卖点系统化，每隔一段时间推出一个卖点。同时，电视、报纸广告应不断地变换人物、画面、语言，使人常看常新。

4. 客户的思维与想象

思维是人脑对客观现实的概括和间接的反映。想象是人们以头脑中事物的表象为材料，对其进行加工、改造，重新组合成新形象的心理过程。思维和想象是一种交叉关系，思维过程中有想象，想象过程中有思维，两者关系密切。

在房地产营销过程中，开发商要认识到：一方面客户总是在一定的思维活动的基础上，通过对楼盘的分析、比较、评价来做出购买决策；另一方面，借助于客户的思维和想象活动，可以充分发挥广告宣传的效用。

5. 客户的情绪与情感

严格地说，情绪与情感是两个既有区别又有联系的概念。但在我们的日常生活中，两个词语常常混同使用，作为"感情"的同义词，用以表达产生感情的形式与内容。

"人非草木，孰能无情"，人是有情感的动物。当其他条件不变时，若客户情绪高昂，则感知事物的范围扩大，购物热情与兴趣提高。反之，若客户情绪低落，则大大缩小感知范围，对购买商品失去热情与兴趣。

买家的情绪除与其自身有关外,还与购买环境和所提供的服务紧密相连。

6. 客户的态度

对"态度"比较通俗的解释:态度即人对某一事物的好恶。应当说,客户的态度与行为是一致的。因为只有当人们喜欢某种商品时才会购买它。

若开发商开发出的商品房不受客户欢迎,这是令人遗憾的。解决这种问题的方式只能是想方设法使客户转变态度。具体策略有如下几项:

(1)对客户进行劝说性宣传。毫无疑问,任何商品生产者都应当遵从市场规律从事开发经营,但这绝不意味着开发商只能一味地顺应市场潮流,不敢或不可以引导市场。

(2)增加接触频率。开发商应当对潜在购房者进行跟踪服务,可以通过组织活动、联谊会等形式请客户多次光顾楼盘,使客户充分了解发售楼盘与开发商的有关情况,以增进相互信任与感情交流。80~110 m² 为宜,37%的市民希望不超过 80 m²。其中,两室一厅、中低价位、多层住宅最受欢迎。可见,开发商在极力倡导追求大客厅、大厨房、大卫生间的同时,不应忽视房屋正常的户型与面积分布。

(3)提高楼盘的内外在因素。前已述及,楼盘的内外在因素是多方面的,改变其中的某一因素,就有可能取得销售上的巨大成功。

4.3.2 客户的购买动机

动机是推动人们从事某种活动的内部驱动力,是人们行为活动的直接动力。购买动机,就是直接推动购买行为的驱动力。

1. 购买动机的推动力——需要

需要及在需要基础上产生的动机,是推动人们不断从事各种活动的最直接动力。由于需要的不同,推动人们去行动的动机也各不相同,最终导致形形色色的社会活动,组成了人们的生活,推动了社会的发展。人们的活动,小到饮食穿衣,大到生产创造,都是在某种需要和动机的推动下进行的。因此,了解客户的需要和动机,进而了解其消费心理和消费行为的特点,是营销工作中核心的一环。需要具有对象性与周期性、多样复杂性、发展可变性、伸缩性及可诱导性等基本特征。

(1)需要的对象性与周期性。需要的对象性是指人们的需要总是指向某一特定的、具体的对象,否则满足需要就无从谈起。需要的周期性是指需要的满足并不是永久性的,而是周而复始不断出现的。虽然某一需要在得到满足之后会减弱、消退,并在一段时间内不再出现,但随着时间的推移,已消退的需要也会重新出现。需要的周期性特征是由生物有机体和事物发展变化的规律所决定的。客户需要的周期性还同商品的使用寿命、社会时尚以及个人的购买习惯、工作与闲暇时间等因素有关。需要虽然周而复始地不断产生,但每一次都不是上一次需要的简单重复,而是在对象、满足方式、强度等方面有所变化。

(2)需要的多样复杂性。人是社会的人,不仅具有情感、意志、兴趣爱好、气质人格等方面的个体差异,而且隶属于不同的民族、国度、地域、阶层,信奉不同的宗教,具有不同的信念,遵循不同的风俗习惯和行为方式。由于个人的、自然的、社会的原因,对同一类的或同一方面的需要,不同个体可以赋予全然不同的内容,采取大相径庭的满足方式。而同一个体在不同的时期会产生不同的需要。即使是同一个体的同一需要,在不同的场合其具体表现也各不相同,这就是需要的多样复杂性。需要的多样复杂性使市场细分有了充足的理论依据,也为"为什么众

任务 4 了解目标客户群——房地产消费者购买行为分析

多的开发商不遗余力地追求房地产产品的个性"提供了很好的解释。

(3)需要的发展可变性。根据马斯洛的需要层次理论，低级需要得到一定程度的满足之后，就会产生新的高一级的需要。也就是说，需要是不断发展变化的。社会在不断进步，人们的生活水平在不断提高，人们的消费需要也会不断地发展变化。

(4)需要的伸缩性。在现实生活中，由于客户的各种需要受内、外多种因素的影响和制约，在需要的多寡、强弱、满足水平和方式等方面具有一定的弹性。在特定情况下，人的需要可以被抑制、转化、降级或停滞；还可以某种方式有限度地同时满足几种不同的需要。例如，在国家福利房尚存的时候，即使一些人手中有钱，也不会自己掏钱买房。在福利分房结束之后，一些人即使钱不充裕也会采用银行贷款或按揭的方式来购置房屋。从客户自身来看，影响需要伸缩的主要因素有客户的个性特点、经济收入、社会地位、审美价值观、工作和闲暇时间等；从商品和销售方面看，影响需要伸缩的主要因素有商品供应、广告宣传、售中服务和售后服务、销售、环境、商品性能等。

(5)需要的可诱导性。从需要的伸缩性可以看出，需要是可以变化的，因而也是可以引导、培养、调节和控制的。需要的可诱导性包括两种情况：一种是从无到有。例如，在电视机出现之前，人们没有购买电视机的需要，电视机出现之后，人们就有了购买电视机的需要。另一种是从弱到强，从可有可无到必需。还以电视机为例，最初人们有黑白电视机看，心理需要已得到充分的满足。但后来生产出彩色电视机，在商家宣传和彩色电视机本身巨大的诱惑下，人们放弃了黑白电视机，追求彩色电视机，进而追求遥控、大屏幕、画中画、数码高清等。至于房地产产品，也是如此。从买房到买生活方式，从欧陆风情到岭南风格，从智能化到宽带网，从物业管理到贴身关怀，都是开发商对客户诱导的结果。

2. 购买动机的特征

(1)购买动机的驱动性。客户仅有对物品或商品的需要，并不能产生真正的购买行为，只有在需要基础上产生的购买动机，才是直接推动人们购买行为的力量。

(2)购买动机的多样复杂性。购买动机产生的需要基础是多样复杂的，购买动机因而也具有多样复杂的特点。同一购买动机可能源于不同的需要，并在相异的具体购买行为中得到实现，而同一购买行为可能是不同购买动机或几种购买动机一起推动的结果。影响购买动机的表现、实现与否、实现方式或途径因素，主要来自客户、房地产产品、购买环境等因素。另外，不同强度的购买动机，其推动购买行为的力量也有强弱之分，越强烈的购买动机越容易在一定条件下推动购买行为的实现。

(3)购买动机的内隐性。动机是推动人们行为的内部驱动力，是一种主观的状态，不仅他人无法看清其动机，有时自己也难以辨清或不愿承认真正的动机是什么。因此，购买动机有很大的内隐性，客户在购买过程中的购买动机，表现在外的常常是一些非主导的或与真正动机完全相异的购买动机。

(4)购买动机的冲突性。在具体的购买过程中，几种购买动机之间相互冲突和竞争的现象是常见的。一般情况下，城郊楼盘价低但交通不便；市区楼盘交通方便但价格较高。于是，客户就产生了是买城郊楼盘还是买市区楼盘的矛盾。在几种购买动机发生冲突的时候，客户应该慎重考虑，不要急于决定，要就楼盘的质量、价格、交通、配套设施、售后服务等做详细的比较，并弄清楚自己的心理，房地产市场营销人员应给予适当的指导和宣传，帮助客户做出决定。

(5)购买动机的指向性。购买动机不仅能驱动购买行为的实现，而且能促使客户在购买过程中始终按既定的目标进行，也就是可以保证购买行为指向既定的目标。购买动机的指向性与主导性动机有关。当主导性动机明确有力时，目标清晰明确，其指向性就好；当主导性动机不明

任务 4　了解目标客户群——房地产消费者购买行为分析

确，或几种购买动机势均力敌时，目标明确性也较差，动机的指向性就不明显，其推动个体行为的能力也就较差。

3. 购买动机的种类

销售心理学在研究客户的购买动机时，常把购买动机分为理性的购买动机和带感情色彩的购买动机两大部分，人们的具体购物活动总是受其中一种购买动机的支配或受两种购买动机的共同支配。

(1) 理性的购买动机。理性的购买动机是指客户在购房时所关注的内容，主要是价格、质量、售后服务等特征。如果商品房在这些方面能够让客户满意，就会促进客户购买行为的实现。理性的购买动机遵循的是经济原则，并在人们的购物活动中起着一定的作用。由于房地产产品价格高，需要大多的客户倾其多年积蓄，因此，购房者的行为相对于其他商品的消费是非常理性的。即使附带感情色彩的购房动机，也是在理性的购房动机的主导和支配下。常见的理性购房动机有投资动机与自住动机。

1) 投资动机。以出售为目的的"炒家"不在乎现楼、楼花，甚至连开发商的实力都不太在乎，他们关心的是楼宇的升值潜力与出手的可能性。对于以出租为目的的"炒家"，售价高一点也没关系，关键是要铺面位置醒目，一说大家都知道，而且门前人来车往，潜在顾客多。

2) 自住动机。客户一般以多年的积蓄来置房，往往希望质量可靠、物有所值。同时，年轻人还希望付款轻松；三口之家希望小区有学校，而且是名校。

(2) 带感情色彩的购买动机。常见的带感情色彩的购买动机见表 4-6。

表 4-6　常见的带感情色彩的购买动机

类型	具体说明
求新动机	即以追求新颖、刺激、时髦为主要目的的购买动机。这是由强烈的好奇心和求新欲引发的动机，常表现为在选购商品时，特别注重商品的时尚性，是不是新产品、新款式、新花色等。一个设计新颖、构思巧妙的商品，往往能极大地激发客户的兴趣，使其忽略商品的实用性、价格等因素，不惜代价地要求拥有。这在年轻人身上表现得尤为突出。市场营销人员可以利用人们的好奇心来吸引人们对楼盘的注意和兴趣
求美动机	美的东西总是让人们产生强烈的满足感和愉悦感，"爱美之心，人皆有之"，尤其是在人们的物质需求得到基本满足之后，在商品的实用性之外，人们更追求审美情趣。楼盘的建筑风格、外立面设计、小区的布置等是否符合审美标准，都是客户购房时考虑的对象
效仿和炫耀动机	虽然效仿行为往往被当作孩子的专利，但在成年人的行为中也能够发现效仿的痕迹。成年人之所以要效仿他人去购买某种东西，是因为他们认为这样做可以表明他们与普通人不一样。人们在购物时效仿的对象一般是他们崇拜或尊敬的人，当他们和自己的崇拜对象在某些方面一致时，他们的自尊心会得到极大的满足。因此，效仿也是他们的炫耀心理在作怪。广告制作常常以大家熟知的名人或喜欢的艺人为主角，就是这个道理。但作为营销人员，在向客户介绍房地产产品时，一定要小心利用这种动机，只有在肯定人们正在效仿的对象为当前客户所崇拜的时候，才可以运用；否则，在买卖过程中，还是少谈为妙。这是因为效仿和炫耀动机通常是在客户头脑中自动发生作用的，而且如果极力推荐某商品是某名人使用因而大家都用，会使客户觉得你认为他们没有头脑，一无所知，反而产生消极的作用
权力动机	人们往往喜欢显示自己的权力和地位，表现出与众不同的样子，渴望被人承认和尊重。这种欲望引导着人们的每一个行动，促使人们不断地努力，追求上进。在购物过程中也不例外，如果客户感到不被尊重或重视，即使某商品是他们非常喜欢或急切需要的，也会拂袖而去。营销人员时刻表现出对客户的兴趣和尊重，是非常有必要的。这种动机也会促使客户在购物时选择那些象征威望、权力、金钱和地位的商品，如名贵商品、一般人消费不起的商品等，以显示自己的与众不同

续表

类型	具体说明
健康和舒适动机	有一句戏语说"世界上的发明创造都是由懒汉躺在床上想出来的"。虽然夸张了一些，但也反映出追求舒适、方便，以最少的付出换取尽可能多的服务是人类的基本需求，也是非常重要的需求。房地产开发商已充分意识到这一点，不少房地产开发商打出"大榕树下，健康人家"以及"给你一个五星级的家"等广告语

4.3.3 客户的个性因素

由于人的能力、气质和性格的不同，客户呈现出各自的个性特征，有人将消费者划分为12种类型：从容不迫型、优柔寡断型、自我吹嘘型、沉默寡言型、豪爽干脆型、喋喋不休型、吹毛求疵型、虚情假意型、冷淡傲慢型、情感冲动型、心怀怨恨型、圆滑难缠型。下面简单介绍几种。

1. 从容不迫型

这类购房者严肃冷静、遇事沉着，不易被外界事物和广告宣传所影响。他们对营销人员的建议认真聆听，有时还会提出问题和自己的看法，但不会轻易做出购买决定。从容不迫型购房者对于第一印象恶劣的营销人员绝不会给予其第二次见面的机会。对于此类购房者，营销人员必须从熟悉产品特点着手，谨慎地应用层层推进引导的办法，多方分析、比较、举证、提示，使购房者全面了解利益所在，以期获得对方理性的支持。与这类购房者打交道，销售建议只有经过对方理智的分析思考，才有被购房者接受的可能；反之，如果营销人员拿不出有力的事实依据，而且不能耐心地说服讲解，销售是不会成功的。

2. 优柔寡断型

这类购房者的一般表现是对是否购买某一楼盘犹豫不决。即使决定购买，对于位置、售价、户型、建筑风格、物业管理企业品牌等又反复比较，难于取舍。他们外表温和，内心却总是瞻前顾后、举棋不定。对于这类购房者，营销人员首先要做到不受对方的影响，商谈时切忌急于成交，要冷静地诱导购房者表达出所疑虑的问题，然后根据问题做出说明，并拿出有效例证，以消除购房者的犹豫心理。等到购房者确已产生购买欲望后，营销人员不妨采取直接行动，促使对方做出决定。比如，"好吧，现在交款吧"。

3. 自我吹嘘型

这类购房者喜欢自我夸张，虚荣心很强，总在别人面前炫耀自己见多识广，高谈阔论，不肯接受他人的劝告。例如，我跟你们总经理很熟……与这类购房者打交道的要诀是，根据他熟悉的事物寻找话题。在这种人面前，营销人员最好是当一个"忠实的听众"，津津有味地为对方称好道是，且表现出羡慕钦佩的神情，彻底满足对方的虚荣心，这样一来，对方则较难拒绝营销人员的建议。

4. 沉默寡言型

这类购房者老成持重、稳健不迫，对营销人员的宣传劝说之词虽然认真倾听，但反应冷淡，不轻易谈出自己的想法，其内心感受和评价如何，外人难以揣测。一般来说，沉默寡言型购房者比较理智，感情不易激动。营销人员应该避免讲得太多，尽量使对方有讲话的机会和体验的时间，要循循善诱，着重以逻辑启导的方式劝说购房者。详细说明楼盘的价值和销售利益所在，并提供相应的资料和证明文件，供对方分析思考、判断比较，增强购房者的购买信心，激起对方的购买欲望。有时购房者沉默寡言是因为他讨厌营销人员，他对营销人员的主观印象欠佳时

任务4　了解目标客户群——房地产消费者购买行为分析

就闭口不理，对待这种购房者营销人员要表现出诚实和稳重，特别注意谈话的态度、方式和表情，争取给对方留下良好的第一印象，提高自己在购房者心目中的美誉度。善于解答购房者心中的疑虑，了解和把握对方的心理状态，才能确保双方面谈过程不致冷淡和中断破裂。

综上所述，人的行为是由动机驱使的，而动机又是在需要的基础上产生的。由于人的能力、气质和性格的不同，客户呈现出各自不同的个性特征。正确分析和把握购房者的需要、动机和个性特征是制定正确的市场营销策略，取得好的市场营销效果的前提条件。

4.3.4　社会文化因素

一般来讲，广义上的社会文化被认为是人类在社会实践的历史发展过程中创造的物质财富和精神财富的总和。从狭义的角度看，社会文化是一种社会意识形态和行为方式，包括文学、艺术、教育、道德、宗教、社会习俗、行为规范等内容。社会文化既是一种社会现象，又是一种历史现象。它随着社会物质生产的发展而发展，随着新的社会制度的产生而产生，有其自身的客观规律，不以人的意志为转移。社会文化的发展又有历史的连续性，并以社会物质生产的发展为基础。社会文化是一定社会政治和经济的反映，又反过来对社会政治和经济产生巨大的影响。社会文化的形成和发展离不开人的活动，一旦形成，又影响和制约人的行为和观念。

不同的社会文化对消费心理的影响是通过对消费观念、风俗习惯等的影响实现的。

1. 社会文化对消费观念和风俗习惯的影响

不同社会文化背景下的人们，其消费观念有着很大的不同。一个最明显的例子就是东西方人对花钱的不同看法。在东方（包括我国），人们大多崇尚节俭，不喜欢借钱花，认为借钱是没面子的事情，人们常常是有计划地储蓄和花费，没钱就不花。而西方人较少有积蓄，一般是挣了钱就花掉，甚至贷款来消费。虽然随着改革开放的深入，中国人的消费观念在悄悄改变，但传统和保守的特色还没有大的改变。例如，近两年来我国政府推出了多项政策以刺激人们的消费，并鼓励提前消费，但都收效甚微。对于贷款消费，更多的是各种观点的争论，而付诸实践者少之又少。当然这也说明了人们的消费观念正处于改变过程中。

不同社会文化的风俗习惯，一方面规范着社会成员按一定的方式去活动；另一方面，违背了风俗习惯的人会受到社会舆论的谴责和惩罚。

2. 亚文化

主文化和亚文化的区分是相对的。对一个国家的主文化来讲，其地区、民族等的文化特色就是亚文化；而对于世界大同文化来讲，每个国家的文化现象就变成了亚文化；对于一个社会某一时期的文化主流来讲，该时期不同阶段的文化特色就是亚文化。总之，相对于某一主文化来讲，亚文化总是一种局部的文化现象，也只有相对于一定的主文化而言，才有亚文化。

一种亚文化往往是一种生活模式，既包括与主文化共同的价值和观念，又具有自己的特色。亚文化以直接的方式影响其社会成员的思想和行为。每一亚文化系统内的社会成员，不仅要遵循其独特社会文化的各种要求，还要遵循或者不能违背主文化倡导的价值观念与行为方式。而任何一种主文化，又往往是不同亚文化的综合反映。为此，对一种社会文化的研究与考察往往是从对其不同亚文化的研究和考察开始的。

3. 流行文化

流行是一种被当时所接受的文化或在当时被认为是应当的东西。它不像语言那样有明确的意义，而总是受环境的影响，具有非常强的时间性。流行对购买行为有很大的影响，往往是许多产品畅销或滞销的直接原因。某种商品一旦流行，就意味着大量的市场需求和获取较高利润的可能。能够引导潮流,是所有商家的梦想。房地产开发也同样如此,也存在流行与不流行的问题,毕竟建筑是一种凝固的语言,它是一定时期文化的代表和体现。例如,在建筑风格上,今天可能是欧陆风,明天可能是地中海风。但是,没有任何一个设计者、公司或广告人,可以完全建立一种流行的文化,流行的文化需要许多人的参与才能塑造和创建。不过,掌握流行的特点和规律以及流行消费的心理,仍然对房地产产品的营销活动有较大的帮助。

流行的过程往往也是旧的消费观念被打破、新的消费观念产生的过程。流行促使了人们消费观念的改变,消费观念的改变又进一步推动流行。流行的产生,也多与人们的求异心理、从众心理、模仿心理和时尚心理有关,反映了人们价值观念和态度的变化。例如,国内一些大城市绿色办公室与绿色住宅的流行,反映了人们回归自然、崇尚自然和抵制污染的心理特点;智能化、E住宅、SOHO现象反映了人们崇尚科技、追求时尚的心理。

流行往往带来宽广的市场和巨额的利润,因此,创造流行、诱导流行、引导流行也成为一个重要的经商原则。那么,房地产企业如何引导流行呢?这里介绍几种常用的策略:

(1)广告宣传。一则制作优秀、打动人心的广告往往能掀起不可阻挡的流行热浪。广告宣传的影响面广,影响作用持久。一家房地产企业要想在现代商业领域大显身手,不能不重视广告的投入和创作。一则优秀的广告不仅要充分、准确地显示商品的优点和特点,更要打动消费者的心,使客户产生购买的欲望。房地产产品虽不像家电产品那样全国流行,但也可创造出地区的流行趋势。

(2)模特示范。衣服挂起来当然没有穿起来形象、生动和凸显特点。因此,模特的示范既可以让消费者全面了解产品,又能借助模特本身的知名度和流行度,巧用社会从众心理和效仿心理,造成产品的流行之势。模特示范并不仅仅限于服装销售,其他产品也可以利用模特使产品的形象深入人心,增强人们的信任感。

(3)巧用政策鼓励。政策对人们的影响力是巨大的,这种影响可以延伸到生活的方方面面。一种产品或一种消费观念一旦与政府政策有冲突,必然不会有市场,更不会流行。相反,如果与政策一致,符合政策倡导,不用过多地努力,就可以畅销流行。

4.3.5 家庭因素

1. 家庭的生命周期

一个家庭从建立到不断发展过程中所经历的不同阶段,称为家庭生命周期,这也是影响家庭消费特点的重要因素。家庭生命周期可分为初婚期、生育期、满巢期、空巢期和鳏寡期五个阶段。初婚期是指从结婚建立家庭到生育一个子女这一时期;从第一个孩子出生到最小一个孩子被抚养成人称为家庭的生育期;满巢期是指所有的孩子长大成人到离开父母独立生活之前这一时期;当子女成家立业,组建了新家庭,独立生活之后,原来的大家庭只剩下两位老人的时期称为空巢期;而夫妻双方有一方去世后,只剩下一位老人的时期就称为家庭生命周期中的鳏寡期。

当然,对每一个具体的家庭来说,其生命周期并不一定严格按此顺序发展,也不一定非要经历每一个阶段。但从家庭生命周期中的每一个发展阶段来看,不同的家庭在同一阶段都存在着许多共同而明显的消费特点。

2. 家庭生命周期的消费特点

处于不同生命周期的家庭,消费对象和消费层次上会有不同的特点:

(1)初婚期的家庭。一般消费支出较大,消费档次较高,消费范围较广。在初婚期,一方面组建家庭需要购置大量物品;另一方面夫妇双方的父母大多仍在工作,并为其婚事提供强大的经济支持,新婚夫妇经济压力较小,消费层次普遍较高。例如,会一次性购买各种家用电器和家具，并要求高质量和高档次。

(2) 生育期的家庭。消费重点从家庭物品和夫妇身上转移到孩子身上。这一时期家庭支出的大部分用于养育子女，主要的消费商品是儿童用品。而且由于养孩子增加了生活负担，一般家庭都会在消费档次上有所降低，特别是夫妇本身的消费档次会以低价实用为目标。这个时候，父母也开始为孩子未来的教育进行储蓄准备。不过，家庭消费能力仍会逐年提高。

(3) 满巢期的家庭。子女已长大成人，参加了社会工作，有了一定的经济收入，此时家庭的总体消费能力达到最高。但在这一时期，家庭的消费决策从由父母决定转变为由子女独立决定，父母仅提供意见的模式。父母为了子女的婚事再次开始有计划地储蓄。当然，由于子女也有收入，整个家庭的消费支出并不一定减少，相反，子女经济上的独立会增加他们的消费需求。

(4) 空巢期的家庭。人口数量减少，夫妇的负担再次有所减轻，在个人消费品方面会适当提高支出水平和消费档次，家庭消费的重心从子女移回夫妇自身。一些收入水平高的家庭会在这一阶段充分享受，以弥补以前没有实现的消费愿望，并会根据社会的消费现状与趋势更新一部分家具和用品。当然，在空巢期也可能会面临来自退休或年老需要照顾的父母方面的压力。

(5) 鳏寡期的家庭。由于夫妇一方的去世，会造成生存一方在生活方式和经济条件上的剧烈变化，使其原有的消费习惯发生改变。这个时期，老人一般会重新和子女一起生活，接受子女的照顾，自主购物行为减少，其消费水平受子女的家庭经济条件影响较大，消费重点多是医药保健用品。

3. 家庭生命周期与购房心理

(1) 初婚期的家庭。据有关调查显示，20世纪90年代末，上海市购房者中35岁以下的人数占53.8%，表明年轻、富有、高学历的一代已成为最具购买力的消费群。这一群体的年轻人观念超前，经济负担相对较轻，对赚钱信心十足，不屑于"藏"钱，有勇气借贷购房，也有足够的还款能力。较之其他年龄阶段的人，这一人群崇尚"花明天的钱，圆今日的梦"的住房消费理念，易受到各种媒体广告的影响，是住房消费市场上最具潜力的购房者。

针对目前住房消费出现年轻化的新特征，房地产开发商在开发策略上要注重发掘年轻人这一潜在的市场需求群体。年轻人对住房的户型结构、居住环境、配套服务等的要求与中老年人有所不同，具有新潮、个性突出等特点。例如，年轻人购房不仅仅是为满足居住这一单一的需求，在结构、装修布置等方面还要求能充分体现其性格特点和兴趣爱好。他们既要求居室具有良好的私密性，也要求拥有体面的公共空间以满足其广泛的社交需要。年轻人的家庭结构简单，对住房面积的要求不高，小户型比大户型更能满足他们的需求。

(2) 生育期与满巢期的家庭。由于计划生育政策的实行，极大地减轻了家庭的负担，因此，提高家庭物质生活水平和文化生活质量成为家庭生活的新需求。表现在住房上的购买行为和心理需求主要有以下一些：

1) 偏好于有益子女教育的住房区位地段。一般而言，居民对地段的选择主要是出于工作、生活方便性的考虑。对核心家庭而言，孩子是家庭的"小太阳"，为孩子的成长选取一个具有良好文化氛围、有益于子女健康成长的居住环境，是每一个进入生育期阶段家庭考虑的首要问题。因此，地处大学文教区或是居住区内有完备的幼儿园、中小学，甚至于社区设有儿童活动、学生阅览室的地产项目，对这一人群来说就有极大的吸引力。

2) 注重房屋的实用性、合理性。家庭面临工作、学习、子女教育、家务劳动、赡养长辈等种种困扰，经济负担较重，加上住房的商品化，使客户对房屋的实用性、合理性更加挑剔。其中最主要的要求：一是户均面积不宜太大；二是厅、房面积要适中。近年来小户型住宅畅销就反映出这一倾向。

任务4　了解目标客户群——房地产消费者购买行为分析

3）合理的居住空间设计随着住房条件的改善而被逐步重视。人们的居住目标已不再仅仅满足于住房解困，人们的家居理想是住得更好。客户期盼多样化的房型设计，以满足不同的经济水平、文化层次、入住动机的家庭的需要。另外，对于40岁以下年龄段的家庭而言，信息和网络技术的发展，居家办公的出现使传统家庭职能又增添一项新功能。如何科学、合理地设计家庭工作室，使得住户可以便捷、有效地操作使用计算机、通信设备等办公自动化设施，安全、美观地安置和预设各分项专用信息网络配线，已成为人们对居住空间设计需求的新动向。

（3）空巢期与鳏寡期的家庭。伴随着越来越多空巢家庭的出现，老龄化社会也即将到来。目前，上海、北京、天津、广州等相当一部分城市已步入老龄化社会。在潜在的住房市场消费对象中，具有一定支付能力的老年人是不可忽视的部分。

老年人生理和心理的特点对住房设计和室外活动空间提出了专门的要求。在住房设计中要求考虑健康老人的家庭保健和行动不便老人的家庭护理，老年人用卫生间、家庭轮椅等特殊服务设施，居住空间的方便安心等因素。

在室外活动空间设计上，要求重视各年龄层次的要求，特别是要适应室外活动空间使用频率高的老年人生理、心理特点。处于空巢期家庭的老年人以及处于鳏寡期家庭的老年人精神上感到寂寞与孤独，尤其是他们生病需要人照顾和帮助时显得十分突出。社区是家庭的自然延伸，因此，营建适应老龄化社会需求的社区，为越来越多的老年人设置相应的社会活动场所，如老年书报室、棋牌室、健身场所，提供室外交往环境，给他们的生活以精神慰藉已成为一大趋势。

同时，老龄社区中特别要设置社区保健站，为老年人创造便利的生活条件；要重视社区绿化，配置大面积社区独享的集中绿地，尽最大可能满足老年人对绿色自然亲近的需要。中国传统家庭养老方式要求在住房设计上能体现老年人与子女之间生活的可分、需要时又可合的需求，这无疑对住房的生活适应性提出了更高的要求。如何提高老年人的生活质量，将是我国今后相当长时期内比较突出的问题，亟待全社会的重视。

任务实施

一、客户群结构

客户群结构见表4-7。

表4-7　客户群结构

客户群体	客户结构	置业关注	目标客户群体特征	房型意向
乡镇县客户	家庭为组织	品质较好、学区、实惠	有一定的经济条件，有改善生活环境的需求，位置合适即可，对价格敏感	三、四房
个体老板	个体经营户	周边配套及居住品质好、出入便捷	有较稳定事业，但流动资金不多，对居住品质有要求，接受适中的价格	三、四房
公务员及事业单位	政府单位、企事业单位、学校、医院等	学区、环境、品质好、追求品位	行事低调，有稳定工作收入，周边关系多，对居住品质要求较高，接受适中偏上的价格	三、四房

续表

客户群体	客户结构	置业关注	目标客户群体特征	房型意向
投资客、生意人	企业经营者、各行业经商人士	环境、品质好、价格预期、投资为主	事业有成，资金充足，投资理财观念较强，多为二次置业，以投资为主	二、三房

二、客户特征

(1) 目标客户面貌分析（图 4-2）。中高端置业群体（以政企事业单位、公司职员、教育、医疗、生意人为主），年龄主要集中在 30—50 岁，有稳定的收入者；单位、企业中高层管理者；在职人员、生意人；返乡置业客等。

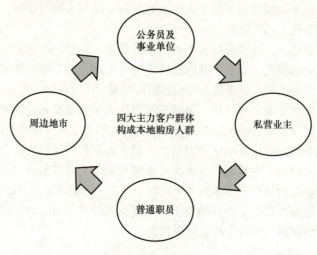

图 4-2　目标客户面貌

(2) 目标客户户型偏好。投资客户偏好低门槛、低总价、利于出租或快速转手的产品；紧凑型三房由于面积较小，总价低、房间数合适，为投资客户首选产品；舒适三房或四房由于面积偏大，总价较高、投资客户前期投入较大，但房间数较为合适，利于转手，为投资客户次选产品；两房或四房以上大户型由于目前当地人口相对较少，本地人已有自身房产，租房客户较少，转手或出租难度较大，资金积压较久，故而暂未获得投资客户青睐。

三、细分客户置业特征分析

细分客户置业特征分析见表 4-8。

表 4-8　细分客户置业特征分析

客户分类	背景特征	购房目的（自住/投资）	购房需求特征	置业敏感点	支付能力
企事业单位普通职员	年龄 25～35 岁的青年、青年伴侣以及结婚的青年家庭	由于家庭结构的变化引起的需求，主要目的为自住兼投资	追求完善的配套。需求面积 70～100 m² 以上二房、小三房	居住环境、交通配套、价格	—

任务4　了解目标客户群——房地产消费者购买行为分析

续表

客户分类	背景特征	购房目的(自住/投资)	购房需求特征	置业敏感点	支付能力
生意客及私营业主	年龄30～40岁，一家三口或三代同堂，拥有一套住房，为了换房改善居住环境	以首次改善型自住置业为主	需求面积100～140 m²以上三房或四房	居住环境、楼盘档次、资源景观、管理服务	—
企事业单位中高层管理人员	年龄30～40岁，一家三口或三代同堂，有较高的文化基础	以首次改善型自住置业为主	需求面积100～140 m²以上三房或四房	居住环境、楼盘档次、资源景观、管理服务	—
原居民	原居民，拆迁户	换房改善居住环境或者年轻夫妻结婚购房	产品品质、交通便捷、配套完善。需求面积80～120 m²二、三房	生活便利、交通发达、照顾生意、区域情结	—
周边地市人员	周边地市收入中上，想通过换房进城，改变户籍	改变户籍，自住兼投资	看重交通和配套，强调认同感。需求面积80～110 m²二、三房	交通、配套、价格	—

四、客户特征总结

(1)对教育资源有一定的要求，希望通过购房对生活品质有所提升，并对财产进行保值增值。

(2)对投资有一定的需求，但基于家庭收入水平，要求的投资门槛不能太高。

(3)对未来的市场看好，具有发展眼光。

任务小结

　　本任务主要讲述房地产消费目标客户的需求分析、购买决策及其消费行为的影响因素。客户需求分析主要包括对环境、对小区功能及对房屋产品的需求分析，这是对房地产价值分析的重要内容。对于消费者购买行为的分析可以为房地产企业的市场策划人员提供依据，消费者购买决策包括需要认知、收集资料、方案评估、购买决策、购后感受五个步骤，并应遵循整体属性最佳准则、非报酬的决策准则及补偿与权衡准则。而影响客户购买行为的因素包括客户的心理因素、购买动机、个性因素、社会文化因素及家庭因素，对这些因素进行分析是促成消费行为的重要内容。

任务 4 了解目标客户群——房地产消费者购买行为分析

复习思考题

一、填空题

1. _____、_____、_____和_____是购房者对房屋的物质性需求，也是最基本的需求。
2. 公寓按照建筑物的层数分为三种，即_____、_____和_____。
3. 别墅按照每个建筑单体包括的别墅户数不同，可分为_____、_____和_____。
4. 户内主要动线有三类，分别是_____、_____、_____。
5. 立体户型是指_____。常见的立体户型有_____、_____、_____、_____和_____。

二、选择题

1. 居住区内主要道路出口应至少有两个，两出口间距不应小于_____ m。（　）
   A. 50～100　　B. 100～150　　C. 100～200　　D. 150～200
2. _____描述的是居住区用地范围内各类绿地的总和与居住区用地的比率（%）。（　）
   A. 绿地面积　　B. 绿地率　　C. 土地使用率　　D. 绿化率
3. 一个良好的居住小区，绿地率不应低于_____。（　）
   A. 5%　　B. 20%　　C. 25%　　D. 30%
4. 一般层数为_____的建筑为小高层建筑。（　）
   A. 4～6 层　　B. 6～10 层　　C. 7～12 层　　D. 13 层以上
5. 户型的进深与开间之比合理，进深与开间之比一般以_____较好。（　）
   A. 1∶1　　B. 1∶1.5　　C. 1∶2　　D. 1∶2.5
6. 一般来说，消费者收集资料的来源的渠道不包括_____。（　）
   A. 商业来源　　B. 人际来源　　C. 公共来源　　D. 数据库资源

三、判断题

1. 消费者需求的反映首先指向对商品价格的需求。（　）
2. 经济价值是商品的物质属性，也是消费者需求的基本内容。（　）
3. 社会群体是工作群体的主要方式。（　）
4. 通透性主要是指户型的通风和采光性能。（　）

四、问答题

1. 购房者对卫生的需求主要表现在哪些方面？
2. 消费者对住宅区道路功能的需求是什么？
3. 功能齐全的一套户型如何分区？
4. 户型设计时，如何保证良好的通透性？
5. 从心理学的角度，能引起客户注意并被买家牢记的策略有哪些？

任务 5 确定项目形象——房地产项目主题概念与形象策划

知识目标

1. 了解房地产产品体系和房地产产品策划。
2. 了解房地产项目主题概念与作用，熟悉房地产项目主题概念的演绎，掌握房地产项目主题概念设计依据、原则与要求。
3. 掌握楼盘(小区)VIS设计的内容、原则与标准。
4. 掌握楼盘(小区)现场销售形象包装的具体内容。

能力目标

房地产项目的形象主要体现在项目本身，学习本任务后要求能够通过对房地产产品策划、设计与形象包装几个方面的把握来确定房地产项目的形象。

案例导入

某写字楼楷林中心对外招商，假设你是A公司经理，你要如何帮楷林中心确定其主题概念并做形象策划以争取到这个代理招商的项目？

相关知识链接

5.1 房地产产品内涵与策划

5.1.1 房地产产品体系

房地产产品体系是指房地产产品的组成元素。无论是描述还是策划一个房地产产品都会涉及这些元素。在房地产营销中，会涉及这些元素。在房地产营销中，产品是重要的基础，营销是一种手段方法和市场理念，一个好的产品不仅是指房屋本身，还包括其所处位置、周边环境、

任务 5　确定项目形象——房地产项目主题概念与形象策划

景观、建筑风格和历史文脉等综合性的内容。研究和理解产品的完整概念体系，是房地产营销的重要基础。

从有形与无形的角度看，房地产产品体系包括可视与可感受两部分。可视部分主要包括建筑本身与建筑物所处的环境。可感受部分主要包括建筑物能为其居住者带来的各项功能，这些功能能够满足人们的生活需求。具体内容见表 5-1。

表 5-1　房地产产品体系包括的具体内容

可视部分	建筑物本身	建筑外立面、景观小品、入口大门、会所、房型、围墙和建筑细部（窗、檐、柱、花纹图案）等
	建筑物所处环境	配套设施：医疗、教育、商务办公、安全保障； 位置环境：所处地段位置、所处城市区位； 经济环境：周边商业设施、娱乐设施； 自然环境：绿化、水景、植被等； 文化环境：学校、历史文化遗迹等
可感受部分		居住功能、审美功能、社交功能、娱乐活动功能、入住人群等

5.1.2　房地产产品策划

房地产产品策划是指在项目建设的各个阶段，根据其所处环境条件、相关规定、市场现状及变化趋势，对该项目整个产品体系中各部分内容提出实施建议，为项目的设计、改动提供建议，以便进一步明确方向。

1. 房地产产品策划的内容

在项目前期的策划内容是项目整体产品定位，初步确定建筑物的主要功能、形态、规模和风格等内容。

在项目建设过程中的策划内容是对产品进行优化、修改，根据市场的变化及对需求的进一步预测分析的基础上，在条件允许的情况下，对建筑物不适合市场情况的部位进行修改。

2. 房地产产品策划的过程

房地产产品策划伴随项目开发的全过程，即从项目开发前的定位到项目建设过程中的修改、变动，都需要策划工作的参与。

3. 房地产产品策划的作用

产品策划工作确立具体建筑设计的方向，使得市场的需求得到体现，即使建筑设计师处于脱离市场和消费者的状态，最终产品也能够经受住时间的考验，从而达到开发商、居住者、社会多方共赢的目标。

综上所述，房地产产品策划的概念、内容和作用之间的关系见表 5-2。

表 5-2　房地产产品策划的概念、内容和作用之间的关系

概念	内容	作用
环境约束、规定控制、市场需求 ↓ 实施建议、明确方向	前期定位 建设过程中已有产品的修改	确立具体建筑设计方向 开发商、居住者、社会多方共赢

任务 5　确定项目形象——房地产项目主题概念与形象策划

5.2　房地产项目主题概念设计

5.2.1　房地产项目主题概念及其作用

1. 房地产项目主题概念

房地产项目主题概念策划是赋予房地产项目的灵魂。一个成功的主题，要有鲜明、独特的创新意识和统一的中心思想，以它统率整个房地产项目策划的创意、构想、方案、形象等各要素，并使各个要素有机地组合成一个完整的主题概念。

对于主题概念的理解，我们有如下描述：

主题概念是一条主线。如果将组成项目产品特色的各要素比喻成一颗颗珍珠，那么项目的主题概念就像是一条丝线，它把这些闪亮的珍珠串起来，成为一条璀璨的项链。

主题概念是一个统领全局的制高点和中心。它把构成社区的种种要素，如区位、环境、建筑、配套、管理和服务、社区文化统领于它的旗下，构成一个完整的系统，后期项目的营销推广、物业管理、社区文化建设等行为均必须围绕这一中心进行。

主题概念是一种包装。在推广中，项目的社区构成、功能规划、建筑园林风格、市场形象均通过主题概念得到合理的、深入人心的阐述和解释。

主题概念是一种生活方式。对于发展商来说，主题概念是项目想要给业主营造的，并是业主今后入住后享受的一种生活方式。

从以上对主题概念的理解，我们将其归纳：主题概念是指房地产企业在市场调研和预测的基础上，将产品或服务的特点加以提炼，创造出某一具有核心价值理念的概念，通过这一概念向目标顾客传播产品或服务所包含的功能取向、价值理念、文化内涵、时尚观念、科技知识等，从而激发目标顾客的心理共鸣，最终促使其购买的一种理念。

2. 房地产项目主题概念策划的作用

主题策划是项目开发理念的抽象概括，成功的主题策划能对整个房地产项目的开发起到纲举目张的作用。其主要表现如下：

(1) 综合性。体现项目的综合设计创意，使产品在文化内涵上满足人们精神多元化的需求，在品质功能上满足人们物质享受的需求。

(2) 统一性。项目主题策划能统率、贯穿整个项目系统工程的各个环节，使项目的各个要素围绕着既定的中心思想展开，有明确的主题概念。

(3) 独特性。这是该项目具有的独特竞争力，以区别于其他项目而展现出来的独有个性魅力。这种独有的个性，无论在内容、功能上，还是在形式上，都独具一格，难以模仿。

(4) 认同感。主题概念策划要被市场认同才有意义，项目在推广时只有针对特定层次的客户，才能体现出项目具体的优势，才有可操作性。项目有了认同感才会赢得市场的青睐。

(5) 附加值。策划作为概念资源，有了具体的内容支撑就有载体，这就产生了附加值。主题概念提升了房地产产品的价值，实际上就是使其附加值增大了，使项目的价值与价格超出市场同类产品。

5.2.2　房地产项目主题概念设计依据与原则

房地产项目主题概念设计的依据包括项目的市场定位、市场调查问卷以及访谈调查等。房地产项目主题概念设计的原则如下：
(1) 把握趋势性与机遇性。
(2) 既立足现实，又具有超前性。
(3) 符合社会时代的发展，具有可持续性。
(4) 富于表现力与感染力，具有独特性。

5.2.3 房地产项目主题概念设计的基本要求

1. 主题概念设计应以消费者需求为中心

有的楼盘主题概念直接指明其顾客对象。这是因为任何产品都有其既定的目标顾客，主题概念设计应能反映消费者需求，引导其消费，让人们明确知道其消费群体，从而提升楼盘的信息传递效果。例如"天河北侨林苑，融入广州，做'新广州人'""利兹城市公寓，新知识分子生活"这样的主题概念，一眼便能找到其顾客消费群体。

2. 主题概念设计应反映楼盘文化和特点

主题概念的设计应以楼盘特点、定位以及其文化作为设计的源泉，让消费者通过主题概念的识别认清楼盘的独特品质、风格和文化。例如：东方银座：成就新一代商务贵族；元嘉国际公寓：精英文化，精致生活。这样的主题概念能根据楼盘特点设计，找到独有的消费人群。

3. 主题概念设计应具有个性化，需求差异化

目前市场流行的消费习惯已经从理性消费阶段的强调均一化、普遍化与功能性，向强调个性化、多样化、差异化以及更富有人性化的感性方向发展。因此，在对楼盘主题概念的设计中，应注重个性化和差异化，做到独特而人性十足。

奥林匹克花园：运动就在家门；珠江帝景：感受江畔艺术之都传世之美；天骏花园：我创造，我享受；星河湾：心情盛开的地方。

4. 理念创新

房地产项目销售成功与创新理念紧密相关。在房地产市场上，各种新思想、新观念、新概念层出不穷，策划就是要深刻领会这些理念的精髓，把握其实质，并灵活运用到具体的项目实践。运用新理念，要优化组合，引导市场策划的新潮流。

5.2.4 房地产项目主题概念的演绎

在营销策划过程中，提炼出项目的主题概念。该主题概念的内涵必须有足够的深度，外延应该有足够的广度，境界有足够的高度。在这一主题概念下，根据销售阶段的不同，用不同层次的主题概念进行阐释，如此使项目的形象自然和谐统一，使项目品牌得到整合。而着力推向市场的不同层次的主题概念，无论是平铺直叙，还是采用某种委婉的说辞，在市场追问的情况下，均应有有效、合理的理由。

5.2.5 房地产项目主题支持体系与整体形象

房地产项目主题支持体系与整体形象如图5-1和图5-2所示。

任务5　确定项目形象——房地产项目主题概念与形象策划

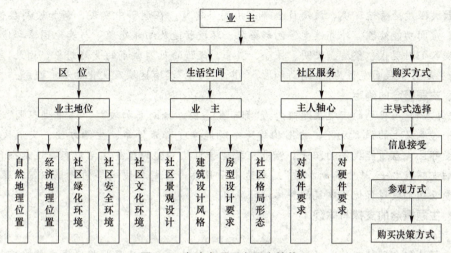

图 5-1　房地产项目主题支持体系

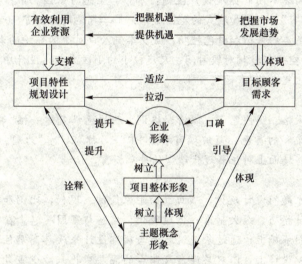

图 5-2　房地产项目主题、项目整体形象与企业形象之间的关系

案例分析

广州"中海名都"

一、主题概念的来源与获取

"中海名都"的策划主题雏形来自对居住郊区化运动的反思和对新加坡设计风格的借鉴。实践证明，过于偏远的居住郊区化楼盘对于以自用为主的广州买家而言并不适合，因为广州的居住、文化、商业，特别是工作、社交中心仍集中在市中心区域。因此在看到郊区大盘环境、景观优势的同时，也要清醒地认识到其在交通、配套、实践及生活的便利方面所存在的不足。而城市中心区域楼盘在享有生活、工作便捷的同时，也在环境营造方面因规模、密度等限制不能得到充分的发挥。如果有一种项目能兼顾上述两种类型楼盘的优势而消除其不足，那市场适应性、竞争性一定更好——这正是本项目发展的基本理念之一，因此确立了"都市生态园"这一概念。

任务5 确定项目形象——房地产项目主题概念与形象策划

为最大限度地营造环境，该项目全部采用高层建筑。在调研中发现，新加坡高层住宅的设计理念、空间功能处理、外部造型、色彩搭配、环境营造及细部处理等与其他国家和地区相比，更易引发人们对现代、整洁、文明、秩序、温馨、优雅的花园城市的美好想象，因此，"中海名都"概念主题另一层面定位为"岭南新加坡"。其中"岭南"具有区域及文化的双重概念。

二、主题概念的确定

"中海名都"项目总的宏观主题概念为"都市生态园，岭南新加坡"。"都市生态园"通过都市与生态一般意义上的强烈反差，力图构建一个既能享受都市繁华、生活方便、交通快捷优势，又能享受郊区大盘所能提供的阳光、空气、绿地等自然感受的理想生活形态。这是项目生命力最基本的支撑点之一。"岭南新加坡"则表达本项目具有像新加坡一样的繁花似锦、绿树成荫、花园感受及新加坡现代优秀建筑的整体设计风格。

三、主题概念的支撑与体现

1. 环境布局

为更好地配合营销工作，保证每期销售中均有独特的卖点从而将楼盘成功推向市场，环境布局分别赋予每一期园林不同的微观设计主题：都市、生态与家园。第一期靠近珠江，因此将此期设计主题定为"都市"——新加坡式的花园城市；第二期地块保留了10棵大树，该区的设计重点引入一些能吸引鸟类的果树和特色植物，减少车流入口对小区环境的影响，营造一个"生态园"；第三期园林位于空间环境相对较封闭、尺度较小的小区南部，设计中引入岭南文化特色元素，营造一个具有文化气息的"家园"。

2. 建筑风格

清新格调、婉约风格、明快色调。以清新格调、明快色调筑建一幅"婉约风"的画面——清爽的白色主调点缀着柔和的黄色；蓝玻璃窗渗透"中海名都"以"水"为题、临"江"而建的概念；厚重而不失活泼的裙房墙面上衬托着现代造型的玻璃橱窗。

3. 建筑造型

为配合项目概念主题的设计延伸，项目立面形象简洁、现代，比例和谐；色彩明快，多以浅色调为主；细部设计精巧，经久耐看；体现现代、生态与家园气息。在A1～A4住宅装门面设计中，在三段式构图基础上，通过基座、塔身与顶部设计来改善高层住宅比例，以形成较为亲切的尺度感。在塔身设计上，以双层连窗及阳台的隔层变化来减少重复出现构件的数目，避免高层住宅装门面单调、尺度失调的问题，改善了整体立面比例关系。细部设计上，在外立面加防护措施，既增加外立面的观赏性，又保证了室内空间的简洁性。在阳台设计上，以黄色飘板为母题，设计三种不同形式的阳台，为立面增添了生动活泼的设计元素。

4. 地库设计

因地制宜地借鉴了新加坡住宅地库空间通透宽敞的设计手法，突出其"生态"和"新加坡"特色。其中最为突出的是两种形式：地库空间与住宅大堂相通、地库通过高侧窗与花园相连。

5. 住宅设计

在核心筒设计中，为更好地体现家园气息，营造亲切宜人的居住环境，该项目对设计进行了深入思考，借鉴新加坡高层住宅的设计手法，加强以下两方面设计。

(1) 走廊栏杆设计：对走廊栏杆进行细致设计，并在栏杆外设预制花池，既可提高安全性又能将更多的绿色引入居住生活。

(2) 住宅单元入口空间设计：从具有半公共性质的开敞交通廊道进入私密性的过渡空间。根据结构设计需要，对此空间进行适当的围护，给住户归属感与领域感，同时避免雨水与强烈阳光对户门的侵蚀。

5.3 楼盘(小区)VIS设计

楼盘形象设计是房地产形象策划的核心部分，能帮助房地产项目将楼盘理念、楼盘形象以及楼盘的整个优势传递给公众，让消费者对楼盘产生良好的印象。

对楼盘的形象设计，一般是通过CIS，即企业形象识别系统来完成的。CIS是企业理念识别系统(MIS)、企业行为识别系统(BIS)、视觉识别系统(VIS)、听觉识别系统(AIS)和环境识别系统(EIS)五者的有机统一体。MIS是指在企业经营过程中的经营理念和经营战略(包括生产和市场的各环节之经营原则、方针、制度、条规和责任)之和的统一化，是企业的经营思想和经营标准，包括企业的经营信条、经营哲学、经营策略以及企业的风格等，相当于企业的"心"，企业精神的标语是其具体的表现。例如，IBM的"IBM就是服务"。BIS是指在实际经营中所有具体的执行行为与操作中的规范化、协调化，以及经营理念的统一化，是企业非视觉化的形象展示和塑造，相当于企业的"手"。BIS是以理念识别为动力源的动态的识别形式，主要包括企业管理、企业营销、公共关系。行为识别是企业理念目标得以实现的保证。对内的行为包括干部员工的教育、工作环境；对外的行为包括市场调查、产品推广、促销活动等。VIS指视觉信息传递的各种形式(包括企业名称、标志、标准字、标准色)的统一，是企业最直接、最具体的形象传播和展示，相当于企业的"脸"。在房地产形象策划中，VIS是CIS的静态识别系统，是企业理念精神和行为规范的反映，它是最直观、最具体、最富有传播力和感染力的子系统。在CIS的整体开发中，VIS开发发挥着重要作用。AIS也称听觉形象统一化，它主要作用于公众的听觉。环境识别又称企业环境识别。EIS要对人所能感受到的组织的环境系统实行规范化的管理。

5.3.1 楼盘(小区)VIS设计的内容

楼盘VIS设计的内容分为两大系统：一是VIS设计的基础设计系统，包括楼盘名称、楼盘标志(Logo)、楼盘标准字、标准色等；二是VIS设计的应用设计系统，包括事务用品、环境、交通运输工具、员工制服等，如图5-3所示。

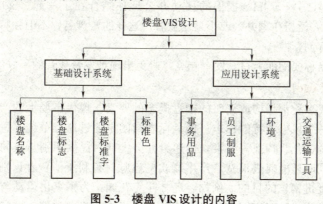

图5-3 楼盘VIS设计的内容

5.3.1.1 楼盘基础设计的要素

1. 楼盘名称

在计划经济时期，住房由国家分配，所建楼盘也基本上没有名称。有的只是"××家属院"

任务5　确定项目形象——房地产项目主题概念与形象策划

"××福利区"等。每幢楼相互之间以"×号楼"区别。当房地产生产进入市场时，楼盘逐渐有了自己的名称，如"王兆新村""沙曼小区""翠海花园"等，这些名称基本上是以街道、区位、地址来命名的，不是来自市场需要，而是带有浓厚的计划经济色彩。随着市场经济的发展，房地产市场竞争日趋激烈，开发商绞尽脑汁，用尽各种营销手段，使出浑身解数，想给楼盘起个好名字作为房地产的商标、业绩的标志。起名的重要性日益被开发商、政府、置业者所重视。一个好的名称是楼盘被消费者认知、接受、满意乃至忠诚的前提，什么样的楼盘名称就会使消费者产生什么样的联想，从而对其销售产生直接的作用。在深圳曾有过一个好的命名救活一个楼盘的神话。在深圳大学附近有一个楼盘，盘量不大，地理位置也不是很好，总之，没有什么太多的特色，再加上命名定位也不准确，取了个什么"轩"之类的名字，结果楼盘销售业绩平平。于是求救于某著名的策划公司，策划者分析楼盘的各种综合因素，找到了楼盘的"卖点"——深圳大学。根据消费心理分析：居住在著名的学府旁边，终日耳濡目染学术气息，对孩子的成长十分有利。于是给楼盘取名为"学府××"，同时在策划推广活动中刻意突出深圳大学，有意让楼盘与深圳大学联系在一起。把与学府共同生活、感受浓厚的学术氛围的观念传递给消费者，于是该楼盘成为热销楼盘。因此，楼盘在一开始就要确定一个有利于传达定位方向且利于传播的名称。

楼盘名称或文化底蕴深厚，或意味深长，或灌输新居住理念，或反映地域特征，或展示品牌形象，或诉说亲情温馨，或祝福祈祷，或衷心祝愿等。把楼盘定位在市场中的某个位置，使目标客户知道是自己要购买的楼房，给顾客带来方便。楼盘名称是面向市场的第一诉求，一个极具亲和力并给人以审美愉悦的楼盘名称，可让客户产生美好的第一印象，并会加强置业者的购买信心。总之，一个好的楼盘命名应该做到：简洁、独特、新颖、响亮。

简洁指的是名字单纯、简洁明快，字数不能太多，要易于传播。独特指的是楼盘名称要彰显出独特的个性，并与其他楼盘有明显的区分或表达独特的内涵。例如：中海北滨1号，以自己产品的定位彰显自己的独特之处，1号体现了豪宅的霸气。这样的命名很容易让人过目不忘。新颖是指楼盘名称要有新鲜感，要与时俱进，有时尚感，创造新概念。楼盘命名尽量避免使用"花园""公寓""广场""中心"等共用名词或地名及街区名。这些词既俗套，又容易雷同，而且不容易起出富有特色的名字来。例如，金科蚂蚁SOHO这个楼名称听起来既独特又有新意，蚂蚁象征着勤奋，与金科蚂蚁SOHO提倡的移动办公形象结合在了一起。SOHO是Small Office Home Office的缩写，泛指在家办公或小型创业者。这样的楼盘名称不但独特，且新颖，与社会需求紧密结合，具有创新性。

响亮是指楼盘名称要朗朗上口，发音响亮，避免出现难发音或音韵不好的字。

2. 楼盘标志(Logo)

楼盘标志与楼盘名称都是构成完整的楼盘概念的要素。现代市场上的产品，不仅要有个好的名称，还应该有一个风格独特的标志。楼盘标志指的是通过造型单纯、意义明确的统一标准视觉符号，将楼盘的文化、特征等要素，传递给社会大众，提供识别与认同。一个好的标志不仅能够引发联想，同时还能促进消费者产生喜欢的感觉，有利于消费者识别、认识该楼盘，从而达到塑造形象、促进销售的目的。例如，奥林匹克花园，为了突出运动与健康的主题，标志为流畅的圆环，颜色为奥林匹克五环的颜色，这样的标志醒目、独特，又与楼盘定位很好的结合，是比较成功的楼盘标志（图5-4）。

3. 标准色

标准色是指企业将某一特定色或一组色彩系统，运用在所有的视觉传达的设计媒体上，标准色对楼盘宣传来说是一种形象色，具有强烈的识别效果。标准色常常与楼盘标志、标准字等

任务5 确定项目形象——房地产项目主题概念与形象策划

图 5-4 奥林匹克花园标志

配合使用，被广泛应用于楼盘广告、员工服饰及其他公关活动中，是企业视觉识别的重要的基本设计要素。

（1）色彩的感觉。调查研究表明，色彩会给人冷暖、轻重、进退等不同的感觉体验。

1）"冷暖感"：即色彩带给人冷暖的感受，令人感到温暖的色彩叫作暖色，如橙色、红色、黄色等；反之，使人感到寒冷的颜色叫作冷色，如青绿、青色等，还有一些颜色介于冷色和暖色之间，称为中色，如绿色、紫色等。

2）"轻重感"：即色彩给人以或轻或重的感觉。同样大小的面积或体积，明度高的看起来轻，明度低的看起来比较重。

（2）色彩的心理效应。由于色彩给人不同的感觉，它不但能有力地传达不同的感觉，而且能在不知不觉中影响人的精神、情绪和行为。每一汇总颜色都能诱发出特定的情感。

1）红色的心理效应：在可见光谱中，红色光波最长，给视觉一种迫近感和扩张感，相当于暖色所能引起的兴奋感觉。红色的感情效果具有刺激性，给人以活泼、生动的感觉。它包含着一种力量、热情的向上感和冲动感。很多楼盘广告都以红色作为标准色，就是取其视觉上的巨大冲击力。例如：万科新标四个"V"和中海地产的标志都用上了红色（图5-5）。

图 5-5 万科、中海标志与标准色

2）黄色的心理效应：在可见光谱中，黄色波长居中，是颜色中最亮的颜色，它给人以光明、辉煌、醒目和庄重、高贵的印象。实验证明，黄色是使人愉快的颜色。能给人以幸福的感觉。例如：麦当劳的"M"型标志采用的黄色，在都市中显得格外显眼、醒目。在房地产的标志中，碧桂园在其标志中用到了黄色，如图5-6所示。

图 5-6 碧桂园标志

3）黑色的心理效应：一方面黑色在视觉上是一种消极性的色彩，象征着悲哀、沉默、神秘、肃静。但另一方面，黑色使人感到冷静，具有稳定、深沉、庄重、严肃大方、坚毅的特点。同时，黑色和其他颜色一起使用，往往可以使设计收到生动、醒目的效果。因此，在地产标志中，很多企业采用黑色作为其标准色。例如万科、金地、恒大、绿地集团、中海都运用到黑色作为其标志的颜色。另外，在2007年重庆地产10大具有影响力的广告中，排在第一位的正是龙湖地

任务 5　确定项目形象——房地产项目主题概念与形象策划

产的春森彼岸的广告，黑与白的搭配，"超越龙湖"几个大字，给人以强烈的视觉刺激，给人以深沉、坚毅、气势磅礴之感，如图 5-7 所示。

图 5-7　春森彼岸的广告

4. 标准字

规定广告、宣传等使用的字体，以统一其形象。标准字是楼盘 VIS 设计中的基本要素之一，由于企业经营理念和内容不同，再加上设计者各自的构思，标准字的设计各具特色。

5.3.1.2　楼盘应用设计系统

楼盘的应用设计系统包括事务用品的设计、员工制服、交通工具和工作环境的设计，这些设计在楼盘的 VIS 设计中也比较重要，其设计应该标准化，应该体现楼盘的价值理念，展现其标志和图案，颜色和字体上应该追求视觉上的认同性、识别性和传播性。

5.3.2　楼盘 VIS 设计的原则

1. 以楼盘设计理念为中心的原则

楼盘 VIS 设计必须根据楼盘自身的情况、楼盘的市场营销的策略，在推行楼盘形象战略时确立准确的形象定位，然后以此定位进行发展规划。楼盘视觉识别设计要素要能传达楼盘开发企业和楼盘的价值观、设计理念，脱离了价值理念、企业精神的符号，不是成功的楼盘 VIS 设计。

2. 同一性原则

为了实现楼盘形象对外传播的一致性与一贯性，应该运用统一设计和统一大众传播，用完美的视觉一体化设计，将信息与认识个性化、明晰化、有序化，把各种形式传播媒体上的形象统一，创造能储存与传播的统一的企业理念与视觉形象，这样才能集中与强化企业形象，使信息传播更为迅速有效，给社会大众留下强烈的印象与影响力。

对楼盘识别的各种要素，从楼盘理念到视觉要素予以标准化，采用同一的规范设计，对外传播均采用同一的模式，并坚持长期一贯的运用，不轻易进行变动。

要达成同一性，实现 VIS 设计的标准化导向，必须采用简化、统一、系列、组合、通用等手法对企业形象进行综合的整形。

（1）简化：对设计内容进行提炼，使楼盘系统在满足推广需要的前提下尽可能条理清晰，层次简明，优化系统结构。如在 VIS 中，构成元素的组合结构必须化繁为简，有利于标准的施行。

（2）统一：为了使信息传递具有一致性和便于社会大众接受，应该把和楼盘或企业形象不统一的因素加以调整。楼盘名称、Logo 应尽可能地统一，给人以唯一的视听印象。

（3）系列：对设计对象组合要素的参数、形式、尺寸、结构进行合理的安排与规划。如对楼盘的广告、包装系统等进行系列化的处理，使其具有家族式的特征、鲜明的识别感。

（4）组合：将设计基本要素组合成通用较强的单元，如在 VIS 基础系统中将标志、标准字或象征图形等组合成不同的形式单元，可灵活运用于不同的应用系统，也可以规定一些禁止组合规范，以保证传播的同一性。

（5）通用：即指设计上必须具有良好的适合性。如标志不会因缩小、放大产生视觉上的偏

任务 5　确定项目形象——房地产项目主题概念与形象策划

差，线条之间的比例必须适度，如果太密，缩小后就会并为一片，要保证大到户外广告，小到名片均有良好的识别效果。

同一性原则的运用能使社会大众对特定的楼盘形象有一个统一完整的认识，不会因为企业形象的识别要素的不统一而产生识别上的障碍，增强了形象的传播力。

3. 美学原则

虽然视觉符号的主要功能是识别，但这种识别毕竟是通过视觉传达完成的。也就是说，识别的功能是通过人的情感的功能实现的。从这个意义上讲，视觉符号是一种视觉艺术，而接受者进行识别的过程同时也是审美的过程。

4. 差异化原则

楼盘形象为了能获得社会大众的认同，必须是个性化的、与众不同的，因此差异化的原则十分重要。

楼盘 VIS 要具有个性化、与众不同就必须要创新。创新就是要塑造独特的企业、楼盘文化和个性鲜明的企业、楼盘形象。为此，楼盘 VIS 设计必须要创新，发掘企业、楼盘独特的文化观念，设计不同凡响的视觉标志。

5.3.3　楼盘 VIS 设计的标准

楼盘 VIS 设计的标准主要有以下一些：
(1) 可记忆性。容易识别和回忆。
(2) 具有描述性、说明性和联想性。
(3) 可适应性。灵活可更新。

5.4　楼盘(小区)现场销售形象包装

钢筋水泥浇筑的城市里，到处是千篇一律的楼盘；疲软的市场、激烈的竞争，使得楼盘的形象包装，不再是沉睡着的印刷精美的文字，而是兵不血刃的营销实践利器。楼盘为什么要包装？"包装"这个词义如何解释？前些年，一提到包装指的是产品的包装；后来到歌星的包装，又到今天的企业包装。大家可以经常听到这样一句话："包装上市"。楼盘作为特殊产品，实际上更需要包装，这也是房地产竞争日趋激烈与成熟化的高度发展的体现，更是一个竞争手段的重要体现。从某种角度来说，形象包装是楼盘销售的利器，这是被许多楼盘所验证的，具有可操作性和实践性。如果形象包装做得比较好，楼盘就等于在无声地自己吆喝自己，能够成为一个销售的翅膀。包装得好，会使楼盘的品质发生重大的变化，能不断提升楼盘的价值，使楼盘处于一种高尚的状态。其实，许多内地的房地产公司是在不自觉中做了许多工作，但是没有进行系统化和整体化，而整个楼盘的个性色彩不突出、不显著，使各个包装的子系统都是松散的、凌乱的，这就需要对整个楼盘的包装进行整合，使其能够在一个包装主题下发挥各自的功能和作用。

5.4.1　销售人员的形象包装

销售人员的个人形象蕴含着公司的企业文化，折射出企业的形象，在某种程度上也代表着楼盘的形象。它能够拉近与顾客的距离，减少顾客的疑虑，提高亲和力，进而促使顾客产生购

任务 5　确定项目形象——房地产项目主题概念与形象策划

买行为，达成交易。因此，销售人员应有整洁的仪表、亲和力较强的仪容；有主动积极、面带微笑、亲切诚恳的态度；有进退有序的规范的礼仪；有流利的口才、收放自如的交谈能力等。

1. 仪表和装束

（1）女性。

1）公司有统一制服时必须穿工服上班。

2）服装：女性服装以职业化为准，大方得体，不穿奇装异服，不得穿拖鞋。

3）装饰：女员工要化淡妆，不得浓妆艳抹，不得留长指甲、涂色油。忌用过多香水或使用刺激性气味强的香水，头发不染夸张颜色。佩戴首饰不要过多，首饰选配得当，不戴炫耀饰品。

（2）男性。

1）服装：男性必须穿西装打领带，夏天穿浅色衬衣配深色西裤，皮鞋保持光亮。

2）头发：头发要常修剪，发脚长度以保持不盖耳部和不触衣领为度，不得留胡须。

2. 名片递、接方式

名片的递接也是非常有讲究的，下面就来讲述一下名片的递接。

当客户主动给你递名片时，你要面带微笑双手去接，并说"谢谢！"，将接过的名片在短时间内注视一下名片上的公司名称和客户姓名及职务，时间不宜过长。男士看完后将其放在上衣口袋，女士如果衣服没有口袋的将名片放在随身携带的笔记本或资料夹里，千万不能掉在地上，切记不要拿着客户的名片在手里捏来捏去。

在递名片的过程中，先检查随身是否佩戴名片夹。不要想到了再去办公室或去销售前台去拿，要主动地给客户递名片，并面带微笑地说"您好！"，双手拿着名片两角，正面朝上，字体要正面对着客户，这样便于让客户在第一时间认识你。千万不能将字体弄反。可使用"先生或小姐（女士），我姓×，请多指教，不知有什么可以为您效劳"等礼貌用语。

3. 微笑

销售人员首要具备的条件是一副亲善的笑容及一份对工作客户的热诚。诚挚热情是打破与客户之间障碍的唯一良方，礼貌亲切的笑容散发出的化学作用，会使销售员如有天赋神力，使客户做出认购决定。即使客户不能成功认购，相信也会给他们留下信任及难忘的印象，为下次认购提供了铺垫。

4. 语言的使用

人交往的目的，就是沟通思想、情感，明确交往的主题，达到自己的意愿。通过语言的交谈，使双方思想趋于接近、感情融洽、排除误会和干扰，实现各自的意愿。在与客户进行交谈时要注意以下三个原则：语调要和缓、表达要热情、语气要充满信心。

与客户谈话的目的是感染客户、打动客户。销售人员通过语言表达向客户传递一系列有关自身、产品、公司的信息，让客户感觉到销售人员对自己、对产品、对公司的信心。对于生意人来说，有一句俗话：不怕货卖不出去，就怕话说不到位。可见表达能力之重要。所以，销售人员要不断提高自己的表达能力。加强自己的表达能力，须注意以下几点：声音洪亮，销售代表一定要注意自己的声音大小，切不可声音太小，让人听不清楚；避免口头禅，每个地方都有方言，每种方言都有自己的口头禅，语言表达时应尽力避免这种口头禅；语述适当，表达时要掌握好语速，语速过快，别人听不清楚，语速过慢，就会给别人充分的准备时间；避免发音出错，例如，在南方有许多销售代表对"十"和"四"两个读音区分不清楚，这会酿成大错。

5. 礼貌和规矩

礼貌和规矩反映出一个人的修养，销售员也不例外，应从五个方面多加注意，以形成良好的交往习惯：

（1）是否善于聆听他人的发言。优秀的销售人员首先是耐心的听众，善于从他人的言谈中捕获有价值的信息，根据客户的要求随时调整自己的策略。打断他人的发言是一种不礼貌的行为，容易引起他人的反感和不满，应尽量避免。专注聆听是重要的，其表现是要尽量保持与对方目光的接触。当别人滔滔不绝时，而你游目四顾，试想，对方的心境如何呢？这不仅是一种粗鲁无礼，更会使人感觉你不尊重他且缺乏诚意。对方在投入地讲话时，你要做出相应的表情和简单的应答以强调你真正在听。你可以加上微笑、惋惜和点头、摇头等各种体态语言让对方感应。在聆听的同时，你还要注意对方的神态、表情、姿势以及声调、语气的变化，尽量让自己听懂这类非语言符号传递的信息，以便比较准确地了解对方的话外之意。

（2）是否在言谈中经常流露出对自己的雇主、公司、朋友或熟人的不尊敬或不满意的态度。表面上看起来，跟别人谈到这些问题会显得坦诚相待，但实际上别人会对这种言行很不屑，会认为你不忠诚，不可信赖，这将直接影响你的销售业绩。

（3）是否具有幽默感，谈话风趣。在与客户交谈时，可以适当地开一些玩笑，但要注意把握好分寸，不宜过头。适度的玩笑和幽默，其本意绝非取笑他人的无知、错误和动作，而是怀有好意的感情交流。在销售中，有效地运用幽默，可以给你带来灵感，使销售工作更顺利。但是，若玩笑过分、低级，则适得其反，会让人认为你很庸俗。

（4）是否对公司和产品充满信心。与客户交谈时，特别是介绍自己的公司和产品时，要尽量做到放松和自信，让客户感觉到你对自己公司和产品充满信心。如果此时表现得紧张，缺少自信，则很难让客户下定决心购买你的产品。

（5）最好在客户面前不吸烟。在客户面前尽量不吸烟，因为抽烟会分散注意力，影响交谈的效果。另外，烟是有害的，在不抽烟的客户面前抽烟也是不礼貌的。

目前，很多销售部的销售人员以女性居多，容貌虽好但知识与技巧太差，回答不了顾客所提出的问题。许多房地产公司对销售人员没有做过系统的培训，都是拿来就用，仓促上阵。

应该怎样培训，培训内容有哪些？

作为培训，应该包括三个方面的内容：忠诚度培训、专业知识培训、销售技巧培训。

（1）**忠诚度培训的内容**：公司背景介绍，公司在公众中目标的形象；公司的理念及精神；公司的目标，包括项目推广目标和公司发展目标，确立员工对公司的信心；讲解公司的规章制度，以确立个人的行为准则及制定销售人员的收入目标。

（2）**专业知识的培训内容**：房地产基本知识；楼盘的详细情况，包括规模、定位、设施、价格、买卖条件；楼盘周边环境及公共设施，交通条件；该区域的城市发展规划，以及宏观及微观经济因素对楼盘的影响；房地产有关法规；物业管理课程，包括物业管理服务内容、管理规则、公共契约等；有关客户的问题汇编。

（3）**销售技巧培训的内容**：洽谈技巧，如何以问题套答案，询问客户的需求、经济状况、期望等，掌握客户心理；电话技巧；推销技巧；语言技巧；身体语言技巧；客户心理分析；展销会会场气氛把握技巧，销售员依次序接待客户，与客户交谈的礼貌用语，多家、少家及下雨天应该怎么做；外出拜访客户的技巧。在初步培训结束后，要进行参观或观摩实习，使学到的知识能够完全掌握住。

5.4.2 售楼部的现场包装

售楼部从字面意思解释就是销售楼盘的场所，售楼部作为楼盘形象展示的主要场所，不仅是接待、洽谈业务的地方，还是现场广告宣传的主要工具，通常也是实际的交易地点。因此，

任务5　确定项目形象——房地产项目主题概念与形象策划

作为直接影响客户第一视觉效果的售楼部设计，一定要形象突出，体现楼盘特色，同时能激发客户的良好心理感受，增强购买欲望。

1. 售楼部的位置选择

售楼部要么设在楼盘顶层厅堂内，要么建在户外。户外售楼部又有两种：一种是紧靠楼盘厅堂搭建，与厅堂内部连为一体，空间上更为宽敞；另一种是在主要道路旁建造的独立接待中心，一般不会离楼盘很远。

现在广州很多楼盘的售楼部设在小区会所里面，这样一方面让客人看到实实在在的配套设施；另一方面让客人感觉到发展商的诚意与务实。

香港的一些楼盘比较特别的地方就是售楼部不设在楼盘工地，而是设在闹市这种人流车流都比较集中的地方。香港的楼盘工地基本上是封闭式的。因为一方面香港人不喜欢走很远到楼盘所在地看楼，也不愿走进安全系数较低的施工现场；另一方面还可以保证施工建造不受外界干扰。售楼处和样品房设在市中心的一些大商场之内，这里人来车往，并且商场内气氛热烈，容易吸引客户前来参观。客户在现场看过说明及介绍资料后，便可坐上看楼专车直接到楼盘工地。看楼车载客户充分了解周边环境与楼盘状况，客户还可以到附近专门搭建的观景台观望环境。同时，如果在市中心的售楼部设有样板房，为了解决顾客无法看到现场实景的问题，香港的发展商在样品房的窗户上贴上一些在现场通过此窗能看见的实景，以加强客人的现场感，提高客人的购买欲。

现在广州的一些近郊楼盘，都会在市区旺地设立长期的展厅或售楼部。这样做，有助于消除客人的地域偏见，直接把售楼部建在客人的家门口。就像南海区黄岐的名雅花园，虽然与广州的荔湾区仅仅是一江之隔，但是，在大部分人的心中，只要听见是出了广州，就是太远了。为了消除人们的地域偏见，名雅花园在荔湾区市民很喜欢去的老字号酒家门前设置售楼部，并结合它们提出了"中山九路上的名雅花园"的口号（中山八路是广州最西的一条主干道，从那再往西就是南海黄岐了）。此举一出，就吸引了大量的广州老城区市民到那儿购房置业。

2. 售楼部目标客户定位细分

时尚设计认为设计之初，应先分析核心的目标客户，精确锁定才更有冲击力，利用从众心理和集体无意识主义的原则，依托核心客户带动重要客户和边缘客户，将三类目标客户的交集范围再压缩，挖出核心客户的不与其他目标客户相冲突的核心价值观，以点带面地进行精准锁定，而不是大而全的妥协与折中，以此再进行清晰有力的售楼部设计。依据发展商的核心目标客户定位进行有效投资。售楼部设计的风格大体可以分成以下两种：

(1)符号性建筑，引起视觉冲击，因而建筑形式与包装尤为重要，是能给客户留下深刻印象的记忆点。

(2)符合项目的定位，迎合目标客户的品位，体现项目的核心优势。

3. 售楼部的功能分区

售楼部作为房地产产品销售的前沿阵地，直接影响着买家的购买行为，销售操作中的任何干扰都可能导致交易失败，所以售楼部应该设置不同的区域，避免干扰与混乱。根据楼盘特色可以为售楼部设置以下功能区域：

(1)接待区。接待区是置业顾问等候、接待客户，客户临时休息和摆放楼盘资料的场所，同时接待区也是营销中心的"门户"。

(2)洽谈区。洽谈区是置业顾问向客户详细介绍本案情况和购房程序的区域，是接待客户和派送资料的场所。洽谈区要求面积较大，不必封闭，最好做成开放式布局。

(3)签约区。签约区则要求安静，干扰少，所以签约区可以隔成一间间独立的小房间。

(4)办公室。办公室是为现场办公的公司领导、财务人员以及现场办按揭的人员而设置的，放在售楼部的二楼较合适。

(5)沙盘区。沙盘区一般设置在进门的区域，容易带给客户深刻的第一印象。

(6)户型模型展示区。户型模型展示区应临近洽谈区，分功能不分区域，方便售楼人员为客户随时解说。在户型模型展示区的周边，可以布置一些展板，根据不同的阶段分别展示购房流程(图 5-8)、银行按揭流程(图 5-9)等。

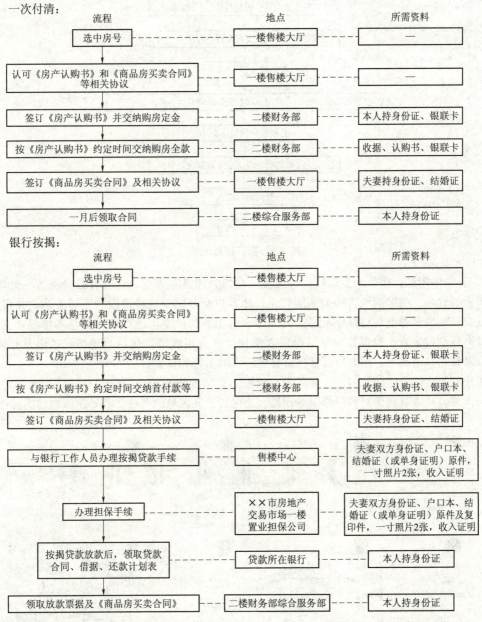

图 5-8　购房流程

任务 5　确定项目形象——房地产项目主题概念与形象策划

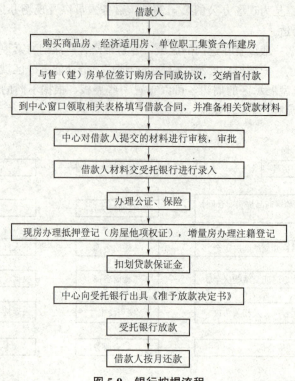

图 5-9　银行按揭流程

　　(7)音像休闲区。楼盘大多以现代、浪漫、高尚为楼盘主力点，这就有必要设置一处场所，有着浪漫的音乐、温馨的气氛和柔和的灯光，让客户充分感受这种浪漫的家居生活。并可在此区域放置一大屏幕彩电与触摸显示屏，大屏幕彩电主要播放本房地产项目的基本情况，在展厅内播放高质量录像带。触摸显示屏应提供方便快捷的资料查询，包括当地情况，以及开发商、合作商背景基本情况等，使客户对该项目有更深入的了解和认识。

　　售楼处的功能分区(图 5-10)，要考虑与销售的空间动线相配合。空间动线是否流畅，是否具有层次感，是否有利于对客户的引导，是否能保证公共区域的开放性和私密区域的隐秘性等。

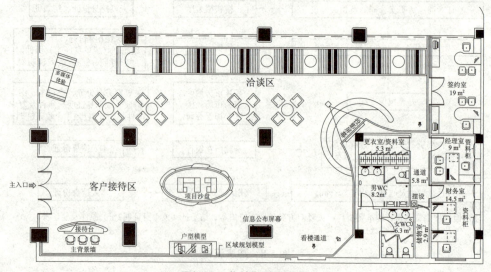

图 5-10　售楼部功能分区

5.4.3 沙盘模型制作与展示

从整体概念来讲,沙盘模型是将实地地形的地貌和地物(建筑物、道路、江河等)按照一定的比例关系,微缩到沙盘上的一种模型。它是实地地形状态和建筑物的真实微缩体现。经过仔细规划,可以成为客户进入售楼处的首要视觉冲击要素。

在房地产营销的许多环节中,沙盘模型是一个不可或缺的道具,是销售氛围中很能闪光的部分。特别是在期房的销售中,它是销售人员手中很有用的工具。所以,沙盘模型的设计制作竞争十分激烈,在制作工艺、用材等方面,经常辅助使用机械、电、光、声、水流等手段,日常维护保养的费用也非常高昂。

由于现在房地产营销大多是在工程开工不久就进行的期房销售,楼盘的整体形象要经过一段时间才能呈现,销售中无法展现楼盘的实际效果。而沙盘模型正好弥补了这个缺陷。其主要作用在于向客户展示楼盘竣工后的完整的立体形象,给客户良好的视觉印象。同时也方便业务员给客户讲解时指明具体户型的位置、方位,方便与客户的交流。沙盘模型区别于一般效果图之处,就是它的立体造型和真实性。在两种品质相同的房地产产品中,模型的包装更到位、更能表现产品的韵味以及消费者的期望,能在销售中更胜一筹。

5.4.3.1 沙盘模型的分类

沙盘模型一般有社区整体规划模型、分户模型、局部模型、区域模型几种。

1. 社区整体规划模型

社区整体规划模型用于表现项目的具体位置、周边的景观、配套设施和小区整体布局及中心庭院等。这类模型除了要求做工精细、能表现的建筑细部都要表现出来以外,色彩和规模配置是它最重要的部分,让模型师对模型进行具有整体色彩关系的艺术调整,使之具有艺术性和视觉效果。

2. 分户模型

除了社区整体规划模型外,应设立标准单位的户型模型。分户模型主要用在实体样板房和交楼标准不能全部展示户型时,方便客户对户型的实际布局和户内空间大小进行了解。这种模型的比例尺度较小,一般在1∶30左右,尽可能使其清楚、淡雅,不必要求完全与实际一致,特别是在颜色方面,颜色越浅则空间显得越大。另外,反映空间功能的家具、厨具、洁具等,切不可大于正常的比例。

3. 局部模型

局部模型主要用在楼盘现场及其他模型不能充分展现的局部,可以是建筑的阳台、空中花园、屋顶、屋顶会所,可以是建筑物的一段外墙、建筑内墙、小区或户外环境的局部、会所的局部等楼盘的主卖点或需要展示的地方,也可以根据实际另行确定。

4. 区域模型

区域模型主要是在所在区域处于规划中或建设中,而实际看到的现状相对凌乱时采用,是表现大地理环境的。一般情况下,比例为1∶50或1∶100即可以表现区域环境。如果楼盘的面积较大,远离配套服务设施,这时可以选择1∶2 000甚至更小的比例。区域模型往往在色彩和表现手法上加以突出。例如,将楼盘的高度适当加高。要用文字在模型中标出对销售有利的服务设施、道路名称,以增加客户对模型形象的识别能力。

5.4.3.2 沙盘模型制作的要点

1. 整体效果

一个出色的销售模型作品,从整体形象上可以立刻吸引客户目光的首先是它的颜色。整体

任务 5　确定项目形象——房地产项目主题概念与形象策划

的色彩搭配不仅要有真实的感觉，而且能给人视觉上带来舒适的感受。环境的配置、树木的"种植"，都要有合理性和艺术性，让客户感到赏心悦目又不觉得过于夸张。模型的制作不同于装修，不需要把注意力放在选材上，不要苛求模型和产品材料一模一样，而应更多地考虑如何达到最好的效果。

2. 真实细腻，精美准确

沙盘模型在追求视觉效果的同时，其制作一定要真实细腻，精美准确，与实际相符，不要有虚假的成分。沙盘模型制作要符合比例，各种景观、道路、绿化配套建筑等在沙盘模型中要有真实反映。有些楼盘，特别是较早预售的楼盘，它的许多规划细节都还未定案，反映在沙盘模型制作上的随意性就很大。客户对楼盘的挑剔，往往会转为对模型的挑剔，任何规划上的随意增减或工艺制作上的粗制滥造都会引来客户的反感和对开发商的不信任感。例如，配电室、垃圾箱、地下车库的出口等影响业主居住生活的设施一定要逐一精心规划，事先确定位置。如果把楼盘后期的工程用地或市政工程未来的规划用地建成花园绿化，或者模型中有正在规划的购物商场、地铁站、道路等情况，要详细地向客户介绍。

3. 适当大的比例

模型通常的制作是按 1∶150 或者 1∶200 的比例来进行的。按这个比例计算，高度为 100 m 的建筑，其模型的高度只有 50～66 cm，虽说基本上可以满足销售的需要，但是震撼力不够。适当大的比例，可以在新、奇、特方面有所突破，区别于同类项目，达到吸引客户的目的。如安装各种各样的闪烁霓虹灯，放置可以自行活动的小人或汽车模型，设计可以将特定层面像抽屉一样拉出来观看的平面布局等，甚至将声控、光控技术运用到模型上，会取得意想不到的效果。

4. 结合楼盘的卖点，创造性地表现楼盘的特色

通常提到的房地产产品模型就是指楼盘的模型，楼盘是模型中的主要部分，但楼盘并不是模型的全部。例如，某楼盘恰好位于一座公园旁边，模型制作中可扬长避短，近 2/3 的面积设为公园绿地。又如，上海市长宁区有一个楼盘，位于上海市最具现代化景观的虹桥开发区的边缘，发展商为了提升它的价值，在模型制作中便将虹桥开发区一起放置在模型中。

5.4.4　样板房形象包装

1. 样板房的示范作用

如果说售楼部是楼盘的"门"，那么，样板房便是楼盘的"面"，不顾"门面"，何以成事？样板房，其基本的包装要求：普通住宅的样板房以经济实用为主、间隔合理为准，高档住宅的样板房则要体现出居家的品位。

样板房的设置是十分必要的，它可以将购房欲望提高到极限，给感官以强烈刺激，比模型、说明性展板、透视图的效果要好得多。样板房可以给予买家直观、明确、具体的认识，现在的人们已习惯于买楼时参观样板房，好像天经地义从来就应该有的。

早期的经典代表是长江实业的海柏花园和恒基的新港城，当时两个楼盘同时开售，为竞争顾客，两大开发商分别聘请著名设计师高文安和萧鸿生设计装修样板房，以吸引参观顾客。自此样板房的作用开始显现，地位也日渐提高。

样板房在于向每个意向客户展示一个未来的梦中家园，装修到位的样板房对客户有极大的暗示和诱导作用，能刺激顾客的购买欲望。

2. 样板房的包装要点

（1）样板房应给人一种真正"家"的感觉。样板房不是简单的展示单位，而要营造一个真实的

居家环境。各个房间布置、摆设、各局部的细节处理，都应给人一种马上就能舒舒服服住下来的感觉。万科的样板房就包装得十分细致周到，厨房里冰箱、厨具、水果、蔬菜等一应俱全。这样，消费者一边考察参观，一边又不知不觉把自己融入居家的角色，很容易产生认同。

（2）户外独立样板房。户外独立的样板房，一方面可以避开施工的影响，保证施工建造不受外界干扰；另一方面又可以尽量弥补样板房局部细节如朝向、通风采光等的缺陷。

（3）包装切合主题。如万科俊园各处以墙色、艺术画、雕像、吊灯、壁灯、雕栏等，营造艺术品位，突出楼宇的古典欧式风格，体现万科品牌和俊园的高雅气派。从外到内，大到厅堂，小到每一个建筑布局，都力图包装出高雅非凡的效果。

（4）迎合客户需求的样板房设计。一位欲购买两居室的消费者曾花了很多时间专门看楼后苦笑着说："房子好是好，就是不太适合我。"据说客厅的地板用了进口大理石，吊顶考究地制作出不同光带的层次，就连洗手间也采用了酒店式装修，洗手盆和坐厕采用的都是最新设计，可以说是豪华装修。但该楼盘的户型分明定位于工薪一族，如此包装是否能达到理想的效果？其实精明的房地产开发商会根据不同的消费层次、不同的消费需求开发出多样化、针对性强的楼盘，那么样板房也应该与其配套，两者在设计主旨上是统一的。

3. 明星楼盘样板房的参考案例

（1）保利花园。为了使室内使用面积达到极限，设计师动足了脑筋，采取隐蔽、暗藏式外墙管槽设计，避免在室内过多穿孔开凿；在增加使用空间的同时，隐蔽外露部分，不破坏建筑外观，而且空调主机隐蔽安置，结合建筑外观设计，利用建筑构造将空调高机位进行隐蔽处理。空调冷水管、控制线等全部预埋。这样，能预埋的就预埋，能隐藏的就隐藏，自然节省了不少空间。另外，住宅的跃层设计，也增加了住宅的合理面积，实用率高，提高了经济效益。

在各幢楼的顶部两层进行复式跃层设计以进一步增强住宅的亲和力，上、下层分配明确，使室内功能分布更合理。此外，在装修设计上，室内分为公共活动区（图5-11）、秘密空间区（图5-12）。硬装修部分，比如墙壁、天棚，只将它们刷得清清白白，不做过多的装饰，留给业主更多的写意空间，充分展示装饰个性化及业主品位。

(a)

(b)

图 5-11　保利花园·公共活动区
(a)会客厅；(b)饭厅

1）卧室（图5-12）色调柔和，采光好、景观好、舒适自然。
2）落地大窗，明亮宽敞的会客厅（图5-11），优雅的布置，尽显主人的尊荣地位。

3)隐式厨具,厨具上下设橱柜,充分利用空间,使厨房显得宽敞和整洁。

4)卫生间(图5-13)功能齐全,洗漱、沐浴、如厕、洗衣等活动空间分开,没有缩手缩脚的压抑感。

图5-12 保利花园·秘密空间区(卧室)

图5-13 保利花园·卫生间

(2)翠湖山庄。翠湖山庄经典复式楼王位于高层豪宅的第一、第二层,面向万象翠园,它不像顶层复式或高层中间的复式那样高高在上,但别墅的感觉特别强。上百平方米的露台私家花园与4万多平方米的中庭园林相映叠翠,蔚为壮观。

该复式楼王开创了底层复式设计的先河,欧陆内饰设计与江南古典家具配伍,延展了横向空间,为不可多得的杰作。

1)400多平方米的豪华复式,娱乐间开家庭派对绰绰有余(图5-14)。

2)复式的客厅,够高,空间够大,豪气十足(图5-15)。

3)房外有露台花园,推拉落地窗一拉开,满眼翠色扑入房间。

4)主人房有小憩间和花园阳台,使主人感觉舒服。

图5-14 翠湖山庄·豪华复式

图5-15 翠湖山庄·豪华客厅

任务 5　确定项目形象——房地产项目主题概念与形象策划

任务小结

房地产项目的形象主要体现在产品策划、项目设计及形象包装几个方面。房地产产品策划是指在项目建设的各个阶段，根据其所处环境条件、相关规定、市场现状及变化趋势，对该项目整个产品体系中各部分内容提出实施建议，为项目的设计、改动提供建议，以便进一步明确方向。项目设计要有一个鲜明的主题，把区位、环境、建筑、配套、管理和服务、社区文化等构成社区的要素统一起来，构成一个完整的系统，后期项目的营销推广、物业管理、社区文化建设等行为均必须围绕这一主题进行。对楼盘的形象设计，一般是通过企业形象识别系统来完成的，内容分为基础设计系统[包括楼盘名称、楼盘标志(Logo)、楼盘标准字、标准色等]和应用设计系统(包括事务用品、环境、交通运输工具、员工制服等)，设计时应遵循以楼盘设计理念为中心的原则、同一性原则、美学原则和差异性原则。另外，楼盘作为特殊产品，需要对其进行形象包装，包括销售人员的形象包装、销售部的现场包装、沙盘的制作与展示及样板房的形象包装，包装得好，会提升楼盘的品质、价值，使楼盘处于一种高尚的状态。

复习思考题

一、填空题

1. 房地产产品体系是指_____。
2. 从有形与无形的角度看，房地产产品体系包括_____与_____两部分。
3. 楼盘 VIS 设计的内容分为两大系统，一是 VIS 设计的_____；二是 VIS 设计的_____。
4. 房地产销售人员在与客户进行交谈时要注意的三个原则包括_____、_____、_____。
5. 沙盘模型一般有_____、_____、_____、_____几种。

二、判断题

1. 房地产项目主题概念策划是赋予房地产项目的灵魂。　　　　　　　　　(　　)
2. 主题概念是一个统领全局的制高点和中心。　　　　　　　　　　　　　(　　)
3. 包装是一种主题概念。　　　　　　　　　　　　　　　　　　　　　　(　　)
4. 楼盘概念要素不包括楼盘名称。　　　　　　　　　　　　　　　　　　(　　)

三、问答题

1. 什么是主题概念？
2. 房地产项目主题概念策划的作用主要体现在哪几个方面？
3. 沙盘制作要求是什么？
4. 样板房包装应遵循哪些要点？

任务 6　定位项目产品——产品策略

知识目标

1. 熟悉房地产产品的整体概念及房地产产品类型。
2. 掌握建筑策划的含义，明确居住产品规划设计与规划指标。
3. 掌握房地产产品策划的内容与方法。
4. 熟悉房地产品牌的内涵与构成要素，掌握房地产品牌的设计、策略及其品牌运营与形象维护。
5. 掌握房地产新产品的开发原则、程序及策略。

能力目标

能够进行房地产产品的规划、策划与设计，并能够进行新产品的开发、建立和维护房地产品牌，从而明确房地产项目定位。

案例导入

A 公司在土地竞拍中竞得××区 C 地块，现对该地块进行前期勘察、市场调研、竞品分析后得到以下项目信息：

(1) C 地块位于上平路与武侨路交界处西南侧，项目规划指标见表 6-1。

表 6-1　地块主要经济指标

项目地址	上平路与武侨路交界处西南侧
用地性质	城镇住宅用地
占地面积	14 600.87 m²
总建筑面积	约 60 823.21 m²
容积率	≥1.5 且 ≤3.0
建筑密度	≥20% 且 ≤40%
绿地率	≥35%
建筑限高	≤100 m
停车位	机动车位约 439 个

任务6　定位项目产品——产品策略

　　(2)市场分析：对××区房地产市场调研得出，各区域房价趋于上升，××区房价也涨了800～1 000元/m²；××区撤县划区整体备案价约为5 600元/m²，明年有望提高备案价；××区作为××市的后花园，恒大、雪松、江宇等集团相继拿地，势必推动整体均价的提升。

　　(3)竞品分析：目前该地块周边主要竞品项目有绿地·东盟国际城、学府豪庭、宏湖一号城，根据竞品做对比分析见表6-2。

表6-2　竞品分析

项目名	绿地·东盟国际城	学府豪庭	宏湖一号城
项目地址	里建大道与人民路交会处	宁武路与人民路交会处	大帽路1号
项目占地	693亩	—	320亩
容积率	1.91	—	3
绿化率	30%	—	30%
均价	5 200元/m²	5 000元/m²	高层3 500元/m² 天地楼7 000元/m²
楼层状况	普通住宅为18～31F小高层及高层建筑，别墅地上两层半	21～32层高层	/
销售动态	6月30日首开	未开售	尾货销售
主要客户来源	渠道带客以及公司全国各地资源	渠道带客	渠道带客

　　请你根据项目信息对A公司拍得的C地块进行房地产产品定位，为该项目做出合适产品策略进行营销组合。

6.1　房地产产品概述

6.1.1　房地产产品的整体概念

　　房地产产品是指提供给市场的，能满足人们的消费需求和欲望的人造空间环境内外的所有物质和与其相关的非物质的东西，包含了房地产产品的各种有形实物(建筑物、构筑物、土地等)和与其相关的各种无形服务，包括物业实体及其质量、特色、类型、品牌以及给消费者带来的附加利益等。

　　房地产产品由五个层次构成，如图6-1所示。

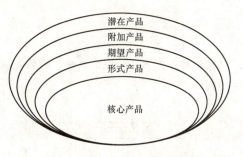

图6-1　房地产产品的五个层次

1. 房地产的核心产品

　　房地产核心产品也叫实质产品层次，是指能满足消费者的基本效用和使用功能的产品。它

任务6 定位项目产品——产品策略

是房地产产品最基本的层次，是满足消费者需要的核心内容，也是房地产产品对消费者购买意义的本质所在。人们获取房地产，并不是为了占有房地产实物本身，而是希望通过对该房地产的使用满足不同方面的需求，即满足某种生理或心理的需求，因此，房地产核心产品才是顾客真正的需要，是房地产开发建设首先要确定的主题。

2. 房地产的形式产品

房地产的形式产品是房地产核心产品的基本载体，是房地产开发企业向市场提供的房地产产品实体和劳务的外在表现，也是消费者识别房地产产品的外在特征。一般表现为房地产产品的区位质量、特色、式样、品牌和包装五个特征。顾客购买某种产品，除了要求该产品具备某些功能，能提供某种核心利益外，还要考虑产品的品质、造型、色彩及品牌、声誉等因素。产品的基本效用必须通过某些具体形式才能实现。因此，企业在进行产品设计时，应着眼于用户所追求的核心利益，重视如何以独特的形式将这种利益呈现给顾客。

3. 房地产的期望产品

房地产的期望产品是房地产产品的第三层次，是消费者购买产品通常希望得到的一组属性和条件。如地段较好、环境安静、交通便利、安全可靠等。因此，期望产品能给消费者带来更多的利益和更大的满足感。

4. 房地产的附加产品

房地产的附加产品是指消费者通过房地产产品的购买和使用所得到的附加服务以及附加利益的总和，也就是房地产产品中所包含的所有附加服务和利益。它能把开发商提供的房地产与竞争者提供的房地产区别开来，主要是指开发者提供的售前咨询、售中手续代理及售后的物业管理等。

附加产品能给购房者带来更多的利益和更大的满足感，在日益激烈的市场竞争中，附加产品已成为房地产开发经营者市场营销中重要的竞争手段。

5. 房地产的潜在产品

房地产的潜在产品是该产品最终可能会实现的全部附加利益部分或新转换部分。不同的房地产目标市场对产品有不同的需求，开发商只有针对目标市场的需求，以相应的产品加以满足，才能在市场竞争中显示产品受顾客钟爱的优势，在房地产市场供过于求、大量商品房滞销的大环境中，立于不败之地。同时，随着市场的变化，开发商还需不断扩展核心产品层次，以拓展目标市场，回避市场风险，提高企业的市场竞争力。

重要提示

掌握房地产产品的整体概念，目的是在房地产产品策划中多层次、多角度地挖掘和演绎产品的内涵。

6.1.2 房地产产品的类型

1. 土地

土地是自然资源，也是重要的生产要素；"劳动是财富之父，土地是财富之母"。土地是财富的源泉，也是其他类型房地产产品中重要的组成部分。宪法规定我国现行的土地所有制为社会主义土地公有制，包括社会主义全民所有制和社会主义劳动群众集体所有制两种形式。城市的土地属于国家所有,农村和城市郊区的土地,除由法律规定属于国家所有的以外,属于集体所有。建制镇的土地所有权问题,可以根据实际情况分别处理。

土地可分为未开发土地和已开发土地。一般分为非建设用地和建设用地,前者基本属于农村用地,后者通常属于城市用地,当然在一定条件下前者可以和后者转化。从投资的角度来说,城市土地或规划中可以转化为城市用地的农村土地是房地产投资者关注的焦点。

土地按用途分类,可分为居住用地、工业用地、仓储用地、商业金融业用地、市政用地、公共建筑用地、交通用地、特殊用地、农用地等。

2. 居住物业

居住物业是指供人们生活居住的建筑,包括普通住宅、公寓、别墅等。居住物业作为满足人类居住需要的建筑物,在城市建设中所占比重最大,经常以组团、居住小区的形式被成片开发建设。

居住物业的设计除要考虑合理安排公共配套设施等户外环境外,其本身的设计一般要考虑安全性、私密性、方便优美、功能齐全等因素。

人们对居住物业的需求随着生活水平的提高和支付能力的增强而不断向更高层次发展。因此居住物业的市场最具潜力,投资风险也相对较小。居住物业的市场总体交易量巨大。

3. 写字楼物业

写字楼是一种供机关、企事业单位等办理行政事务和从事业务活动的建筑物,也称办公大楼,一般由办公用房、公共用房、服务用房三部分组成。

写字楼从结构上可分为两大类:

(1)商住两用写字楼。这种写字楼内的办公室是固定的,办公室内配有盥洗室、厨房等设施,具备单独生活的基本条件,故称为商住两用型。

(2)纯商业性的写字楼。这种写字楼本身并未建成固定的办公室,从结构上看它仅仅是分割成十几或几十个,甚至上百个楼层。纯商业用写字楼的各层楼面可以任意分割组合,业主和承租户是按实际需要或使用面积购买和租赁的。

4. 商业物业

商业物业是进行商品交换和流通的建筑物和场所,包括商店、商场、百货大楼、超级市场、购物中心、地下商业街等。

5. 工业物业

工业物业是工业生产的重要条件,是为工业生产提供活动空间的物业,它包括厂房、仓库、堆场等。工业物业中的工业厂房包括重工业厂房、轻工业厂房和近年来迅速发展起来的高新技术产业用房。

工业物业有如下几个特点。

(1)工业物业外部装修做一般处理即可,建筑成本相对较低。

(2)工业物业在结构设计方面技术性、专业性要求高,因而其适应性较差。

(3)工业物业对周围道路交通、电力能源供应、废物废水处理的保证条件有一定要求。

(4)工业物业多采用自建方式,也可采用买卖或出租形式。

6. 旅馆、酒店

旅馆、酒店主要建在城市中或旅游点,是为旅客提供住宿、饮食服务以及娱乐活动的公共建筑。旅馆、酒店的类型可分为旅游旅馆、酒店、会议旅馆、酒店、汽车旅馆和招待所等。

7. 特殊物业

特殊物业主要有娱乐中心、赛马场、高尔夫球场、汽车加油站、停车场、飞机场、车站、

任务6 定位项目产品——产品策略

码头等物业。特殊物业的经营内容通常要得到政府的许可。特殊物业的市场交易很少，因此，对这类物业的投资多属于长期投资，投资者靠日常经营活动的收益来回收投资，赚取投资收益。

6.2　房地产项目规划设计

6.2.1　建筑策划的含义

"策划"通常被认为是为完成某一任务或为达到某一预期的目标，对所采取的方法、途径、程序等进行周密而有逻辑的考虑而拟出具体的文字与图纸的方案计划。

在建设项目的目标设定阶段，一般称之为项目的总体规划阶段，其后为了有效地实现这一目标，对其方法、手段、过程和关键点进行探求，从而得出定性、定量的结果，以指导下一步的建筑设计，这一研究过程就是"建筑策划"的过程。

建筑策划是特指在建筑学领域内建筑师根据总体规划的目标设定，从建筑学的学科角度出发，不仅依赖于经验和规范，更以实态调查为基础，通过运用计算机等近现代科技手段对研究目标进行客观的分析，最终定量地得出实现既定目标所应遵循的方法及程序的研究工作。它为建筑设计能够最充分地实现总体规划的目标，保证项目在设计完成之后具有较高的经济效益、环境效益和社会效益提供科学的依据。简言之，建筑策划就是将建筑学的理论研究与近现代科技手段相结合，为总体规划立项之后的建筑设计提供科学而有逻辑的设计依据。

一项建筑策划通常有三个要素：

(1)要有明确的、具体的目标，即依据总体规划而设定的建设项目；

(2)要有能对手段和结论进行客观评价的可能性；

(3)要有能对程序和过程进行预测的可能性。

其中，建设立项是建筑策划的出发点。达到目标的手段和过程都是由建设目标决定的，而且通过目标来进行评价。研究和实现立项目标的手段是建筑策划的中心内容，而对手段的作用和效率进行评定分析至关重要。为了对手段进行评价分析，建设项目实施的程序预测又是必要的，而正确地预测，又始于对客观现象的认识，即对相关信息的收集和调查是关键。而且，对现象变化过程和运动过程的认识，以及对该现象操作手段的效果的预测是不可缺少的。如果这个预测过程不能进行，那么也就不可能有真正建筑策划的产生。

6.2.2　居住区规划设计

所谓城市规划是指城市在一定时期内对城市内各项建筑的综合布置，是建设城市和管理城市的依据。其中，居住区规划是城市规划的重要内容，它从用地性质、建筑高度、建筑密度、容积率和绿化率等方面规定了房地产产品的用地、布局、景观和结构。

1. 住宅类型的选择

(1)居住区规划规定了住宅层数的上限，因此，房地产产品设计时应综合考虑地价、住宅造价、地形等因素以合理确定层数；

(2)进深和面宽在建筑面积一定的情况下成反比，大进深可以节约投资增加效益，但采光效果较差，因此进深和面宽应适度兼顾；

(3)住宅的长度大，可以减少山墙的数量，有利于节约投资，但长度过大时需要增加伸缩缝和防火墙，因此长度要适中，可采用条式和塔式相结合的方法；

（4）降低层高也可以降低造价，但层高过低会影响居住质量，目前采用的层高一般为2.7~2.8 m。

2. 住宅组团的平面布置形式

住宅组团的平面布置的常见形式如下：

（1）行列式，即采用条形设计、平行布置的形式；

（2）周边式，即沿街或院落周边的布置形式；

（3）混合式，即采取行列式和周边式相结合的混合布置形式；

（4）自由式，即结合地形地貌、周边条件等，在满足日照通风等要求下自由灵活的布置形式。

3. 住宅的户型设计

由于住宅的户型设计关系到整个项目的成败，因此设计中应体现舒适性、功能性、合理性、私密性、美观性和经济性。好的住宅布局在社交、功能、私人空间上应该实现有效分隔。客厅、餐厅、厨房是住宅中的动区，应靠近入户门设置；卧室是静区，应比较深入；卫生间应设在动区与静区之间，以方便消费者使用。户型好的住宅采光口与地面比例不应小于1∶7；房间宽度不应小于3.3 m；主卧室宽度不应小于3 m，面积应大于12 m²；次卧室的面积应在10 m²左右；餐厅应是明间，宽度不应小于2.4 m；厨房净宽度应在1.5 m左右，应带一阳台；带浴缸的卫生间净宽度不得小于1.6 m，带淋浴的卫生间净宽度不得小于1.2 m。

4. 居住区公共建筑的规划设计

公共建筑主要是为居民生活提供配套服务的建筑，包括学校、商业、服务、文体娱乐等建筑。公共建筑的布置形式有分散布置、沿街布置和集中成块布置三种形式。公共服务设施应合理设置，避免烟、气、尘及噪声对居民的干扰。

5. 居住区道路的规划设计

居民停车位数量与居住户数的比率不小于10%。

6. 居住区绿化的规划布置

居住区内的绿地有助于人们缓解疲劳并能美化环境。衡量绿化状况的指标主要有绿地率和人均公共绿地面积。

6.2.3　房地产产品的规划指标

评价居住产品规划方案的积极性和合理性时，常采用一些技术经济指标作为衡量标准。

1. 建筑红线

建筑的位置、范围，即我们通常所说的"建筑红线"。建筑红线的用途在于通过确定城市道路两侧沿街建筑物或者构筑物临界面的界限来确定各自的位置和范围。任何建筑物或者构筑物不得超过建筑红线。

2. 用地性质

用地性质一般分为住宅、办公和商住等几种。小区的用地性质为住宅用途。如果开发商要变更全部或者部分小区内的用地性质，必须经过有关部门审批。

3. 建筑容积率

建筑容积率是指建筑物地面以上各层建筑面积的总和与建筑基地面积的比值。建筑容积率反映的是城市土地的利用情况及其经济性的技术指标。一般来说，建筑容积率越大，土地利用程度就越高，土地的经济性就越好。但如果过分追求容积率就会带来人口密度过大的问题，影

任务6 定位项目产品——产品策略

响消费者生活居住的质量。

4. 建筑密度

建筑密度是指建筑物底层占地面积与建筑基地面积的比率(用百分比表示)。

5. 绿地率

绿地率是指规划建设用地范围内的绿地面积与规划建设用地面积的比值。其中,绿地面积包括公共绿地、住宅旁绿地、公共服务设施所属绿地和道路绿地。

6. 日照间距

日照间距是指前后两排房屋之间,为保证后排房屋获得规定所需的日照量而保持的一定间隔距离。

6.3 房地产项目产品策划

房地产产品策划就是对房地产产品进行谋划和运筹,以满足人们对房地产产品的特定要求。产品策划的重点是"顾客就是上帝",一切围绕客户的需求来策划产品,注重产品的舒适性和艺术性,使人们对产品产生喜爱和喜悦的感情而促进人们的身心健康。产品策划的重点是产品定位和产品设计,产品定位先于产品设计。

6.3.1 房地产产品策划的内容

1. 产品调研

房地产产品的前期策划中最重要的是产品调研,对区域竞争产品的调查,对消费者消费倾向的调查,目的是了解需求和供应状况,为产品定位做好准备。

2. 项目定位

在产品调研的基础上,对产品进行恰如其分的项目定位。项目定位包括目标顾客定位,这是最重要的,因为产品竣工后是卖给客户的;还有产品品质定位、产品功能定位、产品地段定位、产品规模定位、产品形象定位等。

3. 产品规划设计

产品规划设计是策划的重心,根据目标顾客的特性分析,为客户量身定做房地产产品。产品规划设计包括建筑设计、环境设计、户型设计、配套设计、物业服务设计等。

4. 产品细节设计

采用新技术、新材料、新设备。采用先进的生产工艺,能够保证产品质量。

6.3.2 房地产产品策划的方法

1. 因地制宜法

每一个地区的发展状况不同,房地产市场不同,产品需求和产品特色也不尽相同。因此只能根据当地的实际情况,充分利用当地的各种优势资源、因地制宜地进行房地产产品策划,不能对已有的房地产产品策划方案进行简单的复制,应该用发展的、变化的眼光进行研究与策划。

2. 充分挖掘地段价值

房地产的价值无论如何都不能忽视地段的作用。地段的价值是动态的、相对的。不同的地段有不同的地产基因，即使同样的地段，随着时间的变迁，其价值也在动态的变化中。挖掘地段的价值不仅要考虑到地段的现状价值，更要考虑到地段未来的价值，很好地协调发展与生存的关系。如果地段价值没有被充分挖掘，房地产企业就不能使土地的利用价值最大化，也不能取得最好的经济效益。地段价值的利用要结合房地产企业的发展目标，找出一个利润与风险的平衡点。

3. 先总后分法

先总后分法即正确把握产品策划的整体与局部的关系。根据对房地产市场的深入研究，房地产企业首先应明确房地产产品的市场总体形象，包括产品的档次形象和主题形象，然后以此为原则进行局部的组合与配置，包括交通组织、环境规划、建筑布局、配套安排、建筑风格、户型设计等。产品策划的先总后分法还体现在其他四个方面：

(1)先整体布局，是兵营式排列、围合式布局还是点状或组团分布，再建筑单体安排；

(2)先进行建筑类型、建筑风格的定位，是商用、住宅还是写字楼，是新古典主义、现代简约、欧陆风情还是中式建筑，接着才是户型设计、外立面和天际线处理；

(3)先整体交通规划，明确人车交通组织，再考虑各楼或各单元的空间联系；

(4)先整体环境景观规划，包括景观风格与景观布局，再中心庭院、各组团景观和宅间景观的设计。

4. 先外后内法

建筑的整体外观包括建筑的外立面风格、颜色、材质以及天际线处理。建筑的整体外观在一定程度上左右着人们的购买欲望，甚至决定着一个项目的成功与失败。在一定意义上它代表着一个房地产产品的品质，甚至决定着一个房地产产品的性质，具有很强的识别性。强调先外后内更重要的是要注意把握好外观的处理，一个项目的外在元素做好了，就可以吸引消费者。当然，交易还要看内在的设计，包括户型设计、园林景观设计、社区物管、会所配套等。

5. 先弱后强法

从房地产产品市场营销的角度而言，做一个项目，首先要考虑到人气聚集，要先适当地从弱小客群的产品做起，再做强势客群的产品，以此形成一个增长的态势，营造不断升值的价值空间和市场印象。

6. 先分后合法

房地产产品大多是预售产品，也就是说先卖后建，在房地产产品兴建的过程中，如果市场变化了，产品就面临调整的问题，因此产品需要有调整的空间。实现先分后合的方法有两个：

(1)区别楼层市场的先分后合，也就是先就整栋楼的各楼层市场，如顶部市场、中间层市场、地下室，个别评估其供需状况及规划条件，再考虑楼层之间的关联性及合并的可能性；

(2)调整平面单元面积大小的先分后合，也就是说先确定最小可能销售单元的平面功能，再合并数个小单元成为较大面积的单元，以使消费者调整平面的弹性空间最大化。

7. 先专后普法

专门化的房地产产品，通常附加值较大，也容易创造较高的价值。当然，任何一种专门化的产品都有一定的风险。房地产产品的专门化程度必须考虑到项目所在地的市场情况、供需情况和各种目标市场的相对规模和购买力，评估各种专门化的可能性及市场接受度，以创造房地产产品的附加值及利润空间。除非市场机会有限，或项目地块条件有限，一般应首先考虑专门化产品，至少是主流产品，因为当前房地产市场的细分已经越来越明显。

8. 容积率并不是越高越好

在城市土地成本越来越高的情况下，适当提高建筑容积率可以分摊楼面地价，降低开发成

任务6　定位项目产品——产品策略

本，但现在有一种倾向，很多开发商为追求开发利润，盲目追求容积率。结果，在市场竞争越来越激烈的情况下，过高的容积率造成板楼变塔楼，大进深、窄面宽，户型内部设计不合理，走道过多等现象，从而降低了住宅品质，影响了销售价格，增大了销售风险，带来大量产品积压和资金周转困难的恶果。

6.4　房地产品牌策略

6.4.1　品牌的内涵和构成要素

品牌（brand）是一种名称、术语、标记、符号或设计，或是它们的组合应用，其目的是借以辨认企业提供的产品或服务，并使之与竞争对手的产品和服务相区别。

品牌是现代产品的重要组成部分，是销售竞争的有力武器，在企业营销活动中具有独特魅力。在现代房地产市场运营中，其核心因素就是品牌。品牌已经成为特定房地产企业市场运营的旗帜，成为房地产企业资源投入积累的载体，是企业与消费者沟通的标签和企业市场竞争力的综合体现。

一般品牌有品牌名称、品牌标记、商标三个构成要素。

6.4.2　房地产品牌战略的含义与作用

1. 房地产品牌战略的含义

所谓房地产品牌，是一个多维网络结构的动态系统，也是消费者和其他社会公众对房地产产品全方位的理性认识和感性认识的总和。房地产品牌是由房地产企业在进行房地产产品开发经营的同时，有计划、有目的地设计、塑造，并由社会公众通过对房地产产品品质和价值的认知而确定的商标。房地产品牌可分为项目品牌和企业品牌，项目品牌是企业品牌的基础。

房地产品牌战略是指房地产开发企业通过对房地产产品品牌的创立、塑造，在消费者心目中树立良好的品牌形象，以期在市场上获得竞争优势。

2. 房地产品牌战略的作用

（1）对消费者的选择具有很大的影响力。品牌是广告促销和控制市场的有力工具，良好的品牌可以提高顾客的兴趣，吸引他们主动向企业提供更多的信息。

消费者在选购房子时，介入程度会很高，市场搜寻广泛。一项研究结果表明，绝大多数消费者会按照"遗憾最小原则"来购买房产，在面临多种选择时，总是竭力避免购买后的遗憾。房地产品牌作为一种高质量的象征、身份的标志、价值的体现，能够提供一种品牌承诺，减少消费者的购后遗憾，加速购买行为的完成。

（2）品牌是无形资产，体现房地产企业的核心竞争力。品牌是房地产企业通过相当长的开发经营过程形成的，拥有自己的品牌，企业就可以直接与市场沟通、形成自己的市场形象，获得有效的市场控制权；品牌有助于稳定顾客，开发新市场；品牌的好口碑有利于企业维持原有的忠诚顾客，并以其示范效应比较容易地进入新的市场，也有助于企业价格战略的实施。采取企业品牌与产品品牌一致性战略，有利于促使房地产开发与经营的统一性，将品牌战略纳入企业整体战略；有利于增强企业的核心竞争力，在塑造和推广品牌的同时很好地宣传企业文化。房地产企业在进行企业整体战略规划时，应该把品牌战略作为整体规划的重要组成部分。

(3)增值作用。品牌对于房地产企业本身而言既是一种财富和资本，也是一种压力和动力，它促使企业不断地提高产品质量。

(4)有助于企业经营战略的选择。品牌可以帮助企业细分市场，采用多种品牌，就可以进入各个细分市场。产品是由企业生产并提供的，而品牌是由市场认同所形成的。竞争者可以复制产品，但不能仿冒品牌，因为品牌是独一无二的；同时，产品可能会因为技术进步而更新换代，因为使用而折旧，但品牌是永恒的。

(5)名牌代表着企业的信誉，是企业赖以生存的基础。企业必须要高度重视信誉，以此确保创造名牌与发展名牌。质量和信誉比金钱更为重要。谁赢得信誉，谁就赢得市场；谁损害和葬送信誉，谁就会断桥绝路，被市场淘汰。

6.4.3 品牌设计

一个有良好信誉的品牌是一种无形资产。企业应重视品牌与商标的设计、管理和开发。

1. 品牌设计原则

品牌在市场营销中的作用日益明显，为产品设计一个好的品牌无疑至关重要。根据国内外企业营销的实践经验，一个成功的品牌设计应符合以下基本要求：

(1)简单醒目，易读易记。商标设计者首先应遵循简单醒目、清晰可辨、易于识别和记忆的原则。简明的品牌便于企业传播，利于顾客识别和记忆。为达到上述要求，品牌名称设计要做到语感好、短而精、容易发音。

(2)新颖别致，容易识别。成功的品牌应向消费者暗示产品所具有的某些性能、用途或象征产品的某个特性。新颖别致，就要与竞争品牌有明显的差别，切实反映企业或产品的特征，勿使品牌名称太接近商品属类名称，即过于描述产品功能，就会成为通用的商品名称。

(3)反映产品特色，符合法律规范。品牌的设计应考虑不同国家、文化背景、宗教信仰和语言文学的差异，根据不同的时间、空间采取不同的设计方案，以适应环境的变化，否则会产生沟通障碍；同时，要符合法律的有关限定，依法设计使用。

2. 品牌名称设计

品牌作为一个视觉识别标记，不但要有好的名称，还要有好的标志形象和色彩，与产品相映生辉。好的楼盘名称可以促进销售的效果，获得买家的喜爱和认同，甚至可以成为名牌，恒久不衰。特别是针对大规模分期开发的楼盘意义颇大。通常，品牌设计应做到：

(1)利用企业名称。房地产企业直接以本企业、公司的名称作为产品的品牌。

(2)利用产品的功能。将房地产用途和特色通过名称表述出来，即以产品本身的效用、品质水准、成分、用途等功能来命名。可以使用明示法与暗示法，说明产品的功能或暗指产品给顾客带来的利益。

(3)利用姓氏、人名、地名。即直接以人的姓氏或人名作为品牌名称，一般可以创业者、设计者等多种人物命名；或直接在房地产名称中嵌入位置所在。

(4)利用吉祥词汇。以中国民间吉祥如意的词语组合为名，如宏泰公寓、幸福小区等。

(5)利用历史文化。以古代帝王宫殿来命名，如颐和上筑等。

6.4.4 品牌策略

1. 个别品牌策略

个别品牌策略是指一个企业同时经营两个以上相互独立、彼此没有联系的品牌的策略。即

任务 6　定位项目产品——产品策略

企业按产品的品种、用途和质量，分别采用不同的品牌。这种策略的好处：可把个别产品的失败同企业的声誉分开，企业不会以某一品牌信誉下降而承担较大的风险；个别品牌为新产品寻求最佳品牌提供了条件，有利于新产品和优质产品的推广；新产品在市场上销路不畅时，不致影响原有品牌信誉；可以发展多条产品线和产品项目，开拓更广泛的市场。个别品牌策略的缺点是加大了产品的促销费用，使企业在竞争中处于不利地位，同时，品牌过于繁多，也不利于企业创立名牌和品牌管理。

2. 单一品牌策略

单一品牌策略是指企业将所生产的全部产品都用统一的品牌，是相对于多品牌策略而言的。单一的家族品牌一般运用在价格和目标市场大致相同的产品上。采用这种策略，有利于建立一整套"企业识别体系"和企业统一的品牌商标，广泛传播企业精神和特点，让产品具有强烈的识别性，提高企业的声誉和知名度。有利于树立产品的专业化形象。还可以利用市场上已知名的品牌推出新产品，有利于节省品牌设计费用和促销费用，提高广告效果。但企业采用统一品牌决策是有条件的，这种品牌必须在市场上已获得一定的信誉；采用统一品牌的各种产品应具有相同的质量水平。如果各类产品的质量水平不同，使用统一品牌就会影响品牌信誉，有损于较高质量产品的信誉。

3. 副品牌策略

副品牌策略又称母子品牌策略，就是以一个成功品牌作为主品牌，涵盖企业的系列产品，同时又给不同产品一个名字作为副品牌，以突出产品的个性形象。采用这种策略，可以节省新产品的宣传广告费用，利用消费者对品牌的信任感，使新产品能够顺利迅速地进入市场。

4. 使用商标策略

使用商标策略是指企业是否寻求商标保护的策略。商标化使房地产企业可以在以后的经营过程中始终独家使用某个词语、名称、符号、字母或数字的组合，使他们区别于其他开发企业的产品和服务。但是，商标保护属于自愿行为，需要商标保护，必须进行注册和履行一些程序。

6.4.5　房地产品牌运营流程

房地产品牌运营的目的是创造高价值的房地产品牌。

品牌印象要达到较高的顾客认同，以下条件是必不可少的。这些条件构成了房地产品牌运营与创造的五大目标，也是高价值房地产品牌或强势房地产品牌的五大特点：

（1）购房者对品牌印象的完整性、认同性。

（2）购房者对品牌印象记忆的深刻性。

（3）购房者对品牌印象的良好感情。

（4）品牌印象与购房者的关键购买动机建立排他性联系。

（5）购房者对品牌形成购买指令性的信念与价值观。

衡量一个房地产品牌有没有价值，价值有多大，主要看房地产品牌的知名度、推崇度、满意度、忠诚度四个指标。房地产品牌的知名度，即衡量购房者对房地产品牌记忆的强度。知名度高的房地产品牌，具有定位准确、记忆深刻与印象比较完整的特点。当购房者产生购买此类产品的欲望时，该房地产品牌是购房者首先想到的几个品牌之一。那些由别人提到名称后，才被购房者记起来的品牌，其知名度较低。房地产品牌的推崇度是指潜在购房者购买前对某一品牌优先考虑的程度。购房者对房地产品牌推崇程度除受品牌的定位、记忆深刻性、印象完整性的影响外，还取决购房者的好感程度。房地产品牌的满意度是指购房者使用品牌产品后的满意程度。房地产品牌的忠诚度是指购房者满意的最高水平，表明购房者使用品牌产品以后仍继续购买同一品牌的行为。

要达到较高的品牌满意度和品牌忠诚度，就必须使房地产品牌定位准确，使房地产品牌在顾客心目中记忆深刻、印象完整，还需要顾客在房地产产品使用体验中产生不舍得分离的感情，并升华到价值观认同的理想境界。

房地产品牌运营过程分为八个步骤。每个步骤包含一项或若干项房地产品牌创造与管理工作。

1. 建立房地产品牌管理组织

房地产开发企业内部的品牌管理组织，由主管副总、品牌委员会、品牌经理组成；也可利用外部品牌管理专业机构，请它们担任品牌管理的代理人。

2. 制定房地产品牌创造的计划与预算

房地产品牌创造计划应包括品牌战略方针、目标、进度、措施、对参与管理与执行者的激励与控制办法、预算等。

3. 市场调研与房地产品牌定位

通过市场调研，找到一个合适的细分顾客群，找到顾客群心目中共有的关键购买诱因，并且还要了解清楚，目前有没有针对这一诱因的其他强势品牌。

4. 房地产品牌设计

一个完整的房地产品牌设计包括四大内容：品牌视(听)觉识别体系、品牌个性定义、品牌核心概念定义、品牌延伸概念定义。

5. 房地产品牌整合营销传播

该步骤是品牌设计(策略)的执行阶段，主要分为两大类工作：一是沟通性传播；二是非沟通性传播。沟通性传播包括广告、公共关系、直接营销、事件营销、销售促进等途径。非沟通性传播包括房地产产品与服务、价格、销售渠道。从传播角度看，这些因素也是向顾客传达信息的载体，也应纳入传播控制。

整合营销传播的首要任务，是运用统一的大传播组合和互动式的沟通方法，按照既定的品牌设计，针对阶段性或区域性市场形势，调动沟通性传播与非沟通性传播的各方面创造性努力及成果，形成面向顾客的统一具体的品牌形象与品牌价值实证。

这个房地产品牌形象，更多是满足某一时期顾客与竞争的要求，或某一市场区域内顾客群与竞争的要求。因此，它具有阶段性或区域性的特点。不过，该房地产品牌形象必须保持既定品牌设计(策略)的内在精神与基本视觉标志。

房地产品牌整合营销传播有四个步骤：

(1)品牌阶段性定位，即设计出符合某一时期顾客购买动机的品牌定义(销售主张)作为阶段性传播的品牌形象。

(2)为表现统一的品牌定位与形象，进行各种传播品的设计制作及产品、价格、销售渠道的改善和调整。

(3)设计并执行与顾客沟通的接触(发布)计划。

(4)对传播情况进行监测，根据监测到的问题，一是及时调整传播活动；二是为下轮传播活动提供调整依据与建议。

6. 实施持续与扩大的整合营销传播

房地产品牌的创造，需要一个较长的时间周期和一个覆盖面较大的市场范围，没有多个回

7. 形成广泛认同的房地产品牌印象

房地产品牌运营的目的，就是使既定的房地产品牌设计被足够规模的既有顾客群与潜在顾客群所接受，并转化为高度认同的房地产品牌印象。

8. 房地产品牌评估

房地产品牌资产通过权威机构评估确定为量化的资本财富，这是将房地产品牌资产运用到金融与合作中的必要手段。

6.4.6 房地产品牌形象的建立和维护

房地产品牌形象识别系统的实施一般分为三个阶段。房地产品牌形象的导入阶段，它是实施品牌战略的前期，是房地产品牌形象识别系统与市场相互印证、相互磨合的过程，房地产品牌形象的发展阶段，这一阶段房地产品牌运营的规模显著扩大，运营水平进一步提高，是品牌发展的阶段；房地产品牌形象的维护阶段，这一阶段除了关注整个系统的正常运营外，遏制潜在的竞争对手也是一项重要的工作。

1. 房地产品牌形象识别系统

房地产品牌形象包括三个方面的内容：房地产品牌理念、房地产品牌行为和房地产品牌形象识别系统。所谓的房地产品牌形象就是消费者在房地产消费、实用、认知过程中，对房地产产品的品质、价值、理念、个性、风格、联想等印象的总和。房地产品牌形象识别系统主要包括品牌名称，品牌标志，品牌口号，品牌形象大使，品牌象征性的图画、录像、电视片、电影，品牌象征性的主题音乐、广告设计、卖场设计、样板间设计、沙盘设计、环境设计、外立面设计、建筑单体设计、室内设计、职员服装及办公用品设计等。

2. 房地产品牌创造

完成了房地产品牌设计并不等于完成了房地产品牌创造。创造一个房地产品牌，不仅仅是给房地产产品设计名称、商标、形象，而且还需要展开与新型市场营销系统配套的大量工作，才能构筑起顾客心中认同的房地产品牌印象，进而产生相应的购房指令。这种新型市场营销体系，就是房地产品牌创造系统。我们将房地产品牌形象识别体系真实、完整地安装到大量顾客心中并转变为购买者认同的品牌印象的活动过程，称为房地产品牌创造。房地产品牌创造过程，包括与整合了房地产企业围绕房地产品牌这个中心所进行的市场调研、产品开发、品牌设计、施工建设、价格制定、销售渠道、广告、公共关系、直接营销、事件营销、销售促进、服务、管理等全方位的工作与投入。

在房地产产品品牌创造的过程中，需要注意以下问题：

（1）品牌策略应以产品为基础。品牌是消费者对一个产品或服务信息认识和感受的总和。这其中，产品是一切的基础。根植于房地产产品的品牌策略，能使房地产项目的品牌个性彰显；反之，脱离房地产产品现实的品牌策略会造成品牌形象的迷失，形成品牌形象与消费者认识的错位，阻碍房地产项目的销售。

（2）确定品牌核心定位，建立核心价值。在产品同质化盛行的今天，确定一个品牌的核心定位及价值就显得极为重要。作为一种消费品，房子的"产品"概念同样包括三个层次的内容：核心、形体、附加值。这里所谓的"核心"指的就是带给消费者的本质利益，而确定核心的过程就是我们常说的定位过程。不同的项目品牌，不同的核心定位，都会为房地产企业赢得不同的消费需求、不同生活价值取向的客户。

3. 房地产品牌传播管理

房地产品牌传播管理虽然只是房地产品牌创造过程中的一部分，但应该被视为最关键的工作，它承担着对房地产品牌创造活动进行房地产品牌战略制定、组织、协调、控制的职能。房地产项目品牌虽然属于短期品牌，但是同样需要持久、有序的品牌管理，这是保证品牌形象一致性和累积传播效应的关键。品牌传播管理包括对品牌核心利益的把握、各种市场营销活动的统一、广告风格的一致等，其根本点就是保证所有市场营销渠道都保持同一个声音。否则不仅会造成费用上的浪费，还常常会模糊品牌的形象，无法形成累积性的传播效应。

拓展阅读

房地产品牌建立的注意事项

（1）已经建立的品牌并不是永恒存在的，它会随着项目的完成而淡化甚至退出市场，因此更需要企业注重产品品牌的延续性，并将产品的品牌与企业的品牌相联系。

（2）一个好的品牌建立之后，会产生良好的经济和社会效应，也必将带来竞争对手的效仿和仿制，因此，必须不断加强品牌的宣传，特别是品牌特征的宣传，强调品牌之间的差异性。

6.5 房地产产品创新策略

6.5.1 新产品的概念

所谓新产品，根据现代市场营销观念，即从消费者的观点看，凡是为市场所接受，在消费者心目中被认为是新的，能给消费者带来某种新的满足、新的利益的产品就是新产品。按产品研究开发过程来分，新产品可分为全新产品、模仿型新产品、改进型新产品、更新型产品等。

1. 全新产品

全新产品是指应用科技新原理、新技术、新材料制造的前所未有的产品。对大多数企业而言，发展这类新产品是很困难的。因为将新技术应用于生产，需要经历较长的时间，花费巨大的人力和资金，经过国家科学技术管理部门的鉴定批准，通过法律程序鉴定，才会获得专利权，拥有法律的保护。但该新产品在全世界首先开发，能开创全新的市场。

2. 模仿型新产品

模仿型新产品是指本企业模仿在市场上已有的产品，而生产的新产品，也称为企业新产品。从市场竞争和企业经营角度看，仿制在企业新产品开发中是不可避免的。

3. 改进型新产品

改进型新产品是指在原有老产品的基础上进行改进，使产品在结构、功能、品质、花色、款式及包装上具有新的特点和新的突破。改进后的新产品，其结构更加合理，功能更加齐全，品质更加优良，能更多地满足消费者不断变化的需要。改进新产品和换代新产品都是企业开发新产品的重点，因为它们易于被顾客接受。

4. 更新型新产品

更新型新产品是指对企业或市场上已有的产品进行部分或局部的更新而形成的产品。例如在房地产产品开发建造过程中部分地采用了新工艺、新技术、新材料，使其使用功能有了很大改进。

拓展阅读

新产品开发的意义

（1）有利于减少老产品滞销所带来的经济损失。开发新产品，可以弥补因老产品衰退所造成的经济损失，保持生产的连续性和稳定性。

（2）有利于充分利用资源。房地产企业开发新产品，可以综合利用原材料从而降低生产成本，提高经济效益。

（3）有利于提高企业经营活力。开发新产品，可以吸引新的消费者。

（4）有利于提高企业的竞争能力。开发房地产新产品，可以在消费者市场上重新树立企业形象，提高企业的声望，保持和扩大企业在房地产市场占有的份额，赢得市场竞争的主动权。

6.5.2　新产品开发原则

房地产企业在开发新产品中，应遵循以下几项基本原则。

1. 适销原则

房地产企业要开发出有市场生命力的新产品，才能满足消费者的需求。这就要求营销人员要认真进行市场调查，充分了解消费者的意愿，针对消费者对产品的品质、花色、性能、功能等的要求进行开发，不能闭门造车。

2. 特色原则

为使消费者对新产品产生强烈的购买欲望，一定要有新的意境、新的式样、新的功能、新的特色。当然以特色新为吸引力并不等于要追求新产品的功能越来越好，而是要做到适中、适度，以免大幅增加成本。

3. 求实原则

房地产企业从事新产品开发，要从本企业实际出发，充分考虑企业自身生产条件、技术力量、资金和原材料供应等因素，要实事求是，量力而行。

4. 效益原则

效益原则是制约房地产新产品开发的最重要的原则。首先，新产品要有社会效益，要让消费者感到舒适、方便，维修简便，便于保持生态平衡，防止环境污染，节约资源。其次，对企业而言，新产品要能创造比老产品更大的经济效益，可以充分挖掘企业的生产能力，综合利用原材料并增加企业的利润。

6.5.3　新产品开发程序

开发新产品是一项极其复杂的营销工作，为了提高新产品开发的成功率，企业必须根据自身可能的条件，分析各项因素的重要性，建立科学的新产品开发程序。

新产品开发的一般过程是一个从新产品的构思开始，一直到把某个构思转变为商业上取得成功的新产品为止的连续过程。一般而言，新产品开发过程由寻求创意、构思筛选、产品概念的发展和试验、初拟营销计划、进行营业分析、新产品研制、市场试销和商业化八个阶段构成。

任务 6 定位项目产品——产品策略

1. 寻求创意

发展新产品首先需要有充沛的创造性构思，构思是对新产品的设想，是为了满足一种新需求而提出的设想，把比较现实的有代表性的种种设想加以分析、综合，就逐渐形成了比较系统的新产品概念。为取得好的构思，研制新产品必须先提出符合市场需求的产品想法，在此基础上进行产品设计。

新产品构思的来源是多方面的，主要有顾客、竞争者、科学技术人员、企业销售人员和经销商以及企业的高层管理者。

2. 构思筛选

新产品构思是成功开发新产品的基础，但它们只是一种较原始的设想，成功率较低，因此企业在广泛征询对新产品设想的基础上，必须进行新产品构思的筛选，剔除那些与企业目标或资源不协调的新产品构思，筛选出那些符合本企业发展目标和长远利益，与企业资源相协调的产品构思。

筛选过程应分为两个阶段：第一阶段，要求做出迅速和正确的判断，判断新产品构思是否适应市场需求，适合企业的发展规则、技术专长和财务能力，以剔除那些明显不适合的建议，从而使宝贵的资源得以充分利用。第二阶段，实施明确的筛选，选出最优秀和最符合实际的创意。

3. 产品概念的发展和试验

经过筛选后的新产品构思，需要进一步形成比较完整的产品概念，即把新产品构思具体化，并用文字或图像描述出来，这是开发新产品过程中最关键的阶段。产品设想是人们以语言表达拟推向市场的一种可能性产品，而产品概念是指具有确定特性的产品观念，包括针对选定的细分市场设计的产品功能特性、质量水平、售价、包装以及名称、商标等内容，是企业欲使顾客接受而形成的关于产品的一种主观意志。产品概念发展和试验的目的在于把产品构思转变为适应消费者需求，使用安全，能增进消费者利益，经济适用，具有顾客乐于接受的物质特性的实际产品。

4. 初拟营销计划

企业选择了最佳的产品概念之后，必须制定一个把这种产品引入市场的初步的营销计划。

新产品初步的营销规划将在未来的发展阶段中被不断完善。

营销规划的内容基本由三个部分构成：

(1)目标市场的规模结构和购买行为的特点，产品市场定位，短期预测销售量等。

(2)预定价格销售渠道及策略。

(3)长期预测销售量，投资收益率及营销组合。

5. 进行经营分析

经营分析也称效益分析，主要是详细分析新产品开发方案在营销上的可行性，即仔细审核预期销售量、成本、利润和投资收益等是否符合既定目标，目的是在发生进一步开发费用之前剔除不能盈利的新产品概念。由于大部分不适用的新产品构思及新产品概念在筛选和测试阶段已经淘汰，因此进行经营分析时常常集中于为数不多的几个新产品方案上。经营分析可以采用成本效益分析的各种方法进行。分析的焦点是恰如其分地估计新产品的盈利性，确认新产品的营销价值。

6. 新产品研制

房地产因为其生产的单件性，所以不同于一般可以批量生产的工业品。其开发决策应慎重

任务6 定位项目产品——产品策略

进行。这一步主要是将通过效益分析(经营分析)后的新产品概念交送研究开发部门或技术工艺部门研制成产品模型或样品，同时进行房地产项目配套的研究和品牌的设计。这是新产品开发的一个重要步骤，可采用试开发的形式，最初规模不宜太大。如在小区建设中，可以分区开发，分阶段投入市场。

7. 市场试销

市场试销也称为市场检查，是指把根据选定的产品概念开发出来的产品投入市场试销，在销售过程中观察和分析消费者的反应以及对市场的影响。企业在试验阶段通过各种方式收集了用户对该产品的意见和建议，可以对产品做出改进，或者大规模开发，或者放弃某种产品。

新产品试销前，必须对以下问题做出决策：
(1)确定试销的地区范围和地点；
(2)确定试销时间；
(3)试销中所要取得的资料；
(4)试销中所需要的费用开支；
(5)试销方案及试销成功后进一步行动的方案。

8. 商业化

通过市场试销，收集到各方面的意见，促进产品质量和功能提高，产品获得进一步完善，企业需慎重地决定新产品的商业化问题。正式推出新产品时，企业还应具体考虑产品的生产规模、产品的投放时间、投放区域、投放的目标市场和投放的方式。

总之，一个房地产新产品要想获得成功，必须有一套科学的程序，有计划、有步骤地开发。此外，对我国而言，开发房地产新产品的关键是要使每个房地产企业有内在的动力和外部的压力，这样才能加速房地产产品的更新换代，提高房地产产品的技术构成。

6.5.4 新产品开发策略

美国著名管理学者帕西米尔(Edgan A. Pessemier)教授认为："新产品开发策略是一种发现确凿的新产品市场机会并能最有效地利用企业资源的指南。"根据不同的市场背景和新产品的目标，可以选用不同的新产品开发策略，房地产企业在新产品开发时通常使用以下策略。

1. 补缺策略

补缺策略的基本含义就是补上市场"缺"的房地产产品。采用这种策略的目的就是避免那些供过于求或供求平衡产品的诱惑。这类产品开发者众多，竞争激烈，对于实力不太雄厚，没有取胜把握的房地产企业，难以在激烈的竞争中去抢占市场。所以最好避免与众多的竞争对手较量，应当把注意力放到发现市场供应的缺口上去。利用企业自身资源的优势开发市场需要的、其他企业没有关注的产品，实现较高收益率和市场突破，完成企业营销目标。

2. 自主开发策略

自主开发策略是指企业自己设立研究部门，自行研究开发。如果资金充沛，研发人员水平高，具有开发新品的相应技术能力，企业可采取此策略。该策略具有风险高、费用大、回报高的特点。

3. 创新策略

从长远来看，特别是在日趋激烈的竞争环境下，房地产企业要想保持长期竞争优势，创新才是最根本的策略。针对房地产新产品的不断开发，如何在房地产市场中取胜，不仅仅依赖于房地产产品在建设阶段的创新，而且依赖于房地产产品整个生产过程的创新，其创新策略主要有以下几个方面：

（1）房地产产品的规划设计创新策略。房地产开发企业在进行图纸设计、产品规划阶段应考虑满足个性化需求、经济性、气候与环境因素、历史与文化传统等关键因素。

（2）房地产产品的开发技术创新策略。房地产产品在开发技术方面的创新，能为消费者提供实实在在的心仪产品，能真正满足消费者的需求。

（3）房地产产品的服务创新策略。房地产开发企业应该树立全面的服务意识，针对客户心理不断做到服务创新。

4. 模仿策略

模仿策略就是企业仿制市场上其他企业的产品，这样研制出的产品成本低，风险较小，顾客易接受，成功率较大，但市场竞争程度较高。实施这一策略的条件是要有很强的技术情报力量，对市场及竞争对手的动向十分了解，能及时消化、吸收对手的信息，并在产品的某些方面有所创新。

任务小结

本任务主要介绍了房地产产品类型、房地产项目规划设计、房地产产品策划、品牌策略房地产产品的开发。房地产产品由核心产品、形式产品、期望产品、附加产品和潜在产品五个层次构成，包括土地、居住物业、商业物业、特殊物业等类型。产品规划主要从用地性质、建筑高度、建筑密度、容积率和绿化率等方面规定了房地产产品的用地、布局、景观和结构。房地产产品策划要从产品调研、项目定位、产品规划设计和产品细节设计几个方面着手，运用一定的方法对房地产产品进行谋划和运筹，以满足人们对房地产产品的特定要求。房地项目品牌是由房地产企业在进行房地产产品开发经营的同时，有计划、有目的地设计、塑造，并由社会公众通过对房地产产品品质和价值的认知而确定的商标，可分为项目品牌和企业品牌。房地产项目品牌是企业品牌的基础，企业应重视品牌形象的建立、设计、运行与维护，从而创造房地产项目的高价值。另外，房地产企业开发新产品的过程由寻求创意、构思筛选、产品概念的发展和试验、初拟营销计划、进行营业分析、新产品研制、市场试销和商业化八个阶段构成，开发过程中应遵循适销原则、特色原则、求实原则和效益原则，并可以根据不同的市场背景和开新产品的目标选用不同的新产品开发策略，包括补缺策略、自主开发策略、创新策略和模仿策略等。

复习思考题

一、填空题

1. 房地产核心产品是指_____。
2. 房地产的附加产品是指_____。
3. 房地产的潜在产品是_____。
4. 居民停车位数量与居住户数的比率不小于_____。
5. _____是指建筑物地面以上各层建筑面积的总和与建筑基地面积的比值。

任务 6　定位项目产品——产品策略

6. _____是指建筑物底层占地面积与建筑基地面积的比率。
7. 绿地面积包括_____、_____、_____和_____。
8. 一般品牌由_____、_____、_____三个构成要素。
9. 房地产品牌形象包括三个方面的内容：_____、_____和_____。
10. 模仿型新产品是指_____。
11. 更新型新产品是指_____。

二、判断题

1. 房地产的附加产品就是房地产产品中所包含的所有附加服务和利益。（　　）
2. 特殊物业的经营内容一般无须得到政府的许可。（　　）
3. 建筑策划是建设立项的出发点。（　　）
4. 衡量绿化状况的指标只能是绿地率。（　　）
5. 建筑容积率反映的是城市土地的利用情况及其经济性的技术指标。（　　）
6. 全新产品是指应用科技新原理、新技术、新材料制造的前所未有的产品。（　　）

三、问答题

1. 写字楼从结构上可分为哪几种类型？
2. 工业物业的特点是什么？
3. 根据国内外企业营销的实践经验，一个成功的品牌设计应符合哪些要求？
4. 试述房地产品牌整合营销传播的步骤。
5. 房地产企业在开发新产品中，应遵循哪些原则？

任务 7 确定项目价格——价格策略

知识目标

1. 了解房地产价格的含义、特征与种类，熟悉房地产商品的价格构成、影响因素及房地产定价目标。
2. 掌握房地产开发产品定价方法。
3. 掌握房地产开发产品定价程序。
4. 掌握房地产产品定价策略。

能力目标

能够明确房地产产品定价目标，分析影响房地产价格的因素，按照房地产产品定价程序，采用一定的方法和策略进行房地产项目定价。

案例导入

A 公司在××区有房地产项目 D，××区隶属广西壮族自治区南宁市，位于南宁市北部，是政府着重加大扶持力度的新区。2019 年，××区生产总值为 303.33 亿元，按可比价计算，较 2018 年增长 4.5%。按常住人口计算，人均地区生产总值 52 289 元。

(1) D 项目情况：①交通：南宁北站；②公共设施：Wifi 覆盖全楼，周边配套设施：购物中心、餐饮、菜市场、学校、商店，能满足日常所需，内部配套：商业面积 1 770 m²、活性水景、凉亭、两个休闲娱乐广场、35% 绿化率、300 个非机动车位、343 个机动车位；③学校：东盟第二小学、致和小学、南宁二中、华侨中学、希望高中等，广西民族大学、广西水利电力职业技术学院、广西经济技术学院等；④医院：南宁市第十人民医院；⑤商业网点：里建市场、东盟商业广场、美食广场大帽金街、中信大帽天街、南宁百货等，环境状况等。

(2) 竞品分析：山湖海悦府的均价为 5 200 元/m²，比较价格为 5 193 元/m²，与诗兰春晓的价格十分接近。南宁碧桂园湖光山色的均价为 5 500 元/m²，比较价格为 5 475 元/m²，学府豪庭的均价为 4 196 元/m²，比较价格为 4 190 元/m²。

请根据项目信息对 A 公司的 D 项目的定价方法进行整体均价定价。

任务7 确定项目价格——价格策略

相关知识链接

7.1 房地产价格分析

7.1.1 房地产价格的含义与特征

从价值构成来看，房地产价格是指在建设用地开发和房屋建造过程中，凝结在房地产商品中的物化劳动与劳动价值量的货币形式，是房地产经济价值的反映。从市场角度看，房地产价格是为了获得房地产商品付出的代价，反映了完成某项房地产商品交易时的货币价值量。

房地产价格也称为不动产价格，与一般商品价格相比有以下特征：

(1) 房地产价格具有双重的实体。一部分源于开发土地和房屋建筑制造劳动所形成的价值；另一部分源于土地使用权价格，即地租。

(2) 房地产价格的地区差异性。由于不同的城市、不同的地区，以及具体区位的社会经济地位、环境、交通、景观、文化等方面存在的不同，房地产的价格很自然地呈现出地区差异性的特征。

(3) 房地产价格形成的市场不充分性。房地产的不可移动性和个别性等特点，使得房地产不能拿到同一个具体市场上去进行比较和让消费者充分选择，不能形成完全自由竞争的市场，而且交易主体的个人因素同样影响房地产价格。

(4) 房地产价格的权益性。房地产价格实质上是所有权、使用权、收益权、抵押权等这些无形权益的价格。

拓展阅读

房地产商品价格与一般商品价格的共同之处

房地产商品的价格与一般商品价格共同之处主要表现在三个方面：一是都称为价格，都用货币表示；二是价格都有波动，都受供求等因素的影响；三是都要按质论价，且都表现为优质高价、劣质低价。

7.1.2 房地产价格的种类

房地产价格种类繁多，不同的价格所起的作用不尽相同，估价的原则、依据和考虑的因素也不尽相同。在房地产估价上经常遇到或涉及如下几类价格。

(1) 市场价格：是指房地产交易双方的实际成交价格。根据交易的具体环境房地产交易价格可分为公平市场价格(也称为公允市价)和非公平市场价格。公平市场价格是指交易双方在正常情况下的成交价格，不受一些不良因素(如不了解市场行情、垄断、强迫交易等)的影响的成交价格。

(2) 理论价格：通常是指房地产的公开市场价值(也称公允价值)，其含义是预计一宗物业在竞争性的公开市场上于某个时点能够成交的合理价格。因此，公开市场价值是基于如下假设的：

有一个自愿的卖者；有一段合理的洽谈交易时间，可以通盘考虑物业性质和市场情况，进行议价；在此期间的市场状态、物业价值将保持稳定；该房地产可以在公开市场上自由转让；不考虑特殊买家的额外出价。

（3）评估价格：房地产三级市场特指具有评估资格的专业评估机构或评估人员预计一宗物业在竞争性的公开市场上于某个时点能够成交的合理价格（是办理房产按揭时信贷金融机构放贷额度的参考标准）。

（4）市场指导价格：在郑州房地产三级市场特指郑州市房地产交易中心预计一宗物业在竞争性的公开市场上于某个时点能够成交的合理价格（是办理房产过户时国家税务部门收取契税的参考标准）。

（5）总价格和单位价格：总价格是指计量单位房地产的整体价格，房地产总价格一般不能说明房地产价格水平的高低但能反映对房地产这一财产的拥有量或价值；单位价格是指单位土地面积或单位建筑面积价格，它可以反映房地产价格水平的高低。总价格和单位价格的关系：房地产单位价格＝房地产总价格/房地产总面积。

（6）均价：将各单位的销售价格相加之后的和数除以单位建筑面积的和数，即得出每平方米的均价，均价一般不是销售价。

（7）基价：经过核算而确定的每平方米商品房基本价格。商品房的销售价一般以基价为基数增减楼层、朝向差价后而得出。

（8）起步价：某物业各楼层销售价格中的最低价格，即是起步价。多层物业，以一楼或顶楼的销售价为起步价。高层物业，以最低层的销售价为起步价。房产广告中常表为"××元/平方米起售"。较低的起步价容易引起消费者的注意。

7.1.3 房地产商品的价格构成

房屋买卖的理论价格＝房屋建造全过程的造价＋流通费用＋利润＋税金。

具体来说，房地产价格由如下几项费用构成。

1. 房屋建筑安装工程费

房屋建筑安装工程费又称为主体工程费，它包括建造房屋过程中所耗费的各种材料、构配件、零件和半成品的用量以及周转材料的摊销量按相应的预算价格计算的材料费，施工机构使用费、人工费、施工管理费和其他费用；施工企业单位的盈利，包括施工企业的计划利润和施工企业单位应交纳的增值税、城市建设维护税和教育费附加三项税金。

2. 勘察设计费

勘察设计费是指委托勘察设计单位为房屋建设进行勘察、规划、设计，按规定支付的工程勘察、设计费用；为房屋建设进行可行性研究等规定支付的前期工作费用；在规定范围内由建设单位自行完成的勘察、设计工作所需费用。

3. 土地开发使用费

土地开发使用费包括土地出让金、征地拆迁费与土地直接开发费三项内容。

（1）城镇土地出让金的主体部分是城镇建筑用地的地租，反映的是土地使用者为获得土地使用权而与土地所有者形成的经济补偿关系。它是根据房屋建造在城镇内某一地理位置的不同，以及使用土地（建设用地）面积的大小，向国家缴纳的费用。

（2）征地拆迁费，包括土地征用费与拆迁安置补偿费。土地征用费是指对于那些位于乡村仍然属农民集体所有的土地，根据《中华人民共和国土地管理法》的规定，应当支付给农民的费用。

任务 7　确定项目价格——价格策略

其主要项目有土地补偿费、劳动力安置补助费、水利设施维修费分摊、青苗补偿费、耕地占用税、耕地垦复基金、新菜地、鱼塘开发基金、征地管理费等。拆迁安置补偿费是指对于城镇地区的土地，国家或地方政府可依法有偿出让用于房地产开发，因出让而对原用地单位或个人造成的经济损失，由新用地单位按规定给予的补偿费。

(3) 土地直接开发费，是指为了房屋建筑施工和使用，需要搞好建筑地段上的土地平整，达到通上下水、电、路、热、燃气、电信等而投入的费用。

4. 经营管理费

经营管理费是从房屋建成交付使用到出售过程中，房屋开发经营单位的管理人员所发生的一切费用和上缴的管理费，属流通领域中的费用，包括职工福利费、修理折旧费、家具用具摊销等。

5. 利润和税金

利润是房地产开发经营单位在销售房屋所获得的收入中扣除全部成本费用和税金之后的余额，是在经营活动中实现的剩余价值的货币表现，也是企业扩大再生产的资金来源。税金是应向国家缴纳的费用，反映了单位或个人对国家的贡献。在房屋生产建造和进入流通的全过程，所涉及的生产者或经营者，都应将获得的利润向国家缴纳税金。利润和税金是房地产商品价值的重要组成部分。

7.1.4　房地产价格的影响因素

7.1.4.1　产品成本

产品成本是指房地产产品在生产和流通过程中所耗费的物资和支付的劳动报酬的总和，是房地产价格构成中最基本、最重要的因素，有个别成本和社会成本之分。就单个房地产企业而言，其个别成本又由固定成本和流动成本组成。固定成本是指不随产量变化而变化的成本，如固定资产折旧、机器设备的租金、管理人员的费用等。变动成本是指随着产量变化而变化的成本，如原材料、直接营销费用、一线人员的工资等。为了使总成本得到补偿，要求房地产的价格不能低于平均成本，即平均固定成本和平均变动成本之和。

7.1.4.2　市场需求

产品成本是制定房地产价格的下限，而市场需求是制定房地产价格的上限。房地产企业在制定房地产价格时，首先要了解价格与需求之间的关系。企业制定的每种价格都会引起不同的需求水平，一般情况下，房地产需求与价格成反比关系：价格越高，房地产需求越低。如果房地产定价过高，消费者由于资金有限，会减少或推迟购买行为。但是，也有例外，当某种房地产商品价格在一定限度内上升时，反而会刺激需求量的增加。原因就在于消费者往往认为该商品价格高，其质量就更好。房地产企业在定价时，还要测定其产品需求弹性的大小。

需求的价格弹性是指房地产商品需求量的变化对价格变化的敏感程度，是一个重要的指标。不同产品的需求量对价格变动的反应不一，即价格弹性大小不同。用 E 表示需求的价格弹性，其公式为

$$E=\frac{需求量变动的百分比}{价格变动的百分比}=\frac{需求增减量/原需求量}{价格增减量/原价格}$$

从上式可以看出，如果需求弹性大，即需求量变动的幅度大于价格变动的幅度，房地产企业就要用低价刺激消费者的需求；如果需求弹性小，即需求量变动的幅度小于价格变动的幅度，企业则可以定较高的价格。

7.1.4.3　竞争因素

市场经济最明显的特点就是市场竞争。价格作为市场竞争最基本的工具，对市场竞争程度

和状况的影响极大。房地产商品的最高价格取决于市场需求，最低价格取决于产品成本，而在最高和最低价格的幅度内，具体价格则取决于同类竞争产品的价格水平。这就要求企业在进行价格决策时，随时根据竞争对手的价格策略进行调整。

价格竞争同其他形式的竞争有着紧密的联系，企业通过调整价格改变产品的性能价格比或效用价格比，促使消费者对产品的性能和整体效用做出新的评价，从而影响消费者的购买决策。实际上，对消费者而言，产品性能、功能等方面满足需求的程度是相对的。在不同的价格水平上，他们对同样的产品会做出完全不同的评价。消费者的购买行为只是在期望得到满足与愿意支付的货币量相一致时才会发生。所以，价格水平与其他因素结合而成的综合指标才是顾客全面的、现实的评判标准。企业在定价时应充分认识到同类产品的竞争是全面的竞争反应。

在垄断竞争的市场中，由于房地产企业提供的产品存在一定的差异，房地产企业就拥有了定价的自主权。而且，房地产企业的产品与竞争产品之间的差异越大，企业定价的主动权就越大。

7.1.4.4 企业营销目标

房地产企业的营销目标不同，定价也不同。如果房地产企业为了尽早通过营销活动收回投资，则往往把盈利作为营销的主要目标，所确定的房地产价格就会远远高于成本；如果房地产企业为了在目标市场上有较大的市场覆盖面，能在较长时期内有更大的发展，则往往把提高市场占有率作为企业的营销目标，房地产价格就要定得低一些；如果房地产企业为了树立其产品优质名牌的形象，往往又会把价格定得高一些。

7.1.4.5 宏观环境

任何一个房地产企业都是生存在一定的外部环境当中，企业的生产经营活动，包括产品定价就不可避免地受到宏观环境的影响。前面我们在讲述间接影响房地产企业市场营销活动的宏观环境时已经提到这些环境要素。其中，对房地产定价影响较大的因素主要有：政治法律因素、经济政策因素、社会因素。

1. 政治法律因素

国家法律与有关政策均会对房地产价格构成影响。例如，招标、拍卖的供地方式提高了房地产开发的成本。1998年，因不少单位赶"福利分房末班车"，突击购买商品房，使部分需求提前释放，给1999年的房地产市场带来一定的冲击。

2. 经济政策因素

在房地产业经济运行中，政府的宏观调控作用非常显著，为了对市场经济活动进行必要的监督和调控，政府通常会制定一些政策和法律法规加以调整和约束。

3. 社会因素

(1) 人口状态。人口增长率高或人口集中地区，对房地产需求量大，房价因市场需求大于供给而自然提高。

(2) 社会福利。社会福利政策的推行，使中低收入者有望享有高额、低利率贷款的住宅，能缓解购房的需求，使房地产结构趋于平缓。

7.1.4.6 区域环境

区域环境因素并不会对房地产价格产生全局性影响，但会对房地产不同类别地区价格水平产生影响。影响房地产价格水平的因素主要有以下一些：

(1) 离市中心的距离及交通设施状况；

(2) 房地产项目的周边环境；

(3) 该项目住用户的职业、教育水平、社会地位、生活方式等。

7.1.5 房地产定价目标

定价目标是整个价格策划的灵魂。一方面，它要服务于房地产项目营销目标和企业经营战略；另一方面，它还是定价方法和定价策略的依据。房地产定价目标一般有维持生存目标、利润最大化目标、保持稳定价格目标、扩大市场占有率目标、树立企业形象目标等几种不同的形式。

1. 维持生存目标

如果房地产企业开发的产品滞销，或面临激烈竞争，则需要把维持生存作为目标，为了避免破产，出清存货保持企业可以继续经营，企业必须制定较低价格。这个价格可能只是保本价格甚至是亏本价格，但是此时生存的目标是第一位的，只要价格能弥补可变成本和固定成本，企业就可以维持下去以争取转机。但这种定价目标只是企业处于不利环境时的一种缓兵之计，是暂时性的，一旦企业经营出现转机，它将很快被其他目标所代替。

2. 利润最大化目标

最大利润一般是指长期总利润为最大。有些房地产企业希望制定一个能使当期利润最大化的价格。它们估计需求和成本，并据此选择一种价格，使之能产生最大的当期利润、现金流量或投资报酬率。假定企业对其产品的需求函数和成本函数有充分的了解，则借助需求函数和成本函数便可制定确保当期利润最大化的价格。

当然，追求最大利润还要从企业的整体营销效益来衡量。当企业刚刚进入市场或某一种产品刚刚进入市场时，为吸引顾客，开拓市场，经常采用低价策略，从产品结构上考虑，注意产品的相关性，往往某一产品低价售出以后，顾客必然愿意以较高的价格去购买与之相关的本企业产品，使企业整体营销效果提高。

3. 保持稳定价格目标

保持稳定价格是指在一个较长的时期内保持相对稳定的价格水平，制定稳定价格可以获得均衡收益。采用这一目标，可在社会需求骤然下降时，价格不致发生大的波动，影响企业收益；可避免不必要的价格竞争，保持均衡收益；小企业可维护自身长远利益，免遭领导者企业的报复；居领导地位的企业可以巩固产品的市场阵地，减少风险，避免政府的行政干预。

这种目标的选择，主要是从增强市场的稳定性出发，避免不必要的价格竞争、公众的不满和政府的干扰。稳定价格通常由各行业中居领导者地位的企业，即拥有较丰富的后备资源，或者产品处于领先地位的企业，先制定一个价格，其他企业的价格与之保持一定比例关系，或大体接近领导者企业所定价格。

使用这个目标的企业，必须有充足的后备资源，打算长期经营，巩固市场阵地，否则不宜采用。

4. 扩大市场占有率目标

市场占有率是指企业产品销售量在同类产品的市场销售总量中占有的比重。有些房地产企业想通过定价来取得控制市场的地位，使市场占有率最大化。因为企业确信赢得最高的市场占有率之后将享有最低的成本和最高的利润，所以，企业制定尽可能低的价格来吸引顾客，扩大销售量，使其产品迅速"渗透"到竞争者的市场阵地。

选择这个目标的房地产企业应该具备以下条件：存在大量生产的物质条件；总成本的增长速度低于总产量的增长速度，能够找出产生最大销售收入的最佳价格与销量的组合方案；单个产品生产成本低于同类产品的生产成本。以上条件缺一不可，否则不宜采用。

5. 树立企业形象目标

以稳定的价格赢得企业形象，有利于在行业中树立长期优势。房地产市场需求价格弹性不大，但受其他因素影响，需求量波动很大。稳定的价格给人以产品信誉高、公司经营稳健的印象。良好的形象是企业无形的资产，只有精心维护，才能源源不断地创造产品附加值。新鸿基地产在香港市场上采取的就是稳定高价策略，其优质高档物业的定位也逐渐为市场所认同。品牌竞争是高层次的竞争，增强企业形象的定价目标应该与企业的长期战略相一致。拥有较高市场占有率的行业领导型企业适宜选用稳定的产品定位和稳定的价格策略。

当然，在某些特殊时期，企业也需要制定临时性定价目标（过渡性目标）。如：当市场行情急转直下时，企业就要以保本销售或尽快脱手变现为定价目标；为了应对竞争者的挑战，企业也可能以牺牲局部利益遏止对手为定价目标。但是一旦出现转机，过渡性目标就应让位于其他长远定位目标。

7.2 房地产开发产品定价方法

价格是房地产经营过程中的核心和最为敏感的因素，企业产品价格的高低要受市场需求、成本费用和竞争情况等因素的影响和制约。企业制定价格时理应全面考虑这些因素。但是，在实际定价工作中往往只侧重某一个方面的因素。如何确定最合适、合理的价格，求取企业利润最大化，是房产投资者最为关心的问题。大体上，企业定价有三种导向：成本导向定价法、需求导向定价法和竞争导向定价法。

7.2.1 成本导向定价法

成本导向定价法是企业定价首先需要考虑的方法。成本是企业生产经营过程中所发生的实际耗费，客观上要求通过商品的销售而得到补偿，并且要获得大于其支出的收入，超出的部分表现为企业利润。成本导向定价法是以产品单位成本为基本依据，再加入预期利润来确定价格的定价方法，是按卖方意图定价的方法。

由于房地产成本的形态不同，以及在成本基础上核算利润的方法不同，成本导向定价法又衍生出成本加成定价法、目标收益定价法、盈亏临界点定价法、边际成本定价法等几种具体的定价方法。

1. 成本加成定价法

所谓成本加成定价，是以产品的单位总成本为基础，加上一定百分比的加成来制定产品销售价格。加成的含义就是一定比例的利润。所以，成本加成定价公式为

$$P = C(1+R)$$

式中　P——单位产品售价；
　　　C——单位产品成本；
　　　R——成本加成率。

例如，某房地产企业开发某一楼盘，每平方米的开发成本为 6 500 元，加成率为 25%，则该楼盘每平方米售价：6 500×(1+25%)=8 125(元)。

这种方法的优点是计算方便，因为确定成本要比确定需求容易得多，定价时着眼于成本，企业可以简化定价工作，也不必经常依据需求情况而做调整。在市场环境诸因素基本稳定的情

任务7 确定项目价格——价格策略

况下,采用这种方法可保证房地产企业获得正常的利润,从而可以保障企业经营的正常进行。但这种方法只考虑了产品成本,忽视了市场需求和企业竞争对价格的影响,这样定出的价格难以适应市场变化;且加成率是个估计值,缺乏科学性。实际定价时,在此基础上仍必须考虑市场行情及竞争激烈与否,才能定出合理的价格。在市场竞争激烈的情况下,这种定价方法所做的定价可能缺乏竞争力。

2. 目标收益定价法

目标收益定价法又称目标利润定价法或投资收益率定价法。它是在成本的基础上,按照目标收益率的高低计算售价的方法。其计算方法是根据房地产项目的实际投资总成本、投资总收益和所预计的销售量计算求得单位房地产售价。计算公式如下:

$$单位房地产产品价格 = \frac{(投资总成本 + 投资总收益)}{销售总量}$$

由于目标收益率表现形式的多样性,目标利润的计算也不同,其计算公式有

目标利润 = 总投资额 × 目标投资利润率

目标利润 = 总成本 × 目标成本利润率

目标利润 = 销售收入 × 目标销售利润率

目标利润 = 资金平均占用额 × 目标资金利润率

计算售价:

$$售价 = \frac{固定成本 + 目标利润额}{预期销售量} + 单位变动成本$$

或

$$售价 = \frac{(总成本 + 目标利润额)}{预期销售量}$$

例如,某房地产企业开发一总建筑面积为 60 万 m² 的小区,估计未来在市场上可实现销售 52 万 m²,其总开发成本为 11 亿元,企业的目标收益率为成本利润率的 25%,问该小区的售价为多少?

解:目标利润 = 总成本 × 目标利润率 = 11 × 25% = 2.75(亿元)

$$每平方米售价 = \frac{(总成本 + 目标利润)}{预计销售量} = (11 + 2.75)/(52 \times 10^4) = 2\ 644(元/m^2)$$

因此,该企业的定价应为 2 644 元/m²。

目标收益率定价法的优点是可以保证企业既定目标利润的实现。这种方法一般适用在市场上具有一定影响力的企业以及市场占有率较高或具有垄断性质的企业。但目标收益定价法有一个较大的缺点,即以估计的销售量来计算应制定的价格,颠倒了价格与销售量的因果关系,把销售量看成价格的决定因素,忽略了市场需求及市场竞争。不过,在科学预测的基础上,目标收益定价法仍是一种有效的定价方法。

3. 盈亏临界点定价法

盈亏临界点定价法又称损益平衡定价法或收支平衡定价法,是指房地产企业按照生产某种产品的总成本和销售收入维持平衡的原则来制定产品价格的一种方法。即利用盈亏平衡分析原理来确定房地产价格的方法,是一种保本的定价方法。盈亏平衡原理如图 7-1 所示。

如图 7-1 所示,设 Q 轴为房地产商品产(销售)量轴,Q_0 为盈亏平衡点产(销售)量,P 为房地产产品销售价格,R 为房地产开发企业销售收入,F 为固定成本总额,T_V 为可变成本总额,T_C 为总成本,V 为单位房地产产品可变成本,则

$$R = PQ$$

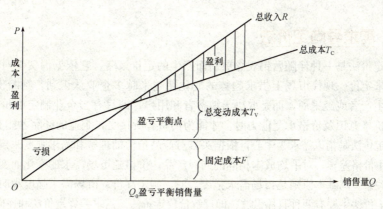

图 7-1 盈亏平衡分析

$$T_C = F + T_V = F + QV$$

盈亏平衡时

$$R = T_C$$
$$Q = Q_0$$
$$PQ_0 = F + Q_0 V$$
$$Q_0 = \frac{F}{P - V}$$

即盈亏平衡点产（销售）量 $= \dfrac{\text{固定成本总额}}{\text{单价} - \text{单位变动成本}}$。由盈亏平衡点产（销售）量的计算公式可以推导出保本价格，即

$$\text{保本价格} = \frac{\text{固定成本}}{\text{预计销售量}} + \text{单位变动成本}$$

例如，某房地产开发项目固定成本为 360 万元，单位建筑面积的变动成本为 2 600 元，项目完工后可供出售的建筑面积为 8 000 m²，则该项目每平方米建筑面积的保本价格为：

$$\text{保本价格} = \frac{3\,600\,000}{8\,000} + 2\,600 = 3\,050 (\text{元}/\text{m}^2)$$

即每平方米建筑面积售价为 3 050 元时，该项目不盈不亏。

保本价格是房地产价格的最低界限。正常情况下，房地产定价要高于保本价格。这样，企业才能获取利润。因此，这种定价方法在市场不景气的情况下采用比较合适，因为保本经营总比停业的损失要小，而且企业有较灵活的回旋余地。但这一方法得先预测产品销售量。销售量预测不准，成本不准，价格就定不准，而且它是根据销售量倒过来推算价格的。实际上，价格的高低对销售量有很大的影响。

4. 边际成本定价法

边际成本定价法又称变动成本定价法，是以单位产品变动成本作为定价依据和可接受价格的最低界限，结合考虑边际贡献来制定价格的方法。即企业定价时，只计算变动成本，不计算固定成本，只要价格高于单位产品的变动成本，企业就可以进行生产与销售。也就是以预期的边际贡献补偿固定成本，并获得收益。边际贡献是指企业增加一个产品的销售，所获得的收入减去边际成本的数值。如果边际贡献不足以补偿固定成本，则出现亏损；反之获得收益。其计算公式为

单位产品的价格 = 单位产品变动成本 + 单位产品边际贡献

任务 7　确定项目价格——价格策略

7.2.2　需求导向定价法

需求导向定价法是一种伴随营销观念更新而产生的定价策略。它依据消费者对商品价值的理解和需求强度来定价。现代市场上供求趋势的变化使越来越多企业认识到，判断价格是否合理，并不是取决于生产者或经销商，而是取决于消费者和用户，即只有当企业制定的价格符合消费者的价格心理、价格意识及价格承受能力时，才能为消费者所接受，企业的产品才能有销路。

需求导向定价法是指以需求为中心，依据买方对产品价值的理解和需求强度来定价。其特点是灵活有效地运用价格差异，对平均成本相同的同一产品，价格随市场需求的变化而变化，不与成本因素发生直接关系。其基本原则是市场需求强度大时，制定高价；市场需求强度小时，适度调低价格。需求导向定价法主要有两种具体做法，即理解价值定价法、需求差异定价法和逆向定价法。

7.2.2.1　理解价值定价法

理解价值定价法也称"感受价值"或"认知价值"，是以消费者对商品价值的感受及理解程度作为定价的基本依据。它认为，把买方的价值判断与卖方的成本费用相比较，前者更为重要。消费者对商品价值的不同理解，会形成不同的价格限度，这个限度就是顾客宁愿支付货币而不愿放弃这一购买机会的价格。如果企业定价刚好在这个幅度内，就可以顺利成交。

理解价值定价法的基本指导思想是认为决定商品价格的关键因素是消费者对商品价值的认知水平，而非卖方的成本。在房地产行业中所谓认知价值定价法是指根据购买者对房地产的认知价值来定价。认知价值的形成一般基于购买者对有形产品、无形服务及公司商誉的综合评价，它包括实际情况与期望情况的比较、待定楼盘与参照楼盘的比较等一系列过程。品牌形象好的楼盘往往能获得很高的评价。只要实际定价低于购买者的认知价值，即物超所值，购买行为就很容易发生。这种"以消费者为中心"营销理念的运用，其关键在于与潜在购买者充分沟通，掌握调查数据，并对其进行整理分析。

理解价值定价法的关键和难点，是获得顾客对有关产品价值的准确资料。因此，企业必须通过广泛的市场调研，了解顾客的需求偏好，根据产品的性能、用途、质量、品牌、服务等要素，判定顾客对产品的理解价值，制定产品的初始价格。否则，企业如果过高估计顾客的理解价值，其价格就可能过高，影响销售量；反之，若企业低估了顾客的理解价值，其定价就可能低于应有水平，使企业收入减少。

7.2.2.2　需求差异定价法

需求差异定价法是指房地产商品的交易价格可根据不同需求强度、不同消费取向、不同购买实力和不同购买时间等因素，形成不同的交易价格。对于开发商而言，同一建筑标准、同一种规格、同一外部环境的商品房，可以根据楼层、朝向、采光、通风及开间等因素，形成相应的差价。该定价方法适合个性化较强的房地产商品。可以根据顾客在时间、地点、对象上的不同，采取相应的定价策略。

1. 以时间为基础的差别定价

同一种产品，价格随季节、日期甚至时间的不同而变化，对同一种产品在不同的时间应制定不同的价格。例如，电影院白天和晚上的票价有别；对于某些时令商品，在销售旺季，人们愿意以稍高的价格购买，而一到淡季，则购买意愿明显减弱，所以这类商品在定价之初就应考虑到淡、旺季的价格差别。

2. 以地理位置为基础的差别定价

同样房型的房屋因坐落地点不同，出售时存在不同的需求强度，就可以分别制定不同的价格。例如：两户型房屋，一级地段的和三级地段的售价会有很大差别，前者明显高于后者。

3. 以顾客为基础的差别定价

即对同一产品，针对不同的顾客，制定不同的价格。如我国的民航飞机票，本国籍乘客与外国籍乘客实行不同的价格；在一些城市，企业用电和居民用电按不同的电价收费。

采用需求差异定价法应具备以下条件：第一，市场可根据需求强度的不同进行细分；第二，各细分市场在一定时期内相互独立，互不干扰；第三，高价市场中没有低价竞争者；第四，价格差异适度，不会引起顾客的反感，并能促进产品销售。

7.2.2.3 逆向定价法

逆向定价法主要不是单纯考虑产品成本，而是首先考虑需求状况。依据市场调研资料，依据顾客能够接受的最终销售价格，计算自己从事经营的成本与利润后，逆向推算出企业的成本价。这种定价方法不以实际成本为主要依据，而是以市场需求为定价出发点，力求使价格为消费者所接受，最终交易价格的形成还需结合当时当地的市场情况调整。逆向定价法的特点是价格能反映市场需求状况，使产品迅速向市场渗透，灵活定价。例如，在需求旺盛时，可适当提高价格；在需求平缓时，可适当降低价格。

7.2.3 竞争导向定价法

竞争导向定价法是从市场竞争的角度来定价，以市场上同类竞争品的价格为定价依据，但这并不意味着和竞争品价格相同，而是随竞争状况的变化来确定和调整价格水平的定价方法。在一定条件下，企业可以制定出高于或低于竞争品的价格，以提高产品的竞争能力，实现增加盈利或提高市场占有率的目的。其特点：产品的价格不与产品成品成本或需求发生直接关系。产品成本或市场需求变化了，但竞争对手的价格未变，就应维持原价；反之，虽然成本需求都没变动，但竞争对手的价格变了，则要相应地调整其产品价格。

对于房地产产品而言，当所开发的项目面临较直接的竞争时，适宜采用竞争导向定价法。竞争导向定价有随行就市定价法、直接竞争定价法、倾销定价法、追随领导者企业定价法、密封投标定价法和拍卖定价法六种。

1. 随行就市定价法

随行就市定价法也称行情定价法，就是企业使自己的商品价格跟上同行业的平均水平。一般来说，在基于产品成本预测比较困难，竞争对手不确定，以及企业希望得到一种公平的报酬和不愿打乱市场现有正常秩序的情况下，这种定价方法较为行之有效。在竞争激烈而产品弹性较小或供需基本平衡的市场上，这是一种比较稳妥的定价方法，在房地产业应用比较普遍。因为在竞争的现代市场条件下，销售同种商品房的各个房地产企业在定价时实际上没有选择余地，只能按现行市场价格来定价。若价格定得过高，其商品房将难以售出。而价格定得过低，一方面企业自身的目标利润难以实现，另一方面会促使其他房地产企业降价，从而引发价格战。

随行就市定价法是一种比较稳妥的定价方法，在房地产业中应用比较普遍。这种定价法可以避免因硬性竞争造成的两败俱伤，比较受一些中小房地产企业的欢迎。

2. 直接竞争定价法

直接竞争定价法是一种主动竞争的定价方法，是企业立足于竞争市场，而对自己的产品进行定价的一种方法，一般为大企业所多用。具体步骤如下：

(1)将竞争者的产品与本企业的产品相比较。

(2)把本企业产品的性能、规格、质量与对手的产品相关方面对照。立足本企业产品和企业

任务 7　确定项目价格——价格策略

优势，结合市场定位，找出预计价格与竞争品价格的价差原因。

（3）按照定价目标，确定最终售价。

3. 倾销定价法

在特定时期，企业可以低于成本的价格推出产品，如开盘初期，或竞争过于激烈时，或初次进入某市场，或经济大萧条时期，或尾盘发售阶段等。倾销的主要目的是提升市场占有率，带动楼盘人气，为后期楼盘的销售提价做准备。但由于对开发前期的盈利影响过大，并且易于引发激烈的价格冲突，因此，对企业的素质要求较高。一方面，企业必须有能力在占领市场后逐步提升价格，争取盈利，避免消费认知偏颇；另一方面，还要注意横向协调，减少对市场的冲击，避免造成市场动荡。

4. 追随领导者企业定价法

为了应对或避免竞争，或为了稳定市场以利其长期经营，往往以同行中对市场影响最大的房地产企业的价格为标准，来制定本企业的商品房价格，这种定价法即称为追随领导者企业定价法。使用这种定价方法的房地产企业一般拥有较为丰富的后备资源。

5. 密封投标定价法

一般来说，招标方只有一个，处于相对垄断地位，而投标方有多个，处于相互竞争地位。招标价格是企业能否中标的关键性因素。从理论上讲，报价最低的企业最易中标。但是报价的企业不会将价格水平定得低于边际成本，即使报价最低，中标率最高，若低于边际成本，会导致企业亏损；而报价越高，企业的利润虽然高，但中标的可能性越小。标的物的价格由参与投标的各个企业在相互独立的条件下来确定，在买方招标的所有投标者中，报价最低的投标者通常中标，它的报价就是承包价格。这样一种竞争性的定价方法就称为密封投标定价法。

6. 拍卖定价法

拍卖是一种公开竞价的商品交易方式。《中华人民共和国拍卖法》第三条对拍卖做了如下规定："拍卖是指以公开竞价的形式，将特定物品或者财产权利转让给最高应价者的买卖方式。"

房地产商品拍卖通常在一定的时间和地点，按照一定的拍卖规则，由买方公开叫价竞购。叫价销售通常能使拍卖物品真实反映出应有的价值，同时也使交易的气氛紧张热烈。

7.2.4　市场比较定价法

市场比较定价法的定价原理：首先，采用条件相似的楼盘市场均价作为比较基础，对影响价格的因素进行区分，对因素进行指标分解；其次，由专家对各个楼盘的指标进行评分，计算加权分数；最后，对各个楼盘就其与定价楼盘价格关系的密切度赋予相应的权重，求出定价楼盘的可比价格。

根据物业类型及所处环境的不同，可以将影响价格的因素进行分类，并确定因素的相应指标。表 7-1 所示是某楼盘的比较因素、指标与分值。

表 7-1　某楼盘的比较因素、指标与分值

比较因素	指标	分值
位置	A. 距所在片区中心区的远近； B. 商业为临街或背街； C. 写字楼为临街或背街； D. 住宅距所在片区中心区的远近	A. 最差（远）1； B. 很差（远）2； C. 一般 3； D. 很好（近）4； E. 最好（近）5

续表

比较因素	指标	分值
价格	A. 百元以上为等级划分基础； B. 商铺、写字楼、豪宅、普通住宅等级依次减少； C. 价格是否有优势	A. 最高 1； B. 很高 2； C. 一般 3； D. 很低 4； E. 最低 5
配套	A. 城镇基础设施：供水、排水、供气、供电； B. 社会服务设施：文化教育、医疗卫生、文娱体育、邮电、公园绿地	A. 最不完善 1； B. 不完善 2； C. 一般 3； D. 很完善 4； E. 最完善 5
物业管理	A. 保安； B. 清洁卫生； C. 机电； D. 绿化率及养护状况； E. 物业管理费； F. 是否人车分流； G. 物业服务企业资质	A. 最差 1； B. 很差 2； C. 一般 3； D. 很好 4； E. 最好 5
建筑质量	A. 是否漏雨漏水； B. 门窗封闭情况； C. 内墙； D. 地板； E. 排水管道	A. 最差 1； B. 很差 2； C. 一般 3； D. 很好 4； E. 最好 5
交通	A. 大中小公交路线数量； B. 距公交站远近； C. 站点数量； D. 大中小公交舒适程度	A. 最少(远)1； B. 很少(远)2； C. 一般 3； D. 很多(近)4； E. 最多(近)5
城市规划	A. 规划期限； B. 规划完善程度； C. 规划所在区域重要性程度； D. 规划现状	A. 最不完善 1； B. 不完善 2； C. 一般 3； D. 很完善 4； E. 最完善 5
楼盘规模	A. 总建筑面积； B. 总占地面积； C. 户数	A. 最小 1； B. 很小 2； C. 一般 3； D. 很大 4； E. 最大 5

任务 7　确定项目价格——价格策略

续表

比较因素	指标	分值
朝向	A. 按方向； B. 按山景； C. 按海景； D. 视野	A. 西（西北、西南）1； B. 东（东南、东北）2； C. 北（东北、西北）3； D. 南（东南、西南）4
外观	A. 是否醒目； B. 是否新颖； C. 是否高档； D. 感官舒适程度	A. 最差 1； B. 很差 2； C. 一般 3； D. 很好 4； E. 最好 5
室内装修	A. 高档； B. 实用； C. 功能是否完善； D. 质量是否可靠	A. 最差 1； B. 很差 2； C. 一般 3； D. 很好 4； E. 最好 5
环保	A. 空气； B. 噪声； C. 废物； D. 废水	A. 最差 1； B. 很差 2； C. 一般 3； D. 很好 4； E. 最好 5
发展商实力及信誉	A. 资产及资质； B. 开发楼盘多少； C. 楼盘质量； D. 品牌	A. 最差（少）1； B. 很差（少）2； C. 一般 3； D. 很好（多）4； E. 最好（多）5
付款方式	A. 一次性付款； B. 分期付款； C. 按揭付款； D. 其他	A. 最差（少）1； B. 很差（少）2； C. 一般 3； D. 很好（多）4； E. 最好（多）5
户型设计	A. 客厅和卧室的结构关系； B. 厨房和厕所的结构关系； C. 是否有暗房； D. 实用率大小	A. 最差 1； B. 很差 2； C. 一般 3； D. 很好 4； E. 最好 5

续表

比较因素	指标	分值
销售情况	A. 销售进度； B. 销售率； C. 尾盘现状	A. 最差 1； B. 很差 2； C. 一般 3； D. 很好 4； E. 最好 5
广告	A. 版面大小； B. 广告频率； C. 广告创意	A. 最差 1； B. 很差 2； C. 一般 3； D. 很好 4； E. 最好 5
停车位数量	A. 停车位数量； B. 住户方便程度	A. 最差 1； B. 很差 2； C. 一般 3； D. 很好 4； E. 最好 5

7.3 房地产项目定价程序

7.3.1 收集整理市场信息及定价楼盘资料

主要收集开发楼盘的所在城市、区域，尤其是标的物附近同档次楼盘的资料，其中包括楼盘、区域与个别因素、房屋装修、均价、单元价等内容。同时在企业内部整理楼盘开发过程中的各种费用数据。

7.3.2 估计成本和需求

在进行价格定位之前，必须掌握楼盘的成本结构，准确估计楼盘的各项建造成本、销售费用、管理费用以及筹资费用。就房地产市场而言，期房的定价比现房定价更为复杂。因为相对于现房而言，期房在定价时有许多成本核算及费用尚未发生，必须依赖预测和判断。

估计项目的需求是项目在不同价格水平下，消费者可能产生的需求变动。通过消费者需求量变动的估计，可以大致确定楼盘的价格水平，确保楼盘得到最大限度的利润。

7.3.3 分析竞争对手

这一步骤的作用在于分析自己与竞争者之间项目的差异程度。了解不同项目的不同特征对价格的影响，并进行初步的量化分析，找出本楼盘在产品性质、特征上的优势，根据竞争者的价格确定适合自己的价格水平。这一步骤对房地产商选择竞争导向定价方法极为重要。

任务 7 确定项目价格——价格策略

7.3.4 选择房地产定价目标的基本方法

在项目定价之前，必须对楼盘的营销目标进行深入研究，考虑竞争环境，权衡房地产营销中的各种关系，依据楼盘的定位、发展商自身的经济实力，确定合理的定价目标。例如，定位于高档豪华商品房，可选择最大利润定价目标；而中、小规模开发商可采取应对与避免竞争的目标，然后根据定价目标确定应采用的方法。

7.3.5 决定楼盘的平均单价

任何一个楼盘首先需决定其整体价格水准，也就是一般所俗称的"平均单价"。虽然开发商在开发土地时，通常会预估一个单价水准，但到了真正公开销售之前，常常由于市场竞争、时机差异、产品规划及开盘目标等因素的影响，有必要再确定"平均单价"水准，以作为细部价格制定的依据。分析"平均单价"对全楼盘销售金额有利润的影响，也是发展商和代理公司最"计较"的一环。

7.3.6 决定各期、各栋的平均单价

一旦决定了平均单价，若为大规模楼盘预计分期销售，则可就各期定平均单价；若个案规划为数栋建筑，则可评价各栋差异因素及程度，如栋距、楼层数、景观等，从而决定各栋的平均单价。除了评估差异条件之外，还需检视各期或各栋的可销售面积，使各期或各栋平均单价乘以各自可销售面积的总和，等于楼盘的平均单价乘以各自或销售面积的总和，等于楼盘的平均单价乘以全部可销售面积的总和。

7.3.7 决定楼层垂直价差

垂直价差，顾名思义，主要是指因楼层高度的不同所产生的价格上的差异，通常以每平方米的单价差额来表示。

随着城市化的不断加快，楼盘从原先的多层发展到带电梯的小高层、高层及摩天大楼，对楼盘垂直空间的价值判断随之变得繁复。一般而言，除非楼盘的最低几层因商业用途而使楼盘的价值随楼层的增高而减少外，对于带电梯的高层住宅而言，楼层越高，单价越高。以一般带一层底商的电梯高层住宅为例，就二楼以上而言，不论是小高层还是高层，其最高单价楼层绝大多数在顶楼，最低单价楼层则为二楼，至于其他楼层之间价格高低的顺序，可以依据实际情况划分等级。顶楼之所以价格最高，主要在于私密性好、采光、通风、视野等条件较佳。

一般在确定垂直价差时，先确定一个基准楼层，使基准楼层的单价等于该栋建筑的平均单价，然后评估其他楼层与该基准楼层之间价格差异的程度，从而确定其他楼层的相对价格，并使各楼层相对基准楼层的价格差异总和等于零。基准层一般选取价格顺序居中的楼层。设基准层的垂直系数为1，其余各层价格按照调整系数进行垂直价格调整。各楼层与基准层的价差，也因产品而异。如多层住宅高度较低，各楼层的采光、通风等条件相同，楼层的价格差距一般为$100 \sim 200$ 元$/m^2$；而高层住宅，特别是二三十层的住宅，楼层的价格差距为$500 \sim 1\,000$ 元$/m^2$。以上的价差幅度以一定的楼栋平均价格作为参照，在实际确定基准价过程中，可以采取百分比而不是具体数值的方法。

若一层作为商铺使用，由于商铺与住宅的价值差异较大，因此其价格与二层以上的平均价

格的差距可能达到 2.5~5 倍。倍数的大小受行业结构、商业规模、附近商铺的开店率等因素的影响，具体表现：附近商铺的开店率高，商业气氛已形成，则价差的倍数大；开店率低，商业气氛还未形成，则价差的倍数就小。附近行业结构偏重于零售、服务等行业，则价差的倍数就大；若附近行业的结构多为小作坊（如皮革加工、建材店等），则价差的倍数就小。楼盘所在的位置商业规模大，则价差倍数就大；如果一楼商铺的服务对象为全市市民，规模大，则价差倍数就大；若二层也作为商铺的规划，则二层单价大多为1层单价的40%~70%。百分比的大小可视情况而定，如果地区的消费习惯仅局限于一层，很难延伸至二层，则价差百分比就低；如果消费习惯已延伸至二层，则价差百分比就高。

纯住宅的楼层具体调整系数见表 7-2 和表 7-3。

表 7-2　多层楼层调整系数

层数 系数 层次	一层	二层	三层	四层	五层	六层	七层
1	1.00	1.00	0.98	0.98	0.95	0.94	0.93
2		1.02	1.00	1.00	0.98	0.98	0.98
3			0.99	1.03	1.00	1.00	1.00
4				1.01	1.04	1.01	1.00
5					1.01	1.05	1.03
6						1.02	1.06
7							1.03

表 7-3　高层楼层调整系数

层数 系数 序号	15层	20层	25层	30层以上
1	0.970	0.960	0.940	0.930
2	0.975	0.965	0.945	0.940
3	0.980	0.970	0.950	0.945
4	0.980	0.970	0.950	0.945
5	0.985	0.975	0.955	0.950
6	0.990	0.980	0.960	0.955
7	0.995	0.985	0.965	0.960
8	1.000	0.990	0.975	0.965
9	1.000	0.995	0.980	0.970
10	1.010	1.000	0.985	0.975
11	1.015	1.000	0.990	0.980
12	1.020	1.005	0.995	0.985
13	1.025	1.010	1.000	0.990

续表

序号 \ 层数 系数	15层	20层	25层	30层以上
14	1.030	1.010	1.000	0.990
15	1.025	1.020	1.010	0.995
16		1.025	1.015	1.000
17		1.030	1.020	1.000
18		1.040	1.030	1.010
19		1.040	1.035	1.015
20		1.035	1.040	1.020
21			1.045	1.030
22			1.050	1.035
23			1.060	1.040
24			1.055	1.040
25			1.050	1.045
26				1.050
27				1.055
28				1.070
29				1.060
30				1.055

7.3.8 确定水平价差

在确定了项目的垂直价差后，接下来要确定水平价差。水平价差是指同一楼层各户之间的价格差异。它们在同一水平面上，已经排除了楼层的差异。

确定水平价差时，要考虑项目的不同楼栋。首先要对不同楼栋制定水平价差，然后就不同楼盘单独制定同一楼层的价差。如果楼栋各层的户型数目和其相对位置都相同，则只需要对一个楼层的水平价差进行分析，其余楼层价差比照该楼层调整。如果这个楼层户型并不是每一层都一样，则需要分别为各个楼层确定水平价差。或者楼层户型每层都一样，但是其邻近环境不一样，也需要对不同楼层进行水平价差的分析。

确定水平价差通常是依据各楼层的平均垂直价格，评估同一楼层之间朝向、采光、私密性、景观等因素的优劣程度，写出同层平面中各户的单价，但同一楼层各户单价的平均值与原定平均单价相符。

一般而言，影响水平价差的因素有下列几项。

1. 朝向

朝向通常是指主卧室的朝向，简易的判断方式以主卧室所朝的方向为坐向。传统的房屋朝向观念是"东南向最好，西北向最差"。单元朝向价格调整见表7-4。

表 7-4 单元朝向价格调整系数

单朝向单元	朝向	南	北	东	西
	调整系数	+4%	-4%	+2%	-2%
双朝向单元	朝向	南北		东西	
	调整系数	+3%		-3%	
复杂朝向单元	朝向	东南	西南	东北	西北
	调整系数	+4%	+2%	-2%	-4%

具体户型朝向的价格还需要结合景观、采光等来确定。比如福州南滨东某楼盘的西北向单位比东南向售价高30%，并很快被买家抢购完毕，而东南向的单位虽然售价低，销售进度缓慢。原因是该楼盘是临江物业，江景是最大的卖点，西北向是全江景房；相反，东南向望不到闽江。这说明传统的住宅朝向观念已经有所改变。

2. 采光

采光通常是指房屋采光面的多寡或采光面积的大小。若以单面采光者为零，再以同楼层做比较，则无采光的暗房价差可能减3%～5%；两面采光者可比单面采光者多加2%～4%；三面采光时则可由两面采光的价格再加1%～3%；四面采光乃至于四面以上（如某些多边形造型之住宅），每增加一个采光面，每平方米加价1%～2%，至于应采用何种调整幅度，则视暗房、栋距、道路宽度、日照、楼层位置等不同，而做上下调整。

3. 私密性

私密性是指私有空间与公共空间或其他户别私有空间隔离的程度，可用栋距来评估。至于应采用何种调整幅度，则视同一楼层的户数多少、管理好坏、防火间隔、与邻房高低差，及至大门入口距离等的不同，而做上下调整。

4. 景观

景观对于住宅购房者而言，常具有决定性的作用。在确定景观价差时，最好事先观察基地区域的现况图及城市规划图，以判别是否有遮挡、正对他户的屋角，以及潜在景观条件等因素。目前景观的有无已明显决定了楼盘是否具有竞争性，通常有景观房屋的售价可比无景观者每平方米高10%～15%，甚至更高。若景观面不止一面，则每多一个景观面，每平方米可再增加3%～5%。

景观对于住宅购买者而言，常具有决定性的影响力，对那种能够看到公园、水景、山景、自然或人造的景观的单元，通常相对没有景观的单元而言，价格要高出许多，其价格调整系数一般不要超过15%，对多面景观也最多不要超过20%。

综合项目的朝向调整系数、私密性调整系数、采光调整系数、景观价格调整系数，可以得出项目水平价格调整系数，见表7-5。

表 7-5 项目水平价格调整系数

项目 \ 单元号	01	02	03	……
采光				
私密性				
朝向				
景观				
合计				

任务7 确定项目价格——价格策略

7.3.9 调整价格偏差

经过上面所述的各个步骤，就已可逐步确定各户型的平均单价，但还需核算整体的平均单价是否与原先预定的相符。这时可以将各户的面积乘以各户的单价，得出楼盘全部的可销售金额，将此可销售金额除以全部可销售面积(各户可销售面积之和)，即得出所定的平均单价。由于各户的面积大小不一，因此所得出的平均单价可能不等于原先所预定的平均单价，此时即可将差异金额等比例调整至相同。

7.3.10 确定付款方式

付款方式主要包括一次性付款、银行按揭付款和公积金按揭付款等。

一次性付款是指购房者签约后，立刻将所有的购房款项一次性交付。

银行按揭付款是指购房者在购房时，向银行提出担保的质押文件，经银行审核通过后，取得银行的部分贷款，依抵押约定，按期按时向银行偿还贷款本息，并提供该地产作为偿还的担保。

公积金按揭付款指购房者在购房时，以该房产向市或省级住房公积金管理中心抵押贷款，按期偿还贷款本息。

7.4 房地产开发产品定价策略

7.4.1 新开楼盘定价策略

新产品定价是房地产企业定价策略中的一个重要问题，它关系到开发建设的房地产产品能否顺利进入市场，并为以后占领市场打下基础。新产品初上市定价若得当，就能使其顺利进入市场，打开销路，占领市场，给企业带来利润；若定价不当，就有可能导致失败，影响企业效益。新产品定价基本策略有撇脂定价策略、渗透定价策略和满意定价策略三种。

1. 撇脂定价策略

撇脂定价是一种高价策略，是指在产品生命周期的最初阶段，将新产品价格定得较高，在短期内获取丰厚利润，尽快收回投资。这种定价策略犹如从鲜奶中撇取奶油，取其精华。

(1)采用撇脂定价策略定位房地产价格需要有一定的条件，一般来说，具有下列特点的新开楼盘可以采用此策略。

1)新产品具有独特的设计开发及促销技术。

2)消费者对产品品牌的认可度高，需求量大，需求迫切，以及开发商信誉好，产品品牌响亮，产品的开发量适中，切实符合市场的需要，这种产品价格虽然定位较高，但为公众认可，很容易在产品销售初期形成一种销售的旺势。

3)从市场方面来看，在短期内很难形成竞争对手。

(2)撇脂定价的优点。

1)在新产品上市之初，竞争对手尚未进入，顾客对新产品尚无理性的认识，利用顾客求新求异心理，以较高的价格刺激消费，以提高产品品位，创造高价、优质、名牌的印象，开拓市场。

2) 由于价格较高，可在短时期内获得较大的利润，回收资金也较快，使企业有充足的资金开拓市场。

3) 在新产品开发之初定价较高，当竞争对手大量进入市场时采取降价手段，掌握降价主动权。

(3) 撇脂定价策略的缺点。

1) 高价不利于市场开拓、增加销量，不利于占领和稳定市场，容易导致新产品开发失败。

2) 高价高利容易引来竞争对手的涌入，加速行业竞争，造成仿制品、替代品迅速出现，迫使价格下跌；此时若无其他有效策略相配合，则企业苦心营造的高价优质形象可能会受到损害，失去部分顾客。

3) 价格远远高于价值，在某种程度上损害了顾客利益。

4) 容易招致公众的反对和顾客抵制，甚至被当作暴利加以取缔，诱发公共关系问题。

2. 渗透定价策略

渗透定价策略即低开高走定价策略，与撇脂定价策略相反，是指新产品以较低的初始价格进入市场，以吸引众多消费者，达到以较快的速度获得较大的市场份额的目的，并随着销售的进程而适时调高价格的一种定价策略。

(1) 低开高走定价策略是一种长期策略，采用该策略需要一定的条件：

1) 市场容量大，存在强大的潜在竞争对手；

2) 产品生命周期长，薄利多销可获得长期稳定的利润；

3) 企业的生产开发能力能满足市场的需求。

(2) 渗透定价的优点。

1) 低价可以使新产品尽快为市场所接受，并借助大批量销售来降低成本，快速提高市场占有率。

2) 微利可以阻止竞争对手的进入，有利于企业控制市场。

3) 便于周转，促进资金回笼，为公司资金的滚动增值提供资金来源。

4) 先低价开盘，容易实现前期购楼者的升值承诺，有利于购房者对开发商良好口碑的形成。

(3) 渗透定价的缺点。

1) 企业的投资回收期较长，见效慢，风险大。

2) 低价很容易给人一种"便宜没好货"的感觉，损害楼盘形象。低价开盘的初期定位即制造了一种低档次的市场印象，一定程度上局限了消费者群的层次，不利于楼盘后期整体形象提升和转变。

值得注意的是，采用此种定价策略，企业的投资回收期较长，见效慢，风险大，一旦渗透失利，企业将一败涂地。对新开发的楼盘采用低开高走的定价策略时应注意把握其操作性问题。在实际操作中对新开盘采取低价主要是希望能"低开高走、步步高升"，这也常被看作楼盘理想的价格走势。

3. 满意定价策略

这是一种介于撇脂定价策略和渗透定价策略之间的定价策略，又称中间线路定价策略，以获取社会平均利润为目标，是一种折中定价策略。所定的价格比撇脂价格低，比渗透价格高，是一种中间价格。制定不高不低的价格，既能保证房地产企业能获取一定的利润，又能被房地产消费者所接受，使企业和消费者双方对价格都满意。实行这一策略的宗旨是在长期稳定的增长中，获取平均利润。因此这一策略为广大企业所重视。

此种定价策略优点如下：产品能较快为市场所接受，且不会引起竞争对手的对抗；可以适当延长产品的生命周期；有利于企业树立信誉，稳步调价，并使顾客满意。缺点是定价比较保守，盈利率和市场占有率均不高，不适于需求复杂多变或竞争激烈的市场环境。

上述三种新产品的定价策略各需要有一定的市场条件，房地产开发企业应该根据企业自身的实力、新产品的特点以及新产品所面临的现时的市场条件加以灵活运用。

7.4.2 折扣和折让策略

为实现房地产企业的定价目标，不仅要讲究定价方法，还要针对不同的消费心理、销售条件、销售量、销售方式对价格进行适当的修正，从实际目标出发运用价格手段，使其适应市场要求。这种策略是在定价过程中，先根据建造好的商品以各种折扣和折让来刺激中间商或客户，以促进销售。价格折扣、折让策略是一种减价或相当于减价的策略，它是在原价基础上减收一定比例的价款或通过其他形式的销售手段，把产品的一部分价格实惠让给购买者，以此来争取更多消费者的价格策略。折扣定价策略实质上是一种优惠策略，直接或间接地降低价格，以争取顾客、扩大销量。灵活运用折扣、折让价格策略，是提高企业经济效益的重要途径。常用的价格折扣、折让策略主要有现金折扣策略、数量折扣策略、功能折扣策略、季节折扣策略等。

7.4.2.1 现金折扣策略

现金折扣是房地产企业对顾客迅速付款的一种优惠，即对在规定的时间内提前付款或用现金付款的顾客所给予的一种价格折扣。其目的是鼓励顾客尽早付款，加速资金周转，降低销售费用，减少财务风险。

现金折扣一般根据约定的时间界限来确定不同的折扣比例。例如，对在2个月内付清货款的顾客给予0.5%的优惠。若在半个月内付清货款，则给予2%的价格折扣，若在1个月内付清货款，则给予1%的价格折扣。采用现金折扣一般要考虑三个因素：折扣比例、给予折扣的时间限制、付清全部货款的期限。

一般现金折扣的条件要求：现金折扣率、给予折扣的期限以及付清款项的期限。现金折扣在西方很流行，它能加强卖方的收现能力，降低信用成本并阻止呆账的发生。在我国，一些房地产开发商也采用这种方法。现金折扣又可分为一次性付款折扣和分期付款折扣，显然，一次性付款折扣率要高于分期付款折扣率。

7.4.2.2 数量折扣策略

数量折扣是根据消费者购买房地产商品面积或金额的多少，按其达到的标准给予一定的折扣。折扣数额可以按购买产品数量或购买金额计算。购买的数量或金额越大，价格优惠幅度就越大。其目的是鼓励消费者大量购买，以扩大销售量。数量折扣的目的是刺激客户大量购买，因此，购买量越大，给予的折扣率越高。数量折扣分累计数量折扣和非累计数量折扣。

1. 累计数量折扣

根据顾客在一定时期累计购买超过规定的数量或金额给予的价格优惠。客户购买量越大给予的折扣率越高，从而刺激客户建立长期固定的业务关系，减少企业经营风险。

2. 非累计数量折扣

非累计数量折扣，又称一次性数量折扣，是根据顾客一次购买数量超过规定数量或金额而给予的价格优惠。目的在于激励顾客一次性大批量购买，企业尽快实现销售目标。

不管使用哪种折扣方式，对于开发商来说，核算的数量折扣金额，应小于零售费用与按零售延迟的平均出售时间计算的利息之和。

运用数量折扣策略的难点在于如何确定合适的折扣标准和折扣比例。如果享受折扣的数量标准定得太高、比例太低，则只有很少的顾客才能获得优惠，绝大多数顾客将感到失望；购买数量标准过低且比例不合理，又起不到鼓励顾客购买和促进企业销售的作用。因此，企业应结合产品特点、销售目标、成本水平、资金利润率、需求规模、购买频率、竞争手段以及传统的商业惯例等因素来制定科学的折扣标准和比例。

7.4.2.3 功能折扣策略

功能折扣又称交易折扣,是指房地产企业依据经销其产品的中间商在产品分销过程中所处的不同环节,承担的不同功能、责任和风险而给予不同的价格折扣。例如从事房地产销售的中间商,有的只负责沟通信息,穿针引线;有的不仅联系客户,代售房地产,而且还负责办理有关产权登记等工作。对不同的中间商就应给予不同的折扣,但对于同一类型的中间商,应给予相同的折扣,这样才能调动中间商的积极性。

确定功能折扣的比例,主要考虑中间商在销售渠道中的地位、对房地产企业产品销售的重要性、购买批量、完成的促销功能、承担的风险、服务水平、履行的商业责任以及产品在分销中所经历的层次和在市场上的最终售价等。鼓励中间商积极开展促销活动,大力推销本企业产品,并与房地产企业建立长期、稳定、良好的合作关系。

7.4.2.4 季节折扣策略

季节折扣是指对在非消费旺季购买房地产商品的消费者提供的价格优惠。例如,在春节前后或酷暑、隆冬季节,对购房者给予一定的价格优惠。

7.4.3 心理定价策略

心理定价策略是一种根据顾客心理要求所采用的价格决定策略。每一件产品都能满足顾客某一方面的需求,其价值与顾客的心理感受有着很大的关系。这就为心理定价策略的运用提供了基础,使得企业在定价时可以利用顾客的心理因素,有意识地将产品价格定得高些或低些,以满足顾客物质和精神的多方面需求,通过顾客对企业产品的偏爱或忠诚,诱导顾客增加购买,扩大市场销售,获得最大效益。具体的心理定价策略包括非整数定价策略、整数定价策略、声望定价策略和招徕定价策略四种。

1. **非整数定价策略**

非整数定价策略是针对顾客求低价的心理制定产品价格的做法,有奇数价格、零头价格和低位价格。心理学测试表明,消费者感觉单数比双数少,零头比整数准确,对低位位数有更明显的认同。例如,某商品房每平方米 6 880 元、每平方米 6 999 元等,消费者之所以会接受这样的价格,原因主要有两点:一是会给人便宜很多的感觉。如定价为 6 999 元/m^2,消费者会产生每平方米还不到 7 000 元的感觉;二是有些消费者认为整数定价是概略性的,不够准确,而尾数定价让消费者认为定价方在定价上的认真负责、一丝不苟的态度,间接地增强消费者对定价方的信任感,从而有利于促进房产的销售。

2. **整数定价策略**

整数定价策略是把房地产商品价格定为一个整数,不带零头。对于同种类型的商品房,往往有许多房地产企业开发建设,但其设计方案、内外装修等各有千秋,消费者往往以价格作为辨别质量的"指示器"。"一分钱一分货"就是这种价格的具体反映。特别是对于一些高档别墅或外销房,其消费对象多是高收入者和上流社会人士,他们往往更关注楼盘的档次是否符合自己的要求,而对其单价并不十分关心。所以对于这类商品房,采取整数单价反而会比尾数定价销量要好。

3. **声望定价策略**

声望定价策略,是针对消费者"价高质必优"的心理,利用本企业的声誉对产品定价,以赢得顾客的信任。其价格一般比市场同类房地产产品的价格要高一些。因此，高价与品牌商品房相结合，更容易显示特色，增强房品的吸引力，从而产生扩大销路的积极效果。因此，这一策略适用一些质量好的商品房，特别是高档别墅或者高档名牌房地产开发商品。

4. 招徕定价策略

招徕定价策略是指企业为了吸引消费者的光顾，有意将某几种商品的价格定得非常之高，或将少数几种商品的价格降到市价以下，有时甚至低于成本，以招徕顾客，增加其他商品的连带性购买，促使顾客购买其他商品，增加企业的销售额。现在有的房地产开发商推出特惠房1~2套，吸引顾客，顾客不满意特惠房时，会顺便看其他房子，这种定价就是招徕定价的实例。

7.4.4 差别定价策略

差别定价策略是指企业在房产销售定价时，根据房产自身个别因素不同、消费用途不同、交易对象不同及邻近环境不同等制定个性化、差别化的价格。常用的差别定价策略一般有个别因素差别定价策略、用途差别定价策略、交易对象差别定价策略等。

1. 个别因素差别定价策略

影响房地产的个别因素主要有单元房产的朝向、楼层、采光、通风等。在同一栋商品房中，虽然设计方案、施工质量、各种配套设备等都一样，但由于单元房产的层次、朝向或采光、通风等因素的不同，价格会有一定的差异。

以多层商品房为例，在确定基价后，可根据层次对售价进行修正。在一幢6层的房屋中，一般可以将2层楼的售价定为基价，3~4层由于层次居中，采光条件较好，通行也较为方便，其售价一般可达到基价的110%~120%；5层虽然采光条件不错，但由于位置较高，通行不便，售价往往只能达到基价的95%；1层虽然采光条件略差，但其通行方便，其售价也可达到基价的95%以上；而顶层除了通行不便外，还有因楼顶直接与外界接触，容易因日照、降水等自然侵袭使房屋受损的缺点，因此，顶层的售价最低，其售价一般可定为基价的85%左右。

其计算公式：

$$房产价格 = 基本价格 \pm 调剂因素$$

2. 用途差别定价策略

房地产开发商可根据购房者购房后的不同用途采用不同的定价。有的购房者用其作为办公楼，有的用作职工宿舍，有的作为商业用房等，对于不同的用途，可制定不同的价格。例如用作办公用房或其他商业用途房产的就比单纯用作居住用房的价格有所提高。

3. 交易对象差别定价策略

在房产销售定价时可根据不同的消费对象制定不同的价格。在商品流通中，各流通环节都各有其职能作用。因此，在价格上必须采取差别价格，区别对待。在我国，现行制度规定的商品价格分为四个层次，即出厂价格、调拨价格、批发价格和零售价格。同样，在房地产销售过程中也存在着类似的成本价、福利价、国家定价、国家指导价、市场调节价等。例如同样的房产外销房应比内销房的价格要高，还有的企业为树立企业形象，向公众展示自身对教育事业人才的关心，在对教师购房时给予特别的优惠。

7.4.5 价格调整策略

在市场变化时，房地产企业会根据当时的形势、顾客及竞争者对市场变化的应对，结合自己的营销战略和利润目标，对自己产品的价格进行调整。房地产价格调整策略，是指在房地产项目整体定价确定的前提下，在销售过程中，采取何种策略，根据房地产项目及市场的发展情况，准确、合理地制定引导价格发展走势的价格方案。价格调整一般采取两种方式：一是降低价格；二是调高价格。

一般来说，楼盘的销售期通常为4~8个月，而销售期两个月左右即有调价的必要，同时调价的时机还要结合销售率确定，当销售率达到三成时即可调价。比如当销售期仅三四周即达到30%的销售率时，就有调价的必要。

7.4.5.1 房地产价格调整的原因

1. 内部因素

内部因素主要是指房地产商品的开发经营成本及房地产自身的个别因素。任何房地产开发企业都不会随意变动价格策略，商品的最高价格既取决于市场供求状况，又取决于产品的生产成本及房地产自身的一些个别因素。从长远看，房地产商品的销售价格应该高于成本费用，否则房地产开发企业将难以维持下去。房地产商品的成本由固定成本和变动成本组成。一旦产品的开发建设成本发生变化，房地产开发企业就有必要对价格进行调整，以符合企业发展的需要。

2. 外部因素

影响房地产价格策略的外部因素比较多，从理论上讲，对房地产市场运行环境产生影响的所有因素，都属于影响房地产价格策略的外部因素。这些外部因素既包括市场供求关系的变动，又包括由政治环境、经济环境、法律环境以及社会环境等组成的宏观环境的变化。其中尤其是竞争者的价格策略以及政府政策对房地产价格的宏观调控会对房地产价格产生直接的影响。

7.4.5.2 房地产价格调整方式

1. 降低价格

当卖方面临销售停滞不前、同业竞争极为激烈时，经常需要做降价的考虑。降价终将引起同业间的摩擦与价格战，但是不得已而为之的，开发商是不会直接宣布其楼盘价格下调的，而是通过其他方式，间接地让客户感受价格下降的实惠，以维护其正面形象。降低价格的另一个原因是生产能力过剩，产量过多，资金占用严重，而增加销售力量、改进产品或其他营销手段都无法达到销售目标，从而造成资金周转不灵，企业无法进一步扩大业务。于是一些房地产企业放弃"追随领导者的定价"的做法，而采用"攻击性定价"的方法，以便提高销售量。当然，有时企业为了获取市场占有率，会主动降价，随着市场占有率的提高，生产成本又会因销售量的增长而下降。

降低价格的方式和技巧如下：

(1)改进产品性能，提高产品质量。在价格不变的情况下，改进产品的性能，提高产品的质量，实际上等于降低了产品的价格。

(2)增加或扩大折扣比例。增加折扣，或者在原有基础上扩大各种折扣的比例，实际上就等于降低了房地产商品的价格。这种间接的降价方法往往会收到意想不到的效果。

2. 调高价格

调高价格是在市场营销活动中，为了适应市场环境和企业内部条件的变化，把原有产品的价格提高。一般来说，价格上调说明物有所值。对于这样的正面消息，开发商最希望客户尽快了解，所以，往往进行大张旗鼓的宣传，并由此暗示今后价格上升的趋势。但提价会引起消费者及中间商的不满，引起公司销售人员的困扰，但如果运用得当，成功的提价会给公司增加利润。

(1)房地产开发企业采用调高价格策略的原因。

1)成本上涨，这是房地产开发企业调高价格的最主要。

2）通货膨胀，货币贬值，使产品的市场价格低于其价值，迫使企业不得不通过涨价的形式来减少因货币贬值造成的损失。

3）在市场需求旺盛时，产品供不应求。

4）房地产开发企业通过技术革新，改善了房地产产品的质量，提高了产品的品位、档次以及舒适度。

5）满足竞争的需要。

（2）调高价格的方式和技巧：

1）企业通过公共关系、广告宣传等方式，在消费者认知的范围内，把产品的各项成本上涨情况真实地告诉消费者，以获得消费者的理解，使涨价在没有或较少抵触的情况下进行。但房地产开发企业不得趁成本上涨之时，过分地夸大成本上涨幅度，而应公开真实成本。

2）为了减少顾客因涨价而感受到的压力，企业应在产品质量上多下工夫，给顾客更多的选择机会。

7.4.5.3 房地产价格的主动调整

1. 直接的价格调整

直接的价格调整就是房屋价格的直接上调或下调，它给客户的信息是最直观明了的，一般有以下两种方式：

（1）基价调整。基价调整就是对一栋楼的计算价格进行上调或下降。基价的调整意味着所有单元的价格一起参与调整。这样的调整，每套单元的调整方向和调整幅度都是一致的，是产品对市场总体趋势的统一应对。

（2）差价系数调整。在房地产实务中，通常是在基价的基础上通过制定不同的差价系数来确定不同套、单元的价格，各套、单元的价格则是根据房屋基价加权所制定的差价系数而计算的。但每套、单元因为产品的差异性而为市场所接纳的程度并不会和原来的预估相一致。在实际销售中，有的原来预估不错的单元实际上并不好卖，有的单元原来预估不好卖实际上却好卖。差价系数的调整是房地产项目根据实际销售的情况，对原先所设定的差价体系进行的修正。

差价系数调整价格的高低主要根据影响房地产价格的楼宇位置系数、单元楼层系数和单元朝向系数而进行调整。差价系数的调整就是根据实际销售的具体情况，对原来所设定的差价体系进行修正，将好卖单元的差价系数再调高一点，将不好卖单元的差价系数再调低一点，以平衡各种类型单元的销售比例，适应市场对不同产品需求的强弱反应。

2. 付款方式的调整

付款方式本来就是房价在时间上的一种折让，它对价格的调整是较为隐蔽的。付款时段的确定和划分，每个付款时段的款项比例的分配，各种期限的贷款利息高低的斟酌，是付款方式的三大要件。付款方式对价格的调整就是通过这三大要件的调整来实现的。

（1）付款时间的调整：是指总的付款期限的减少或拉长，各个阶段付款时间设定向前移或向后靠。

（2）付款比例的调整：是指各个阶段的付款比例是前期高、后期低，还是付款比例的各个阶段均衡分布，或者是各个阶段付款比例前期低、后期高，也就是"等额本金"与"等额本息"的区别。

（3）付款利息的调整：是指付款利息高于、等于或者低于银行的贷款利息，或者干脆取消贷款利息，纯粹是建筑付款在交房后的延续。如"免息供楼""首期零付款"等策略实际上是利息调整。

3. 优惠折扣的调整

优惠折扣是指在限定的时间范围内，配合整体促销活动计划，通过赠送、折让等方式对客户的购买行为进行直接刺激的一种方法。优惠折扣通常会活跃销售气氛，进行销售调剂，但更多的时候是抛开价格体系的直接让利行为。

要想让优惠折扣能促进销售、拉动需求，应做到如下几点：

(1)应让客户确定感受到是在让利。

(2)让利部分应切合客户的实际需求，如买房送装修、送书房、送储藏室、送家电及购房抽奖活动等。

(3)优惠折扣方式的推出应具有新意，避免与其他竞争楼盘相类似。

7.4.5.4 房地产价格的被动调整

被动调整是指在竞争者率先调价以后，房地产开发企业在价格方面被迫做出的相应反应。竞争者的调价策略也分为调高价格和调低价格两种策略。对于竞争者的调价策略，房地产开发企业为了确保调整符合实际，必须对竞争者和自身的情况进行深入分析和研究。

在同质产品市场上，如果竞争者降价，企业也要随之降价；如果竞争者提价，同行业企业会随之调价。但是，若某些企业认为提价没有益处，不随之变价，那么，最先发动提价的企业将有可能把价格降回原价。

在异质产品市场上，企业对竞争对手变价的应对有很大调整余地。因为市场上的产品不仅存在价格上的差异，而且在产品质量、服务等方面也有区别，顾客对较小的价格差异并不在意。企业可以在价格上做出应对，也可以在其他方面有多种选择。

为了保证企业对竞争者的变价做出正确的应对，需要对竞争者和本企业的情况进行深入的分析比较。

1. 对竞争者的研究

对竞争者的研究如下：

(1)竞争者变动价格的原因是想扩大市场占有率，还是受成本提高的驱使；

(2)竞争者价格的调整是长期的，还是暂时的；

(3)竞争者的综合实力是否强大；

(4)其他竞争者会对此做出什么反应；

(5)本企业对竞争者的调价做出反应后，竞争者和其他企业会采取什么措施。

2. 对本企业的研究

对本企业的研究如下：

(1)本企业的经济实力；

(2)本企业产品的生命周期以及需求的价格弹性；

(3)竞争者调价对本企业有何影响。

经过分析研究竞争者和企业自身的情况后，就可以做出正确的反应。当企业面对一个竞争对手时，可从两方面预测竞争者对企业变价的反应。一是假定竞争者以常规方式对价格变动做出反应，此时，其未来趋势是可以预测的；二是假设竞争者将每一次价格调整都看作新的挑战，并根据自身利益做出相应的反应，或加强促销，改进产品质量，或调整渠道系统等。总之，企业应尽可能利用各种信息，分析判断竞争者的意图和反应，以便采取相应的对策。

一般情况下，企业对高价格的反应比较容易，方法主要有两种：跟随提价或者是价格不变。当竞争者降价时，企业不可能花大量时间去调查、分析及研究对策。竞争者是准备已久，经过

任务7 确定项目价格——价格策略

反复权衡才决定的,而企业必须在最短的时间内做出最佳反应,唯一可行的办法是,预先准备好几种对策方案。具体策略有以下几种:

(1)价格不变,采用其他手段反击。因为降价会损失利润,并且对企业其他营销活动产生连带影响,尽管保持原价,对市场占有率有一定的影响,但如果影响不大的话,日后还能恢复。保持价格不变,运用非价格手段进行反击,这是在竞争者降价幅度稍大时采用的方法,例如,房地产开发企业可以采用提高产品质量、加强售后服务和加强促销宣传等方式进行反击。一般来讲,价格不变而增加给顾客的利益比降价更有竞争力。

(2)跟随降价。与竞争者保持相同的价格水平,可以避免出现不利情况。对于需求价格弹性大的产品,当竞争品降价,本产品不降价,会造成顾客购买低价的竞争品、损失自己市场份额的情况。所以,企业要随竞争者降价而降价。至于降价的幅度,则要根据具体情况进行具体分析。总的来说,房地产开发企业降价的幅度或极限,要能使销量增加到足以维持企业原有的利润。

(3)置之不理。因为房地产开发企业认为,随之降价会减少利润,而保持价格不变,市场份额损失不大,必要时也容易夺回来。但是采用这种方法可能会出现这样的情况,即竞争者可能会因为初战告捷而更有信心,自己的经销商和营销人员会产生抱怨而士气下降,最后损失的市场份额可能会比预期的还要多。等到房地产开发企业感到恐慌,再降价收复市场,所付出的代价会更大。所以,当竞争者降价幅度较小时可采用置之不理的策略。

任务小结

房地产价格是房地产经济价值的反映,主要由房屋建筑安装工程费、勘察设计费、土地开发使用费、经营管理费、利润和税金构成。房地产定价目标一般有维持生存目标、利润最大化目标、保持稳定价格目标、扩大市场占有率目标、树立企业形象目标等几种不同的形式。确定房地产产品定价的方法包括成本导向定价法、需求导向定价法、竞争导向定价法和市场比较定价法,定价策略主要有折扣折让策略、心理定价策略、差别定价策略及价格调整策略。另外,房地产项目新产品定价还可采取撇脂定价策略、渗透定价策略和满意定价策略,确定了房地产项目定价方法与策略后,即可进行房地产项目定价,具体程序是:收集整理市场信息及定价楼盘资料;估计成本和需求;分析竞争对手;选择房地产定价目标的基本方法;决定楼盘的平均单价;决定各期、各栋的平均单价;决定楼层垂直价差;确定水平价差;调整价格偏差;确定付款方式。

复习思考题

一、填空题

1. 商品房的销售价一般以_____为基数增减楼层、朝向差价后而得出。
2. 土地开发使用费包括_____、_____与_____三项内容。
3. 产品成本是指_____。
4. 稳定价格是指_____。

5. _____是指企业产品销售量在同类产品的市场销售总量中占有的比重。
6. 所谓_____是以产品的单位总成本为基础，加上一定百分比的加成来制定产品销售价格。
7. 目标收益定价法又称_____或_____。
8. 新产品定价基本策略有_____、_____和_____三种。

二、选择题
1. 对房地产定价影响较大的因素不包括_____。（　　）
   A. 政治法律因素　　B. 经济政策因素　　C. 社会因素　　D. 市场因素
2. 房地产定价目标一般不包括_____。（　　）
   A. 利润最大化目标　　　　　　B. 扩大市场占有率目标
   C. 树立企业形象目标　　　　　D. 政治导向目标
3. _____是房地产价格的最低界限。（　　）
   A. 目标价格　　B. 盈亏临界价格　　C. 保本价格　　D. 边界价格
4. _____是一种伴随营销观念更新而产生的定价策略。（　　）
   A. 目标收益定价法　　　　　　B. 盈亏临界点定价法
   C. 边际成本定价法　　　　　　D. 需求导向定价法

三、判断题
1. 市场经济最明显的特点就是市场竞争。　　　　　　　　　　　　　（　　）
2. 最大利润一般是指长期总利润为最大。　　　　　　　　　　　　　（　　）
3. 盈亏临界点定价法的优点是可以保证企业既定目标利润的实现。　　（　　）
4. 水平价差是指同一楼层各户之间的价格差异。　　　　　　　　　　（　　）

四、问答题
1. 与一般商品价格相比，房地产价格有哪些特征？
2. 试述直接竞争定价法的步骤。
3. 什么是撇脂定价？试分析其优点和缺点。
4. 房地产价格调整原因是什么？
5. 房地产企业调高价格的方式和技巧有哪些？

任务 8 寻找销售伙伴——房地产营销渠道策略

知识目标

1. 了解房地产营销渠道的含义、特点与作用,熟悉房地产营销渠道的类型。
2. 熟悉影响房地产营销渠道的因素,掌握营销渠道的选择原则与步骤。
3. 了解渠道成员的职责及其激励与评价,掌握营销渠道冲突管理、改进与调整及营销渠道的控制。
4. 熟悉营销组织结构,掌握营销组织运营管理。
5. 掌握房地产项目销售流程管理。

能力目标

能够掌握房地产项目营销渠道选择原则与步骤、能够进行房地产营销渠道管理和销售流程管理。

案例导入

A 公司为 D 项目确定初步定价后,需要为项目做营销渠道策略,选择合适的销售渠道打开市场。

首先,已知项目 D 是位于××市××区,××区位于××市北部,距离××市中心有较远的距离,往返需要通过绕城高速到达。

其次,A 公司为××省本土开发商企业,项目 D 是该公司在××市销售的第 2 个项目,销售团队和销售经验不足,企业以施工质量和产品品质著名。

最后,该项目的产品情况是主打 80~120 m^2 的高层,属于刚需产品,××区市场整体均价在 5 500 元/m^2,××市目前房地产市场均价为 13 000 元/m^2 左右,可以看出××区拥有价值洼地的潜力。

那么根据以上市场、企业、项目等信息介绍,请为项目 D 做出一套合理且能落地实施的项目渠道策略方案。

任务 8 寻找销售伙伴——房地产营销渠道策略

8.1 房地产营销渠道概述

8.1.1 分销通路与营销渠道

1. 分销通路

分销通路指的是产品或服务从生产者流向消费者(用户)所经过的整个通道。分销通路反映某一特定产品或服务价值实现的全过程。分销通路是一个多功能系统,是由一系列相互依存的组织按一定目标结合起来的网络系统,分销通路的核心业务是购销。分销通路的基本功能是将产品(服务)顺利地分销给消费者。

2. 营销渠道

所谓营销渠道,即通常所说的商品流通渠道,是指商品从生产者流向最终消费者所经路线和所经营销单位结构形式的总和。房地产营销渠道是指房地产产品由开发商转移给消费者的途径,是房地产市场营销的重要环节。

研究营销渠道既是研究一种客观的经济因素问题,又是研究一种主动的经营形式的问题。在商品经济条件下,随着社会分工的发展,绝大部分生产企业并不是直接把制造出来的商品输送到最终消费者手中,而是需要经过一系列中间环节的组织配合和协调活动。

优秀的企业都很重视对企业的营销组织、营销渠道建设,并且强调有效地覆盖和控制整个目标市场的营销渠道,以及保证这个营销渠道有效运转的营销管理体制是企业最宝贵、最重要的资本。

8.1.2 房地产营销渠道的含义和特点

房地产营销渠道是促使产品或服务顺利地被使用或消费的一整套相互依存的组织。房地产营销渠道决策是企业管理层面临的最重要的决策。房地产企业利用中间商的目的就在于它们能够更加有效地推动房地产产品广泛地进入目标市场。

由于房地产产品的特殊性,房地产营销渠道与一般商品的营销渠道相比有许多不同,认识房地产营销渠道的特点,有助于更好地掌握和理解房地产营销渠道的基本理论。

1. 房地产商品本身不会随着渠道的转移而转移

作为不动产,房地产商品具有不可移动性,所以它不像其他商品从工厂生产出来后先后转移到仓库、批发商处、零售商处、消费者手中,房地产商品从所有者到消费者只是房地产所有权(产权)或使用权的转移,并不伴随着房地产商品本身的转移。

2. 房地产营销渠道的长度相对较短

房地产营销渠道一般不会超过一个层次,即最多只经过一层中间商,而且采用直接营销即直销的比例也比较高,这是因为房地产产品价值量巨大,多一个层次就多一笔费用,尤其是中介代理费,层次多会徒增消费者的负担,消费者自然就会到房地产所有者处直接购买或租赁房地产产品。

3. 房地产营销渠道中商品的多样性

在房地产营销渠道中流通的房地产产品，不仅可以是新的房地产即增量房地产，也可以是旧的房地产即存量房地产。换句话说，二级市场的房地产和三级市场的房地产都可以在房地产营销渠道中流通。

4. 房地产营销渠道可以转移房地产的使用权

这与一般的市场营销理论有所区别，一般营销渠道转移的是商品的所有权，但房地产是特殊商品，相当多的消费者只需要使用它而不必真正拥有它，这使得房地产的使用权与所有权一样也可以通过房地产营销渠道转移。

5. 房地产中间商一般不拥有房地产产品的所有权

房地产中间商大多仅仅代理房地产产品的租售，这是因为房地产产品价值量巨大，动辄几百万元、上千万元，而房地产中间商的资金实力有限。另外，房地产的每次交易都需要缴纳契税等税收，无形中增加了交易成本。以上原因使得房地产中间商大多采用代理租售的方式，而不真正拥有房地产产品的所有权（产权）。

8.1.3 房地产营销渠道的作用

1. 收集信息功能

房地产营销渠道具有信息渠道的作用，能帮助房地产开发商收集、传递消费者的需求，以便开发商对下一步的开发建设做出修正。另外，还可以帮助开发商收集竞争对手的信息，使企业做到"知己知彼"，在竞争中保持竞争优势。

2. 促进房地产销售功能

房地产营销渠道能向用户传播有关房地产产品和服务的富有说服力的信息。

（1）推销功能。房地产中间商的主要任务是推销房地产，确保房地产产品的实体、所有权或使用权尽快传送到消费者手中，实现房地产商品价值，从而保证房地产开发企业的效益。

（2）促销功能。房地产中间商实施各种促销手段，如举办讲座、展览、接待来访、散发宣传品、制作电视广播节目以及在报刊上刊登广告等。这些措施能促进房地产商品销售，有助于房地产开发企业提高知名度，树立良好的社会形象。

通过营销渠道一方面可以使房地产产品很快转入消费领域，满足广大消费者的需求；另一方面，房地产产品流通的加快，可以加速开发商的资金周转，这对占用资金巨大的房地产开发企业来说具有重要的意义。

3. 市场调查和预测功能

房地产开发商应通过中间商进行市场调查和预测。因为中间商熟悉市场需求，了解消费者的心理及市场供求关系变化和发展趋势，对市场供求关系变化和发展趋势也最有发言权。因此，中间商做的市场调查和预测，其可靠程度比较高。

4. 融资功能

房地产投资与交易金额巨大，巨额资金离不开金融机构的支持。如一个二级房地产开发企业的正常开发能力每年在 2 万 m² 以上，年均投资额需数千万元，甚至上亿元，如此巨额资金离不开金融机构的支持。房价日趋攀升，使得购房者同样也面临资金的融通问题。中间商可以利用自身的资质和商业信誉，从中做大量的协调、融通工作，可帮助房地产开发企业向银行争取建设贷款，也可帮助广大购房者向银行争取按揭贷款等。

5. 咨询功能

房地产业是一个十分复杂的产业，中间商对这些复杂的领域有较为丰富的经验和知识，既可为消费者提供购房服务，又可为房地产开发企业以及经营者提供相应的咨询服务。

6. 分担风险功能

房地产投资巨大，资金回收期长，容易受各种市场因素影响，因而风险较大。尤其是房屋预售制度推广普及以后，使购买与使用不能同期进行，房地产开发企业要在收齐预订金或贷款到位后才能开工。此时，中间商往往具体介入并负责担保。一旦发生因施工受阻不能如期竣工、市场营销不利或通货膨胀以及其他不可预测的事情，中间商可以与房地产开发企业共同承担市场风险，携手渡过难关。

8.1.4 房地产营销渠道的类型

在房地产经济活动中，有些开发商并非将其产品直接出售给最终用户。在开发商和最终用户之间有执行不同功能和具有不同名称的营销中间机构。这些中间机构组成营销渠道或分销渠道。随着我国房地产市场的日趋发展，房地产营销渠道也呈现出多样性，目前主要有直接营销渠道方式和间接营销渠道方式两种。

8.1.4.1 直接营销渠道

直接营销渠道是指开发商自己直接将房地产商品销售给顾客，其交易过程为房地产开发商—消费者(业主或租者)。

由于委托物业代理要支付相当于售价1‰~3‰的佣金，所以有时开发商愿意自行租售。由于开发商熟悉自己的楼盘情况，在宣传和沟通时能较好地把握分寸，不会过分夸耀自己的楼盘，同时可以控制营销策划的执行过程。这样，既可减少营销成本费用，又可以控制房地产的销售价格。且产销双方直接见面，有利于了解顾客的需求、购买特点及市场变化趋势，及时调整改进企业的工作。

目前，我国绝大部分房地产开发企业采用以直接销售为主的营销渠道模式，但是，直销对房地产开发企业的要求很高。由于开发商缺乏既懂房地产营销知识，又懂相关法律的高素质营销队伍及推销经验和推销网络，难以制定出全方位、完善的营销策略，往往会影响销售效果。如开发商直接销售，会分散企业的有限资源和决策层的精力，在分配人员进行销售策划时，往往会顾此失彼，难以有好的销售业绩，导致其资源不能有效利用，所以只在以下情况才采用这种方式：

(1) 房地产开发企业为大型房地产公司，内部有专门负责销售的公司或负责楼盘销售的部门。

(2) 目前市场处于卖方市场，推出的楼盘供不应求，无须再去找代理商。

(3) 房屋销售价格与成本相差大。

(4) 楼盘素质特别突出，市场反应非常好，有时甚至由业主预付部分或者全部的建设费用，这种情况下也无须代理商。

(5) 企业自身具有市场营销技术，管理能力强，经验丰富，财力雄厚，需直接控制营销情况。

8.1.4.2 间接营销渠道

房地产间接营销渠道是开发商经过中间环节把房地产商品销售给消费者(业主或租者)，其交易过程为房地产开发商—中间商—消费者(业主或租者)。

任务 8　寻找销售伙伴——房地产营销渠道策略

1. 房地产中间商的类型与功能

按照营销过程中是否拥有房地产商品的所有权，可将房地产市场营销中间商划分为房地产经销商和房地产代理商两种。

(1) 房地产经销商。房地产经销商是指拥有房地产产品所有权和处置权的中间商。由于房地产产品价值量大、经营风险大，房地产经销商具有区别于一般商品批发商和零售商的独特属性，这种独特属性表现在以下三个方面：

1) 房地产经销商在业务上具有较强的兼容性。许多房地产经销商既经销其他房地产开发企业的房地产，同时也从事房地产开发业务。

2) 房地产经销商经销形式具有多样性。他们既向房地产代理商以及团体客户批量提供房地产商品，也向社会零散的个人消费者提供单元房地产商品；既向用户销售房地产商品，也经营房地产租赁业务。

3) 房地产经销商需要拥有很强的经济实力。由于房地产价值量大，因此要求房地产经销商具有很强的经济实力。否则，难以进行规模经营，获得较高的经济效益。

(2) 房地产代理商。房地产代理商又称为房地产中介，是指接受房地产生产者或经销商委托，从事销售业务，但不具备商品所有权的中间商。经销商的目的是获取投资收益或转卖差价，而代理商只是为房地产开发企业、经销商、购买者以及承租者提供咨询、代办等业务，其目的是向交易双方或单方收取一定数额或一定比例的佣金。

房地产销售代理商的产生，是由房地产流通特点所决定的。房地产投资的高度复杂性、高度回报性、高度风险性，加上商品的价值高，决定了它的销售难度及销售的复杂性超过其他一般商品。具体表现为以下三点：

1) 房产销售方式多样。从获取土地使用权开始，可以是卖楼盘、卖项目、卖期房、卖现房。此外，销售时还可以采用保值法、入股法、微利法、折扣法等方式。

2) 销售时间长。从获取土地使用权那天起，一直到楼房建成竣工，整个房地产开发、建设过程都可以作为销售时间。销售时间持续之长，是任何其他商品都无法比拟的。

3) 营销企划制定的范围广。其包括市场调查、市场预测、确立产品策略、促销策略、定价策略，较一般商品复杂。

代理商为房地产生产者或经销商寻找客户，介绍房地产，提供咨询，促进房地产成交，一旦成交，代理商向交易的双方或单方收取一定数额或比例的佣金。房地产代理商又分为房地产企业代理商和房地产经纪人两类。

1) 房地产企业代理商。房地产企业代理商是受房地产生产者或经销者委托，签订销售协议，在一定区域内代销房地产产品的中间商。商品销售后，按销售额的一定比例提取佣金作为报酬。房地产企业代理商和房地产企业的关系是委托代销的关系，代理商负责推销商品，履行销售业务手续。因此，房地产企业代理商实际上类似房地产企业的推销人员。

随着房地产市场交易规模的不断扩大，企业代理商也在发生一些新的变化，并有专业化的发展趋势。例如，在国外房地产市场上出现估价估租代理、广告代理、拍卖代理，国内也出现了房地产信托这样的企业，在房地产市场营销中获得不凡业绩，表明房地产代理商形式的兴旺。

2) 房地产经纪人。房地产经纪人即个人代理商，又称中介人，指具备经纪人条件、经工商行政管理部门核准登记并领取营销执照从事房地产经纪活动的组织和个人。这里所说的房地产经纪人主要指上述房地产经纪人含义中的个人，他们为商品房的买方寻求卖方，为卖方寻求买方，进行居间介绍，以买方卖方的成交量(额)收取佣金。他们一般不拥有商品的所有权，无经营风险，不从当事人的任何一方领取固定薪金。

任务 8 寻找销售伙伴——房地产营销渠道策略

房地产经纪人以传播有关房地产信息为基础，以促成房地产交易为目的，以提供相关服务为辅助，在房地产交易中起着活跃房地产交易的作用。从事房地产经纪人工作的个人需要具备以下条件：

①熟悉了解国家及各级地方政府对房地产开发经营的有关方针、政策，熟知房地产市场行情，具有一定的经营能力。

②有正确的从业目的和正当的社会身份，正确的从业目的是为活跃房地产市场而从事房地产经纪活动，不是仅仅为了获取经济利益。

③经纪人的活动应依据需要确定一定的经营方向，并按业务种类或地域确定一定的经营活动范围，不得以咨询、介绍、服务为名，进行实物性买卖。

④房地产经纪人能自觉地、严格地遵纪守法，在国家法律、政策的范围内进行房地产经纪活动，具备良好的职业道德素质，并能承担相应的民事法律责任。

房地产开发企业采取代理商销售可以简化商品市场的交易活动，节约开发商和顾客共同的时间和精力，缓解了开发商人力、物力和财力的不足，提高企业运作的效率和效益。另外，采用这种委托代理销售的方式也可以分散开发企业的风险，更快地将产品推向市场，实现房地产产品的销售。不足之处在于，目前我国房地产中间商专业素质和职业道德水准差异很大。若选择了素质差的代理商，不但不能创造较好的销售业绩，反而影响开发商的声誉。而且，中间商的插手加重了消费者的负担，容易引起消费者的反感。

除了这些有形的渠道之外，在房地产营销中还有一些无形渠道。所谓无形渠道是指无形的卖场，它们也能够实现直接销售或间接销售的目的。房地产营销的无形渠道主要包括各种媒体形式、客户会和媒介事件等。

2. 间接营销渠道的优缺点

(1) 间接营销渠道的优点。

1) 有利于发挥营销专业特长。房地产中间商往往集中了市场调研、广告文案设计、现场销售等各方面的营销人才，便于从专业上保证房地产产品销售成功。

2) 有利于房地产开发商集中精力，缓解人力、物力和财力的不足，重点进行房地产项目的开发和工程方面的工作。

(2) 间接营销渠道的缺点。

1) 目前我国的房地产中间商良莠不齐，专业素质和职业道德水准差异很大。如果房地产开发商被一些专业素质和职业道德低下的房地产中间商的花言巧语所迷惑，放手让他们代理销售，会对其本身商誉造成很大损害。

2) 如果房地产中间商的销售业绩与房地产开发商自己预计的销售业绩基本持平，房地产开发商支付给房地产中间商的销售费用就会"得不偿失"。因为房地产开发商支付给房地产中间商一定的销售费用(如佣金等)，是希望房地产中间商能取得较好的销售业绩，这样即使利润分流也是值得的。

8.2 房地产营销渠道的选择

8.2.1 影响房地产营销渠道选择的因素

在确立房地产营销渠道策略之前，必须对各种可变因素的影响有一个充分的统计，这样才

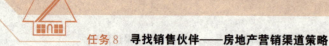

能做出正确的营销渠道决策。影响营销渠道策略的因素有许多,大体上可以归纳为以下几个方面。

1. 房地产商品本身因素

不同的房地产选择的房地产营销渠道也不同,房地产商品本身的许多因素,如价格、开发量、利润等,都会影响房地产营销渠道的选择。

(1)房地产价格。一般情况下,房地产价格越高,越可能通过代理商、经销商等中间商向消费者转移房地产产品;而房地产价格越低,越可能采用开发商直接销售的方式。这是因为房地产价格越高,其价格弹性越小;而房地产价格越低,其价格弹性就越大。房地产产品与一般商品不同,不仅具有消费品属性,还具有投资品属性。作为投资品,其价格形成机制和一般的商品不同,不是取决于市场上的供求关系,而是取决于未来的收益预期,预期价格上涨则需求增加,预期价格下跌则需求减少。

(2)房地产开发量。产品供不应求者,营销渠道应该短。反之,产品较充裕甚至过剩,则营销渠道应该放长些。新产品的营销渠道应该长一些。通常,采用新型设计、新型建材、新型设备建设的房地产,在进入市场时,应采用强有力的推销手段,更多地使用中间商来推广和宣传,并应该对销售人员进行集中培训,以确保推广的准确性和有效性。

(3)房地产利润。经济适用房、安居房、微利房等一般利润低,多采用开发商直销的直接营销渠道;而豪华住宅、高级商办楼利润相对较高,有条件也有能力支付中介代理费用委托房地产中间商代理租售。

2. 房地产市场因素

市场是研究房地产营销的首要因素,市场情况不同,采取的营销策略也不同,房地产市场因素对营销渠道策略选择的影响主要表现在以下两个方面:

(1)潜在消费者状况。如果潜在消费者多且分布分散,市场范围大,就要利用房地产中间商广为推销,辅以网络营销等方式;若市场范围小,消费者少且集中,则一般由开发商直接销售。

(2)需求量的影响。当目标客户购买的批量大、频率低、形式单一,且购买相对稳定时,房地产企业就可以考虑直接营销渠道。反之,购买的批量小、多样化购买、购买不太稳定,则可以考虑采用间接销售渠道。

3. 环境因素

若房地产市场兴旺,处于上升阶段,市场需求量不断增大,房地产企业应该考虑与中间商广泛协作,尽量扩大产品的销售。反之,若经济形势趋紧,产业结构和投资方向有重大调整,宏观调整力度加大,银根紧缩,造成目标市场需求急剧下降,产品价格下跌,这时,企业必须尽量减少不必要的商品流通环节,或取消一些非根本性服务,以降低产品在流通领域的费用。这种形式迫使企业尽可能采用直接销售渠道,或以尽可能短而窄的渠道销售产品。

各种环境因素及其变化对营销渠道的选择都有很大影响,主要可从政治环境、经济环境和社会环境三方面去分析。

4. 房地产企业自身因素

(1)企业的实力与声誉。房地产企业若实力雄厚,规模大,声誉高,选择营销渠道余地较大,可以选择直接销售渠道,也比较容易得到中间商的合作。反之,房地产企业实力薄弱,规模小,声誉低,选择营销渠道自由度较小。此时,企业应主动争取中间商的协作与支持。

(2)企业的销售经验和服务能力。企业的管理能力和水平较强的房地产企业多采用直接销售的方式,而管理能力和水平较差的企业一般将营销工作交给精明能干的中间商来完成。

(3) 生产者所提供的服务。生产者提供的服务较多且完善，可大大提高中间商的兴趣。建筑一些大型项目，若能将规划好的公共设施（如绿化地带、大型商场、学校、道路、游泳池、网球场、羽毛球场）预先完成施工，便能提高代理房地产企业的承接愿望和信心。

(4) 企业的经营决策和目标。以为消费者提供满意服务、优质楼盘为经营目标的企业，一般选择直接营销的渠道。

5. 市场竞争因素

(1) 在选择中间商时，应该尽力避免采用销售竞争对手产品的中间商。不销售对手的产品，是选择中间商的前提。同时，所选的中间商应该是市场竞争能力较强的中间商。

(2) 房地产企业应十分重视考察目标市场上竞争对手的渠道策略，比较双方的分销实力，再灵活选择营销渠道。若实力大于对手，可针锋相对；若实力大体相当，可另辟路线；若实力不及对手，则要避其锋芒，或采用相同的营销渠道。

市场竞争状况越激烈，房地产开发商就越会选择更宽、更深的营销渠道。即同时采用直销、中间商代理、包销商经销等多种营销渠道，并在渠道中尽可能多地选择房地产中间商，以打开市场。

8.2.2 营销渠道选择的原则

1. 效益原则

在确定房地产营销渠道策略时，首先应考虑效益原则。也就是说，要做到以最小的投入获得最大的利润。采用不同的营销渠道策略，就会增加不同数额的流通费用。一般情况下，房地产企业直接销售费用较低，经销商销售费用居中，委托代理销售费用较高。但这并不等于都要采取直接销售的方式，因为除了考虑流通费用外，还要综合考虑成本、营业额、销售速度等各种因素。也就是说，哪种销售渠道策略能给房地产企业带来最大的效益，就采用哪种策略。

当然，在讲求经济效益的同时，还要兼顾社会效益，充分考虑企业在社会公众心目中的声誉，树立良好的企业形象。

2. 协同原则

协同原则就是要做到真诚合作，也就是哪一类中间商能与本企业密切合作，能够在兼顾两方利益的前提下灵活销售本企业的产品，就应该选择哪一类中间商。房地产业的生产企业与中间商的矛盾焦点往往表现在竣工验收时间、定价变化幅度、信息通报、不可预测的风险（如意外损失、补税、罚款等）共负比例、销售利润分成等涉及双方权利的问题，这些问题不仅应在合同上写明，而且在行为上应严格遵守。不应与那些屡屡无故不遵守协议的、不守信誉的中间商继续合作。

3. 可控制原则

可控制原则指房地产企业在决定营销渠道时，必须始终掌握主动权，充分体现主体地位，对整个营销行为起到有效的控制作用。

通常哪一种销售渠道能够充分实现有效控制作用，就选择哪一条渠道。选定中间商代理销售时，为防止失控现象发生，要留有一定余地。

4. 风险原则

房地产营销具有高回报性和高风险性。在选择营销渠道时一般应遵循风险适中原则，既不宜过大，也不宜过小。房地产产品的特殊性表现在投机性、营利性与风险性并存，选择获利最大的营销渠道，也就意味着产品全部直接销售时，获利系数虽然是最大的，但是风险系数也是

任务 8　寻找销售伙伴——房地产营销渠道策略

最大的；选择风险性最小的营销渠道，虽然风险分给了中间商，但同时也把大部分利润分给了中间商。

8.2.3　营销渠道的选择步骤

从决策理论的角度来讲，要确定一个合理、有效的渠道系统，须经历确定渠道模式，了解渠道选择中的限制因素，选择具体的中间商并规定渠道成员的权利和责任，对各种可能的渠道方案进行评估等步骤。

1. 确定渠道模式

企业首先需根据前述顾客需求特点、限制因素及企业本身战略目标的要求，决定采用什么类型的营销渠道，是直接营销渠道还是间接营销渠道。房地产企业可沿用本行业其他企业采用的传统渠道模式，也可开辟新的渠道或同时采用多种渠道模式。

2. 了解渠道选择中的限制因素

每一个开发商在渠道决策中，要受种种因素的影响和制约。这些限制因素如下：

(1)房地产产品特性。由于房地产产品的价值量大，使用年限长，对大多数消费者来说，购买它往往要花费 5~15 年的经济收入，在做出购买决策时往往慎之又慎。另外，由于房地产的不可移动性，受周边环境的影响很大，而消费者一旦购买往往要长期使用甚至作为财产留给下一代。

(2)顾客特性。这包括现实顾客和潜在顾客的数量、顾客的购买习惯、对服务的要求以及销售的阶段性、市场竞争等因素，这些均直接影响分销路线。

(3)中间商特性。作为房地产开发商应考虑执行不同任务的营销中间机构的优缺点。同时，开发商选择中间商的过程，实质上也是中间商选择开发商的过程，两者是双向选择的。

(4)环境特性。这包括社会文化环境、经济环境、竞争环境等。

(5)开发商自身的因素。开发商自身的信誉高，财力雄厚，具备经营管理销售业务的经验和能力，在选择中间商方面就有更大的自主权，甚至建立自己的销售队伍而不依赖中间商的服务，从而降低成本、增加企业利润、提升企业的品牌。

3. 确定中间商的数目

确定中间商的数目，即决策营销渠道的宽度。每个营销渠道层次使用多少个中间商，这一决策在很大程度上取决于产品本身的特点、市场容量的大小及市场需求面的宽窄。

通常有三种可以选择的形式：

(1)密集分销。密集分销是指企业在营销渠道的每一层次选择尽可能多的中间商销售其产品，在房地产营销中就是指房地产所有者选择尽可能多的中间商帮助租售房地产，这种方式可以使房地产达到最大的展露度，使消费者能够最方便地买到房地产，但这种方式可能会使用一些效率不同的中间商，使房地产的分销成本上升，也会导致部分代理商缺乏开拓市场的动力，难以使每一代理商做到精心促销，一般的房地产开发企业较少采用这种方式。因此，分销商和代理商是否愿意接受该产品就成了企业能否实现密集分销的关键。

(2)独家分销。独家分销即企业在某一地区仅通过几个精心挑选的、最合适的渠道成员推销产品。这一策略的重心是着眼于市场竞争地位的稳固，维护本企业产品在该地区良好的信誉。一方面，独家分销比选择分销面广，利于企业扩大市场、展开竞争；另一方面，它比密集分销节省费用，并较易控制。实施独家分销的关键是制定合适的分销商选择标准。

一般来说，独家分销的方式对企业来说风险较大，如果中间商选择不当，则有可能失去相

任务 8　寻找销售伙伴——房地产营销渠道策略

当一部分的市场。

（3）选择性分销。选择性分销策略是指房地产所有者在营销渠道的每一层次只挑选少数几个中间商来销售其产品，这种方式介于密集分销和独家分销之间，通过对中间商的精选，去掉了那些效率不高的中间商，可使企业的分销成本降低；对于精选的中间商，企业也易与之保持良好关系，使之能更好地完成营销职能。

这一策略的重点在于着眼稳固企业的市场竞争地位，维护产品在该地区的良好声誉。同时，促使中间商之间彼此了解、相互竞争，使被选中的中间商努力提高销售水平。

4. 规定渠道成员的权利和责任

开发商在确定了营销渠道的长度和宽度之后，需要进一步规定营销渠道成员彼此的条件和应尽的义务，在制定渠道成员的权利和责任时必须慎重，并要得到有关方面的配合。具体操作时，渠道成员拥有哪些权利、承担哪些责任，开发商如何配合中间商、怎样配合中间商等问题，要视各地的实际情况而定。如对于开发商的权利和责任应包括给予中间商的房地产产品供应保证（按时交房、按时入住、产权及其他相关手续办理等服务）、产品质量保证、银行按揭保证、市政配套设施以及物业管理、价格折扣、广告促销协助等；中间商的权利和责任应包括向开发企业提供市场信息和各种业务统计资料，保证实行价格政策，不片面夸大和美化所销售的楼盘，达到服务标准等。

除上述条件外，开发商还应明确中间商应具有的特许权利。对于双方的义务和权利，必须十分谨慎地确定，尤其是采用特许经营或独家代理等营销渠道时，更应当明确双方的义务和责任；在确定了开发商与经销商之间的贸易组合协议之后，营销渠道的设计还应认真地研究经济成本。

8.3　房地产营销渠道管理

房地产营销渠道管理是指房地产企业为实现企业营销目标而对营销渠道进行的计划、实施、协调和控制，以确保渠道成员间、企业和渠道成员间相互协调和通力合作的一切活动。房地产营销渠道管理是保证所选的营销渠道有效运行的重要条件。房地产营销渠道管理中涉及的问题主要包括渠道成员的职责、渠道成员的合作管理、房地产中间商的绩效评估及营销渠道的改进等方面。

8.3.1　渠道成员的职责

渠道成员的职责问题对房地产营销渠道的正常运转具有重要的影响。渠道成员既包括房地产中间商也包括房地产企业本身，所以房地产企业必须制定相应的职责和服务范围，明确企业要为房地产中间商提供哪些方面的服务，承担哪些方面的职责，尤其当企业选择多渠道营销且企业本身也进行直接营销时，对企业自销房地产的定价、折扣等都要做出相应的规定，使之与房地产中间商代理的条件保持一致。另外，房地产中间商也要明确其要为企业提供的服务及承担的职责，例如，搜索市场资料、目标市场分析等。

8.3.2　渠道成员的激励

为了促使中间商尽心尽力为企业工作，完成企业所要求完成的营销职责，采取适当的措施

任务 8　寻找销售伙伴——房地产营销渠道策略

对所选的中间商给予激励是非常重要的。所使用的激励措施可以是积极鼓励性的，如给中间商高额佣金、折扣让利，为中间商提供广告促销等服务，达到规定租售额后给予额外奖金也是常使用的措施；也可以是消极惩罚性的，如减少所提供服务，推迟结算佣金，甚至中止双方关系等。当然，在实际应用中一般主要使用的是积极鼓励性的激励措施。

随着开发商所追求的目标不断细分和丰富，渠道奖励也有了更多的指向，如追求进入特定的市场等。从渠道经营与管理的各个阶段来看，渠道奖励的政策从单一向多层次演变。

营销渠道奖励所追求的目标和提供的内容与开发商的市场目标，与所经营产品以及用户构成等许多问题都有关联，并受其制约。最小的投入、最大的积极性和最大的产出是开发商激励渠道成员所遵循的原则。

1. 渠道奖励的多元化

促进渠道销售量，是渠道奖励最基础的诉求点，这一诉求点就是为了提升渠道的销售积极性。

(1)吸引渠道商，维护渠道忠诚度。在竞争激烈的市场环境下，渠道的利润空间受到挤压。而渠道奖励作为渠道利润来源的一部分，对渠道的吸引力还是相当大的。因此，渠道奖励的额度、内容、支付形式等也成了渠道成员选择开发商时所考虑的一个重要因素。以渠道奖励吸引分销商、维系和提高渠道忠诚度也成了开发商渠道奖励的目标之一。

(2)以渠道奖励为手段，对渠道进行管理。对于渠道激励的支付，渠道是否完成了开发商所规定的销售任务往往不是能否拿到渠道激励的全部条件。如果中间商在某些环节违反了开发商的渠道政策，那么开发商也可能以不支付或不完全支付渠道激励作为一种惩罚手段，或用渠道激励对某些遵循渠道政策但因此蒙受损失的中间商进行补偿。从这个角度来看，渠道激励也成为谋求渠道平衡、对渠道进行有效管理的一种手段。

(3)明确和强调开发商或分销商的渠道、市场、产品策略。渠道奖励目标多元化说明了渠道奖励有了更多的指向性。这些指向性向渠道成员明确了开发商的渠道、市场、产品策略。有的开发商针对行业市场，规定在重点行业打开局面的分销商可以获得更多的奖励，这就为渠道指明了厂商的行业发展策略。在产品上，高端产品高奖励、主推产品多奖励已是常见的现象，这表明了开发商的产品策略。

(4)实现对市场的应急性反应。市场是多变的，经常会发生突发事件。为保住客户资源，受到冲击的开发商授意代理商以更低的价格竞标，用奖励的形式弥补代理商的损失并保证其利润。

(5)以多样性的渠道奖励推动渠道商的发展。渠道的长远发展是开发商所追求的终极目标。多样性的渠道需要不同的支持内容。多样性的渠道奖励可以适合不同类型分销商的需求，有针对性的奖励资源能够帮助渠道从长远意义上提升实力。

2. 营销渠道的激励措施

由于房地产开发商与中间商目标的差异性，容易对同一房地产产品在销售策略、促销方式等方面意见不一致，因此开发商应主动调整与中间商的利益关系。

(1)向中间商提供适销对路的优质产品和服务。房地产企业应该注重产品质量，注意产品功能的齐全和式样的创新，引导消费潮流。只有经销畅销产品，中间商才能加速资金周转，增加企业盈利；此外，还应为中间商培训售后服务人员，或提供咨询及必要的人、财、物的帮助，以服务取信顾客。

(2)适当地分配销售利润。开发商与中间商在一定程度上是一种利益共同体，开发商应给中间商一定权利和适当的盈利，企业应该把划出的利润总额细分，并依据销售工作绩效的大小去合理分配，以提高中间商的积极性。

(3)奖励性激励。奖励性激励是指代理佣金之外的额外资金或其他实物和事项。如其他楼盘的代理权、收入分成、佣金比率的上浮、各类奖品等。

(4)做必要让步。做必要让步也是对中间商的激励方法之一。这要求开发商了解中间商的经营目标和需要,在必要时做一些让步,以满足中间商的某些要求,鼓励中间商努力经营。

(5)协助中间商促销。开发商应协助中间商共同进行广告宣传,以增强和维持产品的知名度。

8.3.3 渠道成员的评价

渠道成员的评价是指对企业所选择的营销渠道的中间商所完成的职责进行评价,以此对中间商进行激励和管理。企业在选择中间商时,一般都对中间商有一定的要求,如在一定时期内完成的租售量,为消费者提供的服务等,这些就构成了企业评价中间商的标准。一般说来,衡量标准主要有以下六个方面:

(1)销售指标及完成情况;

(2)对本企业商品经营的态度;

(3)对用户态度和服务水平;

(4)中间商存货水平和按时交货情况;

(5)对企业广告宣传及培训等方面合作情况;

(6)经营管理水平、信誉状况及发展趋势。

1. 运行状态评估

房地产营销渠道的效率和功能大小取决于渠道的运行状态。营销渠道的运行状态是指渠道成员的功能配合、衔接关系和积极性发挥等方面情况的综合。渠道运行状态评估是以渠道建设目标和分销计划为依据,检查任务的分配是否合理,渠道成员的努力程度,是否存在渠道冲突,销售是否达到既定目标等,具体可从渠道畅通性、渠道覆盖面、流通能力及其利用率、渠道冲突等方面进行分析。

(1)渠道畅通性评估。渠道是否畅通是指房地产能否在合适的时间到达用户手中。造成渠道通畅性不足的原因,可能是渠道成员缺位,能力不足,相互之间的协调和沟通不够等。

(2)渠道覆盖面评估。渠道覆盖面是指最大的销售区域范围,可从渠道成员数量、分布区域等方面衡量。准确地说,一个品牌分销渠道带来的市场覆盖面是指,该渠道中所有面向最终用户的经销商(或者面向行业用户的代理商)所覆盖的商圈或者用户的总和。

(3)渠道流通能力及其利用率评估。渠道流通能力是指平均在单位时间内由该渠道从开发商转移到用户手中的产品的数量,流速则是流过的产品和时间的比值。流通能力的评估可以通过流通能力利用率来衡量。

2. 服务质量评估

(1)信息沟通质量。中间商收集到市场信息后将信息传送给开发商或渠道领袖,主要考察渠道的下游对上游反馈的有关市场和产品信息是否有效,衡量指标包括沟通频率、沟通内容、沟通时间和沟通方式等方面因素。

(2)实体分配服务质量评估。实体分配的服务质量是指营销渠道成员对其顾客需要的满足及时程度。房地产企业在设计和管理营销渠道网络时,应着重从快速反应、高度弹性、全面质量控制和产品生命周期支持等几方面来控制实体分配的服务质量。

(3)促销效率评估。营销渠道的促销效率是指在促销活动前后流经分销渠道的产品流通量的变化与预期效果的比较。开发商可以用多种方法对营销渠道的促销效率进行测量和评估，而且在不同的市场上做法也可不同。

（4）顾客满意度评估。满意度是指期望值与现实值之间的对比关系，让顾客满意是市场营销中的核心问题。评估营销渠道的服务质量，必须分析企业和有关成员的顾客抱怨数量、抱怨性质和影响的严重性，还要研究有关顾客抱怨的处理效率。对于顾客的抱怨，应当能够及时地加以解决，避免矛盾激化。

3. 经济效益评估

分销管理人员可运用销售分析、市场占有率分析、渠道费用分析、盈利能力分析和资产管理效率分析五种绩效评估工具对产品营销渠道网络的经济效益进行评估。

（1）销售分析。销售分析是营销渠道运行效果分析的主要内容，它主要用于测量和评估营销计划及其销售目标的实现情况。

无论是产品销售额还是市场占有率，都可以看成许多因素影响的综合结果。营销渠道的有效工作，必然使产品销售额有所增加。销售额的增加可能表现为销售量的增加和销售价格的提高。而市场需求的变化、竞争的激烈化等因素往往造成销售量的降低和价格下降，导致渠道销售额的减少。要测定各个影响因素对销售绩效的作用大小，就可以进行销售差异分析。这里的销售差异分析是对整个营销渠道整体效率而言的，目的是判断整体营销的作用。

（2）市场占有率分析。单纯分析企业的销售绩效不能说明它相对于其竞争者而言经营成效究竟有多大，计算和评价市场占有率可以剔除一般的环境影响，通过企业之间的横向比较来考察企业市场营销和营销渠道管理的改善情况。如果企业的市场占有率升高，表明它较其竞争者的情况良好；反之，则说明相对于竞争者其绩效较差。

了解企业市场占有率之后，尚需进一步分析市场占有率变动的原因。市场占有率的变动不是开发商单独行动产生的效果，而是营销渠道整体行动的效果。通过分析市场占有率的变动，可以判断营销渠道整体的运转效率。

（3）渠道费用分析。营销渠道费用总量的大小以及各种费用之间的比例关系，直接影响有关成员单位的利润。评估营销渠道的经济效益，必须认真分析在营销渠道中发生的各种费用。评估营销渠道费用主要采用两个原则：

1）费用比例与功能地位的匹配性。

2）费用增长与销售增长的对应性。

合理的营销渠道费用构成应当是与营销功能分配相匹配的。各个营销渠道功能的有效运行都需要一定的费用作为保证，重要的、难度大的营销功能应当配备较多的渠道费用，这样就可以保证营销渠道费用的合理使用。

从总量上看，渠道费用与产品销售额应保持一个合理的比例关系。在市场竞争十分激烈的情况下，很可能会出现费用在大幅度地增长，而销售额增长缓慢的问题，因为不少渠道费用支出的效果被竞争抵消了。从渠道内部来看，费用超过销售额的增幅表明部分渠道分销功能减弱了。它们缺乏强劲的顾客吸引力和竞争力。因此，要采取得力措施，扭转费用增长局面。理想的情况是渠道费用的增长幅度低于销售额的增长幅度。

（4）盈利能力分析。渠道盈利能力分析历来被企业经理和营销管理人员高度重视，因而在营销渠道管理中占有十分重要的地位。取得利润是营销渠道网络及其成员最重要的目标之一，对营销渠道运行效率的分析，最后必须归结到财务绩效分析上来。盈利能力评估主要通过销售利润率、费用利润率和资产收益率若干重要指标的分析来进行。这些指标反映营销渠道获利能力和投资者的效益。

(5)资产管理效率分析。资产管理效率与获利能力密切相关,资产管理效率高,获利能力相应也较高。资产管理效率可以通过资产周转率和存货周转率两个指标进行分析。

1)资产周转率是指企业用资产平均余额去除产品销售收入净额而得出的全部资产周转率,该指标可以衡量企业全部投资的利用效率,资产周转率高说明投资的利用效率高。

2)存货周转率是指产品销售成本与存货平均余额之比,该指标说明某一时期内存货周转的次数,从而考核存货的流动性。存货平均余额一般取年初和年末余额的平均数。一般来说,存货周转率越高越好,说明存货较低,周转快,资金使用效率高。

8.3.4 营销渠道冲突的管理

营销渠道的冲突是指在营销渠道内部或营销渠道之间出现的相互矛盾冲突现象,房地产营销渠道内部冲突常出现在开发商同时委托几家中间商代理租售房地产的情况下,如果渠道设计不合理或者旧渠道结构在新市场条件下不能良好运作,渠道成员会因此而产生矛盾。而渠道间冲突在开发商使用多渠道营销时(既有开发商直销,又有中间商代理)出现。无论哪种冲突,原因一般都是渠道间或渠道内成员的目标或利益不一致。目前,渠道成员趋向于在大分销链中实现专业化、功能化分工。由于供应链各个环节掌握的资源不同,除了资金的差别外,还包括专业技能、特定市场的准入等,任何渠道成员都不可能独自完成渠道所有功能,都需要依靠其他环节的功能,从而使得渠道成员之间产生相互依赖,但是渠道每个环节都尽可能最大限度地自主经营,对渠道内部相互独立的业务实体来说,它们既希望实现渠道协同作业,又希望实现最大限度的自主经营,其行为背后也存在着多种动机,因此冲突就不可避免。渠道管理者在渠道关系开创之初,对冲突的客观存在应有足够的认识和必要的准备。实际上,单纯的、良性的竞争行为本质上是有利于渠道目标实现的。

1. 营销渠道冲突的分类

(1)按照渠道成员的关系类型分类。渠道冲突可分为水平冲突、垂直冲突和多渠道冲突。

1)水平冲突是指同一渠道中同一层次的中间商之间的冲突,这种冲突可能出现在同类中间商之间,也可能出现在同一渠道层次的不同类型的中间商之间。

2)垂直冲突是指同一渠道中不同层次的成员之间的冲突。

3)多渠道冲突是指当某个开发商建立了两条或两条以上的渠道向同一市场出售其产品或服务时,发生于这些渠道之间的冲突。

(2)按照产生的原因分类。渠道冲突分为竞争性冲突和非竞争性冲突。

1)竞争性冲突,是指两个或多个渠道成员在同类或类似的市场上竞争时发生的冲突。

2)非竞争性冲突,是指渠道成员在目标、政策及利润分配等方面存在不一致引发的冲突。

(3)按照显现程度分类。渠道冲突分为潜在冲突和现实冲突。

1)潜在冲突是指渠道成员由于在目标、角色、意识和资源分配等方面存在着利益上的差异和矛盾,而这种差异和矛盾还没有导致彼此行为上的对抗的一种冲突状态。

2)现实冲突是指渠道成员彼此之间出现的相互诋毁、报复等对抗行为的冲突状态。

2. 营销渠道冲突的根源

(1)目标差异。目标的差异决定了渠道成员的行为客观上会阻碍或不利于其他成员目标的实现,从而引发渠道冲突。

在营销渠道中,每个渠道成员的目标通常都与其他成员不兼容,甚至会产生利益冲突。要想消除或将代理问题的危害减到最少,设计合理完善的合同就变得至关重要。合同应表明渠道成员所应履行的职责和参与的流程，渠道成员按劳计酬的收入和渠道内产品的所有权流动。

（2）区域市场差异。区域市场划分也会引起渠道冲突。渠道区域市场主要由服务人口数量、覆盖地域、功能或职责和市场营销技术四个关键因素组成。

（3）客户划分。所有的营销渠道都会遇到客户划分的难题。在分销领域里，顾客会因为能有选择权而高兴。如果渠道之间存在明显的不同，例如每个渠道提供的服务各有特色，客户就可以确定哪个渠道最能满足自己的需求而自由做出选择，从而感到非常满意。只要渠道之间彼此各有特色，向客户提供的服务各有不同，那么渠道竞争反而是有百利而无一害的。

3. 营销渠道冲突的解决

应制定一些政策，将发生在萌芽阶段、甚至即刻要发生的冲突的解决方案制度化，通常的解决方法有如下三种：

（1）信息共享。信息共享能给双方带来可观收益，渠道成员为实现企业目标应共同努力。房地产开发企业可以定期或不定期地举行信息交流会，加强各渠道成员的沟通。信息共享通常是一个解决冲突的好办法。

（2）第三方机制。作为第三方机制，调解和仲裁能够防止冲突升级或使显性冲突保持在一定范围之内。调解是通过第三方解决争端的过程，在调解中通过向渠道成员提供建议，调解人的某些解决方案也许能被接受。调解能鼓励渠道成员在其目标和目的方面增进相互之间的沟通。调解之外的另一选择是仲裁，将争端交由仲裁者将有益于预防冲突。

（3）建立关系规范。应建立指导渠道成员如何管理其关系的规范。一种渠道规范就是对行为的期望，在渠道联盟中，渠道成员互相希望以最小的阻碍和最少的谈判轻易地适应变化着的环境；希望自由、经常、快速和完全地共享所有相关信息；希望为共同利益而不仅仅为一方利益工作。这种相关规范具有整体效应，如果一种关系中的某一种规范是高水平的，那么所有规范都会是高水平的。一条有着强有力的相关规范的渠道在预防冲突时会表现得特别高效，它阻止各方以损害渠道的代价去追逐自己的利益。这些规范还鼓励渠道参与者努力克服它们之间的分歧，以此使冲突保持在功能性范围内。

8.3.5 营销渠道的改进与调整

房地产企业在设计了一个良好的营销渠道后，不可放任其自由运行而不采取任何措施。市场营销环境是不断发展变化的，原来的营销渠道经过一段时间以后，可能已不适应市场变化的要求，因此开发商应随时依据市场条件的变化、渠道成员的评估结果，对整个营销渠道系统或部分营销渠道系统加以修正和改进。

比如一个大型高级别墅区的开发商以往是通过设置售楼处来租售其别墅的，当其租售速度明显降低后，该开发商才发现其竞争者已采取了许多创新措施。例如：

（1）许多高级别墅通过代理商租售；

（2）越来越多的竞争者和代理商采取对高级商办楼挨门挨户访问推销的方式；

（3）许多竞争者都在海外聘请了独家代理商。

上述渠道变化势必迫使开发商时时考察各种可能的渠道策略，并做必要的修正与改进。

1. 增减营销渠道中的中间商

由于个别中间商的经营不善而造成市场占有率下降，影响整个渠道效益时，可以考虑对其进行削减，以便集中力量帮助其他中间商搞好工作，如有必要，可另选合适的中间商加入渠道；市场占有率的下降，有时可能是由于竞争对手营销渠道扩大而造成的，这就需要考虑增加中间商数量。

增减渠道成员，应依据代理合同的执行情况清除那些未完成营销合同规定或发生严重信用危机、经营危机的代理商，避免造成损失，要及时调整渠道规模以适应市场发展的需要。通常企业改进营销渠道的策略有增加或减少某些渠道成员（中间商）、增加或减少某些市场营销渠道以及改进和修正整个市场营销系统。无论采用哪一种策略，都需先对现有的营销渠道和中间商做全面的分析评价，然后模拟出修正后的租售量、利润率等指标，进行对比后再做出决定。

2. 增减某一营销渠道

随着市场的变化，房地产企业有时会发现自己的销售渠道太多，从营销效率的角度考虑，则可适当地缩减一些销售渠道；相反，应增加一些销售渠道，或者随着时间的推移，某些渠道效益下降应剔除，某些渠道效益良好应增加。

3. 改变整个营销渠道

改变整个营销渠道是指取消原有的销售渠道，建立全新的销售渠道。这是渠道调整中最复杂、难度最大的一类。因为要改变整个渠道策略，而不只是在原有基础上缝缝补补。这种调整不仅是渠道策略的彻底改变，而且产品策略、价格策略、促销策略也必须做相应调整，以契合新的营销系统。使用全新销售渠道的原因如下：

（1）随着市场环境的变化，过去运行效率高的销售渠道不能适应环境的变化；

（2）效率高的、新的销售渠道的出现，使企业原有的销售渠道竞争力下降；

（3）房地产生产者的战略目标和营销组合实行了重大调整。

总之，对整个营销渠道进行改变，难度较大，风险也大，营销渠道是否需要调整、如何调整，取决于其整体营销效率。房地产企业必须进行认真细致的调查研究，慎重决策。

因此，不论进行哪一层次的调整，都必须做经济效益分析，看销售额能否增加，营销效率能否提高，以此鉴定调整的必要性和效果。

8.3.6 营销渠道控制

房地产营销渠道的控制是营销渠道管理的继续。营销渠道控制是指房地产销售渠道中某个"领袖"成员以各种标准制约该渠道中其他成员行为的活动过程。

为控制销售渠道，房地产开发企业要做好以下工作。

1. 制定渠道控制标准

控制标准应为评估确定中间商的各种绩效的具体标准，如销售目标任务、顾客指标、信息反馈水平等，制定的指标要切实可行，不宜过高。

2. 控制标准的修订与检查

控制标准应保持相对稳定。如果市场环境发生变化，则应适时修订。标准确定后，要做好充分的说服工作，使中间商接受。开发企业应按时以既定的标准评估中间商的工作绩效。

3. 强化对经纪人的控制措施

如果房地产市场交易中，一些人借用职权从事非法中介，利用场外黑市交易大发不义之财，房地产生产企业有义务协助政府有关行政部门加强对经纪人的管理，增强经纪人活动的透明度，将其纳入法制化的轨道。

房地产企业为了社会和自身利益，应该积极创造条件提高经纪人的素质，以各种激励措施促使经纪人奉公守法、信用诚实，合法地进行经销中介活动。

8.4 建立房地产营销组织

8.4.1 常见的房地产营销组织结构

房地产营销组织是营销实施的重要保障。目前,我国房地产营销组织形式不一:有的隶属于房地产开发公司,仅仅作为房地产开发公司下属职能部门存在,其销售的项目局限于本公司开发的楼盘;有的则是专业的房地产销售公司,作为企业法人,自主经营、自负盈亏,其主营业务收入主要来源为代理项目。组织结构与营销组织规模相适应,不同的规模具有不同的组织结构。我国目前房地产营销组织结构主要有以下几种。

8.4.1.1 销售部组织结构

销售部并不是独立的企业法人,而是隶属于某个房地产开发公司,仅作为房地产开发公司的一个职能部门半独立地运作。销售部组织结构比较简单,只要设立三类岗位即可——销售经理一名、文书助理一名、销售人员若干。销售人员具体数量要综合考虑代理楼盘规模和销售经理的管理能力,既要与楼盘规模相符又不能超出销售经理的管理能力。

1. 销售部组织结构的特点

(1)优点。

1)组织架构比较简单,只存在一层上下级关系;人员相对较少,一个销售经理管理着为数不多的一线销售人员。

2)成本比较低,精简的组织结构可节省大量人员开支。

(2)缺点。

1)销售部隶属于房地产开发公司,没有自主权,只能被动地对公司既有产品进行推广,对市场的反应能力很差,很难对变化频繁的市场做出快速有效的反应。

2)销售队伍缺乏企划专业人才,导致企划工作与市场工作操作性不强,实际工作往往流于形式或停留在初级的建议阶段,很难在具体的销售过程中贯彻实施。

2. 销售部组组结构的各层职能

(1)销售经理职责。统领整体销售作业,拥有绝对的领导权,负责现场业务执行、广告联系发布、工地沟通配合等,定期向公司领导进行全面汇报。

(2)文书助理职责。

1)监督协调销售人员之间的关系,并指导销售人员的销售工作;

2)负责收集整理有关售楼资料,每日(周、月)统计制作汇总案场的各种报表;

3)注意与财务部的工作协调,监督销售人员及时催交房款;

4)负责现场考勤、人员的每日排班及轮值工作;

5)合同的收发、签订的助谈、归档和审核;

6)配合销售经理进行现场销控;

7)负责处理销售人员与客户的纠纷;

8)定期向销售经理提交个人工作总结和工作计划;

9)协助销售经理处理日常事务。

(3)销售人员职责。负责接听电话、接待客户、收定金、签约等工作事项。

8.4.1.2 项目部组织结构

项目部组织结构同时设有职能部和项目部。职能部为项目部提供研发、企划等专业服务，是项目部的"后勤集团"。其中，各职能部设置部门经理一名、职员若干；项目部数量根据公司目前代理楼盘数量安排，在每个项目部中设置项目经理、企划人员、销售经理各一名，销售人员若干。

在该组织结构中，项目经理是项目的核心人物，对于房地产营销项目的成功与否起着关键作用。在任命项目经理时，总经理应该充分考虑项目经理在项目管理过程中的角色、职责、权限及项目本身对技术与管理能力的要求，还要考虑其个性、志向爱好与行为方式等。

项目部组织结构处于不断发展变化中，目前的主要存在变异结构包括三种：第一种是总经理下辖研发总监、企划总监、产品设计总监各一名，这些管理者为项目部提供所需服务，同时，总经理根据业务拓展情况领导适量的项目部门；第二种是根据物业类型来设定项目部；第三种是按照地区来划分项目部。

1. 项目部组织结构发展的推动力

项目部组织结构发展的推动力主要来自两个方面：

(1)企业中的项目通常需要多个职能部门专家的合作，而又希望各个项目能够共享这些专家；

(2)企业中必须有一个机构或组织来负责整个项目的集成，能将研发、产品、企划、销售等紧密结合起来，并且与客户保持密切的联系。

2. 项目部组织结构的特点

(1)优点。

1)项目是工作的核心。由项目经理负责管理整个项目，负责在规定时间、预算范围内完成工作要求，有效克服缺乏领导者协调统一的缺陷。

2)按照项目进度、项目规模由项目部相关人员从各职能部门临时抽调项目人员，大大减少了组织内部固定人员的数量，节省了人力资源成本。例如，当项目处于起步阶段时只需要研发人员，所以此时只要从研发部抽调适量人员即可，避免企划部门人力资源的浪费；当需要进行方案企划创意时，项目部企划人员只需同企划部门协调即可，研发部人员则可以从事其他项目的工作。

3)当有多个项目同时进行时，房地产营销组织可以平衡资源以保证每个项目都能完成其各自的进度及质量要求。组织可以在人员及进度上统筹安排，优化整个系统的效率，而不会以牺牲其他项目来满足个别项目的要求。

4)由专门人员与职能部门联系，可以提高职能部门的工作效率，使其能提供针对性更强的产品。

(2)缺点。

1)人力资源在项目之间的流动虽然可以节省成本，但是可能引起项目经理之间为了人才而进行的斗争。人才是一个组织的基本保障，所以每个项目经理为了自己项目的成功都尽可能地挑选优秀人才，特别是在同时进行多个项目时，人才争夺战就不可避免了。

2)在实际操作过程中，项目经理很难区分自身与职能部门经理之间的职能分工。项目经理主管房地产营销项目的行政事务，职能部门经理主管项目的技术问题，但是对项目经理来说，在实际操作过程中，要将两者之间的职能区分清楚不是一件易事。如果一个项目经理不具备该种能力的话，那么销售项目的成功将遭到质疑。

3)对项目部成员来说,缺乏一种事业的连续性和保障。当一个项目结束后,项目部成员会为自己的去留担忧。因为,他们不知道会不会暂时被解雇,会不会被安排做低档的工作,项目组会不会被解散等。

3. 项目部组织结构的各层职能

(1)总经理职责。负责洽谈业务以及整个楼盘从研发、企划到业务推进等全部过程的统率作业,是营销组织的领军人物。

(2)研发经理主要职责。负责市场调查的计划与执行、产品规划的设计修正建议、营销计划的批评与建议等工作。

(3)研发部职责。负责各类分析与评判;负责相关市场竞争楼盘的动态追踪;协助后续计划的修正与建议及其他市场调查和评判工作。

(4)产品经理主要职责。负责整体产品设计及修正;引领产品开发趋势;产品设计的批评与建议;进行产品演示等工作。

(5)产品部职责。负责具体产品设计开发;对既有产品进行修订;收集各种类型产品(户型、外立面等);协助产品经理进行产品演示等工作。

(6)企划经理主要职责。负责整个楼盘的广告企划作业与执行、媒体计划的规划与执行、企划再现的规划与执行、主管会议的召开及执行等工作。

(7)企划部主要职责。负责广告表现及媒体的文案创作、各项广告媒体的设计作业、各项稿面的设计完稿作业等其他广告作业。

(8)企划人员主要职责。企划人员是企划部门和开发商之间的一座桥梁,其职责如下:
1)负责本项目的所有企划创意工作;
2)与企划部门协调人员问题;
3)对企划部门提供的服务提出修正意见;
4)与开发商协商一致,制作出适合的企划方案等。

(9)项目总监主要职责。
1)制定房地产项目长期竞争策略;
2)制定房地产年度销售计划并进行销售预测;
3)与广告代理商共同策划广告活动;
4)收集有关房地产项目性能、顾客态度以及新的问题与机会等信息;
5)提出房地产项目的改进意见;
6)随时了解房地产项目的总体进展;
7)及时解决发生的问题和矛盾;
8)协调解决职能部门与项目小组之间的冲突等。

此外,案场经理、销售人员的主要职责与销售部组织结构中的销售经理、销售人员职责相同,这里不再赘述。

8.4.1.3 公司制组织结构

房地产营销公司通常是房地产总公司管辖的分支机构,一般而言,不具有法人资格。但是,具有重大资金运作自主权。职能部门设置包括一般的人事部和财务部,这一点显著区别于前两种组织结构。总经理统领若干部门经理,部门经理根据业务发展需要招聘适量员工。

公司制组织结构一般同时设有多个业务部门,每个业务部门之间独立运作,但是共享市场调查部门、企划部门和产品部门。总经理和案场经理有时由销售楼盘的负责人兼任,一方面可以节约人员费用,另一方面可以协调各方统一行动,达到最有效、最简洁的人力资源配置。

公司制组织结构存在多种变异类型,如:大型房地产企业通常会采用分公司制组织结构,即总公司下面设立几个分公司或者子公司,而每一个分、子公司都存在自己的职能部门,业务相对独立。

1. 公司制组织结构的特点

(1)优点。

1)在人员的使用上具有较大的灵活性。研发部和企划部的人员可以根据需要,临时接受调配项目,待所要做的工作完成后,又可以回到他们原来的部门,从事日常工作。

2)研发部和企划部的专业人员可以同时被不同的项目使用,可以在不同的项目之间穿梭,节约人力成本。

3)同一部门的专业人员在一起易于交流知识和经验,从而可使项目获得部门内所有的知识和技术支持,有利于创造性地解决项目的技术问题,做出更优秀的作品。

4)当有员工离开项目甚至公司时,仍然可以调派内部的其他员工顶替工作,保持项目的持续性。

(2)缺点。

1)职能部门可能同时进行不同项目,不能对某一具体项目或市场负责,所以每个职能部门出于自身利益考虑,为了获得更多的预算和更有利的地位而竞争,致使总经理忙于调解纠纷。

2)许多楼盘的销售都要多个职能部门的共同合作,但各部门往往更注重本领域而忽略项目的整体目标,并且跨部门之间的交流沟通是比较困难的。

3)在这种组织结构中,如果存在多个项目同时进行,会使唯一协调各部门之间关系的总经理疲于奔命;研发经理只负责项目的调研事务,企划经理只负责与企划设计有关的事项,而案场经理也只负责现场销售部分,所以可能导致协调困难、局面混乱。

2. 公司制组织结构的各层职能

总经理、研发经理、研发部、产品经理、产品部、企划经理、企划部的职能与项目部组织结构相同。

(1)人事经理主要职责。负责分公司的人员招聘、协调、培训、绩效考评等相关工作。

(2)财务经理主要职责。负责分公司的财务管理、与总公司进行资金往来等工作。

(3)案场经理主要职责。

1)组织实施公司有关销售方面的决议,负责完成公司下达的销售任务;

2)组织实施案场年度工作和销售计划;

3)制定销售人员的销售指标,做好案场的销控;

4)拟订管理机构设置方案及岗位职责范围和标准,与人事部共同拟订案场基本管理制度;

5)拟订佣金提成及奖励方案;

6)负责员工招聘、教育、培训;

7)处理案场日常事务及突发事件;

8)做好各种表单的制作、汇总、收集;

9)及时做好项目相关部门及案场工作人员的沟通工作,做到上通下达;

10)负责广告企划和市场调研与现场业务的协调;

11)负责与上级和各部门之间的协调与沟通。

(4)销售组主要职责。

1)负责现场客户的接待、介绍和成交事宜;负责整个销售流程的事务(如定金、签约等);

2）负责促销活动的规划与执行；
3）负责销售现场行政作业及例行报表作业；
4）协助财务部门收款、缴款、清款作业；
5）负责其他销售工作贯彻实施。
（5）总务组主要职责。
1）负责来宾、记者、官员、警察、环保的接待及协调事务；
2）负责接待中心的选址、施工与管理；
3）负责户外看板租赁洽谈、制作、悬挂作业；
4）协调、配合广告部门制作户外指示牌、灯箱等其他销售道具；
5）负责接待中心现场销售工具及设备的管理维修作业；
6）负责各项事务的发包及预算控制；
7）负责其他行政作业。

8.4.1.4 连锁加盟组织结构

连锁加盟又称特许加盟，是以特许经营权的转让为核心的一种经营模式，特许人与加盟商之间是一种契约关系。根据约定，加盟商在交纳了加盟费和保证金后，可以用特许人的品牌开展业务，同时，特许人给予加盟商人员培训、组织结构、经营管理、技术等方面的指导和帮助。

连锁加盟组织结构中各加盟店独立运作，平时由店长自行负责经营管理。总公司在提供商标和知识产权的同时，不断地提供技术、宣传、品牌等方面的支持。作为回报，加盟店需每月支付适当的加盟费和服务费。

1. 连锁加盟组织结构的特点

（1）优点。

1）连锁加盟是一种双赢策略。对总公司而言，连锁加盟不受资金限制，可以使其在资金不充足的情况下进行扩张，有利于著名房地产品牌的延伸；对于加盟商而言，利用总公司成功的经验、完善的销售渠道，可以最大限度地降低创业风险。

2）房地产营销总公司结构简单。相对于公司制组织结构而言，连锁加盟组织结构主要将业务授权加盟店经营管理，从而使总公司组织结构得以精简，又由于收取相应加盟费、保证金及月度辅导费，所以利润并没有减少。

3）加盟商更大的能动性有助于总公司事业的发展。加盟店独立经营，扣除上缴费用后的剩余完全归加盟商所有，极大地提高了加盟商的工作热情，从而有利于总公司整体业务的扩大、声誉的提高。

（2）缺点。

1）连锁加盟可能导致房地产营销组织的核心技术泄露。房地产营销总公司向加盟商传授技术、给予经营管理指导，不可避免地面临向竞争对手泄露这些关键无形资产的危险。

2）经营失败的加盟店可能破坏总公司声誉。虽然总公司会对加盟店进行人员培训、技术指导，但是市场瞬息万变，仍然会有部分加盟店破产倒闭，从而可能对总公司声誉带来不利影响。

2. 连锁加盟组织结构的各层职能

各职能部门的职责与公司制组织结构的职责相同，在此不再赘述。

（1）加盟管理部主要职责。

1）负责加盟店销售人员培训；

2）对加盟店的业务开展给予技术上的支持；

3)对加盟店的日常经营管理给予恰当的指导和帮助。
(2)店长的主要职责。
1)与总公司进行联系;
2)对外开拓业务;
3)负责加盟店的日常经营管理等。
(3)店员的主要职责。此处的店员实际相当于公司制组织结构中的销售人员,所以其职责也与销售人员相同。

8.4.2 营销组织结构的选择

为了选择一个适合的组织结构,房地产营销组织管理者要考虑一系列权变因素,同时必须根据自己组织面临的具体情况,统筹规划所有这些因素,做出最佳选择。下面着重从房地产营销组织的环境、战略、规模及人员素质、商品房销售方式等影响因素加以分析。

8.4.2.1 房地产营销组织环境

在目前如此瞬息万变的市场环境中,能够生存下去的企业不一定是能力最强的,却是最能适应环境变化的。企业要生存下去,就要及时根据市场环境的各种变化,优化和改变营销组织结构,以适应市场营销竞争需要。影响企业的环境因素相当复杂,例如自然环境、人口环境、经济环境、技术环境、社会文化环境、政治法律环境以及企业内部的环境等,但是对房地产营销组织影响最明显的是市场状况和竞争对手状况两大环境因素。

1. 市场状况

影响房地产市场的外部因素数量众多,导致房地产市场状况比较复杂。例如购房者的消费观,初级阶段只注重户型,随着生活水平的提高、环保意识的增强,人们越来越注重小区周边环境;人们对广告媒体喜好的转移,报纸阅读人数、电视观看人数、广播收听人数逐渐减少;购房者行为类型,文化层次较高的买主要求住宅周围绿化较好,上班族往往强调交通便利,家庭主妇则更重视室内的宽敞舒适等。

随着市场复杂程度的不断变化,房地产营销总经理对组织结构的选择也必须做出调整:

(1)在一些经济不发达的内陆城市,市场影响因素相对较少,商品房严重供不应求,此时销售部组织结构就可以适应市场的发展需要。

(2)在一些相对发达的城市,市场的复杂程度增加,必须对新盘进行一定的策划推广,此时可以选择项目部组织结构。

(3)在上海、北京等发达城市,市场高度复杂,为了取得销售成功,必须对项目进行全程跟踪,此时可选择建立营销公司。

(4)大型跨国房地产营销企业进入一个陌生的市场,其对市场环境的熟悉程度明显不如本土房地产营销企业,也就是说跨国房地产营销企业面临的市场是最复杂的,此时为了缩小两者之间的差距,可以采用连锁加盟组织结构,通过本土人员的加盟解决该问题。

2. 竞争对手状况

房地产企业面临两类竞争对手:一是其他房地产企业;二是所有从居民手中争夺大宗货币支出的企业和组织,如汽车制造商、教育机构、医疗机构等。

房地产营销组织收集竞争对手情报的途径多种多样,既可以设立专门的市场调研部,也可以借助销售人员获得,还可以依靠外部的咨询机构。不同的选择将直接影响房地产营销组织的构成。

任务 8　寻找销售伙伴——房地产营销渠道策略

（1）如果从节省成本角度出发，只借助销售人员获得各种信息，则可以采用销售部组织结构。

（2）如果房地产营销组织决定设立专门的市场调研部，则可以在项目部组织结构和公司制组织结构之间进行选择，然后结合其他因素做出最优决策。

（3）大型房地产企业为了拓展市场，扩大市场占有率，可以采取加盟连锁方式，尽快形成市场营销网络。也可以采取直接开店的直营连锁模式，以较快的速度形成营销网络和竞争优势。

8.4.2.2　房地产营销组织战略

战略和组织结构两者谁决定谁、谁服从于谁一直是人们关注的焦点。最早对战略与组织结构的关系进行研究的美国学者钱德勒发现，组织结构服从于战略，公司战略的改变会导致组织结构的改变，最复杂的组织结构是若干个基本战略结合的产物。

这意味着，房地产企业所拟订的战略决定着组织结构类型的变化。具体对应关系如下：

（1）企业刚刚创立，只开发代理一个楼盘，公司员工数量有限，采用低成本战略，以减少费用支出，此时可以采用销售部组织结构。

（2）如果房地产企业的物业涉及种类较多，例如既有住宅，又有商铺、办公楼，为了充分发挥员工的专业才能，制作出针对性强的产品销售策略，该企业就可以设计项目部组织结构。

（3）如果房地产企业的物业产品分布区域很广，并且每个区域的购买者行为与需求存在很大差异，那么，它也应该建立项目部组织结构。

（4）当房地产营销组织以楼盘销售作为主业，兼对外提供调研信息或者企划方案，即采用主副业多元化战略，此时就可以建立公司制组织结构。

（5）具有较好品牌的房地产营销公司，如果采用快速扩张战略，由于资金方面的限制通常会采用连锁加盟的形式迅速扩大企业在社会上的知名度。

8.4.2.3　房地产营销组织规模

考察现存大型企业的发展历史可以发现：各企业是从简单到复杂连续地发展的，不同发展阶段的企业表现出明显不同的组织结构特征。房地产企业也概莫能外。在不考虑其他因素或假定其他因素相同时，不同规模的房地产企业组织结构要素特征的差异见表8-1。

表8-1　结构要素与企业的关系

结构要素	小型房地产企业	大型房地产企业
管理层次（纵向复杂性）	少	多
部门和职务的数量（横向复杂性）	少	多
分权程度	低	高
职能专业化程度	低	高
规范化程度	低	高
书面沟通和文件数量	少	多
专业人员比率	小	大
中高层管理人员比率	大	小

这些结构要素的变化是相互关联的，房地产企业规模大直接增加了组织结构的复杂性，一方面分工细化，部门和职务的数量增加，例如成立了专门的调研部门和企划部门；另一方面管理层次也会增加，例如增加了研发经理和企划经理等。分工细化的结果是既提高效率，有利于房地产企业规模的进一步增加，又增加专业人员的比率——专业的研发人员和企划文案等人员

增多，增大了部门内外之间协调的工作量，从而使书面沟通和文件数量增加。管理层次增加，促使分权增多，导致对标准化程度的要求上升和中高层领导人员减少。而协调工作量的增加和标准化程度的加强，必然引起规范化的提高，使书面文件的数量增加；反过来，这又降低了协调工作量，再加上分权有利于中高层领导人摆脱日常事务，因而带来了管理人员比率的降低。所以，房地产企业规模变动会引起组织结构的一系列变化，其中的一些变化又存在因果关系。

以上简要阐述了房地产企业结构要素和规模之间的相互关系。不同类型的房地产企业，可以建立不同类型的营销组织。

(1) 小型房地产企业，可建立销售部组织结构。
(2) 中型房地产企业，可建立项目部组织结构。
(3) 大型房地产企业，可设立公司专营销售。
(4) 跨国房地产企业，可设立连锁加盟组织结构。

8.4.2.4　人员素质

房地产行业人员素质水平参差不齐，然而人员素质对组织结构的影响还未引起管理者的高度重视。但是其他行业的实践证明在组织结构设计时，对人员素质的考虑不足会产生较严重的问题，可能导致整体经营状况的大幅下滑。人员素质对房地产企业的影响可以从以下几方面考虑。

1. 管理幅度大小

房地产营销总经理的专业水平较高、领导经验丰富、组织能力较强，就可以适当地扩大管理幅度，采用权力相对集中的组织模式；反之，则应缩小管理幅度，以保证管理的有效性，营销总经理只集中精力管理直接下一级部门经理。连锁加盟组织结构中的加盟管理部经理不仅要管理本部门人员，还要对加盟店进行一定的管理，所以其管理幅度最大。

2. 管理人员才能

如果实行公司制组织结构则需有比较全面领导能力的人选担任总经理；实行项目部组织结构，项目经理人选要求有较高的威信和良好的人际关系，以适应其"责多权少"的特点。如果实行连锁加盟组织结构，则要求总经理具有人格魅力，以便吸引更多的加盟商。

3. 定编人数

人员素质高，一人可兼多职，则可以采用销售部组织结构，可减少编制，提高效率；反之，人员素质低，需将复杂的工作分解由多人来完成，则可以采用分工比较明确的项目部或者公司制组织结构。加盟店人员不属于总公司的编制范围，所以连锁加盟组织结构中定编人数少于项目部定编人数。

8.4.2.5　商品房销售方式

目前，有些房地产开发商开发的商品房采取直销方式。大型房地产开发企业自身负责广告、人员推销、物业管理、市场调研各项工作，所以房地产营销组织的结构比较全面、复杂，可以选择项目部或者公司制组织结构。中小型房地产开发企业由于自身实力的限制，房地产项目操作中涉及的广告、物业管理、市场调研等工作，可以委托给专门的房地产经纪公司或物业服务公司，这样一方面可以简化营销组织，另一方面企业可以对项目的实际操作投入更多的精力。如果通过房地产中间商销售，则营销组织可以简化，只要设置销售部，负责与中间商的联系和合作工作，项目的销售任务主要交由专业的中间商完成。如果新房销售与二手房业务兼而有之，则可以采用连锁加盟组织结构，把项目的销售任务交由加盟店完成。加盟店的销售数量和任务，由总部根据各个加盟店的具体特征和经营状况进行有效分配。各个加盟店采用信息平台联网的

任务 8　寻找销售伙伴——房地产营销渠道策略

方式，实现销售资源的共享，其他营销环节涉及的工作交由总部完成，而每个加盟店完成每一个项目销售，总部的数据库都会自动更新。

管理者和学者大多赞同，任何一种组织结构并不能适用所有情况，也不存在一种普遍的最好的组织方式。房地产营销组织是一个开放系统，外部环境、内部环境随时处于变动中，作为总经理应该及时识别这种变化，采取应对措施。一个房地产营销组织究竟应该采用何种结构，除了要考虑以上因素外，关键考虑哪种形式最能提高销售人员的工作效率、发挥工作积极性及协调性，最能够为顾客提供优良的服务，为房地产营销组织带来最佳的销售业绩。

8.4.3　营销组织的运营管理

不论是房地产企业中的销售部门，还是以房地产销售为主要业务的企业，在管理中，既有与一般企业管理相同的一面，又有其独特之处。本小节主要从决策权分派、绩效考评和薪酬制度三方面加以讨论。

8.4.3.1　决策权分派

房地产营销组织决策权应如何分配——哪些权力由总经理掌握，哪些权力由项目经理或者职能部门经理控制，哪些权力下放给下属，已成了组织管理中的难题。处理不好将会影响房地产营销组织的绩效，严重时将会影响组织的生存与发展。

1. 决策权分派原则

（1）决策权与决策能力匹配原则。决策者的决策能力必须能够支持决策权力，否则将导致决策失误和组织损失。毋庸置疑，总经理的视野和组织内外相关信息能力，要比其下属更加完备，决策经验要更加丰富，所以在进行组织整体决策时，总经理应发挥关键作用。但是，在处理具体销售问题时，销售人员可能比总经理经验丰富，所以此时应该更多地将权力下放。

（2）重要决策优先配置原则。即使一位决策者能力超群，可以胜任组织的任何一项决策，但是其时间与精力有限，此时就应该采用该原则——让其对重大决策做出决定，细枝末节交与下属。所以，房地产营销组织应该将高决策能力者的精力主要集中在关系组织生死存亡的重大问题和全局性事件上。

（3）个人决策与集体决策有效结合原则。通常来说，集体决策的质量要高于个人决策。对于一个问题，可以先在组织内部讨论，让相关员工畅所欲言，尽可能地听取各种不同声音，最后由组织中决策能力强的管理者综合各种观点，做出最终决策。

2. 决策权分派的影响因素

（1）房地产市场营销工作的复杂程度。一般而言，营销工作的内容越是复杂，分工越细致，决策权越应该分散。

（2）房地产市场营销管理者承担的非管理性工作的多少。承担的非管理性工作越多，决策权越应该分散，下属部门应该具有更多决定权。

（3）新问题的发生率。在一个房地产营销组织中，新问题的发生率越高，就越应该由专人负责具体问题。

8.4.3.2　绩效考评

绩效考评是一种正式的员工评估制度，通过系统的方法、原理来评定和测量员工在职务上的工作行为和工作效果。

1. 绩效考评的作用

（1）绩效考评为员工的薪酬调整、奖金发放提供依据。对房地产营销组织而言，销售人员薪酬中，奖金占重要部分，绩效考评确定的每个销售人员的奖金数额，既公平又能对员工起到激励作用。

(2)绩效考评为员工的职务调整提供依据。员工的职务调整包括晋升、降职、调岗甚至辞退。对于一个组织来说，当要降某个员工的职务时，公平、客观的绩效考评可以使该员工心服口服，从而避免员工在以后工作中产生抵触情绪。

(3)绩效考评为上级和员工之间提供一个正式沟通的机会。在绩效考评中，当总经理与员工面谈时，一方面，总经理可以及时了解各岗位员工的实际工作状况；另一方面，一线销售人员可以了解到总经理的管理思路和计划。所以，考评沟通促进了管理者与员工的相互了解和信任，提高了管理的穿透力和工作效率。

(4)绩效考评对于员工的培训与发展有重要意义。一方面，绩效考评可以发现销售人员的长处与不足，应注意保护、发扬他们的长处，对其不足进行辅导和培训。另一方面，绩效考评不但可发现和找出培训内容，据此制定培训措施与计划，还可以检查培训措施与计划的效果。

(5)可使房地产营销组织及时准确地获得销售人员及其他人员的信息，为改进房地产企业政策提供依据。

通过绩效考评，总经理和人事部可以及时准确地获得员工的工作信息。通过这些信息的整理和分析，可以对房地产企业的招聘制度、选拔方式、激励政策及培训制度等一系列管理政策的效果进行评估，及时发现政策中的不足和问题，从而为改进企业政策提供有效依据。

2. 考评内容选择的原则

(1)企业文化与管理理念一致的原则。考评内容实际上就是对员工工作行为、态度、业绩等方面的要求，是员工行为的导向。考评内容是房地产企业组织文化和管理理念的具体化和形象化。在考评内容中必须明确：房地产企业鼓励什么、反对什么，给员工以正确的指引。

(2)内容有所侧重的原则。考评内容不可能涵盖该岗位上的所有工作内容。为了提高考评的效率，降低考评成本，并且让员工清楚工作的关键点，企业应该选择岗位工作的主要内容进行考评，不要面面俱到。

(3)考评内容具体化原则。绩效考评时，对不影响工作的其他事情都不要进行考评。例如，对于一线销售人员来说，他们直接跟购房者接触，行为举止、穿着打扮直接代表房地产公司形象，影响潜在客户的购买欲望，所以销售人员的行为举止、穿着打扮必须列入考核内容。但是，对于企划部门人员来说，行为举止如果不妨碍工作，就没必要列入考核内容。

3. 考评的内容

(1)销售绩效：具体指标如数量、销售额、指标完成率、利润等。

(2)销售工作技巧：考核员工运用销售技巧处理客户等各方面问题的能力。

(3)专业知识：对产品知识、市场知识、客户需求、竞争对手等进行考查。

(4)客户服务与客户关系：考核客户抱怨和投诉的数量及其处理情况，能否及时处理订单和合同。

(5)员工的自我管理：考核员工的工作形象、时间安排、考勤等。

(6)文件及报告的质量：能否及时提交客户订单与合同、销售报表及其他与销售业务有关的报告。

(7)费用控制：考查员工对销售费用控制、执行公司产品价格和折扣政策的成效。

(8)个人行为：主要考核员工与同事的关系处理、团队合作精神、平时工作态度和作风等。

4. 考评的方法

(1)等级评估法。等级评估法是绩效考评中常用的一种方法。将被考评岗位的工作内容划分为相互独立的几个模块，在每个模块中用明确的语言描述完成该模块需要达到的标准。同时，将标准划分为几个等级选项，如"优、良、合格、不合格"等。考评人根据被考评人的实际工作表现，对每个模块的完成情况进行评估。总成绩便为该员工的考评成绩。例如，将销售人员的工作分为楼盘介绍、跟购房者洽谈、礼仪表现等几部分独立的模块，然后对每个销售人员的表现进行评分，最后得出总成绩。

(2)目标考评法。目标考评法是根据被考评人完成工作目标的情况来进行考核的一种绩效考评方式。在开始工作之前，营销总经理、项目经理或者职能部门经理以及被考核的下辖人员应当就需要完成的工作内容、时间期限、考评的标准达成一致。在时间期限结束时，领导者根据被考评人的工作状况及原先制定的考评标准来进行考评。

(3)重要事件法。考评人在平时注意收集被考评人的"重要事件"。这里的"重要事件"必须是具体行为，而不是定义模糊的人格特质。将这些重要事件形成书面记录，经过整理和分析，最终形成考评结果。通常，该考评方法不单独使用，要配合其他方法。例如，某销售人员及时有效地化解了一起突发事件，挽回了公司声誉，此时考评人员在进行评分时要着重考虑。

(4)配对比较法。配对比较法主要适用某个案场的销售人员的绩效考评。配对比较法就是将被考评人按照考评要素与所有其他员工逐一进行配对比较，并选出每一次比较中的优胜者，最后根据每一个员工净胜次数的多少进行排序。

(5)全方位评估法(360°评估)。全方位评估法是指在对某个员工进行绩效评估时，不能由其上级管理者一人进行评定，而应该由员工在日常生活中接触到的所有人，如顾客、上司、同事等进行综合评定。这种方法所提供的绩效反馈比较全面。

8.4.3.3 薪酬制度

合理的薪酬制度不但能有效激发员工的积极性、主动性，促使员工不遗余力地为企业目标奋斗，提高企业经济效益，而且能在人力资源竞争日益激烈的知识经济时代，吸引和保留住一支高素质、具有竞争力的员工队伍，保证企业的持续发展。

1. 有效的薪酬制度的特征

(1)有效的薪酬制度应该是明确的。如果工作结果与薪酬之间的对应关系可以定量描述，则管理者在制定薪酬制度时就应该尽可能给予定量的规章制度。即使不能给予定量的描述，在定性描述时也应该尽可能详尽，以减少不必要的麻烦。

(2)有效的薪酬制度应该是有意的。"有意"意味着薪酬需要使员工感觉到他们的成就是有价值的。不容易达到的工作应该对应较高薪酬，从而增加员工自豪感；一般员工都可以做到的工作，设置基本工资即可，而不必给予额外的奖酬。

(3)有效的薪酬制度应该是可实现的。研究表明，员工如果认为目标能达到，那么他们会不断努力来实现该目标；如果认为该目标通过努力仍然不能实现，则他们就会采取消极态度，导致结果更糟糕。所以，工作结果必须在员工的控制或影响范围之内，并且通过合理的努力可以完成。

(4)有效的薪酬制度应该是可靠的。"可靠"意味着薪酬分配必须在房地产营销组织所获得的总利润之内。如果制定的分配比率过高，超过预期总利润，不仅不会推动组织取得利益，而且可能降低在员工内部的诚信度，导致他们不再加倍工作。

(5)有效的薪酬制度应该是及时的。调查表明：当员工看到取得目标所需的努力与薪酬按时结合在一起时，他们会更加努力工作来达到更高目标。所以，在员工取得成绩后，公司应该尽快执行薪酬制度规定的奖励内容。例如，销售人员按时完成了某楼盘的销售任务，在销售尾期，营销总经理就应该实现薪酬奖励,这样可以对销售人员产生激励作用,促使其在以后工作中加倍努力。

2. 薪酬体系

(1)基本工资。基本工资是每一个支付周期内确定且稳定地发放给个人的收入,是房地产营销组织为了使员工从事工作所需支付的工资。

(2)可变工资。可变工资是在基本工资基础上的补偿收入,因个人、小组、企业等业绩的变化而不同。虽然许多企业把这项内容变成了像基本工资一样的权利,但是本质上它是没有保障的。可变工资或者是以现金形式一次性获得,或是与股票相关的投资(如股票授予、限制性股票、股票承购权等)。

(3)业绩管理。业绩管理要求薪酬与业绩挂钩。业绩管理存在多种形式。下面对房地产营销组织中较常用的形式加以解释。

1)主管年度红利方案。主管年度红利方案主要针对房地产营销组织的高层管理者。高级经理们根据自己的业绩和公司的业绩拿到一笔薪酬,以现金支付,区别于利用股票或股票相关方式实现的基于利益的计划。

2)销售激励方案。销售激励方案用于调节组织内的销售任务,主要用于销售人员的激励。事先确定每售出一套房产的提取比例,从而确定了可以得到的佣金或者规定销售人员达到某个销售水平就可以得到数额一定的一笔奖金。这意味着销售人员的销售业绩出众,则奖金就多。

3)销售管理激励方案。销售管理激励方案将经理的激励薪酬直接与其领导的销售人员的业绩联系起来。将员工的销售佣金与更长远的战略性目标(例如市场份额等)综合起来,确定销售经理的激励方案。

这三个基本要素结合构成了一个薪酬体系,作为一个系统,它们相互影响。基本工资和可变工资能够为房地产营销组织吸引更多所需要的销售人员、研发人员、企划人员;基本工资和业绩管理的结合则可以通过特定方式塑造房地产营销组织员工的行为,基本工资鼓励员工学习和应用新的知识,而这种学习可以通过业绩管理过程得到加强;可变工资和业绩管理的结合则可以促使营销人员不断自我发展与完善。

3. 销售人员薪酬计算方法

销售人员薪酬的最基本算法有底薪制、底薪加提成制、底薪加业绩提成加奖金制(奖金用来奖励业绩大大超出指标或为公司做出突出贡献的人员),其中最经常采用的方法是第二、第三种。这里最值得关注的是业绩提成方案的设计,业绩提成的计算方法是与业绩的定量考核方法联系在一起的。在实际管理中,提成大致有三种:

(1)总额(量)直线提成,即以销售总额作为提成基础,每单位的销售额(量)的提成比率相同。

(2)分段递增提成,其计算方法可类比为个人所得税的累进法。

(3)分段递减提成,其计算方法可类比为个人所得税的累退法。

在两种分段提成法中,更多的公司以超过定额部分为分段提成的基础,也有的公司以总的销售业绩作为分段提成的基础。

底薪加提成,如何对底薪和提成进行组合?高底薪低提成,还是低底薪高提成?这些将直接影响销售队伍的工作积极性和业绩。

比较高底薪低提成与低底薪高提成这两种薪酬制度,不难看出,前者注重的是人员稳定性,高额工资能给人以安全感和归属感,能有效保证工作和人际关系的延续性,防止人员流动频繁,但如果没有相应的考核控制措施,将导致员工惰性滋生,工作效率降低;后者一切以销售业绩

任务 8　寻找销售伙伴——房地产营销渠道策略

为导向,最大限度地刺激销售员工提升业绩,令员工承受巨大的工作压力,能迅速提升公司销售额。但一旦市场出现某些状况,销售工作遇到瓶颈之时,销售队伍容易分崩离析。

两种薪酬制度各有利弊,要视企业的具体情况进行选择。知名度较高、管理体制趋于成熟、客户群相对稳定的企业,其销售额更大程度上是来自公司整体规划和推广投入。采用高底薪低提成或年薪制,更有利于企业维护和巩固现有的市场渠道和客户关系,保持企业内部稳定,有利于企业平稳发展;反之,如果一个企业处于起步阶段,需要开拓市场,或是产品性质决定其需要不断开拓新的客户源,利用低底薪高提成的薪酬制度更能刺激销售员工的工作积极性。

8.5　房地产项目销售流程管理

8.5.1　房地产销售流程

销售流程管理是房地产市场营销执行阶段的重要内容。房地产市场营销能否取得好的业绩80%是靠执行的,而在执行期间,其核心要点是如何抓好流程管理。做好流程管理,就能很大程度上保障市场营销的成功。

房地产销售中最常用、最重要的12个流程:客户接待流程、客户分派流程、认购书开具流程、客户退订流程、客户签约流程、客户退房流程、客户换房流程、更名流程、优惠流程、权证办理流程、结算流程和成功销售确认流程。其具体的过程如图8-1所示。

销售过程总体流程是指销售整个过程的流程,包括销售实施、销售管理和销售合同执行监控。

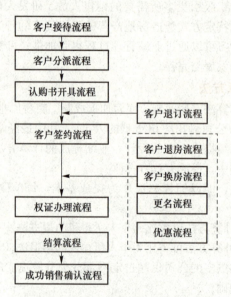

图 8-1　房地产销售总体业务流程

1. 客户接待流程

客户进入案场,销售人员带领客户参观模型、看板、样板房,向客户介绍产品信息,并回答客户的提问。销售人员在判定客户有购买意向后,要抓住时机促使成交,可以与其签订认购书,并告知签约须知。若客户无预订的意向,销售人员可以放弃,并要总结原因;若客户意向不明,销售人员需跟踪,与客户继续保持联系。最后,无论成交与否,每接待一位客户后,立刻填写客户资料表。填写重点为客人的联系方式和个人信息、客户对产品的要求条件和成交或未成交的真正原因。根据成交的可能性,将其分为很有希望、有希望、一般、希望渺茫四个等级,认真填写,以便日后跟踪客户。

在实施该流程时,需注意以下几点:

(1)客户进案场后,由案场助理安排销售人员接待。若客户以前来过案场,最好由原先的销售人员接待。

(2)销售人员在接待客户过程中,为客户办理会员卡,应在客户下订之前或未下订离开案场前,凭《客户资料征询单》及工号牌换取客户会员卡,并送至客户手中。

(3)对未成交客户,销售人员必须分析、总结原因,并将其随客户资料归档。

(4)促进成交要讲求销售技巧、注意时机,把握好消费者心理,投其所好,不能过急,也不能过于生硬。

如果采取会员卡方式销售,客户进入案场后,由案场助理接待,询问客户是否有会员卡,然后分三种情况进行处理:

第一,客户有会员卡且是本案场办理的,案场助理可直接安排销售人员接待;

第二,客户有会员卡,但会员卡不是本案场办理的,案场助理需要核对信息的真实性和完整性,无误后安排销售人员接待;

第三,客户无会员卡,可安排销售人员接待并办理会员卡。

完成上述步骤后,再由销售人员正式开始业务接待。

2. 客户分派流程

由案场助理签发派单,安排销售人员接待客户。若客户是老客户,无须排队,直接由原接待的销售人员接待;若客户是新客户,需要排队,按照派单的次序等待销售人员过来接待。销售人员接待完后,如果采用会员卡销售方式,客户需要重新排队领取会员卡。

在实施该流程时,需注意以下几点:

(1)老客户最好由原来接待的销售人员接待,只有在原销售人员不在或者没时间接待时,才能由新的销售人员接待。

(2)为了培训经验不足的销售人员,可考虑在分派新客户时,首先由其接待。

(3)一般一个销售人员在同一时间只服务一个客户,在服务完一个客户后,可以重新循环服务下一个客户。

(4)销售人员在接待中,主要是帮助客户填写《客户资料征询单》,帮助办理相关事宜。

3. 认购书开具流程

认购活动开始,先由客户挑选房源,然后由销售人员根据客户选中的房源打印认购单,并给客户解释《签约须知》。客户需认真审核认购单内容和《签约须知》,确认无误后在认购单上签字。客户根据销售人员或案场助理开具的《解款通知单》,到案场结算处付款。结算员将信息输入计算机,收取款项并出具单据,由客户确认无误后完成。

在实施该流程时,需注意以下几点:

(1)付款:如果是代理项目,则由开发商收款;如果是包销项目,则由包销商收款。

(2)全过程销售人员必须陪同。

(3)《认购书》一式三份,一份留客户,一份留公司,一份留开发商,三联必须同时盖章确认。

(4)《解款通知单》一式二联,一联留结算员,一联留收银处。每天销售结束,案场助理必须凭结算单对账,做到日日平账。

(5)结算员将每天的《签约须知》汇总,交办证员归档。

4. 客户退订流程

该流程可能由于下列原因发生:

(1)客户自身的原因。如客户的资金问题、客户改变购买意向等。

(2)开发商的原因。如房型设计的更改、原先规划的变更等,开发商应当及时通知客户,由客户决定是否变更购房意向或者重新选择房源。

(3)代理商的原因。如代理商的虚假承诺,造成对客户的情感伤害,导致客户改变购买决定等。

这一类事情尽量避免。在了解客户提出退订的原因后,销售人员应该尽量解决客户可能因为误解而发生的困惑,努力挽留客户,并且对发生退订的行为进行总结。

客户提出退订,销售人员征询原因,然后由客户填写《退订申请》,并注明理由。销售人员陪同客户办理相关事宜。项目部副总经理和开发商负责人要对《退订申请》审核确认,然后出具《退款通知书》,收回《认购书》并加盖作废章,收回原《定金收据》等相关资料。然后,立即通知销控人员或案场助理,重新打开该房源,调整价格,予以出售。

在实施该流程时,需注意以下几点:

(1)申请退订的客户必须是原《认购书》的当事人,并需其本人携带身份证和相关资料亲自到场办理,不允许委托办理。

(2)销售人员全程陪同,应该以退订客户为先,在案场经理和办证员的帮助下,尽力挽回,但不允许采取给客户退款设置种种障碍的手段。

(3)如《签约须知》上已明确不允许退订,而客户已在《签约须知》上签字确认,应告知客户不予退款,并阐述不予退订的理由。

(4)作废的《认购书》必须交回公司,不得遗失。

(5)《退订申请》《退款通知书》须经开发商或其代理人签字盖章确认。

(6)如果是代理盘,退款款项在开发商约定地点领取;如果是包销盘,则在公司本部领取。

5. 客户签约流程

由案场助理安排销售人员接待签约客户,客户应当出示《认购书》及《签约须知》中提到的所有文件及物件。销售人员须认真审核客户提供的资料,若资料不齐全,应告知客户补足,然后凭《认购书》领取认购合同。如果超过原先约定的签约时间,则应告知案场助理,并由其签字后,转入下一步。办证员派发《预售合同》,销售人员领取并在派单上签字。销售人员向客户解释合同,客户确认合同并签字。销售人员审核客户签字的《预售合同》和客户登记资料,确认无误后收回,并在派单上签字,将合同代号和内容输入计算机,并告知结算处。结算处开具《解款通知单》,告知客户在规定的时间和地点付款。客户按规定付款,由公司加盖公章、骑缝章并开具发票。根据预售资料缺省情况,分别归档或留存。

在实施该流程时,需注意以下几点:

(1)签约前先审核客户应签约日,若超时,报请各项目事业分部助理处理。

(2)签《预售合同》的同时,签订《按揭合同》。

(3)客户签约时必须携带《签约须知》,并由办证员收回;办证员和销售人员在《签约情况登记表》上签字。

(4)办证员每日必须与结算员核对,做到签约明细日日平账。

(5)必须制作目录清册贴在客户档案袋的正面。

(6)所有的合同及各种材料的移交行为必须进行书面确认,所有的合同及各种材料必须下班前锁入柜中。

(7)《预售合同》一式六份。

6. 客户退房流程

客户提出退房意向,销售人员交给客户退房申请单,由客户填写并写明理由。开发商和项目经理共同审核,确认并予以批准,收回合同和购房发票等相关资料,出具《退款通知书》将信息输入计算机。客户在规定的日期和地点领取退款。一旦退房,应立即通知销控人员,打开该房源,调整价格,重新包装销售。

在实施该流程时,需注意以下几点:

(1)申请退房的客户必须是原《预售合同》的当事人,必须由本人携带身份证和相关资料亲自到场办理,不允许委托办理。

(2)已办理登记的《预售合同》需到交易中心办理注销手续后,才能办理退款手续。

(3)作废的原《认购书》《预售合同》及购房发票必须交回公司存档,不得遗失。

(4)《退房申请》《退款通知书》须经开发商或其代理人签字盖章确认。

7. 客户换房流程

客户提出换房意向,销售人员交给客户《换房申请》,客户填写申请并注明理由。由案场经理审核确认,收回原《认购书》(已签《预售合同》的,收回签订的《预售合同》),打印新《认购书》(已签《预售合同》的,重新签订《预售合同》)。根据两个房源的差价补齐费用,新房价值大的由客户补足,否则退还差价。之后需办理换房的相关手续,及时通知销控人员,打开旧房源,调整价格,重新上市销售。

在实施该流程时,需注意以下几点:

(1)申请换房的客户必须是原《认购书》或《预售合同》的当事人,并需其本人携带身份证和相关资料亲自到场办理,不允许委托办理。

(2)已办理登记的《预售合同》《出售合同》需到交易中心办理注销手续后,才能办理换房手续。

(3)作废的原《认购书》《预售合同》《出售合同》及购房发票必须交回公司存档,不得遗失。

(4)《换房申请》须经开发商或其代理人签字盖章确认。

8. 更名流程

客户提出更名意向,销售人员交给客户《更名申请》,由客户填写《更名申请》并注明理由。案场经理审核确认,然后交开发商或者项目总监予以确认后,收回原合同,并由客户在合同上签字。合同一旦作废,应立即通知办证员备案,停止正在进行的办证工作。然后由开发商或代理商重新与客户签订《预售合同》,新合同的当事人更改为新的客户名。

在实施该流程时,需注意以下几点:

(1)要对申请人的身份予以确认,明确其是原合同的当事人。

(2)为确保安全,更名的双方应该都到现场。

(3)原合同一定要收回,然后加盖作废章,并由申请人签字。

(4)如果客户的产权证已经办理或者正在办理过程中,客户就不能提出更名的申请,销售商或者开发商也不能办理;只有客户拿到产证后,自己到房地产登记管理部门办理。

9. 优惠流程

客户提出优惠要求,销售人员向客户出具《优惠申请单》,由客户填写提交。客户可能是开发商的关系户,也可能是代理商的关系户,因此,可分两种情况处理:前者直接由开发商确认

任务 8　寻找销售伙伴——房地产营销渠道策略

同意；后者先由代理商予以确认，再交由开发商确认同意。开发商同意后，要制作备忘录并签字确认，再转交项目销售经理。案场经理根据项目销售经理的指示，在客户《认购书》上签字。案场经理填写《优惠申请单》，由客户和案场经理分别签字后，交开发商和代理商处备案。

在实施该流程时，需注意以下几点：

(1)无论是开发商的关系户还是代理商的关系户(如果项目是通过代理商销售的)，最终都要通过开发商同意并出具同意书后，才能为客户办理优惠手续。

(2)代理商连同《优惠申请单》和开发商的同意书一同备案，开发商处备案《优惠申请单》。

(3)代理商必须经过项目销售经理和案场经理共同确认。

10. 权证办理流程

客户需带齐购房合同、登记资料、贷款资料等到贷款中心，填写相关资料，提交相关证明文件。银行办证人员、公证人员到场，客户签署贷款合同，并支付保险费用和其他相关的费用，开发商在贷款合同上盖担保章。《预售合同》需交银行一份，银行也需交一份《贷款合同》给开发商。开发商代理人员带齐客户的资料，到交易中心办理交易，并到房地产管理部门办理住房贷款抵押登记。再携带交易、抵押登记等资料到银行申请放款，款项可直接转入开发商的账户。开发商需将相关的资料存档，通知客户领取《预售合同》《贷款合同》等。

在实施该流程时，需注意以下几点：

(1)《签约须知》详细列出办理按揭时需要客户提供的详细材料清单，开盘前将此材料清单加入销售内容。

(2)签约日前，再次与客户联系确认需携带的资料和需到场的共有人。

(3)办证员需每日做工作进度表，统计缺件的客户名单，由销售人员催促收齐和领取还款资料。

(4)办证员与开发商进行合同交接，需由开发商签字确认；需妥善协调银行与交易中心的合作关系。

(5)与结算员核对贷款发放金额。

11. 结算流程

结算需按约定进行，主要分预定结算和签约结算两大块工作。预定结算由案场助理提供每日预定数据表并附认购书复印件，签约结算需由案场助理统计签约数据表。案场助理将上述资料交由销售经理签字确认，案场助理再与出纳人员对账(包括付款通知和退款通知)。对平后，由销售经理和开发商共同签字确认，交开发商处备案，复印件交代理公司备案。

在实施该流程时，需注意以下几点：

(1)每日销售结束后由案场助理做出报表，报销售经理确认。

(2)必须由销售经理确认无误后，与开发商共同签字确认。

(3)公司备案的复印件，必须有销售经理和开发商共同的签字。

12. 成功销售确认流程

首先需要在成功销售节点收集证据，并整理收集到的成功销售证据。由签约办证中心助理将这些证据定期上报给案场经理，由案场经理制作汇总表，上报代理公司，公司处理后发还各案场，计算机备案存档。销售部助理签收后，据此制作佣金发放表，并在上面签字。

在实施该流程时，需注意以下几点：

(1)成功销售节点的证据。

1)签预售合同：以预售合同复印件为据。

2)首付款到账：以到账后收据或发票的复印件为据。
3)预售登记：复印预售登记的有关凭证作为证据。
4)他项权利证书：如果是办理抵押贷款的，需要复印他项权利证书作为证据。
5)移交房产商：完成房产交易手续后，全部资料移交给房产商时，需要房产商签字回执。
(2)完成时限。
1)审核成功销售数据：每月××日前。
2)成功销售数据发回案场：每月××日前。
3)制作请佣表：每月××日前。

在销售业务流程中，目前各地房地产交易中心陆续使用了网上签约系统。网络技术的应用对于销售业务流程有一定的影响，尤其是前期客户接待阶段。但是，不论业务流程如何改变，了解房地产销售业务的上述内容是必要的，这样不仅有利于全面了解房地产销售业务的环节和内容，而且更容易熟悉后台的原理和方法。

8.5.2 房地产销售前的准备

在房地产项目进入销售阶段时，要明确销售实施前的准备工作。一般来说，销售前的准备工作主要包括以下六方面：销售现场准备、销售人员准备、销售必要法律文件的准备、宣传资料的准备、销售文件的准备和答客问的准备。销售现场准备和销售人员准备已在前面有所阐述，以下主要就其他四个方面的内容进行详尽阐述。

8.5.2.1 销售必要法律文件的准备

1. 期房销售

期房进入市场销售，必须符合法律规定的预售条件。目前，全国各地根据区域实际情况，对房地产项目销售的具体规定有所不同。但总体上讲，商品房预售条件及预售许可证的办理程序，都是按照《中华人民共和国城市房地产管理法》《城市房地产开发经营管理条例》《城市商品房预售管理办法》及地方有关房地产转让及预(销)售的规定执行的。一般来讲，商品房预售需要有国有土地使用权出让证、建设工程规划许可证以及有县级以上房地产管理部门办理的预售许可证；地方性法规、规章有特别规定的，还要执行地方上的规定。

(1)土地使用权出让合同。土地使用权出让合同由土地管理部门与土地使用者签订，使用者缴纳土地使用权出让金。

(2)建设用地规划许可证。建设用地规划许可证是城市规划区内经城市规划行政主管部门审定，许可用地的法律凭证。

(3)建设工程规划许可证。根据相关法律规定，在城市规划区新建、扩建、改建建筑工程和市政工程时，应向规划主管部门领取建设工程规划许可证，然后才可办理开工手续。建设工程规划许可证的附图和附件是该证的配套文件，具有同等法律效力。建设工程竣工后，建设单位或个人持建筑工程竣工测绘报告向原审批部门申请规划验收，未经验收或验收不合格的，不予发放规划验收合格证，不予房地产产权登记，建设工程不得投入使用。

(4)商品房预(销)售许可证。符合规定预(销)售条件的，经县级以上房地产主管部门核准后，发给商品房预(销)售许可证。

(5)商品房买卖合同。使用住房和城乡建设部与国家工商管理局联合制定的商品房买卖合同示范文本，或参照商品房买卖合同示范文本自行制定商品房买卖合同文本。

2. 现房销售

根据住房和城乡建设部颁布的《商品房销售管理办法》的规定，现房项目进入市场销售需要符合以下条件：
(1)现售商品房的房地产开发企业应当具有企业法人营业执照和房地产开发企业资质证书。
(2)取得土地使用权证书或者使用土地的批准文件。
(3)持有建设工程规划许可证和施工许可证。
(4)通过竣工验收。
(5)拆迁安置已经落实。
(6)供水、供电、供热、燃气、通信等配套基础设施具备交付使用条件，其他配套基础设施和公共设施具备交付使用条件或者已确定施工进度和交付日期。
(7)物业管理方案已经落实。

8.5.2.2 宣传资料的准备

1. 宣传资料制作的原则

制作宣传资料应坚持下列原则：
(1)卖点突出：彰显楼盘主打卖点，并提前予以着重表现。
(2)内容鲜明：从买家的立场和视野出发，充分强调售案的核心竞争力。
(3)定位清晰：充分考虑目标消费群的关注点、信息接收渠道等因素，使楼书制作的形式与内容和项目本身的定位紧密联系。
(4)感观真切：标题醒目，文字精练，主题突出；以楼盘主要特质即主色调或主标志物为主要元素，配以特色户型平面图等，具有一定的视觉冲击力。

2. 常用宣传资料的形式

房地产销售的宣传资料一般有形象楼书、功能楼书、折页、置业锦囊、宣传单等形式。在准备销售宣传资料时，一般要根据项目的规模、档次、目标客户群等选择其中一种或多种组合使用。

(1)形象楼书。形象楼书是用于向消费者介绍楼盘产品特征的书面资料，内容包括楼盘的地理位置、总体规划、楼体形象、周边配套、小区配套、户型资料、交楼标准、物业管理等信息。在项目确定产品定位及形象定位后，形象楼书的风格及色调也同步基本确定。在形象楼书中，一般要用较抽象的手法将项目的品牌、档次、给目标客户的生活和工作(写字楼、商用楼)带来什么影响、对未来生活的憧憬和事业的发展(写字楼、商用楼)等表现出来。在展现项目卖点的过程中，多采用图片及较易产生联想的语言来表达。

(2)功能楼书。一般来说，功能楼书是对房地产项目各方面较全面的说明，可以理解为一本简单的"产品说明书"。它将楼盘的开发商、整体规划、交通、特色建筑、内部规划、各层功能分区、各种户型介绍等展现在客户面前，让客户看到后能对楼盘整体素质有一个较全面的了解。

(3)折页。折页主要是形象楼书和功能楼书的一种简要版本和补充。在折页上，外表用来表现形象包装的内容，而里页配以各种户型或楼盘的介绍。其他方面内容的介绍也可以采用插页夹在其中。

(4)置业锦囊。置业锦囊主要侧重于生活配套及目标客户关注问题的说明，它补充了楼书没有介绍的有关产品和配套方面更为详细的内容。

(5)宣传单。宣传单一般用于大量派发，如展销会或街头派送等，其关键在于视觉上的冲击力。在实际销售中，对上述资料形式可以根据实际需要搭配使用，使其既能达到房地产项目的宣传效果，又能控制成本，通常有以下几种常用的搭配方案：

1)功能楼书＋形象楼书＋宣传单。

2)形象楼书＋置业锦囊＋折页。
3)形象楼书＋功能楼书。
4)功能楼书＋置业锦囊＋宣传单。

8.5.2.3 销售文件的准备

1. 客户置业计划和价目表

项目推向市场时，不同的面积单位、不同的楼层、不同的朝向，总价都不会相同。应事先制定出完善的客户置业计划和价目表，这样可以明确地告诉客户不同付款方式和金额。价目表可以按每套房的单价，也可以按每套房的总价，或单价和总价同时编制。

2. 认购合同

在房地产销售过程中，购房者选中了自己喜欢的房源后，往往需要交纳一定数量的订金或定金来确定其对该房号的认购权，如果此时还不能签订正式房地产买卖合同，就需要以签订认购合同的方式来明确买卖双方的权利与义务。

3. 认购须知

房地产消费不同于一般的简单商品，其购买过程相对复杂，手续和环节较多，为了让消费者充分了解购买程序、付款事宜，应事前制定书面的购房须知。购房须知的内容可包括物业介绍、认购程序、权证的办理事宜、付款方式和按揭事项等。

4. 销售数据类报表

销售数据类报表主要包括以下内容：

(1)销售统计表。它主要包括三部分，即按销售套数和销售面积统计、按房款统计、按应缴款统计。

(2)案场周报表。

(3)销售明细表。统计各单元的销售状况，明细到单元、客户等方面，是销售统计表的展开形式。

(4)销售面积、套数统计表。通常按功能项目来统计销售面积和套数。

(5)单元客户花名册。用来统计成交客户的详细资料。

(6)按揭统计表。用来统计客户办理按揭的详细情况。

5. 销控类表(销售控制类表)

销售控制类的表格主要包括以下内容：

(1)销控表。它主要反映销售情况，分成两种：一种是手绘表，张贴于售楼厅；另一种是计算机销控表，用于从计算机中查阅。

(2)项目房源成交跟踪表。通过跟踪统计，以获取项目房源的成交数据。

6. 财务类报表

财务类报表主要包括以下内容：

(1)楼盘收款统计表：分楼盘统计收款情况，统计楼款、税费及其他收款情况。

(2)销售收入统计表：统计某一时段的收入情况，如客户缴费款、银行按揭已放款等。

(3)功能方式销售统计表：按功能项目统计预计收款额和实收款额，并计算出比例。

(4)客户缴款汇总表：按成交客户的成交总价、按揭款及实收款统计。

(5)客户缴款明细表：统计客户的总缴款、总欠款、到期应缴款和未到期应缴款。

(6)按揭已放款明细表：统计办理银行按揭的放款情况。

(7)按揭未放款明细表：统计办理银行按揭的未放款情况。

(8)契税统计表：统计客户应缴的契税情况。

7. 申请或通知用表单

申请或通知用表单主要包括以下内容：

(1)催款通知书。

(2)付款通知单。

(3)退款通知书。

(4)退订申请书。

(5)换房申请书。

(6)优惠申请单。

(7)购房合同付款方式变更申请。

8.5.2.4 答客问的准备

答客问是销售中非常重要的资料。之所以将这一问题单列，是因为答客问不仅应用于房地产销售中的每个阶段，而且也是培训销售人员的重要资料。

在目前的房地产销售中，对于客户的提问，一般采用电话征询、展会咨询、现场介绍等形式，涉及的时间段可以是购房意向了解性的咨询、预定期间的咨询、认购销售时期的咨询、交房事项的咨询等。在不同的场所和时期，客户的问题各有偏重，案场人员的回答则应该根据实际的情况，或简明扼要或详细具体地回答客户的提问。

对于了解性的电话咨询，销售人员应视情况简单介绍楼盘的名称、物业所处的地段、楼盘的组成、房型、楼盘的价格、绿化率、容积率、开发商、物业管理和代理商的身份、开盘、楼盘竣工和交房的时间等。原则上以给客户留下总体印象，吸引再次询问或者亲临现场为目的。

对于楼盘展会上的咨询或售楼案场的现场了解，销售人员则应借助楼书和楼盘的模型，根据客户的关注点和兴趣选择重点予以解说，给客户留下深刻的直观印象。一般此时的客户会对房产知识有所了解，也会有的放矢地提问，销售人员的解答则应详细具体，突出重点和优势，抓住兴趣点，乘势深入，同时也要把握分寸，详略得当。

1. 楼盘的总体情况介绍

楼盘的总体情况主要可介绍楼盘的地段即地理优势(例如，处于闹市区，可以强调它是时尚生活领地，且小区氛围幽静；处于比较偏远的地区，可介绍主要交通要道、轨道交通，同时突出生活圈概念等)、周边设施(如超市、菜场、银行、医院、学校、娱乐设施的分布情况)、景观(概念要突出，显示小区的品质)。此外，车程路线、区域的近期和远期规划及其影响等应做选择性的介绍。

2. 开发商、建筑商、代理商概况介绍

主要介绍的内容如下：

(1)开发商的实力等基本概况及其以往开发的项目。

(2)建筑商概况及其以往承建的项目。

(3)代理商概况及其以往代理的项目。

3. 楼盘品质情况介绍

主要介绍的内容如下：

(1)楼盘名称的特殊含义。

(2)项目总占地面积、建筑面积。

(3)物业的类型(一般住宅、公寓、别墅、酒店、酒店式公寓、商铺)和定位。

(4)建筑风格、建筑材料(包括门窗等)的应用和建筑组合情况(多层、小高层、高层的组合情况,建筑面积的多少,建筑之间的栋距、层高、楼高、楼层数、房屋的套数、房屋的朝向分布、日照情况、阳台的设置等)。

(5)配套设施(每户的宽带、电话、电视的插口以及空调机位设置)、抗震强度、供水方式、智能化系统类型、特点、应用、装修情况及列表等。

(6)小区总户数、房型设置配比、得房率。

(7)绿化率、物业绿化的布置情况、容积率。

(8)会所及服务内容。

(9)车位数量、租售情况、车位获取的方式(租或售)、价格等。

4. 价格内容介绍

价格内容主要介绍的有楼盘的价格、价格的范围、价格的变动。对于价格的问题,可以突出楼盘的性价比及升值潜力的介绍。

5. 物业管理内容介绍

主要介绍的内容如下:

(1)物业服务公司以及以往承管的项目。

(2)物业管理费用的收取及构成。

(3)物业管理包括的内容、提供服务的标准等。

(4)物业对于空调和晒衣架的位置有何规定,垃圾箱、变电箱如何处理。

(5)阳台可否封闭,晾衣架可否搭建。

(6)套内墙体可否变动,可否自己装防盗窗。

6. 房地产相关法律法规及政策介绍

主要介绍的内容如下:

(1)销售和交房的条件和标准等。

(2)贷款银行及需要提供的资料。

(3)贷款成数、利率、期限及还款方式。

(4)定金的收取和权利义务。

(5)付款方式、折扣及其他优惠的内容和方式。

(6)产权、合同上的签署。

(7)购房附加费用等。

7. 其他事宜

除以上内容外,还需要解答以下问题:

(1)房屋的租赁和出售情况。

(2)付款事宜、流程、交房事宜等。

(3)楼盘进程、竣工和交房情况等。

8.5.3 房地产销售控制

控制是管理的重要职能之一。如果把市场营销管理看作计划、实施、控制的周而复始的过程,那么市场营销控制则是对前一次循环的终结和后一次循环的孕育。控制的目标是要确保企业经营按照预期的目标运行。通常来讲,计划是建立在有较多不确定因素的情况下的,当计划实施过程中遇到与事先假设不一致的现实问题时,就需要通过营销控制及早发现问题,并调整

任务 8　寻找销售伙伴——房地产营销渠道策略

步骤，以实现最终目标。

1. 房地产销售控制的范围

在房地产销售过程中，控制的范围主要包括销售进度控制和销售成本控制两部分。销售进度控制就是平时人们常说的售控，它是当前控制在房地产销售领域中最常见、最重要的应用。

2. 房地产销售控制的意义

（1）控制好销售节拍，在预热期、强销期、持续销售期、尾盘期各安排合理的供给比例，每个阶段内供应的销售量在面积、朝向、楼层方面，保持一定大小、好坏、高低的比例，是实现均衡销售控制的关键所在。

（2）恰如其分的销售控制就是挽回颓势的最好途径。

（3）销售进度控制是项目成功与否的核心因素之一。

（4）销售成本控制是房地产开发项目销售管理的重要组成部分。

3. 房地产销售控制方法

房地产销售控制方法主要有计划控制、盈利能力控制、效率和效益控制、战略控制。

（1）计划控制。计划控制是房地产企业所采用的主要控制方法之一。一般以年度计划的设定和控制为重点，其目的是确保企业达到年度计划规定的销售额、利润指标及其他指标。它是一种短期的及时控制模式。计划控制主要有表 8-2 中的四种形式。

表 8-2　计划控制形式

主要形式	说明
销售额分析	销售额分析由统计分析与年度销售目标有关的销售额组成，具体可分为总量差额分析和个别销售分析。后者注重个别产品或地区销售额未能达到预期份额的分析
市场占有率分析	销售额的绝对值并不能说明企业与竞争对手相比的市场地位如何。有时一家企业销售额上升并不能说明它的经营就是成功的，因为这可能是一个正在迅速成长的市场，企业的销售额上升但市场占有率反而下降。只有企业的市场占有率提高时，才说明它的竞争地位在上升
费用、销售额比例分析	年度计划控制要确保企业的利润水平，关键是要对市场费用、销售额比率进行分析
客户满意度跟踪分析	前面的方法主要以财务和数量化分析为特征，但从市场角度出发，具有远见和警惕性的公司还应建立客户满意度跟踪系统。建立完善的客户满意度跟踪系统，能够提高企业在客户心目中的形象，促进企业的新房销售，并为企业开发新项目提供有益的建议。一般而言，房地产企业的客户数量并不会很多，因此，建立客户满意度跟踪系统不仅是必要的，而且是可能的

（2）盈利能力控制。企业可以利用盈利能力控制来预测不同项目在不同地区和客户群体中的盈利能力。盈利能力控制所获取的信息，有助于决定各个项目或各种营销活动所应选择的对象及营销活动的扩展、减少和取消。盈利能力控制的主要内容是销售成本控制和财务指标控制。销售成本直接影响企业的利润，包括推销费用、促销（广告）费用、代理费用和营销管理费用等。企业在控制营销活动的盈利能力时，主要考察的财务指标是销售利润率、资产收益率、净资产收益率和资产管理效率等。

（3）效率、效益控制。效率控制主要通过对销售活动的投入产出比及行为的反应度的控制，来决定具体销售行为是否继续和改进与否。主要内容包括推销访问效益、广告效率、管理效率、经济代理效率等多项销售控制。其目的在于提高人员推销、广告销售促销和代理等各项营销活动的效率，降低营销成本，提高企业整体的利润率。

(4)战略控制。营销战略控制是指市场营销管理者采取一系列行动,使实际的营销工作与原计划尽可能一致,在控制过程中通过不断评审和信息反馈,对营销战略做出修改。战略控制更关注企业的未来,具有整体性和全局性的特点,因此其难度比较大。进行战略控制通常需要运用营销审计的方法。房地产营销审计是对房地产企业的市场营销环境、目标、战略、组织、方法、程序和业务等做出综合的、系统的、独立的和定期的核查,以便确定企业的困难所在和各种机会,并提出行动计划的建议,改进企业营销管理的效果。营销审计内容一般包括营销环境审计、营销战略审计、营销组织审计、营销系统审计、盈利能力审计和营销职能审计等。

4. 房地产销售控制的基本步骤

在房地产企业的营销组织中,有效的营销控制应遵循科学、严格的控制程序,如图8-2所示。

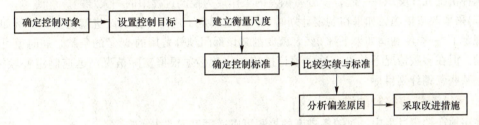

图 8-2 房地产销售控制步骤

房地产销售控制的基本步骤如下:

(1)确定应对哪些市场活动进行控制。虽然控制的内容多、范围广,可获得较多的信息,但任何控制活动都会有费用支出。因此,在确定控制内容的范围、额度时,管理者应使控制成本小于控制活动所能带来的效益或可避免的损失。常见的控制内容是销售收入、销售成本和销售利润,但对市场调查、推销人员工作、消费者服务、新产品开发、广告等营销活动,也应通过控制加以评价。

(2)设置控制目标。这是将控制与计划联系起来的主要环节。如果在计划中已经认真地设立了目标,那这里只要借用即可。

(3)建立一套能测量结果的衡量尺度。在很多情况下,企业的营销目标决定着它的控制衡量尺度,如销售收入、利润率、市场占有率和销售增长率等。但有一些情况比较复杂,如销售人员的工作效率可用一年内新增加的客户数量及平均访问频率来衡量,广告效果可用记住广告内容的读者(观众)占全部读者(观众)的百分率来衡量。由于大多数企业有若干管理目标,所以在一般情况下,营销控制的衡量尺度也会有多种。

(4)确立控制标准。控制标准是指以某种衡量尺度来表示控制对象的预期或可接受的范围,即对衡量尺度加以量化。如规定每个推销人员全年应增加30个新客户;某种商品房的市场占有率达到3%;市场调查访问每个用户费用每次不超过10元;等等。控制标准一般应允许有一个浮动范围,如上述商品房市场占有率在2.8%也是可以接受的,访问费用最高不超过12元。确定标准可参考外部其他企业的标准,并尽可能吸收企业内多方面的管理者和被管理者的意见,以使其更切合实际,受到各方面承认。为使标准具有刺激作用,可采用两个标准:一个是按现在可接受的水平设立;另一个是用以激励营销人员的更高的目标。确定标准还应考虑项目、地区、竞争情况不同所造成的差异,使标准有所不同。例如,考虑销售人员工作效率时,需考虑以下因素的影响:

1)所辖区内的市场潜力;

2)所辖区内新房的竞争力；
3)广告强度；
4)商品房的具体情况。

因此，不可能要求每个人都创造同样的销售额和利润。

(5)比较实绩与标准。在将控制标准与实际执行结果进行比较时，需要确定比较的频率。如果比较的结果是实绩与控制标准一致，则控制过程到此为止；如果不一致，则需进行下一步。

(6)分析偏差原因。产生偏差可能有两种情况：
1)实施过程中的问题，这种偏差比较容易分析；
2)计划本身的问题，确认这种偏差比较困难。

两种情况往往交织在一起，使分析偏差的工作成为控制过程中的一大难题。

(7)采取改进措施。如果在制定计划时，同时也制定了应急计划，改进就能更快。例如，计划中规定了"一季度利润如果下降5％，就要削减该部门预算费用的5％"的条款，届时就可以自动启动。但在多数情况下并没有这类预订措施，这就必须根据实际情况，迅速制定补救措施，或调整某些营销计划目标。

5. 房地产销售控制的措施

在房地产销售过程中，对销售进度的控制可以通过以下方式实施：

(1)销控表：分为项目销控表和总销控表。项目销控表应直观显示单个楼盘的销售进展情况；总销控表则直观显示所有楼盘的销售进展情况。两表相结合，便于点面形势的全局把握。

(2)销售登记：管理和登记房间销售的情况，包括认购资料、合同资料、产权资料和付款资料等，在合同资料录入完成后，就可以通过网上申报"上送合同资料"将合同资料传送到国土资源行政管理部门进行合同登记，并取得预售合同，在取得预售合同号后，就可以利用本模块的合同打印来打印预售合同，而不需要再到国土资源行政管理部门的网上进行预售合同打印。

(3)换退房管理：管理销售过程中换退房处理及查询。

(4)催交欠款：处理销售过程中的楼款催交及欠款催交，并打印清单。

(5)成交客户管理：登记和管理成交客户的详细资料，方便公司对成交客户进行分析和了解，从而最大限度地提高对成交客户的服务。

(6)销售统计：将公司的销售情况进行统计，以图形方式直观显示。

(7)销售统计报表：查看和打印销售过程中需要的各种报表，房地产公司可以根据自己的需要来制定各种报表。

(8)此外，还有一个不容忽视的问题，即销售折扣。企业定价须着眼于核心客户群，并保持一个诚信的价格政策，保持定价机制系统化。

1)低定价，低折扣。这种定价较为接近实际价格，给人的第一感觉是较为实际，即"价格能够体现价值"，所含水分较少，容易给客户留下好印象。这个策略为后期销售留下较大的变化余地，当需要价格上调时，可直接标高定价；当原定价过高，对销售不利时，可不用直接调低定价，而只需加大折扣幅度。这种方式符合"明升暗降"的调价原则。

2)高定价，低折扣。定价过高容易吓跑一部分客户，购买"物美价廉"的物业是人们的普遍心理，但这种价格和折扣组合不易处理，当价格上扬时拉高原有的价格，显然会增加销售阻力；而销售不畅时，加大折扣幅度，效果并不明显，而且还会带来众多的负面影响，且违背"明升暗降"的原则。

3)中定价，中折扣。这是一种折中的销售控制组合，优点和缺点兼而有之。因此，通常情况下采用"低定价，低折扣"的方式比较适宜。

6. 房地产销售成本控制实施

（1）房地产开发项目销售成本的构成。通常而言，房地产开发项目的销售成本构成见表 8-3。

表 8-3　房地产开发项目的销售成本构成

项目	说明
广告费用	如 NP、CF 等制作及媒体投放费用
销售资料成本	如售楼书设计及印刷费用等
销售道具成本	如接待中心的设计装修费用、模型设计及制作费用等
销售环境成本	如现场环境设计及施工费用
销售活动成本	如 SP 活动、PR 活动费用等
销售人员工资及佣金	—
交易费用	如按揭保证金的利息及可能的坏账损失，以及合同登记及产权交易费用等
其他费用	如必要的交际应酬费用、指令性或非指令性赞助费等

注：1."广告费用、销售道具成本、销售环境成本、销售人员工资及佣金"所占比例最大，是销售成本的主体；
　　2."销售活动成本"存在极大变数，往往会成为销售成本上升的主要原因；
　　3."交易费用"主要依据政府部门、金融等相关行业的政策执行，较为死板，变动较小；
　　4."销售资料成本"相对比例较小，其变化对销售成本不会有较大的影响

表 8-3 中销售成本构成并未包括销售过程中产生的所有费用，同时也未考虑销售过程中不可预见的因素，如退房损失等的影响，所以只是就一般销售而言的。

应当注意的是，在上述销售成本中，并非每一个项目均是必须发生的，这依赖于开发商或销售商的组织方式、主题定位、客户的成熟度等基本层面的条件和判断。在不同的状况下，往往会发生较大的销售成本构成变化，这也是销售成本波动性强的原因之一。从另一方面讲，销售目标能否最终达成，也与上述成本构成无直接联系。市场竞争形势的变化往往会使销售成本出现大幅节省或大量追加的情况。但并不能据此认为上述销售成本构成已失去现实意义，其理由有三方面：首先，销售成本的编制，有助于房地产项目总成本的控制，是编制房地产项目预算的重要依据；其次，销售成本的编制，将有助于销售利润目标的确定和完成；最后，销售成本的编制是销售成本控制的基础。

（2）房地产销售成本控制的原则。

1）总量控制原则。它是指将销售成本控制在总销售金额的某一比例之内。

2）重点保证、集中使用原则。它是指重要的销售道具、主力媒体费用、销售人员工资及佣金等重点支出项应优先考虑，保证其资金，同时要避免成本分流。

3）及时检查原则。应在各销售阶段之前和之后进行较为深入的成本分析，在销售阶段进行成本检查，并进行效费比分析。

4）计划使用原则。应编列分阶段销售预算，列出明确开支项目，并作为总体预算的一部分，由投资管理人员进行控制。

（3）销售成本控制方法。

1）关于销售道具。销售道具成本的控制主要在于设计方案的选择以及工程造价的管理。前面已对此项费用做过分析，这里重点讨论对设计方案的选择。其设计方案选择须适合下列标准：

①一次性投入少。

②建设进度快。

任务8　寻找销售伙伴——房地产营销渠道策略

③切合主题定位，避免盲目追求高档、豪华。
④材料可由本地获得。
⑤维修保养容易，成本低。
2）关于广告成本。广告成本的主要控制方法如下：
①确定主力媒体，切忌全面开花。
②重视媒体组合，形成多媒体叠加效应。
③重点销售阶段集中使用，切忌平均分配。
3）关于销售环境成本。销售环境成本的主要控制方法如下：
①采用先定成本，后设计施工的方式。
②不急于一次到位，可分阶段实施。
③基于功能体现的前提下追求品质提升。
4）关于销售活动成本。销售活动成本的主要控制方法如下：
①活动具有明确的目的性，而非乱造气氛。
②以客户参与式活动为主，少用明星效应。
③结合销售广告、DM直邮等销售活动进行，提高投资回报率。

任务小结

　　房地产营销渠道是促使产品或服务顺利地被使用或消费的一整套相互依存的组织。选择房地产营销渠道应遵循效益原则、协同原则、可控制原则和风险原则，从决策理论的角度来讲，要确定一个合理、有效的渠道系统，须经历确定渠道模式，了解渠道选择中的限制因素，选择具体的中间商并规定渠道成员的权利和责任，对各种可能的渠道方案进行评估等步骤。房地产营销渠道管理是指房地产企业为实现企业营销目标而对营销渠道进行的计划、实施、协调和控制，以确保渠道成员间、企业和渠道成员间相互协调和通力合作的一切活动，涉及的问题主要包括渠道成员的职责、渠道成员的合作管理、房地产中间商的绩效评估及营销渠道的改进等方面。房地产营销组织是营销实施的重要保障，我国房地产营销组织结构主要有销售部组织结构、项目部组织结构、公司制组织结构和连锁加盟组织结构，在选择营销组织结构时，应着重对房地产营销组织的环境、战略、规模及人员素质、商品房销售方式等因素加以分析，在对营销组织结构进行管理时，应从决策权分派、绩效考评和薪酬制度三方面着手。房地产销售控制方法主要有计划控制、盈利能力控制、效率和效益控制和战略控制。

复习思考题

一、填空题

1. 分销通路指的是_____。
2. _____是指房地产产品由开发商转移给消费者的途径，是房地产市场营销的重要环节。
3. 房地产经销商是指_____。

4. 房地产销售代理商的产生,是由_____所决定的。
5. 房地产营销的无形渠道主要包括_____、_____和_____等。
6. 资产管理效率可以通过_____和_____两个指标进行分析。
7. 房地产企业面临两类竞争对手:一是_____;二是_____。
8. 销售过程总体流程包括_____、_____和_____。

二、选择题

1. _____的基本功能是将产品(服务)顺利地分销给消费者。( )
   A. 分销通路　　　　B. 营销渠道　　　　C. 商品流通渠道　　D. 经销商
2. 房地产开发商应通过_____进行市场调查和预测。( )
   A. 中间商　　　　　B. 消费者　　　　　C. 问卷　　　　　　D. 经销商
3. 由于委托物业代理要支付相当于售价_____的佣金,所以有时开发商愿意自行租售。( )
   A. 1%~3%　　　　B. 3%~5%　　　　C. 5%~7%　　　　D. 7%~9%

三、判断题

1. 分销通路反映某一特定产品或服务价值实现的全过程。 ( )
2. 房地产营销渠道决策是企业管理层面临的最重要的决策。 ( )
3. 房地产分销通路能向用户传播有关房地产产品和服务的富有说服力的信息。 ( )
4. 房地产开发商应通过消费者进行市场调查和预测。 ( )
5. 在确定房地产营销渠道策略时,首先应考虑效益原则。 ( )

四、问答题

1. 从事房地产经纪人的个人需要具备哪些条件?
2. 间接营销渠道的优缺点是什么?
3. 房地产市场因素对营销渠道策略选择的影响主要表现在哪些方面?
4. 开发商在渠道决策中受到的限制因素有哪些?
5. 企业一般从哪些方面对中间商进行评价?
6. 项目组织结构发展的推动力主要来自哪些方面?
7. 连锁加盟组织结构的各层职能是什么?
8. 决策权分派的影响因素有哪些?
9. 在实施客户分派流程时,需注意哪些事项?
10. 在实施客户换房流程时,需注意哪些事项?
11. 现房项目进入市场销售需要符合哪些条件?

任务 9　确定项目销售方案——房地产促销策划

知识目标

1. 了解房地产促销的概念、作用；熟悉房地产促销的方式和组合。
2. 掌握房地产营业推广方法。
3. 掌握房地产广告促销过程。
4. 掌握房地产人员推销流程及技巧。
5. 掌握房地产公共关系策略的实施程序。

能力目标

能根据房地产促销策略，撰写楼盘促销方案，策划房地产项目开盘促销活动。

案例导入

A 公司项目即将开盘，请为房地产项目做一个开盘活动策划方案及开盘促销策略方案，方案尽可能合情合理，能落地实施服务于项目营销。

相关知识链接

9.1 房地产促销策略概述

9.1.1 房地产促销的含义与作用

房地产促销的实质是信息沟通活动。在现代市场经济条件下，房地产生产者、经营者和消费者之间存在着信息上的分离，生产者将产品生产出来后不知道要卖给谁，而消费者又不知道到哪里去购买他所需要的产品。这就要求房地产企业将有关商品和服务的信息通过一定的沟通渠道传播给顾客，增进顾客对其商品及服务的了解，再通过各种促销手段，与现实或潜在的顾客进行沟通，使他们对于目标物业从注意到发生兴趣再到产生欲望进而购买。

促销是现代营销的重要一环，它对销售起着直接的促进作用。促销之所以在现代营销理论中占有重要地位，主要是因为它不仅可以推动现实交易的达成；更重要的是，它能使一些潜在顾客转化为现实顾客，企业也由此获得长足发展的市场。

促销主要任务是在买卖双方之间沟通信息，而不只是促销商品，通过信息沟通可以把房地产生产经营者、中间商和消费者有效地结合起来。因此，促销一般可以起到四个方面的作用。

1. 传递房地产信息

房地产企业在其产品进入市场前后，为了使更多的消费者知道该产品，就要采取各种促销方式，及时地向顾客传播该商品的信息。通过对信息的传递，房地产产品情报得以到达目标市场的消费者、用户和中间商，从而引起人们的注意以打开销路。同时，通过信息的传递，促使房地产企业了解顾客的要求，包括房屋的建筑形式、开间布局、装修标准、色彩等，摸清规律，改进产品，使其生产并销售更适销对路的产品。

2. 突出产品特点，增强竞争能力

房地产企业之间的竞争，越来越依赖于企业自身的差别优势。与众不同、独树一帜是多数房地产企业的成功秘诀。房地产企业通过促销，突出宣传本企业产品与竞争产品之间的差异，以及它给消费者带来的特殊利益，有助于消费者选择、购买适宜的产品，加强原有顾客对本企业产品的了解和信任，激发其潜在的购买欲，从而做出购买决策，达到增加产品竞争力，扩大销售的目的。

3. 刺激需求，引导消费

通过促销活动向顾客大量介绍各种产品的性能以及所提供的有关服务，诱发消费者的需求和购买行为，甚至创造需求。当某种房地产处于低需求时，促销可以招来更多的消费者，扩大需求；当需求处于潜伏状态时，促销可以将它变成现实需求；当需求波动时，促销可以平衡需求；当需求下降时，促销可以使需求得到一定程度的恢复。

4. 树立良好形象，提高企业声誉

促销是企业展现自我，进行市场竞争的一项重要手段。在房地产营销活动中，预付购房款、期房成交的情况较多，购房者承担的潜在风险较大，声誉和形象是房地产企业的无形资产，反映了消费者对企业的整体评价和看法，将会对购房者是否决定购房起到决定性的作用。房地产企业可通过促销活动，对企业及产品的形象展开宣传，扩大企业及产品的知名度，让潜在消费者了解自己的产品，相信自己的产品，从而成为现实的消费者。

9.1.2 房地产促销组合

房地产促销组合是指为实现房地产企业的促销目标而将不同的促销方式进行组合所形成的有机整体。广告促销、人员推销、营业推广和公共关系四种促销方式（图9-1），虽然都可以刺激消费者需求，扩大商品销售，但它们的作用有所不同，各有利弊。房地产企业必须努力协调好各种促销手段，根据促销组合的特点和影响促销组合的因素，对各类促销方式进行有效的组合，使企业能

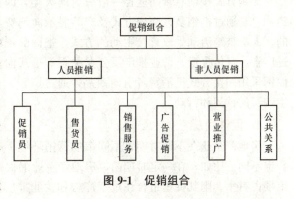

图9-1 促销组合

任务 9　确定项目销售方案——房地产促销策划

够以最少的促销费用,达到所确定的促销目标。

确定最佳的促销组合,必须考虑沟通市场和促销目标。相同的促销方式在实现不同的促销目标上,其成本效益会有所不同。目前,尽管许多房地产企业用于宣传其所开发房地产产品的广告费用多于人员促销的费用支出,但是所有促销目标不可能都靠广告一种促销方式去实现。并且,在房地产营销过程中,人员促销的促销方式往往对房地产产品的销售起着决定性的作用。

9.1.2.1　房地产促销组合的特点

1. 房地产促销组合是一个有机的整体组合

一个房地产企业的促销活动,不可能只使用一种促销方式,而是将不同的促销方式作为一个整体使用,使其共同发挥作用。所以,将每种促销方式独立作用的促销效果的简单相加,不能代表不同促销方式作为一个整体使用时所达到的促销效果。房地产企业应当依据所促销的房地产产品的特性、企业的市场营销战略及其他营销策略,恰当地选择促销组合,若各种促销方式配合默契,组合良好,则"1+1大于2";若各促销方式使用时相互制约,相互影响,则"1+1小于2"。一个成功的促销策略应当是各种促销手段的合理选择和应用,它可以使企业的市场营销组合中的其他因素更好地发挥作用。

2. 房地产促销方式既具有可替代性又具有独立性

促销的实质是企业与消费者间有效信息的沟通。促销的目的就是促进销售,而任意一种促销方式都可以承担信息沟通的职责,也都可以起到促进销售的作用,因此,各种方式都具有可替代性。但是,由于各种方式具有不同的特点,不同促销方式所产生的效果又有所差异,并都具有独立性。

3. 房地产促销组合的不同促销方式具有相互推动作用

不同促销方式的相互推动作用是指一种促销方式作用的发挥受到其他促销方式的影响。没有其他促销方式的配合和推动,就不能充分发挥其作用,合理的组合将使促销作用达到最大。

4. 房地产促销组合是一种动态组合

促销组合策略必须建立在一定的内外部环境条件基础上,并且必须与企业营销组合的其他因素相互协调。有的时候,一个效果好的促销组合在环境条件变化后会成为一种效果很差的促销组合。因此,必须根据环境的变化调整企业的促销组合。

5. 房地产促销组合是一种多层次组合

每一种促销方式中,都有许多可供选用的促销工具,每种促销工具又可分为许多类型,进行促销组合就是适当地选择各种促销工具。因此,企业的促销组合策略是一种多层次的策略。

9.1.2.2　影响促销组合的因素

促销方式按信息传播途径一般分为两大类,即直接推销和间接推销。直接推销即是人员推销,它是通过推销员以交谈方式及产品展示向消费者及用户宣传、介绍其产品以达到销售目的的。人员推销活动采取直接主动的方式,把商品推向消费者。间接推销也称非人员促销,它通过广告、宣传报道、营业推广及公共关系等形式向消费者及用户介绍产品、宣传企业。非人员促销采用间接方式把消费者引向商品,通过广告、宣传报道等手段使消费者认识商品,从而产生购买的欲望和行动。

1. 促销目标

房地产企业在不同时期、不同市场营销环境下有不同的促销目标。促销目标不同,促销组合也不同。比如,在一定时期内,房地产企业的促销目标是迅速增加房地产的销售面积,提高市场占有率,则其促销组合注重于广告和营业推广,强调短期效益;如果房地产企业的促销目标是塑造企业形象,为其产品今后占领市场、赢得有利的市场竞争地位奠定基础,则促销组合应注重于公共关系和公益性广告,强调长期效益。

2. 市场地位

在房地产市场中,品牌排名靠前的房地产企业做广告可以比销售促进获得更多的利益。一般情况下,排名靠前的房地产企业投资回报率随着广告与销售促进费用之比的增加而增加;而排名靠后的房地产企业,其利润率在广告增加的情况下往往会出现递减的现象。

3. 产品生命周期的不同阶段

房地产商品建设周期一般较长,从项目开始建设取得预售证,直到项目建成入住以后,都是房地产的租售期。在产品生命周期的不同阶段需要使用促销组合策略,而在每一阶段应使用不同的促销组合,以达到不同的效果。一般来说,在项目开工的前期阶段,可多采用公共关系和广告的促销组合,以提高企业及房地产项目的知名度;在项目施工阶段,采用广告和营业推广相结合的促销组合进行促销,此时也要加强人员推销的力度;项目竣工以后,促销组合中人员推销起的作用将增强,同时广告、营业推广、公共关系等促销方式也要调整并组合使用。因此,在房地产建设的不同阶段,应根据各种促销方式的效果,选择相应的促销组合,以达到最好的促销效果。

4. 促销预算

促销方式的选择在很大程度上受促销预算的制约。在促销预算不足的情况下,费用高的促销方式,如电视广告、高强度的营业推广就无法使用,房地产企业可以开展公关宣传或使用宣传单等促销方式。房地产企业的实力、房地产本身的利润、市场的供求状况等决定了促销预算的大小,房地产企业应根据促销预算合理地选用促销方式,使促销费用发挥最大的效果。

5. 销售环境

房地产企业应随着政治与经济环境的变化,及时改变促销组合。比如,在国家进行全面宏观调控时期,国民经济发展处于低潮,房地产市场不景气,人们购买力下降。此时,房地产企业就可以加大营业推广策略(价格折扣、优惠等方法)在促销组合中的比重,以促进销售。

如果房地产市场潜在消费者多,地理分布较为分散,购买数量小,促销组合应以广告为主;反之,如果潜在客户少,分布集中,购买数量大,则以人员推销为主。

房地产企业促销组合决策是一个很复杂的系统决策,其影响因素很多,且每种影响因素也是相互作用的。因此在制定促销组合时,企业应综合考虑各种影响因素,制定出最佳的促销组合。

9.1.2.3 促销组合策略

1. 推式策略

推式策略就是房地产企业对房地产中间商积极促销,并使房地产中间商积极寻找顾客进行促销,将房地产租售出去。推式策略以中间商为主要促销对象,主要采用人员推销和营业推广,即从房地产生产者推向中间商,再由中间商推向消费者(图 9-2)。

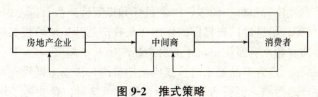

图 9-2 推式策略

2. 拉式策略

在市场营销过程中,当某些房地产新产品上市时,中间商往往过高估计市场风险而不愿经销。这时，就得采取拉式策略，即房地产企业针对最终消费者开展广告攻势，把产品信息介绍给目标市场的消费者，使其产生强烈的购买欲望，形成急切的市场需求，然后拉动中间商纷纷要求经销这种房地产（图 9-3）。在拉式策略中主要使用广告和营业推广，辅以公关宣传。

图 9-3 拉式策略

3. 推拉结合策略

房地产企业有时可以将上述两种策略配合起来使用，在向中间商大力促销的同时，通过广告刺激房地产市场需求。

9.2 房地产广告促销策略

9.2.1 广告目标

1. 广告目标的含义与类型

广告目标是广告活动所要达到的预期目的，或者说，广告目标就是对沟通效果的设定。广告目标是广告策划中各项活动的中心，企业是通过确立广告目标，对广告活动提出具体要求，来实现企业营销目标的。

广告目标与营销目标不同，两者的区别见表 9-1。

表 9-1 广告目标与营销目标的区别

项目内容	营销目标	广告目标
销售与销售信息差异	根据销售量和获得的利润加以界定	根据送达目标受众的销售信息或实现的传播效果加以界定
现实效果与迁延效果差异	通常以特定时期为衡量标准，来评价目标是否实现	通常不能以现实效果进行评价，而必须注意其迁延效果
有形结果与无形结果差异	可以用有形、具体的目标加以衡量，如销售量、利润、配销量、店中货架陈列空间等	往往用相对模糊的指标加以衡量，如认知变化、态度变化、情感变化和心理反应等

广告目标包括信息性广告目标、说服性广告目标和提醒性广告目标。

(1)信息性广告目标。信息性广告目标的作用在某些产品开拓阶段极为突出，因为只有消费者对产品的性能、品质和特点有所认识，才能对产品产生基本需求。

(2)说服性广告目标。广告产品处于成长或成熟期阶段，市场上同类产品多了，代用品也不断出现，市场竞争也日趋激烈，消费者购买选择余地大。这时，企业为了培植某一品牌的选择性需求，使其在激烈的竞争中处于不败之地，多采用说服性广告，通过说服或具体比较从而建立某一品牌的优势。因此，在竞争阶段的企业对说服性广告的运用越来越重视。

(3)提醒性广告目标。当产品处于成熟期阶段，虽然产品已有一定的知名度，消费者已有一定的消费习惯，但由于新产品不断涌现，同类产品选择余地大，所以提醒性广告不仅起"提醒"作用，更重要的是起"强化"作用。其目的在于使现有的购买者确信他们做了正确的选择，从而加强重复购买与使用的信心。

2. 房地产广告目标及其影响因素

广告目标就是房地产企业通过广告活动所要达到的目的，或者说是广告目标市场接触广告信息后做出的反应。正确确定广告目标是开展广告后续工作的基础，也是广告活动成功的关键。

广告目标分为最终目标和直接目标。广告的最终目标是通过传递商品或劳务信息扩大销售、增加盈利；直接目标有告知、劝导和提醒三种。

房地产开发企业在选择广告目标的时候，受以下四个方面因素的影响：

（1）企业目标和营销目标。企业目标和营销目标是影响广告目标的首要因素。企业实施的广告促销策略，就是为顺利实现企业的整体目标和营销目标而制定的。广告目标必须在企业目标和营销目标的指导下制定。

（2）房地产产品销售的不同时期。在房地产产品销售的不同时期，房地产开发企业所推出广告的目标也有所差异，在房地产产品的销售前期或者初期，房地产开发企业的广告目标在于提高产品的知名度和潜在顾客的认同感；而在销售中期，房地产开发企业的广告往往会列出产品的种种优点或卖点，以期提高市场占有率。

（3）广告市场竞争状况。广告市场竞争状况对制定企业广告目标的影响很大。比如，在市场上只有本企业一家做广告与同时有几家、甚至几十家做广告的情况是不一样的，采取的广告策略也就不同。

（4）上次目标及其实现程度。同一企业的广告具有连续性，本次广告目标要与以往广告目标及其实现程度联系起来考虑。

9.2.2　房地产广告媒体

房地产广告媒体是用来传播房地产广告信息的工具。房地产广告如何以最低的成本，通过最优的途径，向目标受众传达有关的房地产信息，是房地产广告达到预期效果的关键之一，也是房地产广告媒体选择所要研究的内容。

9.2.2.1　房地产广告的概念与特点

1. 房地产广告的概念

广告是房地产企业用来直接向消费者传递信息的最主要的促销方式，它是企业通过付款的方式利用各种传播媒体进行信息传递，以刺激消费者产生需求，扩大房地产租售量的促销活动。在竞争激烈的市场经济环境下，企业要生存和发展，就要进行大量的广告宣传活动。而且为力求在广告宣传活动中取得更大的效果，企业在明确的广告目标基础上，还应研究和制定相应的广告促销策略。这是现代企业在高度市场经济中保证市场营销任务完成的关键。当然，广告也有其缺陷，如广告效果难以度量，广告费用较多且难以集中于目标消费者，与目标接受者难以沟通等。

在理解广告的概念的同时，房地产企业需要注意以下几个方面：

（1）广告是一种非人际的信息传播，它不是个人与个人之间的信息传播，而是通过大众媒体进行信息传播的；

（2）由于广告是借助大众传播媒介传递信息，因而需要支付费用；

（3）广告的对象即房地产企业现实或潜在的顾客；

任务 9 确定项目销售方案——房地产促销策划

(4)广告可以使消费者了解本企业的产品,激发消费者的购买欲望,从而促进产品销售。

2. 房地产广告的特点

(1)广泛性。房地产位置固定不动,房地产广告不能只依靠楼盘现场的广告,需要信息媒体广泛传播才能达到促销目的。

(2)区域性和针对性。广告内容要针对目标消费者的偏好和习惯,媒体选择要考虑其覆盖区域与房地产的需求区域相一致。如果仅从"广而告之"的观念出发,希望广告的范围越广越好,不采取目标市场的搜索,不针对不同的销售对象,不采取特定的媒体,房地产广告的实际效果就不会理想。

(3)建设周期性。房地产建设的周期少则 1 年,多则 4、5 年,仅靠几次轰炸式的广告难以达到理想的效果。采用阶段式、波浪形的重点宣传和细水长流的信息传递相结合的广告策略,往往能够达到事半功倍的效果。

(4)独特性。任何一个房地产项目在其位置、设计、建造、质量、销售方式等方面都不会与其他房地产一模一样,因此房地产广告宣传要立足自身的优势。

(5)综合性。房地产广告体现的是开发商、设计单位、建筑商和中介代理商的综合素质。这个综合素质既包括实力和规模,也包括信誉和知名度。消费者选择房地产的依据,除了房地产的自身条件外,还有企业的综合素质。这种素质的高低往往是造就房地产品牌的关键因素。

(6)时效性。随着房地产建设进度的变化,房价、付款方式等广告内容也有所改变,往往需要隔一定的时间就对广告的内容进行一定的修正,以保证传递信息的时效性。

9.2.2.2 房地产广告媒体的类型

1. 报刊媒体

报刊媒体主要是指报纸和杂志。

(1)报纸广告。目前,楼盘销售中最主要、最有效、最简洁的广告形式就是报纸广告。报纸发行量大,覆盖面广。作为现代生活的必需品,它与公众的生活联系十分密切,而且信息传播速度快,广告见效迅速。但报纸广告也有它的局限性,因为价格高、篇幅有限,在广告安排上多半不可能随心所欲;对楼盘的具体内容只能点到为止,难以详细说明。

报纸对楼盘的推广形式有三类:

1)通常的广告(俗称硬体广告)。一般是按版面大小付费制作。它主题简洁明了,诉求力强,但在竞争激烈、产品相差无几、广告铺天盖地的时候,效果并不一定尽如人意。

2)纯新闻报道。通常是在楼盘开盘之前,召开记者招待会,以新闻报道的形式向社会告之,但它行文短小、枯燥,更缺乏直接的销售效果。

3)半新闻半推广的专题报道(俗称软体广告)。这种形式介于上面两者之间,是让产品的卖点转变为报道的新闻点来加以推广的,在不经意的客观评述中,作为典型介绍产品。这样的广告对客户的说服力较强,但也较隐蔽,效果范围有限,通常仅作为硬体广告的点缀来使用。

(2)杂志广告。房地产广告也通常出现在一些专业性杂志上。由于印刷精美、制作水平高且以某一行业为读者群,因而能发挥明确而感性的诉求。和报纸广告相比,杂志广告力度不够,瞬间效果不佳,但持续时间长,社会形象好。

2. 电视广播媒体

电视广播广告的听觉与视觉的冲击力是相当强烈的,能使产品瞬间打入观众心里,但因为制作成本高,大多是在房地产形象广告中配合选用。另外,由于人们在看电视、听广播的同时,很少会注意一晃而过的楼盘,拿一支笔把它的地点和电话记下来,但房地产又偏偏是地理位置固定、销售渠道单一的产品。而与此相反，报刊广告则弥补了这方面的不足，让消费者有确切的地址和电话去了解产品、购买产品。

不同的媒体有它独特的客户层，因此要针对产品的客源定位，来选择相应的报刊广告。此外，不同时间段的电视广播广告也有它不同的广告效果，聪明的决策者往往会在执行的过程中不断地予以评判调整。

3. 印刷媒体

（1）售楼海报。售楼海报要说明的内容较多，但好的售楼海报也不拒绝情感的沟通，往往图文并茂，以艺术化的手法，通过一个或两个主题的展开将诸多内容串联起来。实际运用中的售楼海报大多是单张，18开大小，正反两面，成本低，实用性强，还可根据不同的销售阶段随时量身定做，是房地产销售的主力工具。标准的售楼海报所包含的内容有下列五项：

1）楼盘效果图、透视图，若是现房，那么效果上佳的现场实景照也是必不可少的。
2）楼盘所在地点的交通位置图。
3）销售单元的平面图或家具配置图。
4）建材装潢和配套设备的简要介绍。
5）联系电话、售楼地址、开发商名称等一些基本资讯的简要说明。

（2）邮寄、派发海报。邮寄、派发海报也算是售楼海报中的一类，因为篇幅小，所以叫它小海报。小海报在内容诉求上往往比较感性，实质性说明不多。在简洁的主题下，通过艺术化的渲染和直接的功利诱导，让客户产生兴趣，进而来现场进一步询问。好的小海报有的还做成系列，通过持续的、引导渐进的广告主题告知客户。它主要是在街头派发，上门递送，邮寄或夹报来散发，虽然数量有限，但针对性强，和其他媒体搭配，可以造成局部的楼盘热销景象。

（3）售楼书。售楼书是售楼海报的详解，是有关楼盘情况说明最详尽的宣传资料，它也是在现场供售楼人员给客户讲解，并且给客户带回家仔细研究的售楼资料。因为成本高，售楼书只是送给有希望购买的准客户。售楼书往往是十几页一本，印刷精美。它与资料类相关的信息和销售海报一样，也包括五个方面，但在说明时更为详细。虽然一份销售海报基本上是可以满足简单销售需要的，但对单价比较高的、品质出类拔萃的楼盘，好的售楼书不仅会让客户深切了解产品，而且会让客户产生一种身份和价位的认同感，从而促进销售。

（4）平面图册。当某一楼盘的户型种类特别多或者本来的品质就特别高时，则应该将平面图从海报和售楼书中脱离出来，制作成为一本单独的平面图册。平面图册在总的平面规划图下，应包括每一栋楼的标准层平面图、每一套单元的家具配置图，以便消费者了解每一套单元楼的确切位置、面积和形状格局。

4. 户外媒体

房地产的户外广告主要包括看板、道旗、交通广告、指示牌、霓虹灯、招贴、灯箱、宣传条幅等。房地产户外广告常位于主要交通路口、人群汇聚地等处。下面，详细介绍其中四种最常见的户外广告类型。

（1）看板。它的设置场所主要有两种：一是设置在主要路口及人流集中的公共场所；二是设置在楼盘的所在地。除了联系电话和楼盘地址是不可缺少的因素外，其他的内容都可以视具体情况自由安排。可以是产品特色的简短文字口号，也可以是楼盘鸟瞰、俯视效果图、单元配置图。其设计原则除了与整体广告基调相一致外，引人注目是主要的要求。看板一般是按半年、一年收费的，路口好的看板价格更高，但它的广告效果可持续相当长的一段时间，是户外媒体的主要形式。

（2）道旗。它是古代"酒招"等旗幌广告的延续和发展。通常布置在附近热闹地段至楼盘所在地道路的两侧或者工地的四周。图案简洁、方案精练的旗帜成排招展开时，迎风起舞，颜色鲜艳夺人，在促销过程中起到了预热销售气氛的重要作用。但道旗广告的持续时间比较短，为两个星期或一个月左右，且容易污损。又因为牵涉到悬挂的准许问题，总体成本也不低。所以，一般仅在楼盘开张或促销活动时，配合其他媒体一起使用。

(3)交通广告。它主要是指在那些流动性很大的公共交通工具上做的广告。交通广告由于其流动性强，因此被注意的程度相对来说高得多，触及面非常广泛。对于销售周期比较长的房地产来说，交通广告是一种有效的宣传途径，而且费用比较低。但交通广告对设计要求较高，内容应简短，标题要醒目，使人们在车辆行驶过去的几秒内就能获得有效的楼盘信息。

(4)指示牌。它是放置在楼盘附近的路口，引导客户参观的路牌。这样一方面能够使前来参观的客户知晓楼盘所处的具体地理位置，使其方便参观楼盘，对楼盘留下一个深刻的印象。另一方面，能吸引更多途经楼盘的潜在客户，使其知道该区域内有楼盘正在销售，从而间接地促进了楼盘的销售工作。

5. 售点广告

房地产售点广告主要指房地产销售处或楼盘销售现场的广告，可分为室外售点广告和室内售点广告两类。

(1)室外售点广告包括广告牌、灯箱以及售楼处和楼盘上拉的横幅、条幅等。

(2)室内售点广告包括售楼处内的楼盘、小区模型、照片及一些房地产交易中心内介绍房源的电子显示屏等。

售点广告易引导和诱发消费者对售点的差别化认识，树立售点的形象，加深消费者的印象，有利于提醒消费者进入销售点或与销售点联系。

6. 空中飞行物媒体

空中飞行物媒体是指通过空中飞艇、热气球飞行物、降落伞等的飞行吸引消费者的注意，从而达到宣传的效果。这种广告手法在目前大量房地产广告的运用中是比较创新的一种。这种手法的特点是通过飞行物的飞行，带动不同地域内消费者的注意，具有流动性强、影响范围广的特点。但是要求所到地域的人流量较大，否则不但无故增加了广告成本，而且不会收到预期的广告效果。目前，这种广告手法尚未广泛运用到房地产广告。

7. 新媒体

新媒体是相对于报纸、广播、电视、杂志四大传统意义上的媒体而言的，是新技术支撑体系下出现的媒体形态，如手机短信、网络、触摸媒体、数字杂志、数字报纸、数字广播、桌面视窗、数字电视、数字电影等。

(1)短信媒体。短信媒体指通过手机的短消息方式来传播房地产的相关信息。此种房地产的宣传媒体也是最近几年才引入房地产广告的宣传手法中来的。随着手机在国内的普及度日益提高，用短信的方式来对楼盘进行宣传的优点显而易见：其受众面广、针对性较强、不受时空限制以及成本较低。这些优势都是其他传统媒体所不能企及的。但是，其也有一些不能回避的缺陷：受众的有效到达率低、广告效果的反馈难以测量，以及接受者对其信任度较低。这些都成为宣传中的障碍。

(2)互联网媒体。互联网媒体是指通过人发送电子邮件以及在计算机网络上设立网站主页来发布房地产的相关信息。互联网传媒广告的最大优点是时效性强，每时每刻、每分每秒都可以发送最新的信息。互联网传媒广告也不受地域限制，可到达地球的任一角落。而且广告成本相对于传统广告媒体而言比较低，广告表现手段灵活、多样，既有图像又有声音，针对性也较强，如电子邮件可只发给想要传达的目标客户。目前，网络广告发展迅速，网上房地产广告较多，容易造成上网者的视觉疲劳，网络广告需要精心策划运作，才能在众多竞争广告中脱颖而出，吸引眼球。

（3）自媒体。自媒体又称公民媒体。美国新闻学会媒体中心出版的由谢因波曼与克里斯威理斯联合提出的"We Media（自媒体）"研究报告指出，"We Media，即公民用以发布自己亲眼所见、亲耳所闻事件的载体，如博客、微博、微信、论坛/BBS 等网络社区"。目前，SNS、BBS、博客、微博、微信朋友圈、手机 App 等都成为自己发声音、个体间交流和发布公民信息的最佳选择。随着房地产行业的快速发展，自媒体迅速运用于房产项目，自媒体广告投放大有成为市场翘楚之势。随着自媒体时代的来临，信息发布与传播方式正在经受着巨大变革。自媒体房产营销有如下特征：

1）自媒体营销具有分散的特征。自媒体传播状态碎片化，传播中心分散化，所有的个体都可以成为独立的自媒体。自媒体成为承载海量用户产生和流转信息的传播平台。理论上讲，只要愿意，谁都有可能成为一个房产信息传播的中心点。

2）自媒体营销具有信息即时更新的特点。这需要有专人在线处理随时提交的资料或问题，要有专门的部门来处理。同时，操作者要具有良好的网络营销专业素养。

3）自媒体实现了传者与受者身份合一。它集大众传播、人际传播的特性于一体。单向的信息传递算不上沟通，只有双向和多向之间产生的有效交流与沟通才能称为销售服务。

9.2.2.3 广告媒体的选择

1. 选择媒体的原则

选择房地产广告媒体，要从房地产广告宣传所要达到的目的出发，做到以较少的费用取得最好的广告效果。若房地产项目的规模较大，开发的时间较长，则需要在公交站点、主要交通位置等地方设立大型固定的广告位。综合各种媒体，做到层次分明、扬长补短是房地产广告中的媒体运用的主要研究问题。选择媒体的应遵循以下几个原则：

（1）广告媒体所能达到的范围要与所要求的房地产销售信息传播范围相适应；

（2）广告出现频率一定要与所要求的房地产销售信息出现次数相一致；

（3）选择能充分表达房地产广告信息的工具做媒体；

（4）选择费用少、效果好的媒体做广告。

（5）广告媒体能否重复使用和广告信息的保留时间要与企业的要求相一致。

发展商的资金实力是开展主体广告攻势的先决条件。如果实力雄厚，项目的规模又够大，则应开展主体广告攻势，尽可能把目标客户"一网打尽"；如果资金有限，当然就要选择阅读或收视最广的媒体重点发布广告，尽量节省广告费用。

2. 选择广告媒体应考虑的因素

（1）媒体特性。不同的广告媒体在送达率、影响力、目标受众等方面各有特点，广告效果也不尽相同。因此，房地产企业首先要了解各种广告媒体的特点，再结合自身的实际情况，选择合适的媒体。

（2）目标顾客的媒体习惯。对于不同的广告媒体，消费者接触的习惯不同。房地产企业应将广告刊登在目标顾客经常接触的媒体上，以提高视听率。

（3）产品信息特点。不同的房地产有不同的特点，因此，对广告媒体的要求也不同。如果需要显示产品的外观特点，以电视媒体为宜；如果需要较多文字介绍，以报纸、杂志为宜。

（4）媒体成本。不同的广告媒体成本差异很大，电视广告费用最高，报纸费用则相对较低。

3. 房地产广告媒体选择技巧

房地产广告的媒体选择主要可以从开发商的实力、项目的规模和开发持续时间、主题定位以及目标客户的区域集中度这四个层面来进行分析和执行。

(1)从开发商的实力角度来考虑媒体的选择。开发商的资金实力是开展主题广告攻势的先决条件。如果实力雄厚,项目的规模又够大,则应该采用大面积的广告,如报纸、电视、路牌等多管齐下,并结合开展主题广告攻势,形成浩大的声势,以尽可能把所有目标客户吸引过来;如果资金有限,项目规模又不是很大,那就应该选择一两项阅读或视听最广的媒体重点发布广告,有重点地面向楼盘目标客户发布针对性较强的广告,在尽量节省费用的前提下求得最佳的效果。

(2)从项目的规模和开发持续时间角度来考虑媒体的选择。如果项目的规模较大、开发的时间较长,则需要在公共站点、主要交通位置等地方设立大型固定的广告位。在市区高大建筑物、公交车等载体上发布广告,使项目长期被人认知,这有利于保持项目的长久宣传效应。但是,如果是规模较小、开发时间短的项目就不需要选择固定广告,而应以流动性较强的广告手法为主,如发放宣传资料等,有利于节约成本,使项目尽快进入强销期。

(3)从主题定位角度来考虑媒体的选择。楼盘的档次决定目标客户的身份层次。大众化楼盘的消费者显然是工薪阶层,而高档次楼盘的消费者均为非富则贵的阶层。这样,在媒体选择上,前者只需要选择大众媒体即可;而后者不仅要选择大众媒体,还有必要选择一些富贵阶层肯定会涉猎的专业性较强的媒体。

(4)从目标客户的区域集中度角度来考虑媒体的选择。如果楼盘的目标客户居住分布比较分散,如别墅、高级度假村等,可以采用邮政信函形式,这既可节省费用又能将广告诉求直达潜在客户。如果目标客户居住分布较为集中,如住宅小区,则可以通过该区域内影响力较强的报纸、电视广告的形式加以宣传,这样不但可以使广告区域针对性增强,也可以让该楼盘区域内的广告受众成为潜在的信息再传播媒体,从而延长和扩大了楼盘广告的时效性。

9.2.2.4 媒体组合策略的运用

各种各样的户外媒体、印刷媒体和报刊、广播电视等媒体在信息传播的功能方面各有长短,它们在广告活动中也扮演着各自不同的角色。为了更好地发挥媒体的效应,应该对不同类型的媒体在综合比较的基础上,合理地筛选综合,互相组合使用,以达到取长补短、以优补拙的成效,从而促使销售目标的完成。

1. 广告媒体组合的作用

(1)弥补了单一媒体在接触范围上的不足。任何一种媒体都不可能百分之百地达到目标消费者,而组合媒体可以弥补这一缺陷,使广告的影响范围扩大到单一媒体所遗漏的目标消费者。

(2)弥补单一媒体在发布频率上的不足。有的媒体接触范围较大,但由于费用过高难以多次重复使用;有的媒体对目标的影响周期太长,无法保证广告的重复效应。而媒体的优势互补可以保证在较低费用的情况下有较高的出现频率。

(3)有利于开发商量力而行,节省广告费用。许多中小开发商由于资金拮据,无法使用效果好但成本高的媒体。这时可将多种费用低、效果较一般的媒体合理地加以组合使用,同样能保证楼盘的良好宣传效果。

2. 广告媒体组合策略的运用

(1)基本策略。因为房地产具有不动产性质,所以它的常用广告媒体为户外媒体、印刷媒体和报刊媒体三种。其中,户外媒体因为位置固定,比较偏重于楼盘周边的区域性客户源;印刷媒体可以定向派发,针对性和灵活性都较强;报刊媒体的覆盖面广,客户源的层次较多。三者取长补短,综合运用,构成了房地产广告媒体组合的基本策略。

(2)阶段性策略。广告媒体的阶段性策略依据广告周期分为纵向和横向两个层面。

1)就纵向方面而言,一个完整的广告周期由筹备期、公开期、强销期和持续期这四个部分组成。在广告的筹备期,广告媒体的安排以户外媒体、印刷媒体和售点媒体为主,售楼处的搭建、样板房的建设、看板的制作、沙盘的设计以及大量的海报、楼书、说明刊物的定稿印刷等,成为此阶段工作的主要内容。报刊媒体的安排除了记者招待会外,几乎没有什么特别之处。进入广告的公开期和强销期,广告媒体的安排则逐渐转向以报刊媒体为主。户外媒体和印刷媒体此时已经基本制作完成,因为相对的固定性,除非有特殊情况或者配合一些促销活动,一般改变不大,工作量也较小。而报刊媒体则开始在变化多端的竞争环境下,加快节奏,以灵活多变的特点发挥其自身独有的宣传功效。到了广告的持续期,各类广告媒体的投放开始偃旗息鼓,销售上的广告宣传也只是依靠前期的一些剩余的户外媒体和印刷媒体来维持,广告媒体组合策略的运用也接近尾声。

2)广告媒体在横向方面的安排是指在一个特定的广告宣传阶段内利用各类媒体的合理组合,给予目标消费者轮番的楼盘信息宣传。其实,此种策略也贯穿广告周期纵向的四个阶段,且对项目强销期的策略要求更高。

9.2.3 房地产卖点(买点)与广告诉求点

1. 房地产卖点(买点)的提炼

所谓卖点,是指在现实的市场环境下,项目产品相对于竞争对手产品的差异化及特点。卖点的基本特征包括消费者最需要、最关注的是什么;消费者需求心理中容易唤起的现实需求有哪些;本项目产品区别于竞争对手的鲜明特征在哪里;本项目产品有哪些强有力的产品品质的支撑;暗示消费和提示比较的作用是什么。

在深入了解项目产品后,广告策划者就需要对项目本身的卖点进行提炼,最后确定主题。房地产产品是一种特殊的商品,从房地产项目自身的商品特点和营销的角度来看,其卖点可以从五个方面挖掘:

(1)区位特征。房地产产品的位置条件是多重因素所构成的结构条件,包括区域的人文条件、交通条件、市政条件、周边建筑条件和气候条件等。如所在地交通条件越是发达的楼盘,其对于市场营销在交通方面所必需的商品特性和营销切入点就越少;在周边建筑条件方面,周边建筑条件对自身楼盘影响越大,房地产产品的商品特性和营销切入点的挖掘和选择就越要直接,避重就轻会适得其反。

(2)建筑条件。没有两个建筑会是完全一样的,因此在建筑本身寻找卖点应该是可以的,但是应将营销切入点放在建筑单体的设计"限制"方面,而不应该过深地切入建筑的使用及功能方面。因为无论是建筑设计师还是营销高手,对于建筑使用和功能方面的设计是"永远超不过客户要求"的。

(3)建造条件。建造条件包括了工程施工、建筑配套设施等方面。建造条件方面的营销切入点,选择为"建造技术的层次体现、建筑技术的标准发展"较为合适。

(4)使用条件。"良好的物业管理"是许多开发商的营销切入点,这只是以使用条件作为营销切入点的一个方面,仅仅是房屋建成后的使用条件是不够的,还应该重视建筑本身提供的"先天服务条件",如房屋的车位、绿地等。在使用条件方面,营销切入点的第一个选择就是设计、管

任务 9　确定项目销售方案——房地产促销策划

理意图的全面公开；营销切入点的第二个方面就是设计、管理意图的"成本核算"，不能只是诉说对客户的"全面呵护"，却不讲这样的呵护值多少钱。

(5)商品附加条件。开发商自身企业品牌的知名度，能够塑造这个房地产品牌的知名度，这是房地产产品的附加条件之一；给一个房地产产品引进一个全新概念或营造一种文化氛围，也是房地产产品的附加条件之一。在产品附加值的营销应用中，一般来说，产品附加值都是后天的，但是这个后天的产品附加值是可以预支的。因此，后天产品附加条件在营销切入点的选择上是可以预支的，可能会更直接、更明确，也更有利于消费者的预先选择。

2. 广告诉求点的甄选

"所要提供的商品和服务的信息"是任何一则广告必不可少的内容。选定的产品卖点内容的表达，总有它的主题，而这个所要表达的卖点主题，便是我们通常所说的广告诉求点。因此可以说，对产品卖点的提炼和升华，就是房地产广告的诉求点。

(1)广告诉求点实质上是产品的比较强项。现代商品市场的竞争日趋激烈，同一个产品可能存在着成千上万个竞争对手，房地产市场同样也不例外。这种情况蔓延的结果，便是现在没有一则房地产广告是仅仅要告诉客户"我是什么"，而是更侧重表现"我为什么更值得你选择"。事实证明，广告策划只有这样，客户才能被吸引，进一步的咨询洽谈才可能进行，最终的购买行为才可能产生。

(2)最强的广告诉求点应该与客户的需求一致。房地产的构成因素成百上千，每个人都可能对某个方面的情况特别关注，但大家对一些最根本因素的看法基本上还是相同的，例如地点、价格和户型。同时，因为广告总是面对主流客源的，所以这些共同点便成了广告诉求的主要方向。最有效的广告诉求点是客户最关心的地方，同时又是自身产品的比较强项，只有找准诉求点才能有效地吸引客户，提高广告效果，起到销售促进的作用。

(3)主要诉求点与次要诉求点。通常，一个楼盘总有几个主要诉求点和几个次要诉求点。这些诉求点需要有特别的地方，最好能有不可复制性，是其他竞争楼盘所不具备的。但是大部分项目很难做到这一点，能做到的是几个诉求点互相加起来才能呈现其楼盘的特殊性和不可复制性。策划者会根据楼盘的销售节奏有计划地分批推出主要诉求点和次要诉求点。当其中的一个主要诉求点被选为广告的主题时，其他的几个主要诉求点则与次要诉求点一样。有选择地表现广告主题，可以最大限度地吸引目标客源；而且，精心安排的广告主题的轮流展示，则可以保持楼盘信息的常新、常亮。这点对于那些开发周期很长的超级大盘尤为重要。在卖点的多少方面需要考虑以下几个因素：媒体因素、主卖点影响力的大小、报纸广告的传播方式、地域性因素、项目开发周期等。广告诉求点的轮流安排也不是无序的，它是和广告周期的安排与广告诉求点的内容紧密相连的。在产品引导期和公开期，广告诉求点多以产品的规划优势、楼盘的地段特征为主，通过形象的着力介绍，让一个新兴的事物尽快被客户所关注和了解；到了楼盘的强销期和持续期，除非产品有特别的优势，价格攻势往往成为广告诉求点的主要内容。在客户对产品有一定了解的基础上，通过价格上的优惠折让和某些服务方面的承诺促使成交。

(4)隐蔽主题的运用。有时候，广告主题的选择好像并没有涉及产品的主要诉求点，而是和都市的四季变化、热门话题和生活习俗等密切相关。其实，这样的广告不是没有主题，而是广告主题相对隐蔽。策划者以亲和的姿态和近距离的角度来吸引客户，间接地引导大众对产品的兴趣。

(5)广告诉求点的运用。完整地理解和正确地运用广告诉求点时，还应该注意把握以下两点：逐渐加强广告诉求中对配套设施的强调，从整个社区生活着眼，从居民生活质量着手，营造一个能为人们提供全方位便利条件的生活社区；增加广告诉求点的人性化色彩，从偏重于物的诉求转变为人们人性化和精神方面的诉求，比如可以从家庭、社区、城市等角度阐述产品的人情味和亲和力。

9.2.4 房地产广告制作

房地产的广告制作在整个项目的广告策划过程占据核心地位，广告制作如何进行以及制作的成功与否，都直接影响预算控制、媒体选择和效果测定等多个策划因素，并将最终体现为广告所宣传的项目的销售利润的多少、去化速度的快慢、品牌形象的优劣等实际情况。

房地产广告设计，是由广告内容的结构、文字的表达以及画面和色彩的运用等方面组成的。房地产广告设计技巧的运用，就是为了求得对广告的简洁、清晰、生动和完整的表达，使之成为吸引或诱发消费者产生购买意向的主要因素。

1. 房地产广告的创作风格

每一个房地产广告作品都有一定的风格。这既取决于广告制作人的业务水平和艺术表现手法，也取决于特定房地产本身的特点。一般来说，房地产广告的创作风格有规则式风格、理性感化风格和论证式风格三种类型。

（1）规则式风格。这种创作风格有点近乎公式化，在格调上比较正规、刻板。该风格内容具体、介绍全面，但缺点是平淡枯燥、缺乏特色、缺少吸引力。

（2）理性感化风格。这种风格被广泛运用于房地产广告的创作。其特点是广告从文字表现力方面打动消费者的情感，通过理性的感情诉求去改变消费者态度。这要求广告的创作者充分发挥语言文字天赋，巧妙地述说、戏剧性地显示、绘声绘色地描写其房地产的优点和可能给消费者带来的利益和好处，促使市场潜在的需求变为立即购买的行动。

（3）论证式风格。运用论证式风格创作房地产广告，一般采用正面论证、正反论证和比较论证这三种方法突出信息焦点。该风格比较真实，能加深顾客印象。

2. 房地产广告作品的组成部分

任何一个完整的房地产广告作品，都包含题材、主题、标题、正文、插图五部分。

（1）题材。房地产广告题材来自广告主房地产企业提供的广告信息（房地产的地段、质量、价格、房型、服务等）、对市场的调查研究，以及消费者对特定房地产的认知和态度。房地产广告源于生活而高于生活，要将真实的事情艺术地告诉受众，是基于科学调研、理性分析后的智慧密集、头脑风暴的创作。判断房地产广告是否有效，一定要基于广告目标的界定、与产品的相关性、可记忆性以及与受众的沟通来把握。简而言之，从一则房地产广告能否较清晰地表达记忆点、利益点、支持点、沟通点，可以判断出该广告的有效性。

房地产商品本身的信息量极大，地段、价格、房型、服务无论哪一方面都可以有大量题材。因此，对房地产广告题材的选择、处理、加工和提炼，是广告创意人员和设计人员的重要工作。这一切都将对广告作品的主题产生重要的影响。当然题材是为主题服务的，主题统率题材，没有题材，无所谓主题，没有主题，题材再好也无用。

（2）主题。主题是房地产广告的中心思想，是房地产广告的灵魂。主题也可称为立意、主旨或题旨。没有主题的作品是没有生命力的，如果一个房地产广告没有主题，可以断定它的效果是不好的。只有主题明确、材料可靠，房地产广告创意和设计人员才可能通过形象的手法，创造出优秀的广告作品。

房地产广告主题的形成和深化是房地产广告设计人员对客观事实的认识与对题材提炼的成果。因此，广告主题不是闭门造出来的，而是源于客观事实。广告的主题在整个广告中处于支配和统率地位，是决定房地产广告品质的最主要因素之一。

主题画面通常占据房地产广告最大的版面，它与项目的诉求点紧密相连。一个好的主题画面，是广告制作者经过缜密思考和细致修改后的产物，能比较强烈地反映项目的特色。主题画面通常包括了清晰醒目的图片、大字号的标题以及简洁的文字说明，有时会配以物业标志。它们共同构成了房地产广告的主题（或称为诉求点）。但不论诉求点如何选择，目的都是吸引消费者的注意力。

广告主题语对房地产广告起画龙点睛的作用，每个房地产项目都有自己的相对优势，突出宣传这些优势以说服消费者购买是房地产广告创作的主要课题。房地产广告的主题说明与主题画面互相呼应。常见的房地产广告诉求的重点大致集中在价格低、豪华高档、地段珍贵、交通方便、学校资源优秀、环境优美、生活方便和公司信誉等方面。

（3）标题。广告标题是房地产广告作品的精髓，种类繁多，从广告内容的层次来分，广告标题可分为引题、立题、副题、分题；从广告版面上看，广告标题又可分为通栏标题、大标题、栏题、边题；从标题的手法上看，广告标题可分为实题和虚题；从标题的形式和内容划分，广告标题可分为直接标题、间接标题和复合标题。广告标题的作用，是概括和提示广告的内容，帮助消费者及时了解广告的中心思想，它既起到提示作品主题实质的作用，又起到吸引消费者兴趣的作用。只有让消费者认可了标题，广告的内容才可能被消费者了解，因为消费者是被标题引导进入正文的。

在房地产广告文案中，确定标题是广告写作中的主要工作程序之一。在确定标题前，首先要做到掌握材料，细致阅读稿件，分清主次，抓住中心。

标题写作时应坚持广告标题的准确性，标题要体现主题思想，其语言要生动活泼、富于创意，以点睛之笔给人以丰富联想，还得注意广告的总体效果。

（4）正文。正文是广告的中心，是广告文案的中心和主体。房地产广告正文以说明房地产商品为其主要内容，正文负载的信息量最大。

广告撰稿人员必须熟悉房地产的各方面特点并掌握消费者的心理。撰写房地产广告正文要注意易读性、易记性、直接性、实在性、短而精这些特点，尽量写出房地产的与众不同，不落俗套。

（5）插图。房地产广告的插图是为房地产广告主题服务的，房地产广告的插图常可以使消费者对房地产有一个形象的了解。在广告设计中，要使插图与主题的表现手法浑然一体，才有益于发挥房地产广告插图的最佳诉求效果。

插图设计又称美术设计，在报纸和杂志媒体上的表现手法有钢笔画（以线条或点组成的黑白画）、色彩画（分为广告彩和水彩两种）、摄影照片（分为彩色照片和黑白照片两种）、油画等几种。

在建房地产的广告插图通常为楼盘的效果图和房型图等，而已建成的房地产广告插图还要加上实拍照片，这些广告插图会给消费者一个实实在在的感性认识，让虚无缥缈的印象成为眼见为实的景象，从而达到刺激消费者购买的最终目的。

3. 房地产广告创作应达到的要求

（1）吸引人们的注意力。制作人要把完成的报纸广告事先贴在报纸上，与其他的房地产广告一起看，通过这种比较，才能知道所制作的广告的视觉效果是否突出。如果广告放在报纸上，不抢眼、不夺目、不吸引人，那这广告就不是一则成功的广告，就必须重新创作。

影响人们对广告的注意力的因素主要有广告的位置、大小、色彩，宣传强度，具体实施组合等。房地产广告一定要在显著的位置上大篇幅醒目地登出，最好不和其他广告挤在一起，以

任务9 确定项目销售方案——房地产促销策划

增强顾客对产品的信心和对公司的信任。

(2)内容容易理解，便于记忆。大多数消费者都是随手翻阅房地产广告，接触广告的时间很短，只有当遇到视觉上有足够吸引力且信息适合自身的广告时，才会进行详细阅读。因此，无论是广告文字还是画面都必须清晰地显示出广告企图表达的意义，使人一目了然，一看就懂，看后留下深刻印象。但在实际创作中，清晰易懂常常因为过于平淡而被否决。

广告的目的是促销，因此，必须能让人很容易记住，这就要求广告设计必须做到文字简短、语言精练、词语好记，画面设计要奇特、新颖，使消费者过目不忘。

(3)购买楼盘的现实理由。有些房地产广告做得很不错，使人看完之后对项目有一定的好感，但最终无法促成消费者的购买行为，甚至连简单的咨询行为也无法促成。这种广告创作是一种严重的浪费。这要求在设计广告时，善于运用有针对性的语言、语调和语气，要充分考虑到目标顾客的特殊需求。让消费者感到此项目正处在物超所值的最佳购买阶段，给消费者最充分的购买理由，这样才能打动购房者，增加销售业绩。

(4)整体的美感。美感不仅有助于提高视觉的吸引力，还有助于提升项目的第一印象，甚至可能影响市场和消费者对该项目的评价。美是广告设计的重要标准。一则没有美感的广告，即便其宣传的项目很有优势、有竞争力，也不能吸引足够多的消费者；相反，因为广告缺乏美感，很可能会削弱项目原本的卖点。

9.2.5 房地产广告促销时机选择

广告时机的选择是指广告投入的时间安排。要根据产品的销售季节、产品的特性、产品的销售对象等选择广告的播放季节和播放时段。完整的广告周期从属于房地产产品的销售周期，即延续于开盘前期、开盘期、强销期以及持续期等阶段。

从广告的发布时间上来看，不同时间发布相同的广告，效果往往不同。例如，刊登在星期日的报纸广告，一般效果不好，因为休息日读报的人比平时少。电视、广播电台都有黄金时段和收视率高的节目，选择这样的时间段播出广告，效果会比较理想。

1. 合理安排广告节奏

房地产广告时间的节奏，一般可分为集中型、连续型、间歇型和脉动型四种。

(1)集中型。集中型是指广告集中于一段时间发布，以迅速形成强大的广告攻势。

(2)连续型。连续型是指在一定时期内，比较均匀地安排广告的发布时间，使广告经常性、反复性地在目标消费群中出现，从而逐步加深消费者的印象。

(3)间歇型。间歇型是指间断地使用广告的一种方式，即做一段时间广告，停一段时间，再做一段时间广告，反复进行。

(4)脉动型。脉动型指集中了连续型和间歇型的特征，既在一段时间内连续保持广告发布，又注意抓住一些特殊事件或时机加大广告发布力度，形成广告攻势。

2. 广告发布时间的安排

广告时间的安排，在一个规范化的市场营销环境下，便是广告周期的拟订。楼盘广告的周期隶属于房地产产品的营销周期。房地产产品销售周期一般需经历开盘期、强销期、持销期和尾盘清销期四个阶段。

开盘前期，广告应该以告知为主，房地产企业可以在报纸上刊登广告，辅之以现场广告和户外广告。开盘期的广告范围应有所扩大，伴随着开盘期的庆典活动和促销活动，这时的广告应以告知和促销为主，报纸、广播、杂志以及直接邮寄等媒体一起使用。当强销期来临时，各

任务 9　确定项目销售方案——房地产促销策划

种媒体应全面配合，增加广告播放的频率和次数，促销攻势全面展开。强销期过后的持销期一般来讲时间相对较长，广告量相对稳定，但有时也会有一些声势强大的广告配合，直到销售完毕。出于对企业形象的考虑，在持销期内，即使销售已经完毕，广告还应平稳继续，以迎接企业另一房地产开发项目的开展。

9.2.6　房地产广告预算

1. 广告预算的概念

房地产广告预算是房地产企业在一定时期内，为了实现广告目标而投入的广告费用计划。它规定在广告计划期内从事广告活动所需的经费总额、使用范围、使用方法，是企业广告活动得以顺利进行的保证。房地产开发企业可以根据以往的经验并且参照竞争对手的费用投入，进行广告费用的估算。一个完善的广告预算对于广告决策、广告管理和广告评价来说非常重要。

2. 广告预算的内容

制定广告预算，必须知道广告费用包括哪几项。只有清楚地了解了它的内容，才能制定较准确的广告预算。常见的房地产广告预算内容包括以下几项：

(1) 广告调研费：包括广告调查和广告效果调查两部分。

(2) 广告设计制作费：包括广告的设计费、印刷广告的制版、印刷、摄影以及美工等费用。

(3) 广告媒介费：包括购买报纸、杂志的版面费用，购买广播、电视的时间费用，购买户外广告的场地占用费以及邮寄广告、招贴广告等费用。这部分费用是广告费用的主体，占广告费用的70%～90%。

(4) 广告管理费用：包括广告部门工作人员的工资、办公费以及差旅费等。

(5) 杂费以及其他费用：如广告材料费、橱窗展示费等。

3. 广告预算的影响因素

在确定房地产广告预算前，要考虑以下因素：

(1) 竞争程度。竞争程度主要指房地产市场的竞争状况，竞争越发激烈、竞争者数量越是众多时，需要的广告费用投入就越多。只有这样，才能使潜在的顾客有机会在众多的广告中，注意、熟悉并购买本企业产品。

(2) 房地产的销售进度。对房地产企业要销售的某一特定楼盘来说，销售总量一般是固定的，卖一套就少一套，销售刚开始时，往往广告预算费用较高；当销售进度达到近一半时，许多开发商会投入最多的广告支出；而当楼盘销售接近尾声的时候，广告预算就会直线下降，趋近于零。

(3) 房地产的替代性。对于使用功能来说，房地产具有替代性。对于替代性强的房地产，一般要求做大量的广告，突出其与其他楼盘的差异性。如住宅的广告费投入一般比写字楼多得多。

(4) 广告频率。对于一般的广告信息，潜在消费者通常需要接触几次才能产生记忆或印象。国外学者研究发现，目标接受者在一个购买周期需要接触3次广告信息才能产生对该广告的记忆；接触次数在5次以上，对目标接受者的影响力才开始下降，一般认为6次为最佳频率；当广告频率超过一定限度（一般认为8次）以后，将产生负效用。因此，房地产企业在进行广告宣传时，要针对广告的有效传递情况确定适当的频率，这也影响广告预算的大小。

(5) 企业品牌。一个知名的开发商品牌所需投入的广告费用可以远远少于一个普通的开发商。既然是知名的品牌,就无须再为提高企业的知名度而花费巨额的广告费用,而只需将开发商有楼在售的信息告知消费者,购房者就可能会争先恐后地去购买。

4. 广告预算方法

(1)量入为出法。量入为出法又称收入支出法,即根据企业自身的承受能力,企业能拿多少钱就用多少钱为企业做促销宣传。房地产企业由于项目开发投入资金量大,在进行广告以前,资金状况往往比较紧张,于是多采用这种方法。但这种安排预算的方法完全忽视了促销与销售之间的因果关系,忽略了促销对销售的影响,在某种程度上存在着片面性。这种方法在新产品急需向顾客传递信息打开销路时,会因为用于广告方面的费用有限而坐失良机。另外,它不利于企业执行长期的市场开发计划。

(2)销售百分比法。销售百分比法即企业根据目前的或预测的销售额百分比决定广告费用的多少。在实践中,这种方法应用比较广泛。

例如:假设广告费用为 A,销售额为 S,广告费占销售额的比例为 α,则广告费的计算公式为

$$A = S \times \alpha$$

式中 S——通常以上一年度的销售额为依据,来确定新一年的预计销售额;

α——根据企业的具体情况,一般视行业的平均水平而定。

销售百分率法简单易行,并且费用支出的增减与企业销售收入的增减相一致,可促使企业管理人员根据单位广告成本、房地产售价和利润之间的关系去考虑企业的经营管理问题,并有利于保持竞争的相对稳定性。如果每个竞争者都以这种方式确定促销预算,可使竞争趋于缓和。但是这种方法颠倒了促销与销售之间的因果关系,不能满足企业实际发展的需要,不利于企业制定长远的发展规划。百分比的选定通常不是依据历史的一贯做法,就是仿效竞争对手的做法,逻辑性较低。

(3)利润百分率法。利润百分率法可分为净利润百分率法和毛利润百分率法。利润百分率法的计算方法和销售百分率法相同,用净利润或毛利润代替销售额。这种方法使广告费和利润挂钩,适用不同产品之间的广告费分配。但当新产品在投入期要做大量的广告时,就不适用此方法。

(4)竞争对等法。竞争对等法是指按竞争对手的大致广告费用来决定本企业的广告费用支出。这个方法也是房地产企业较为普遍使用的方法,它有助于保持楼盘间的竞争平衡。具体计算方法有以下两种:

广告预算=竞争对手广告支出/竞争对手市场占有率×本企业预计市场占有率

广告预算=本企业上年广告费×(1+竞争对手广告费增减率)

采用这种方法,必须先了解竞争对手广告预算的可靠性,并且应该尽量维持竞争均势,以避免企业之间的广告战。这种方法的缺点是存在着很大的盲目性。同行业竞争的市场环境、市场机会、促销目标各不相同,企业间的声誉、实力也大不一样,因此要找到一个可作为某次广告预算的标准是该方法操作中的最大难点。

(5)目标任务法。目标任务法又称单位累积法,即开发商首先确定促销目标,然后确定为达到目标所要完成的任务,最后估算完成这些任务所需要的促销费用。目标任务法要求企业制定的促销目标必须正确,否则企业据此做出的促销预算也必然失误。计算公式为

广告预算=目标人数×平均每人每次广告到达费用×广告次数

这种方法从促销目标任务的需要出发来决定广告的费用,能克服预算费用确定的盲目性,减少预算浪费,提高促销效果,因此为许多企业所采用。但此法也有其缺点,即没有从成本的

观点出发考虑广告的费用,不易检验促销费用所能达到的具体效果。

(6)销售单位法。销售单位法以每单位产品分摊的广告费来计算,即以一套住宅或数套住宅为单位,来确定每一套住宅所需支出的广告费用。计算公式为

$$广告预算 = \frac{上年广告费}{上年产品销售件数} \times 计划年度产品销售件数$$

实行这种计算方法,要有一定的机动性,每单位商品分摊的广告费应根据实际情况进行调整。

在决定广告预算时,不同的房地产企业应根据本企业的特点、营销战略与营销目标,选择合适的促销预算决定方法,作为企业比较合理的广告预算。通常,大的房地产开发商会把销售百分比法和竞争对等法相结合来确定广告预算,一般广告预算大致控制在楼盘销售总金额的1%~3%;小的开发商则会根据销售状况阶段性地滚动执行,销售结果一旦不如意,广告预算便会停止。

9.2.7 广告效果评估

广告效果是指广告对目标消费者所产生的影响程度。房地产广告发布后,必须对广告的效果进行测评,对先前的广告战略计划进行信息反馈和修正,以保证房地产广告达到最佳效果。广告效果先是表现为目标是否达到,最终的效果则表现为销售业绩的增长。

1. 广告效果的形成过程

房地产广告的影响是多方面的,广告既可以改变消费者对房地产商品或房地产企业的认识,也可以直接影响消费者的购买行为。广告既能为企业带来直接的销售结果,取得经济效益,也可以从社会文化等方面对人们的道德规范、生活习惯产生影响,取得某种社会效益。从广告效果的形成过程来看,广告效果可以划分为广告认知效果、广告心理效果和广告销售效果三个层面。广告对产品销售的拉动不是一蹴而就的,而是通过消费者的认知、理解、购买逐步实现的。广告效果形成过程如图9-4所示。

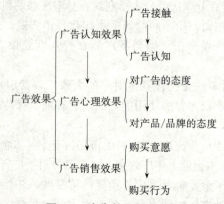

图9-4 广告效果形成过程

2. 房地产广告效果的评价准则

房地产广告发布以后,产生的效果可能包括以上各个方面,但各种效果也并不一定仅仅由广告引起,企业的其他营销策略也可能在起作用,因此要完全评价广告所产生的各种效果几乎是不可能的。所以,房地产广告效果评价的准则应该是在特定的时期内,广告所达到的预期目标的程度。由此决定的广告效果的评价指标应该是由房地产企业的广告目标所确定的评价指标。

3. 房地产广告效果评价方法

广告效果评价一般可从广告促销效果、广告传播效果两方面进行分析。

(1)广告促销效果。广告促销效果是指广告对企业产品销售产生的影响。广告主最希望看到的是广告带来的销量和购买行为。然而大多数广告需要一个相当长的时期对受众产生潜移默化的影响,且销售除了受广告的影响外,还受其他许多因素如产品特色、价格、购买难易和竞争者行为等的影响。因此广告促销的一般效果常难于准确测定。

目前测定广告销售效果的方法多种多样,但最简单的方法是销售量的增加,也就是以一次广告活动之后销售量的增加额作为广告的销售效果。如果以 SE 代表广告销售效果,以 SG 代表广告后一期的销售量,SB 代表同样时间长度内的标准销售量,则广告销售效果为

$$SE=SG-SB$$

统计销售量的时间长度可根据商品特征、广告效果、可能的持续时间等因素设定为日、周、月等。

销售效果评价主要是围绕广告宣传所增加的销售效果而进行的,一般可以采用广告费占销率法或广告费增销率法来评价。

广告费占销率是指广告费用占总销售额的比率。其计算公式为

$$广告费占销率=广告费/销售额×100\%$$

广告费占销率越小,表明广告效果越好。

广告费增销率是销售增加率与广告费增加率的比率。其计算公式为

$$广告费增销率=销售增加率/广告费增加率×100\%$$

广告费增销率越大,表明广告效果越好。

(2)广告传播效果。广告传播效果测定指广告信息传播的广度、深度及影响作用,表现为顾客对广告信息注意、理解、记忆程度。一般称为广告本身效果的测定,它可以在广告前也可以在广告后测定。主要有如下五种测定方法:

1)阅读率法。阅读率指通过报刊阅读广告人数与报刊发行量的比率,其公式为

$$阅读率=阅读广告人数/发行量×100\%$$

2)视听率法。视听率指通过电视机、收音机、收看、收听广告的人数与电视机、收音机拥有量的比率。

3)记忆率测试法。考察在听到或看到广告的人中,全部记住或部分记住广告内容的人与总人数的比例。

4)理解度测试法。在刊登广告的杂志的读者中进行抽样调查,看有多少人阅读过这个广告,有多少人记得广告的中心内容,有多少人记得广告一半以上内容,并分别计算出百分比,从而判定读者的认识和理解程度。

5)广告好感率法。考察在全部理解或部分理解广告内容的人中,对广告内容有好感的人数与总人数的比例。这样的指标只能反映媒体策划的有效性,无法用于评估广告真正所起到的有利于推动销售的效果。

9.3 房地产促销活动策划

9.3.1 房地产促销活动注意事项

房地产促销是开发商经常采用的营销手段之一,能够推动房地产销售速度。房地产促销活动应注意以下几个方面:

(1) 活动有针对性，主题突出。在举办活动时，目标是多样的，这就要求组织者在组织活动时做到主次分明。

(2) 抓住合适的时机。结合本项目的实际及市场动态灵活开展。一般来说，活动大多是在房地产营销的重要时期举办，如开盘期、旺销期、销售低谷期、尾盘期。如果说市场上出现新的竞争对手，为了保证本项目不受影响，也可举办活动。

(3) 最大限度地吸引消费者参加活动。举办活动的根本出发点就在于扩大影响、促进销售，因此活动要有大的吸引力，参与的群众应当是具有代表性的潜在消费群体。

(4) 活动开展必须有个性。举办的活动要具有个性特征，能突出自己的特点和优势，要服务于产品营销总体策略，根据市场的变化，结合价格策略，合理安排和策划活动。

9.3.2 房地产促销手段

1. "无风险投资"促销法

"无风险投资"促销法是以降低风险为目的的促销法，目前已受到人们的普遍欢迎，它常常表现为如下四种形式：

(1) 自由退房法。购房者只要一次性付清房款，那么，在房子交付使用时，购房者如果要求退房，可以不说明任何理由，房地产企业"立马"一次性退还房款，而且给予20%的风险补偿金！这样做，对于开发商来说，可以很早就收回投资，有利于资金周转。尽管在楼盘建好后，对那些退房者，房地产企业要付出比银行利息高的补偿金，但是总的来说，还是划算的。因为许多高档商品房一直到建成，还卖不出一半。大量空置的商品房，会使开发商的资金陷于泥潭。

(2) 试住促销法。该促销法让欲购房者先试住一小段时间后再买房。因为只有想买房的人，才会去试住。欲购房者一旦住进去了，买房的可能性会变得很大。

(3) 换房促销法。该促销法的特征是客户入住后仍可以自由换房。买了这家房地产企业的商品房，住进去以后，觉得不如意，可以随便换住别的商品房——先决条件是要换住的商品房必须是这家企业开发的，而且还空着。换住时，原来买房的钱，可以折算，多退少补。对于房地产企业来说，换来换去，都是他们企业的商品房，所以对于企业无损。但此促销法容易造成销售失控，不便于房地产企业对成交客户的管理，建议少用。

(4) 以旧换新促销法。该促销法的特征是以旧房换新房。由于将旧房出卖之后的资金可以作为购新房的"资本"，一下子使购房者需要付出的房款大为减少，购房者只需负担其中的差价就可以了。

2. 购房俱乐部法

长期以来，许多购房者对房地产业比较陌生，对楼市行情不了解以及缺乏必要的购房知识，对怎样才能买到称心如意的房子感到困惑。房地产企业成立购房俱乐部，目的就是为购房者营造一个良好的购房环境，以确保消费者的合法权益。复地集团的"复地会"、万科集团的"万科会"均属于购房俱乐部。这种购房俱乐部的目的是为人们提供购买房地产产品的选择帮助，事实上组织购房俱乐部的房地产企业常常近水楼台先获得大量购房订单。

3. "购房安全卡"促销法

商品房是一种特殊商品，其价值较高。购房对一个普通消费者来说，是一笔巨额开支，所以购房者对购房行为慎之又慎。但由于房屋的购买不同于其他商品的买卖，购房的过程涉及国家各种法律、法规、政策以及有关房地产、建筑、金融等方面的知识，专业性和政策性较强，再加上我国存在着有关法律、法规不够健全，房地产企业的开发方式各不相同，物业的产权形式多种多样，交易合同及手续不规范等情况，消费者的购房行为承担着较大的风险，购房者稍有不慎，就有可能陷入不法房地产企业设置的陷阱，产生大量纠纷和争议，给消费者带来极大的经济损失和时间的浪费。

为了保护消费者权益，使购房者的购房风险降到最低，房地产企业可以使用"购房安全卡"这一服务项目。即由全面了解有关房地产各项政策、法规，熟悉房地产开发交易市场各方面情况的房地产评估事务所的专家来主持房地产产品的销售，他们可以帮助购房者对选中的物业的情况进行综合的鉴定评判，在购房者交易之前就杜绝各种可能对购房者合法权益造成的损害，这种方法应该说是保护购房者合法权益的有效途径之一。在提供给购房者一定保障的同时，也促进了该项目房地产产品的销售。

4."精装修房"促销法

顾名思义，"精装修房"就是经过装修、装饰，甚至配有基础家电、家具的住宅商品房。这种精装修的商品房，交房时即可入住，因省去了购买"毛坯房"后还要花大量人力、物力进行装修的麻烦而受到购房者的欢迎。当然，"精装修房"也存在着一定的缺陷。同样的居住空间，由于使用者的社会地位、工作性质、文化程度以及个人气质等因素的不同，对室内设计的要求和表现出来的个性也不尽相同。购房者常按照自己的喜好和习惯，选择适合自己风格、体现个人审美观念的个性化居室装饰。无法满足购房者对装饰、装修的个性追求，就是"精装修房"存在的缺陷。

不过，现在许多房产商提供的"菜单式装修"弥补了这个缺陷。因此，"精装修房"在市场上已经越来越受欢迎了。

5. 周末购房直通车促销法

为方便市民购房，一些房地产营销公司与房地产管理机构和新闻媒体联合起来推出了一种"周末购房直通车"项目，其目的是促进房地产产品的销售。这项活动是让想要购房的市民利用双休日或节假日，免费乘坐购房直通车，到各处出售楼盘的现场去考察和挑选所需的房屋。购房直通车分成几条路线，从不同的地方登车出发，沿不同的线路到不同的目的地。参与活动的市民可享受一系列的优惠条件和服务。为了使活动能收到更理想的效果，新闻媒体着力宣传，大造声势，扩大影响。加盟的开发商不但推出自己的精品楼盘，还邀请一批政府部门的管理人员、房地产顾问进行义务咨询、释难答疑和购房指导。

6. 优惠价格促销法

随着房地产销售市场的变化，供求形式发生了巨大转变。在这种情况下，为了进一步扩大营销业绩，开发商不得不利用品质的变动调整价格，使自己在市场中立于不败之地。

7. 名人效应完美形象促销法

该促销法是指地产企业应用一些名人效应来迅速培植项目的知名度和美誉度，塑造一些形象完美的房地产项目，借名人代言项目来打开市场销路，以达到促销的目的。上海浦东"世茂滨江花园"就是以著名影视演员梁朝伟作为其形象代言人来进行楼盘促销的，以梁朝伟的身价和气质衬托出楼盘的高档。

8. 环保卖点促销法

随着天气预报中每日空气质量指数的公布，购房者也越来越关心所购住房所在地上空空气的质量。这是购房者消费心理成熟的一种表现，同时也对开发商提出了更高的要求。于是，房地产市场上新推出的项目力求在社区环境及配套设施上挖卖点。例如利用高科技节能设备，推出"绿色住宅"的概念；大力提倡纯净水入户、保暖供冷系统的新工艺、垃圾分类处理等环保卖

任务 9 确定项目销售方案——房地产促销策划

点。但是,这些方式对购房者来说,只能是锦上添花,如果空气、阳光、水这些根本的问题房地产企业没有解决好,而只是一味在营造卖点上做文章,最终会距购房者的要求越来越远。

9. 展销会促销法

通过房地产展销会促进房地产项目的销售是开发商的一贯做法。房地产展销会免去了购房者来回奔波的劳累,集中了大量的房地产项目,扩大了购房者的选择余地。因此,很受购房者的欢迎。现在,每逢节假日或双休日,有关单位都会举办房展会,颇受购房者和开发商的欢迎。

10. 赠奖促销法

赠奖活动是以赠品或奖金作为促销诱因所进行的活动,这种活动一般以购房者为对象,以赠品来刺激购房者采取购买行为。有的房产开发商会采用赠送购房者基本家具和家电的促销方法。对购房者而言,如果购买房产的同时还有家具或者家电赠送,那么无疑让他省掉了亲自去购买的麻烦,购房者当然是乐意接受的。房地产界的赠奖范围从赠送厨卫精装修、家用电器到家具,现在又上升到汽车,相比价格明降,这种温和的暗降方式既达到了促销的目的、使楼盘销售进退自如,又不伤害已购业主的忠诚度。

11. 抽奖促销法

抽奖活动是一人或数人独占高额的奖品或赠品的附奖销售。例如"购买某楼盘,可获免费欧洲旅游"等,都属于这种形式的促销活动。这种促销方法具有一定的投机性,虽然对有些消费者而言,它不如送装修、送家电等实在,但因为此法兼顾了人们的博弈心理,反而会使消费者产生刺激的感受,因而对消费者而言还是有一定的诱惑力的。

12. 先租后卖法

所谓先租后卖,是指房地产开发商在楼盘正式销售之前,将具体房屋单元先出租给固定客户,然后以此作为卖点,进行房屋销售推广。此种促销策略的核心是,充分考虑客户购买不动产后所存在的变现风险,使客户在买房之后即可享受到即时、现实的现金回报。由于客户在决定买房时,能通过具体的考察知晓其决定购买的房屋所存在的投资价值与发展潜力,并且由于其具有现实可行的资金回报,从一定程度上讲,这些能在很大程度上刺激客户的购买行为,最终产生很好的促销效果。

13. 商场展示法

把房展办进商场的做法有如下好处:
(1)观念上的主动性有助于增加销售机会。
(2)项目推广的单一性有助于减少竞争威胁,提高效益。
(3)推广费用较低,有助于节省房地产企业的营销资源。
(4)楼盘推广对象与商场客户的有机结合能使房地产开发商的推广定位更加明确。
(5)选择社会公众经常面对的商场,对刺激客户的信心极为有利。
但是,把房展办进商场时也存在一些需要着力考虑的问题。比如:
(1)在商场内部举行房展,往往会由于空间的限制而使展示效果不能发挥到极致,而且房地产开发商在与商场合作时,可能会受到商场方面出于顾客安全与购物舒适的角度而所做的或多或少的限制;
(2)商场购物人流的影响;
(3)目标群体更为细致划分的影响;
(4)在现场如何促成交易以及如何让目标顾客到售楼现场的控制手段等;
(5)把房展办进商场,如果从促进售楼交易的角度出发,适合于短期的促销推广;

(6) 如果从沟通楼盘及企业与市场关系的角度出发，较为适合中长期的展示推广。

在实际运用的过程中，上述13种基本形式可以联合应用，也可以独立应用，还可以派生出更多的销售促进形式。这就需要根据房地产项目的自身特点和实际情况，举一反三，灵活地借鉴和运用这些促销的基本形式，从而制定出符合房地产项目实际情况的销售促进策略。

9.4 房地产项目开盘活动策划

9.4.1 房地产项目开盘活动的定义

开盘是指项目对外集中公开发售，特别是首次大卖。通过有效整合公司内外资源，对目标客户进行有针对性的有效价值信息传递，实现客户积累，并根据积累情况采取适当的价格和方式对外集中销售。

在楼市中，开盘是指楼盘建设中取得了"销售许可证"，可以合法对外宣传预销售了，为正式推向市场所进行的一个盛大的活动，就像某酒店开张营业了一样。

9.4.2 房地产项目开盘活动策划实战要素

房地产项目开盘活动策划实战要素主要包括以下内容。

1. 活动背景或前言

活动背景或前言主要讲述组织该活动的时间、市场、工程进度等背景。

2. 活动前期调查

活动前期调查属于对消费者的调查范畴，也属于开盘前期调查的一部分。活动前期调查是指通过了解该楼盘目标客户的各种背景资料，从而了解目标客户对各种活动的喜好和参与热情，使得活动策划组织者能更加有效地策划组织活动，达到促销的目的。

3. 问题及机会分析

问题及机会分析实际上是开盘前制定营销方案的依据，当然也就属于开盘活动方案制定的依据，其分析的基础是开盘前对市场竞争状况、楼盘现状和消费者三方面进行调查的结果。分析的方法是SWOT分析，分析的目的是使得活动的策划组织能避开劣势，充分发挥优势。

4. 活动目的

活动目的也叫活动目标，一般有以下两种目标：

（1）非量化目标。如给市场明确的项目正式销售信息，制造热销气氛，与客户良好互动，促使客户购买，吸引新客户，融洽与政府部门和企业相关合作伙伴的关系，通过媒体记者对楼盘进行全面新闻宣传等。

（2）可量化目标。如通过媒体记者对楼盘进行全面新闻宣传或者使到场客户达到300人，当天销售80套房，前期积累客户实际购买率达到70%以上等。

5. 活动主题

活动主题就是活动的名称，房地产项目开盘活动的主题可以简单地称为某项目开盘活动。结合楼盘的特色和活动的具体内容，开盘活动的主题还可以有某项目开盘剪彩暨签约新闻发布会仪式或某某项目开盘典礼暨茶文化节等。

6. 活动形式与内容

活动形式也就是活动内容，是指活动涉及的具体的活动项目的名称，一般可用名称列出，也可以对具体活动项目进行解释。

7. 活动对象

活动对象就是要列出参与活动的人群。活动对象一般分以下三类：

(1)活动的投资、组织、策划、执行人员和参与楼盘策划、设计、施工、监理、销售、物业等楼盘开发环节的主要领导人。

(2)活动邀请的嘉宾，如政府高官、行政主管部门领导、上级主管企业领导，社会知名人士和新闻媒体记者等。

(3)已购房客户、有购买意向的客户、购买卡的客户，下定客户及其他新客户的本人及其家人朋友。

8. 活动概况

活动概况也称活动概要、活动总述，主要包括前面所列出的开盘活动的活动背景、活动目的、活动主题、活动形式或内容、活动对象等，另外一定还需要列出活动举办的时间和地点这两个重要因素。

9. 活动流程

活动流程也称活动程序，是指将活动内容用时间进行先后顺序的排列，并预计出每个活动内容所需要占用的时间。活动流程与活动内容不同的地方还在于，活动流程在时间、人物和具体操作上会对每个活动内容进行说明。

10. 成立活动组委会

开盘作为房地产项目开发的重要节点，其成功与否直接关系到楼盘的销售和资金的回笼，而且开盘活动是一个系统工程，涉及开发商内部的所有职能部门，还可能涉及策划公司、销售代理公司、广告公司或活动公司的参与策划执行。因此有必要以开发商的总经理或主管销售的副总经理为主要领导，成立活动筹备组委会，制定前期工作的计划。并分配任务到个人以及限定各项任务的完成时间。活动组委会一般可设立以下一些职位和小组：

(1)活动总指挥：一般由开发商最高领导担任。

(2)活动总调控：一般由开发商的营销总监或销售经理等主管营销的领导担任。

(3)会务组：一般由开发商行政部或办公室人员组成，负责邀请嘉宾及相关单位领导，负责与外界的接口协调，负责联系场地，负责了解天气情况，以及负责领导座席安排等。

(4)企划组：企划组有时也称秘书组或媒体组，一般由开发商的企划人员和广告公司策划人员组成，负责统一对外宣传，设计并外包制造各种形式的广告和其他所有的物料(如礼品、请柬、抽奖券)，并积极与媒体沟通，撰写给媒体的新闻通稿以及领导致辞用的文稿，另外还需要和演艺公司一起制定主持人串词，在开盘现场还需要负责摄影、摄像等任务。

(5)销售组：销售组主要由销售部或销售代理公司人员组成，主要负责制定开盘销售策略，制定价格策略，完善各种销售物料(如楼书、单张、户型图、销售手册、价格表、认购书、订单等)并对销售人员进行培训。

(6)工程组：这里的工程指的是开盘活动这项工程。工程组主要由负责会场布置的策划部人员、活动公司人员、演艺公司人员以及开发商的工程设计人员组成，主要负责会场的科学分区，会场的布置包装、礼仪人员的培训分工，音响、灯光、道具等器材的筹备，以及负责开盘现场的通道、园林、景观、售楼部、样板房等具有销售力的地方的工程施工与装饰。

(7)保安组:一般由开发商的保安和物业公司的保安组成,负责指挥车辆停放,保证会务安全,维护现场秩序,以及接受客户问询等工作。

(8)后勤组:一般由开发商的行政部或办公室和财务部人员组成,负责提供公司车辆调度、管理卫生保洁人员及支付各项资金等。

11. 活动物料准备

活动物料准备是指开盘活动所需要的所有物品和资料的设计、制作、安装、摆放。活动物料属于楼盘销售物料的范畴。这些物料主要由工程部、设计部配合,由广告公司或企划人员设计,由制作公司制作。由销售部和策划部领导监督负责完成的。由于各种物料的设计、制作、安装、摆放需要花费不同的时间周期,因此,在楼盘工程达到要求的情况下(如售楼部和样板房的施工装修完成,看楼通道、入口道路和景观达标等),活动物料应当尽早安排部门和人员进行设计、制作、安装、摆放。这些物料可以分为四大类:

(1)广告宣传物料。包括礼仪绶带、罗马旗、条幅、展板喷绘、照相机、摄影机、围墙包装、户外广告牌、户外喷绘条幅、电视宣传片、三维动画片、电视机、放映机、主持人讲稿、领导讲稿、新闻通稿、现场问答题等。

(2)现场气氛和形象包装物料。包括彩旗、花篮、彩虹门、空飘、三角彩旗、氢气舞星、各功能区指示牌(特别是停车场)、路障、隔离带、警示牌等。

(3)销售工作必备物料。包括销售桌椅、销控台、电话、名片、胸卡、规划平面图。模型、预售证、收据、认购书、买卖合同、资料架、海报、楼书、形象折页、促销单、手提袋、光盘、物业管理公约、建材设备表、套内家具配置图、户型图、销售标准说辞、竞争楼盘市场调查汇总表、答客问、销售夹、预售许可证复印件、开发商营业执照复印件、小区平面图、面积表(测绘局面积测绘报告)、价格表、付款方式、银行贷款利率表、贷款所需资料明细表、样本合同补充条款、管线图、来人(客户)表、来电表、预定单、退房表、考勤表、已购客户明细表、销控表等。

(4)具体活动所需要的物料。

1)接待部分:邀请函、签到台、签到本、笔、胸花、嘉宾名座、不干胶胸贴、普通礼品。

2)舞台部分:舞台、背景、地毯、背景布、音响、话筒等。

3)抽奖部分:抽奖箱、抽奖券、奖品、抽奖机等。

4)后勤部分:看楼客户接送车、饮用水(纯净水、矿泉水、饮水机)、一次性水杯、休闲椅、红色地毯、遮阳棚、太阳伞、流动厕所、自助餐、方便饭盒、糕点、水果、饮料、对讲机、垃圾桶、纸篓、大小垃圾袋、清洁工具、水管、清洁剂、杀虫剂、洗手液、卫生纸、空调、复印件、传真机、点钞机、计算机、打印机等。

另外,一般开盘活动需要有一些专业人员或组织的参与,这些人或组织也属于前期活动需要聘请的,包括乐队、礼仪小姐、主持人、舞狮队、音响师、放映人、摄影师、演员。

12. 主持人讲稿、领导讲话和新闻通稿

为了使开盘活动举行得流畅、紧凑、气氛热烈,也为了使主持人和领导的讲话内容有所倾向,活动的策划者往往需要为主持人和各级领导事先准备讲稿,另外,楼盘开盘一般都需要在媒体上发布消息,最好是以记者中立的语气来写这些消息,因此,活动策划者除了邀请各种媒体记者参加外,还需要为记者准备新闻通稿,使得记者易于编发文章。

13. 场地区域划分

场地区域划分也称活动现场规划或会场分区,是指将活动现场根据活动的先后顺序和功能

任务 9 确定项目销售方案——房地产促销策划

的不同举行划分，以利于活动的顺畅举行，一般划分的区域见表 9-2。

表 9-2 场地区域划分

项目	说明
楼盘外围	一般指通往楼盘周边的道路
小区入口	是车辆和行人进入楼盘活动现场的必经之路，一般设保安指引
停车场	停车场可以根据嘉宾的身份不同进行区别，如重要嘉宾、一般嘉宾、诚意客、一般客户等
嘉宾签到处	一般有签到台、签到笔和本、相关礼品以及礼仪小姐等
舞台	即演讲台和表演台
主席台	主席台就是重要嘉宾和领导就座的地方，一般设在舞台侧面，也可以在舞台上
嘉宾台	是嘉宾就座观赏的地方，与群众的观看处区分，一般设在舞台侧面，也可以在舞台上
观看处	是舞台正面所对的观众观看开盘仪式、观看节目、参与节目的地方
售楼部	是展示楼盘卖点、洽谈客户和签约销售楼盘的地方，一般售楼部又分为展示区、销控区、选房区、签约区四大区域，当然还可以有办公区和休息区
展示区	主要用于客户参观模型、图片、展板、电视专题片的地方，也是客户拿楼盘资料和户型图的地方
选房区	一般设在销控区旁边，只在楼盘开盘时设立，平时不会单独划分出该区域，主要用作客户在该区域通过销售人员的讲解和价格预算，进行选房，确定房号，并签署相关协议的地方，平时会摆放谈判桌椅，开盘时由于人多且选房时间短，因此只用隔离带划分
签约区	主要用于下定客户在该区域签订认购书，缴纳房款定金，以及之后正式签约并履行相关手续的地方
休息区	一般设有饮水机、饮料、食品和桌椅，供看楼客户休息

14. 嘉宾邀约

嘉宾邀约就是要在开盘活动的时间、地点、内容确定后，对特定的领导、社会名流、媒体人员和意向客户进行邀请，并确定其是否能够参加的过程，邀约的方式主要有电话通知、邮寄请柬、专人拜访以及针对目标客户的广告邀约。邀约最重要的是书写邀请函。

15. 活动当天工作分配

活动当天工作分配是指开盘活动当天参与活动组织的所有人员的工作分工，合理的工作分配可以使得活动现场的各个环节和各项活动都有人具体负责，便于活动的执行和监督，工作分配一般根据人员所属的单位和部门的职能以及活动场地区域划分和活动内容等因素来进行。

人员的工作分配一般会参照活动前期的活动组委会进行调整，可设立以下一些职位和小组：

(1) 活动总指挥：一般由开发商最高层领导担任。

(2) 活动总调控：一般由开发商的营销总监或策划经理等主管营销的领导担任。

(3) 销售现场总控：(销控)销售经理或专案。

(4) 嘉宾接待组：负责到场嘉宾的接待、签到及迎送工作，一般由开发商会务组或礼仪小姐组成。

(5) 客户接待组：负责到场客户的接待、签到及迎送工作，一般由保安，销售人员或礼仪小姐组成。

(6)咨询销售组：主要由销售部或销售代理公司的售楼人员组成，一般承担客户接待、楼盘介绍、单元推荐、带看样板房、购房指导、引导下定等职能。

(7)活动执行组：主要负责现场活动的人员和物料的安排，协调和指挥，使活动连贯，保持现场气氛热烈、欢快，一般由策划人员和演艺公司人员组成。

(8)后勤保障组：主要负责活动当天的车辆调度，卫生保洁以及食品、饮料的供应保障工作，一般由开发商的行政部或办公室和物业服务公司的人员组成，其中的卫生保洁还可以单独组成小组。

(9)安全保障组：负责活动现场安全防范及秩序维护工作，一般由开发商的保安和物业服务公司的保安及当地公安部门人员组成。

(10)工程设计组：主要负责活动现场的用电和用水保障工作，保障活动现场的工地安全通畅，样板房区域有的还派工程部或设计部的人员与礼仪人员一起为客户做产品介绍，一般由工程部或设计部人员组成。

(11)媒体影像组。主要负责接待媒体人员并摄影摄像，一般由策划人员组成。

16. 广告设计与媒体投放计划

广告设计包括平面类广告设计(纸质广告)、软文广告、现场包装、展示、礼品类广告设计，以及三维动画和电视专题片类广告设计。在开盘活动策划书中，一般可写明负责广告设计的单位和人员，需要设计的范围、各种广告的设计时间，最好写明广告的推广主题、广告语、广告调性、广告要素等。

媒体投放计划就是写明开盘前后的广告和推广将选择什么渠道投放、覆盖什么人群、在什么时候投放、投放的规模和频率如何、投放的形式如何，以及预计投放的效果等。

17. 各项具体活动细则的制定

由于开盘活动涉及不少的活动内容，每项活动内容又有其独立性，因此，开盘活动方案策划书就很有必要对重要或复杂的活动内容制定详细的活动细则，包括相关领导致辞的顺序和讲稿、抽奖活动细则、有奖问答活动细则、表演活动细则、主题性活动细则、促销活动细则等等。

18. 活动注意事项

活动注意事项是活动策划者对活动中一些难以预测和把握的事情事先进行安排和防范，或者是对活动执行者在执行过程中容易出错、遗漏的事情进行提醒，使得活动方案更具可行性。

19. 开盘前后系列活动计划

楼盘开盘期间，除了开盘的第一天外，开盘后的一、二周是所谓的"强销期"，而开盘前的一、二周则经常是内部认购期或引导期，这期间往往会举行一系列的活动，以使该楼盘的客户能持续关注而达到留住客户的目的。

20. 费用预算

费用预算是房地产项目开盘活动策划方案的重要组成部分，是该方案是否可行，能否通过领导审批的关键要素，活动费用的组成主要有活动组织和表演人员的费用和与活动相关的物品、材料、礼品的费用。而广告费用、现场包装费用、销售物料费用、销售人员费用等，属于营销费用，严格来说不能算入活动费用。活动费用与广告费用和物料费用并称营销三大费用，属于营销费用的范畴。

当然，就开盘前后这段时间而言，围绕开盘活动，将营销费用归入开盘费用也是可以的。

9.5 房地产项目营业推广策略

9.5.1 房地产营销推广的含义和特点

房地产营业推广策略又叫房地产销售促进（Sales Promotion）策略，西方商界常用 SP 作为其缩略词。营业推广也叫销售促进，是指房地产企业通过各种营业（销售）方式来刺激消费者购买（或租赁）房地产的促销活动，即除了人员推销、广告和公共关系以外的，能迅速刺激需求、鼓励购买的各种促销方式。这些促销手段和措施形式多种多样，有抽奖、分期付款、样品房展览、赠送家电、赠送装修、赠送物业服务费等，包括除人员促销、广告促销和公共关系促销以外的各种促销手段。

营业推广是直接针对房地产商品本身采取的促销活动，它可以刺激消费者采取租购行动，或刺激中间商和企业的销售人员努力销售房地产。与广告促销不同，营业推广在短期内能引起消费者对其房地产商品的注意，扩大销售量。对于开发量比较少的房地产，这种方式相当有效，常能在短短几天内造成轰动效应，将房地产一售而空。营业推广作为一种短程的激励工具，许多开发企业对其越来越重视，投入也越来越大，尤其在销售情况不好时，营业推广成了"唯一的策略"。但这种促销方式易引起竞争者模仿，并会导致公开的相互竞争，同时如果频繁或长期使用这种促销方式，会使促销效果迅速下降。

与其他促销方式相比较，营业推广策略一般是为了某种目标而专门开展的一次性促销活动。营业推广策略的具体形式多种多样，如对消费者赠送赠品、提供各种购房折扣、对中间商进行销售竞赛、为中间商培训销售人员、举办展览会以及联合促销等。营业推广策略往往是在某一特定的时间内，针对某方面情况采用的一种促销方法，它能给买方以强烈的刺激作用。

9.5.2 房地产营业推广方法

房地产营业推广方法有三种，即针对消费者的营业推广方法、针对中间商的营业推广方法和针对销售人员的营业推广方法。每一种类型可以使用的营业推广方法又分为许多种，而且每种方法又有不同的特点。因此在确定了具体的营业推广目标后，还应选择能有效达到该营业推广目标的方法。

9.5.2.1 针对消费者的营业推广方法

1. 价格折扣

价格折扣是房地产营业推广中运用最多的方法，无论是对购房者还是对中间商，这个方法都很有效。对购房者来说，价格折扣可以使房价降低很多，刺激他们的购买欲望；对中间商来说，价格折扣可以让他们在代理时更有利可图。另外，价格折扣使代理风险降低，有可能促使一批中间商包销房地产。

2. 免费赠品

赠送促销是指购房者购买了一定面积的某种商品房后，可获得一定的赠送。如赠送轿车或车位、赠送家具、赠送装修、赠送面积、赠送家电或者免费租用一定期限的写字楼或办公楼等。其目的只有一个，就是刺激消费者购买或租赁。但有时这种方法显得比较牵强，如"买大房赠小房"，其实质就是折价，故弄玄虚反而会引起消费者反感。所以，这种促销工具在运用时要注

任务9 确定项目销售方案——房地产促销策划

意，免费的东西要与房地产产品的高额价值具有一定的消费对应性，如果价值差距过大，消费者很难被打动。

3. 有奖销售

房地产开发企业有时还采取有奖销售的形式，这种方法在吸引购房者参与的同时，制定具有一定竞争性质的奖励措施以达到促销的目的。房地产开发企业一般通过某种抽奖的形式，来决定给予某些购房者某种价格上的优惠或实物上的奖励。

4. 变相折扣

变相折扣是指通过免去物业服务费、免付开发商贷款利息或代付贷款利息等变相地给予价格折扣的营业推广方法。由于变相折扣方法易为各企业模仿，因而效果的持续时间不是很长。

5. 样板房展示

现场展示样板房就是在房地产项目竣工后，房地产开发商拟推出楼盘的某一层或某一层的一部分进行装修，并配置家具、各种设置，布置美观的装饰品，供购房者参观，使其亲身体验入住感受的促销方式。样板房的设置是十分必要的，它可以极大地提高购房者的购房欲望，给感官以强烈刺激和直观明确的具体认识，现在人们已习惯于买楼时参观样板房。

6. 不满意退款

这是指购房者在购买商品房的一定时间内（如一年），如果发现商品房有质量问题或价格下降，开发商无条件退房，并且退还全部房款和利息，以增强购房者的购房信心，给购房者一种安全感和信任感。

9.5.2.2 针对中间商的营业推广方法

由于中间商和一般的购房者不一样，因而实施营业推广策略的具体工具除价格折扣外与一般的购房者也有所区别，主要包括以下六个方面。

1. 价格折扣

价格折扣是指房地产开发商以价格折扣的形式对中间商进行刺激，以扩大商品房销售的一种重要促销手段。也就是房地产开发商回报给购买特定数量商品房的中间商一定的价格优惠和一定数量的免费商品房。

2. 推广津贴

推广津贴是为了鼓励中间商而给予的一种津贴，分为广告津贴、展销津贴以及宣传物津贴等。推广津贴是一种报酬，是为了鼓励中间商积极推销自己的产品而设置的。

3. 合作广告

合作广告是房地产开发商和中间商共同支付广告费用的一种做法。开发商和中间商出于共同销售商品房的目的，根据双方达成的协议，各自承担一部分广告费。

4. 促销合作

促销合作是指在中间商开展促销活动时，房地产开发企业提供一定的协作或帮助，是一种共同参与的行为。促销合作可以提供现金或提供事物及劳务的方式进行，如海报、传单、证明等促销材料，以提高中间商的销售效率。

5. 销售竞赛

销售竞赛是为推动中间商努力完成推销任务而使用的一种促销方式，获胜者可以获得房地产开发企业给予的现金或其他一些奖励，如海外旅游等。销售竞赛应事先向所有的参加者公布获奖的条件、获奖的内容等相关信息。销售竞赛可以极大地提高中间商的热情。

6. 展销会

由政府职能部门、行业组织或开发商举办的展销会，可以向现实的购买者和潜在的购买者展示房地产，宣传企业产品的特点，解答购买者的疑问，进行直接的信息沟通，扩大商品房的销售量。

9.5.2.3 针对推销人员的营业推广方法

房地产开发企业为鼓励推销人员积极工作，努力开拓市场，增加销售量，对推销人员也进行营业推广。针对推销人员的营业推广工具一般有奖金、推销竞赛及赠品等。

以上不同的房地产营业推广方法各有不同的特点。对购房者的营业推广促销是直接给购房者某种利益；而对中间商和推销人员的营业推广促销更多的是帮助或促使他们努力完成营销任务，以从中获取营业推广促销所提取的利益。

9.5.3 房地产营业推广方案

房地产开发企业要求实施营业推广策略，就需要对推广目标、推广工具、推广规模、推广时间以及推广预算等方面做出决策。因为营业推广活动耗费巨大，一旦决策失误将会给企业带来巨大的损失。

9.5.3.1 界定营业推广策略目标

营业推广目标是房地产企业通过营业推广促销希望达到的目的。营业推广策略目标受企业市场营销目标的制约，根据营业推广对象的不同，营业推广目标可分为三种：第一种是针对消费者的营业推广，目标是刺激消费者购买；第二种是针对中间商的营业推广，目标是吸引其经销或代理本企业商品；第三种是针对推销员的营业推广，目标是鼓励推销员多推销房地产产品，刺激其寻找更多的潜在顾客。

在消费者市场，实施营业推广策略的目标在于从其他竞争者手中夺取顾客，通过广告建立企业在顾客心中的地位。而在中间商市场，实施营业推广策略的目标在于鼓励他们经销或代理本企业开发的房地产商品，建立中间商对本企业的信任和忠诚，获得新的营销网点。

9.5.3.2 选择营业推广工具

营业推广的工具多种多样，新形式层出不穷。对于不同的营业推广目的，选择的营业推广工具也会有所不同，选择何种营业推广工具，要综合考虑房地产市场营销环境、目标市场的特征、竞争者状况、营业推广的对象和目标、每一种营业推广工具的成本效益等因素，还要注意将营业推广同其他促销策略，如广告、公共关系、人员推销等策略的相互配合。房地产企业应根据所掌握资料、以往经验及本次营业推广的目标选择适当的营业推广形式。营业推广可以选择一种形式，也可以是多种形式的组合。

9.5.3.3 确定营业推广规模

投入多大的费用来刺激消费需求决定着销售业绩。如果要实现促销的成功，一定的刺激是不可或缺的。随着刺激强度的增加，销售量会增加，但到了一定的程度以后，其效应是递减的。所以，房地产企业不仅要了解各种营业推广手段的效率，还要清楚地认识刺激强度和销售量变化的关系，以取得合理的、预期的推广效果。

9.5.3.4 设计营业推广时间

营业推广时间应有一个合适的持续长度。持续的时间太短，一些顾客将由于无法及时决策而失去优惠购房的机会；持续的时间过长，则推广的号召力逐步递减，将起不到刺激消费的作用。因此，营业推广时间的安排，应考虑一个理想的起始日，并保持一个合适的持续阶段。

9.5.3.5 确定营业推广预算

营业推广策略的制定最终要落实到预算上，营业推广的预算一般有三种方法可以确定。

1. 上期费用参照法

参照上期费用来测算本期费用，这种方法简单易行，可以在营业推广对象、手段以及预期效果都不变的情况下采用。但是由于许多主、客观的因素都在变化，因而必须考虑对费用的调整。

2. 比例法

比例法是根据一定的比例从总促销费用中提取营业推广费用额度的方法。在不同的市场上进行营业推广，其费用预算比例都是不同的，而且这个比例也受到产品所处生命周期阶段以及市场上竞争对手促销投入多少的影响。

3. 总和法

总和法是指先确定每一个营业推广项目的费用，然后汇总得出该次营业推广成本的总预算。营业推广各个项目的费用主要包括优惠成本和运作成本两部分。其中，优惠成本包括对中间商的折扣成本和赠奖成本等，运作成本则包括广告费、印刷费以及邮寄费等。显然，在预算制定的过程中，对营业推广期间可能售出的预期数量的估计也是必不可少的。

9.5.4 房地产营业推广方案的实施与评估

1. 营业推广方案的预测

营业推广方案制定好以后，可以考虑选择推广对象的一部分进行预试以检验营业推广方案是否合适，是否能达到营业推广的预期目标。若试验认为合适，则可将所定方案正式实施；若发现有问题，则应对方案进行修改完善，然后才可正式实施。

2. 营业推广方案正式实施和控制

一个好的营业推广方案能否实现其预期目标，将取决于实施阶段的努力，这种努力将体现为两方面的工作：

(1) 对推广程度的控制，以求符合既定方案的思路。

(2) 对一些不测事件的控制和必要的调整，以求最大限度排除意外干扰的负面影响。

3. 营业推广效果评价

对营业推广效果的评价不只是对本次营业推广活动的总结，而且对于了解该促销方式的有效性，如何运用其他促销策略以提高整体营销效果，以及对今后营业推广手段的改进和提高都有着积极的意义。常用的营业推广效果评价方法见表 9-3。

表 9-3 常用的营业推广效果评价方法

序号	评价方法	评价内容
1	租售量变化比较评价法	租售量变化比较评价法是通过比较营业推广前、中、后各时期租售量的变化情况，来评价营业推广效果的一种方法。一般来说，在房地产企业开展营业推广促销活动时，房地产的租售量会明显上升，而在营业推广促销前后不同时期，租售量也会发生变化。一种情况是营业推广活动结束后，租售量迅速下降，然后逐步回升，经过一段时期又达到活动以前的水平，而且不再升高，这表明营业推广未取得长期的效果；另一种情况是活动结束后的租售量经过一段时期以后超过了活动以前的水平，这说明营业推广取得长期的效果

续表

序号	评价方法	评价内容
2	推广对象调查评价法	推广对象调查评价法是通过对推广对象进行调查，了解推广对象对营业推广促销的反应和行动以评价营业推广效果的一种方法。它还可通过推广对象对企业营业推广活动的看法、意见、建议、评价等的调查，评价房地产企业实施的营业推广是否得当
3	实验评价法	实验评价法是通过选择一定的推广对象进行实验，测定能够反映房地产企业营业推广目标的有关指标的变化情况，以评价营业推广效果的一种方法。通过进行实验评价，可以避免因营业推广决策或方案中出现的某些不足而可能给房地产企业带来损失。因此，在对房地产营业推广方案进行预测时普遍采用这种方法

　　营业推广在整个房地产促销组合中占据着极其重要的位置，运用不同的营业推广手段，并恰当地配合其他促销手段，就可以使企业实现其预期的促销目标。营业推广将在房地产市场中发挥越来越重要的作用。

任务小结

　　房地产促销的实质是信息沟通活动，其任务是在买卖双方之间沟通信息，而不只是促销商品，通过信息沟通可以把房地产生产经营者、中间商和消费者有效地结合起来。房地产促销方式主要有广告促销、人员推销、营业推广、公共关系等。房地产促销活动应注意：活动有针对性，主题突出；抓住合适的时机；最大限度地吸引消费者参加活动；活动开展必须有个性。开盘是指项目对外集中公开发售，特别是首次大卖。房地产项目开盘活动策划实战要素主要包括活动背景或前言、活动前期调查、问题及机会分析、活动目的、活动主题、活动形式与内容、活动对象、活动概括、活动流程、成立活动组委会、活动物料准备等。营业推广是直接针对房地产商品本身采取的促销活动，它可以刺激消费者采取租购行动，或刺激中间商和企业的销售人员努力销售房地产。房地产营业推广方法有针对消费者的营业推广方法（包括价格折扣、免费赠品、有奖销售、样板房展示等）、针对中间商的营业推广方法（包括价格折扣、推广津贴、合作广告等）和针对销售人员的营业推广方法（包括奖金、推销竞赛等）。房地产开发企业要求实施营业推广策略，就需要对推广目标、推广工具、推广规模、推广时间以及推广预算等方面做出决策，以免给企业带来损失。

复习思考题

一、填空题

1. 房地产促销组合是指_____。
2. 促销方式按信息传播途径一般分为_____和_____两类。
3. 广告目标包括_____、_____和_____。
4. 广告的最终目标是_____。

5. _____是用来传播房地产广告信息的工具。
6. 房地产售点广告主要指_____。
7. 广告媒体的阶段性策略依据广告周期分为_____和_____两个层面。
8. _____是指广告对目标消费者所产生的影响程度。

二、判断题
1. 房地产促销的实质是信息沟通活动。（   ）
2. 促销的目的是企业与消费者间有效信息的沟通。（   ）
3. 广告目标就是对销售效果的设定。（   ）
4. 报刊媒体就是指报纸和杂志。（   ）
5. 公民媒体即自媒体。（   ）

三、问答题
1. 房地产促销的作用是什么？
2. 广告目标是什么？
3. 房地产开发企业在选择广告目标的时候，受哪些因素的影响？
4. 房地产广告的特点是什么？
5. 标准的售楼海报包含哪些内容？
6. 自媒体房产营销的特点是什么？
7. 选择广告媒体应考虑哪些因素？
8. 房地产促销活动应注意哪些问题？

参考文献

[1] 陈林杰. 房地产营销与策划实务[M]. 2版. 北京：机械工业出版社，2017.
[2] 陈基纯，徐捷. 房地产市场营销理论与实务[M]. 北京：化学工业出版社，2013.
[3] 汪天都. 房地产去库存：进展、问题与对策[J]. 金融发展研究，2019(5)：38－45.
[4] 栾淑梅，魏晓晶，王莹. 房地产市场营销实务[M]. 4版. 北京：机械工业出版社，2018.
[5] 吴伟巍. 房地产网络平台多平台接入及相关市场界定[M]. 南京：东南大学出版社，2020.
[6] 张旭辉，罗忠科. 房地产市场营销[M]. 北京：中国建筑工业出版社，2005.
[7] 唐安慰. 房地产渠道营销一本通[M]. 北京：中国建筑工业出版社，2017.
[8] 张洋. 中国房地产绿色营销研究[M]. 北京：经济科学出版社，2020.
[9] 祖立厂，王召东. 房地产营销策划[M]. 2版. 北京：机械工业出版社，2019.
[10] 袁野，等. 房地产营销学[M]. 上海：复旦大学出版社，2005.